思想的・睿智的・獨見的

經典名著文庫

學術評議

丘為君 吳惠林 宋鎮照 林玉体 邱燮友

洪漢鼎 孫效智 秦夢群 高明士 高宣揚

張光宇 張炳陽 陳秀蓉 陳思賢 陳清秀

陳鼓應 曾永義 黃光國 黃光雄 黃昆輝

黃政傑 楊維哲 葉海煙 葉國良 廖達琪

劉滄龍 黎建球 盧美貴 薛化元 謝宗林

簡成熙 顏厥安 (以姓氏筆畫排序)

策劃 楊榮川

五南圖書出版公司 印行

經典名著文庫

學術評議者簡介（依姓氏筆畫排序）

- 丘為君　美國俄亥俄州立大學歷史研究所博士
- 吳惠林　美國芝加哥大學經濟系訪問研究、臺灣大學經濟系博士
- 宋鎮照　美國佛羅里達大學社會學博士
- 林玉体　美國愛荷華大學哲學博士
- 邱燮友　國立臺灣師範大學國文研究所文學碩士
- 洪漢鼎　德國杜塞爾多夫大學榮譽博士
- 孫效智　德國慕尼黑哲學院哲學博士
- 秦夢群　美國麥迪遜威斯康辛大學博士
- 高明士　日本東京大學歷史學博士
- 高宣揚　巴黎第一大學哲學系博士
- 張光宇　美國加州大學柏克萊校區語言學博士
- 張炳陽　國立臺灣大學哲學研究所博士
- 陳秀蓉　國立臺灣大學理學院心理學研究所臨床心理學組博士
- 陳思賢　美國約翰霍普金斯大學政治學博士
- 陳清秀　美國喬治城大學訪問研究、臺灣大學法學博士
- 陳鼓應　國立臺灣大學哲學研究所
- 曾永義　國家文學博士、中央研究院院士
- 黃光國　美國夏威夷大學社會心理學博士
- 黃光雄　國家教育學博士
- 黃昆輝　美國北科羅拉多州立大學博士
- 黃政傑　美國麥迪遜威斯康辛大學博士
- 楊維哲　美國普林斯頓大學數學博士
- 葉海煙　私立輔仁大學哲學研究所博士
- 葉國良　國立臺灣大學中文所博士
- 廖達琪　美國密西根大學政治學博士
- 劉滄龍　德國柏林洪堡大學哲學博士
- 黎建球　私立輔仁大學哲學研究所博士
- 盧美貴　國立臺灣師範大學教育學博士
- 薛化元　國立臺灣大學歷史學系博士
- 謝宗林　美國聖路易華盛頓大學經濟研究所博士候選人
- 簡成熙　國立高雄師範大學教育研究所博士
- 顏厥安　德國慕尼黑大學法學博士

經典名著文庫 115

人的行為：經濟學專論(下)

Human Action: A Treatise on Economics

路德維希・馮・米塞斯（Ludwig von Mises）著
謝宗林 譯

經典永恆・名著常在

五十週年的獻禮・「經典名著文庫」出版緣起

總策劃 楊榮川

閱讀好書就像與過去幾世紀的諸多傑出人物交談一樣——笛卡兒

五南，五十年了。半個世紀，人生旅程的一大半，我們走過來了。不敢說有多大成就，至少沒有凋零。

五南忝爲學術出版的一員，在大專教材、學術專著、知識讀本出版已逾壹萬參仟種之後，面對著當今圖書界媚俗的追逐、淺碟化的內容以及碎片化的資訊圖景當中，我們思索著：邁向百年的未來歷程裡，我們能爲知識界、文化學術界做些什麼？在速食文化的生態下，有什麼值得讓人雋永品味的？

歷代經典・當今名著，經過時間的洗禮，千錘百鍊，流傳至今，光芒耀人；不僅使我們能領悟前人的智慧，同時也增深加廣我們思考的深度與視野。十九世紀唯意志論開創者叔本華，在其〈論閱讀和書籍〉文中指出：「對任何時代所謂的暢銷書要持謹慎的態度。」他覺得讀書應該精挑細選，把時間用來閱讀那些「古今中外的偉大人物的著作」，閱讀那些「站在人類之巔的著作及享受不朽聲譽的人們的作品」。閱讀就要「讀原著」，是他的體悟。他甚至認爲，閱讀經典原著，勝過於親炙教誨。他說：

「一個人的著作是這個人的思想菁華。所以，儘管一個人具有偉大的思想能力，但閱讀這個人的著作總會比與這個人的交往獲得更多的內容。就最重要的方面而言，閱讀這些著作的確可以取代，甚至遠遠超過與這個人的近身交往。」

爲什麼？原因正在於這些著作正是他思想的完整呈現，是他所有的思考、研究和學習的結果；而與這個人的交往卻是片斷的、支離的、隨機的。何況，想與之交談，如今時空，只能徒呼負負，空留神往而已。

三十歲就當芝加哥大學校長、四十六歲榮任名譽校長的赫欽斯（Robert M. Hutchins, 1899-1977），是力倡人文教育的大師。「教育要教眞理」，是其名言，強調「經典就是人文教育最佳的方式」。他認爲：

「西方學術思想傳遞下來的永恆學識，即那些不因時代變遷而有所減損其價値的古代經典及現代名著，乃是眞正的文化菁華所在。」

這些經典在一定程度上代表西方文明發展的軌跡，故而他爲大學擬訂了從柏拉圖的《理想國》，以至愛因斯坦的《相對論》，構成著名的「大學百本經典名著課程」。成爲大學通識教育課程的典範。

歷代經典·當今名著，超越了時空，價値永恆。五南跟業界一樣，過去已偶有引進，但都未系統化的完整舖陳。我們決心投入巨資，有計劃的系統梳選，成立「經典名著文庫」，希望收入古今中外思想性的、充滿睿智與獨見的經典、名著，包括：

- 歷經千百年的時間洗禮，依然耀明的著作。遠溯二千三百年前，亞里斯多德的《尼各馬科倫理學》、柏拉圖的《理想國》，還有奧古斯丁的《懺悔錄》。
- 聲震寰宇、澤流遐裔的著作。西方哲學不用說，東方哲學中，我國的孔孟、老莊哲學，古印度毗耶娑（Vyāsa）的《薄伽梵歌》、日本鈴木大拙的《禪與心理分析》，都不缺漏。
- 成就一家之言，獨領風騷之名著。諸如伽森狄（Pierre Gassendi）與笛卡兒論戰的《對笛卡兒沉思錄的詰難》、達爾文（Darwin）的《物種起源》、米塞斯（Mises）的《人的行爲》，以至當今印度獲得諾貝爾經濟學獎阿馬蒂亞・森（Amartya Sen）的《貧困與饑荒》，及法國當代的哲學家及漢學家朱利安（François Jullien）的《功效論》。

梳選的書目已超過七百種，初期計劃首爲三百種。先從思想性的經典開始，漸次及於專業性的論著。「江山代有才人出，各領風騷數百年」，這是一項理想性的、永續性的巨大出版工程。不在意讀者的眾寡，只考慮它的學術價值，力求完整展現先哲思想的軌跡。雖然不符合商業經營模式的考量，但只要能爲知識界開啓一片智慧之窗，營造一座百花綻放的世界文明公園，任君遨遊、取菁吸蜜、嘉惠學子，於願足矣！

最後，要感謝學界的支持與熱心參與。擔任「學術評議」的專家，義務的提供建言；各書「導讀」的撰寫者，不計代價地導引讀者進入堂奧；而著譯者日以繼夜，伏案疾書，更是辛苦，感謝你們。也期待熱心文化傳承的智者參與耕耘，共同經營這座「世界文明公園」。如能得到廣大讀者的共鳴與滋潤，那麼經典永恆，名著常在。就不是夢想了！

二〇一七年八月一日　於

五南圖書出版公司

導讀——將「眞人」找回來

二〇一七年四月二十一日於臺北市

二〇二〇年二月二日一修

而今聽雨僧廬下，鬢已星星也。悲歡離合總無情，一任階前點滴到天明。

——蔣捷〈虞美人〉

這是奧地利或稱奧國學派第三代大師米塞斯（Ludwig von Mises, 1881-1973）的不朽巨著《人的行爲》第三次「中譯本」。最早的中文譯本是一九七六年由臺灣銀行經濟研究室出版的，譯者是一九九五年過世的自由經濟前輩，《自由中國》半月刊主筆夏道平先生。

《人的行為》中譯本源起

由於先天的性向，更由於數十年來關於世局的體驗與思索，夏先生對奧國學派的經濟思想和其相關的社會哲學，有一份濃厚的偏好。他體認到：米塞斯是把經濟學納入社會哲學或行爲通論的架構中來處理，與當代主流經濟學者所宗奉的凱因斯（John Maynard Keynes, 1883-1946）偏於把經濟學寄託於數學或統計學部門有所不同。這一差異，關乎他們個人學問造詣之深淺廣狹者，乃至關乎經濟學之是否被確實了解者，其事小；關乎其影響於人類文明演化之分歧者，其事大。面對這個關係重大的分歧路口，夏先生選擇認同具深厚廣博的社會哲學基礎的奧國學派經濟思想，且花四年的時間將該學派代表人物米塞斯的代表作——多達八十多萬字的《人的行爲》譯成中文，傳布到華人世界。

十五年之後的一九九一年，經歷東西兩方的緊張冷戰，臺海兩岸的雷霆鬥、日月昏，到左右兩端的極權暴政相繼轉向政治民主、經濟自由。該一變局顯現出奴役與自由的意理一消一長，也密切關係到米塞斯《人的行爲》這本書的「時運」轉移。由一九八九年六月的香港《信報財經月刊》上，所發表的林行止先生的〈中國駐美大使索取米塞斯的《人的行爲》——共產主義的「照妖鏡」〉一文，顯見共產中國領導人也注意、關切到《人的行爲》，而米塞斯是批評社會主義、共產主義最激烈的。巧的是，當時遠流出版公司的詹宏志和蘇拾平兩位先生竟然跟我提議，將夏先生早年花下心血翻譯的米塞斯三本大作，重新校訂再行出版。當時還在世的夏先生以年歲已大作爲藉口，要求我負責校訂工作，由於對米塞斯的經濟思想了解有限又沒對照原著，加上趕時效，我只就中譯文不通順和有疑問處提問夏先生並修正。

「修訂版中譯本」十多年後出現

如夏先生在〈修訂版譯者序〉中所言，該次的修訂，絕大部分是在單字和標點符號的改錯，以及文句的潤飾上。也正如夏先生說的：「嚴謹的翻譯，尤其是理論性的翻譯之求嚴謹，眞是一件難事。我相信這個譯本如再修訂一次、兩次，仍不免還有缺失。」這裡，有必要講一下夏先生爲何要我負責校訂。

早在一九八三年，我就踏入「自由經濟」的思路，也漸漸相信，一個個活生生的個人，才是經濟思考的起點和終點，但到一九九〇年，在七年的摸索過程中，雖摸到了這一思考方式，但對此種思考方式的淵源，以及此派先輩大師的思想、修養卻極度陌生，頂多只知道芝加哥學派的幾位學者。我只是就自己所接觸過的一般學理反覆思索，再以實際社會所發生的現象，相互印證推敲而已。就在夏先生因一九八〇年代初「蔣（碩傑）王（作榮）論戰」也進入中華經濟研究院（中經院）之後，於相互言談中得其教誨，才對幾位古典經濟學大師的哲理略知一、二，米塞斯這個名字，也是自那時才知道的。由於俗務纏身，一直無從獲得研讀米塞斯大作的時間，雖然夏先生屢次暗示，甚至明說，也都無所動作。

眼看一年復一年的過去，我對自由經濟理論的精髓沒下過苦功鑽研，就在快被夏先生視爲「朽木不可雕」的當兒，遠流公司的詹、蘇兩位先生提議修訂米塞斯大作中文譯本，夏先生藉著要我擔任校訂工作的堂皇理由，逼我看完他翻譯的三本米塞斯大作中譯。雖然只能算是快速瀏覽、囫圇吞棗，卻在無形當中領悟到「經濟學是人的行爲學之一部分」，而當代主流經濟學屬於技術層面的分析工具，愈來愈多，早已欠缺清醒的社會哲學作爲基礎，對人性以及人的社會欠缺基本的認識。問題的出現就在那個「人」的正確概念，沒有被當代經濟學和讀經濟學的人時時刻刻緊緊把握住。經濟學和經濟學家所必須了解的「人」，與生物學家和動物學家心目中的「人」不一樣。經濟學家雖也知道「人」具有一般動物的慾望、衝動和本能的反應，但更重要的是「人」還具有異於禽獸的意志、理念和邏輯思考。當前的主流經濟學，完全摒棄人的修養或倫理道德，以數理模式機械化人的行爲，將人「物化」、「機械化」。我也深深認同米塞斯一九四九年《人的行爲》英文版第二三五頁中所寫的：「當今大多數大學裡，以經濟學爲名所傳授的東西，實際上是在否定經濟學。」

社會主義橫行全球

不過，就在所謂的「科學、嚴謹」數理化模式和計量方法愈來愈走紅之後，奧國學派不但被邊緣化，在當今的經濟學教學中已不見蹤影，米塞斯的著作也當然乏人問津，被束之高閣、甚至被丟棄了。二十一世紀的今日，雖然共產主義表面上退縮了，但社會主義卻橫行全球，共產國家實施的是「熱的社會主義」，自由民主國家施行的是「冷的社會主義」，以「社會福利」的名義所向披靡，由共產世界來到自由世界的人都驚訝地感嘆：「這裡好像共產主義一樣，只是不講暴力革命那一套。表面上是自由社會，實質上好像全世界都是在搞共產主義。」連最民主自由、世界第一經濟強權的美國都不例外。而川普的當選雖被稱爲「敲響社會主義的警鐘」，但其實困難重重。世人還是迷戀社會主義，由二〇一四年法國經濟學者皮凱提（Thomas Piketty）厚達七百頁的《21世紀資本論》全球暢銷，就可知其一斑；因果顚倒、本末倒置的說法竟獲普遍認同，可知揭穿社會主義有多麼困難。

在臺灣，二十一世紀小英政府也被認爲秉持左派思想，以「一例一休」政策爲代表的社會主義政策就發揮其戕害人民福祉的魔力，而年金改革、揭「公平正義」旗幟的改革政策也都脫不了社會主義的實質。年輕人的未來被出賣，世代之爭激烈上演，可以說都是實施社會主義政策所肇致的，唯有讓世人清清楚楚看清社會主義的眞相，打從心底徹底將之抹殺才能「找回被出賣的未來」，而《人的行爲》正是這樣一本最好的救命書，對尚未被毒害的小小年紀少男少女尤其重要。可是，遠流版的《人的行爲》中譯修訂本已絕版，而夏先生又早已過世，無法再負起修訂再版的重任！

說也眞巧，和我同時受夏先生感召修習奧國學派學理，且早已通讀米塞斯等大師著作，頗受夏先生推崇的中經院同事兼好友謝宗林先生，多年前提早退休後，感悟到要重新翻譯《人的行爲》作爲傳家之寶。

經我得知，勸他交由出版社公開出版，其過程已在謝宗林〈譯者序〉和洪瑞彬〈校訂者序〉中清楚交代，在這裡，我只想對這兩位志趣相投的好友及具有識見的五南出版公司之朋友表示謝意。

傳諸萬世的全新《人的行為》中譯本

所以，這個譯本是全新的，經過二十六個年頭之後於二〇一七年重新面世，由精讀過前兩次翻譯版本的謝宗林這位真正的專業者精心翻譯，並請專人予以清晰、流暢、可親和可讀的校正，應該是頗完美的版本，能分享到的讀者可說是一種福氣。不過，這本愈陳愈香一千多頁的不朽巨著，七大篇三十九章的篇幅，畢竟稍嫌笨重，趁二〇二〇年再版將之分成上下兩冊，各一半頁數。即便如此，本書終究還是很不容易消化的。因此，最後，我就重述夏先生在一九九一年〈修訂版譯者序〉最後向讀者提出的建議：

「大家都知道，今天的讀書人，包括在校的學生和已有某些成就的學者專家，多半是些連散步也要抄捷徑的效率迷。效率迷要找精神食糧，喜歡去的是速簡餐廳，看到大部頭的書，很少不皺眉頭而肯耐心從頭到尾啃下去的。何況這本巨著又是當代經濟學界的冷門書哩！所以我建議：凡是稍有意願接觸這本書的人士，請首先翻開目錄，找自己有點興趣的章節看一看，想一想，如果覺得有些『實獲我心』之處，我想，就可能逐漸樂於進而追索其理論體系，而再從頭細讀全書。」共勉之！

譯者序

眾裡尋他千百度，驀然回首，那人卻在燈火闌珊處。

——辛棄疾〈青玉案〉

謝宗林，二〇二〇年二月於臺北市

懷舊

這個中文譯本的英文原著*Human Action: A Treatise on Economics*（London, 1949）是一本多重意義的「舊」書。一方面，原著於一九四九年在美國紐約和英國倫敦首次發行，而內涵據稱增刪不多、編印錯漏卻不少的第二版，於一九六三年繼續由同一家出版社發行；一九六六年更換出版社發行的第三版，改正了前一版的印刷疏漏[1]；無論哪一版，出書的時間距今都已超過半個世紀；更不用說它是米塞斯（Ludwig von Mises, 1881-1973）根據他本人整整花了六年在日內瓦講學期間（1934-1940）沉潛寫作，成功整合他個人早期在貨幣理論方面的貢獻、奧國學派奠基者孟格爾（Carl Menger, 1840-1921）的價值理論，以及一九二〇年代社會主義經濟計算大辯論的教訓，精心撰述，並於一九四〇年出版的德文巨著*Nationalökonomie, Theorie des Handelns und Wirtschaftens*的架構和內容改寫而來的。

另一方面，經濟學界自一九三〇年代以來，瓦爾拉式（一般均衡）、馬歇爾式（部分均衡）、凱因斯式（總體計量）等所謂「新經濟學」當道，初學者甚少機會接觸*Human Action*這種延續、改進古典經濟學，可歸類爲形式原理演繹的理論著作，因爲他們的老師執迷於自然科學的實證方法論（positivism），往往將*Human Action*這種非量化、無數學方程式的論證著述，視爲過氣的、「非科學的」、無實用意義的文學，避之唯恐不及。於是，大學圖書館收藏的*Human Action*每每變成塵封於角落、乏人問津的舊書。

再說，本書譯者進行本翻譯工作時所使用的原著紙本，還眞是一本舊書，那是夏道平先生（1907-1995）在中華經濟研究院任特約研究員時，贈予我這個後學的；這紙本的扉頁上有夏先生親筆的「民國四九年八月二十八日購於臺北市南昌街」幾字。印象中，該書在夏先生知道我當時對另一位，通常也被歸入奧國學派的經濟學家海耶克（F. A. Hayek, 1899-1992）和他一樣感興趣時，也就是在夏先生辭世前兩、三年，便一直和夏先生其餘的英文藏書擱在我的書架上了。

夏先生[2]原籍湖北，卻因緣際會成爲臺灣戒嚴時期自由經濟思想的播種者。先生於一九四九年隨國民政府播遷來臺，同年十一月，即與在大陸時期因共事而結識的雷震、胡適等自由主義政治家和知識分子，創辦了至今仍然讓人懷念的《自由中國》半月刊，爲該刊一位主要的撰稿人。從創刊至一九六〇年九月遭國民政府查禁爲止，《自由中國》總計出刊二百四十九期，刊載社論四百二十九篇，其中一百一十六篇出自夏先生之手，此外尚有不少以先生本名或筆名撰寫和翻譯的文章與短評。先生爲文，結構嚴謹、義理完整、磅礡大器，每每振聾發聵、膾炙人口。

一九五七年夏先生的一位同鄉從美國寄來一期*U.S. News & World Report*，其中恰有文章摘要介紹米塞斯的《反資本主義者的心境》，引起先生的興趣，於是開始著手翻譯全書。《自由中國》遭禁後，夏先生從臺灣時政論壇抽身，轉而專注於譯介米塞斯與海耶克的著作，先後在政治大學、東海大學、輔仁大學、東吳大學等校任教，傳播奧國經濟學派的自由經濟理念。

米塞斯逃避納粹的迫害，於一九四〇年輾轉移居美國紐約，開始以英文寫作，主要的英文原著計有六本，按出版年分，分別是*Omnipotent Government: The Rise of the Total State and Total War* (1944)、*Bureaucracy* (1944)、*Human Action: A Treatise on Economics* (1949)、*The Anti-capitalistic Mentality* (1956)、*Theory and History: An Interpretation of Social and Economic Evolution* (1957) 和*The Ultimate Foundation of Economic Science: An Essay on Method* (1962)。這六本著作中，夏先生先後翻譯了*Anti-capitalistic Mentality*（中文譯名：《反資本主義者的心境》，一九五七年首版）、*The Ultimate Foundation of Economic Science: An Essay on Method*（中文譯名：《經濟學的終極基礎》，一九六八年首版），和*Human Action: A Treatise on Economics*（中文譯名：《人的行爲：經濟學專論》，一九七六年首版）。此外，先生還翻譯了海耶克早期的一本論文集*Individualism and Economic Order*（中文譯名：《個人主義與經濟秩序》，一九七〇年首版），和另一位自由主義經濟學家洛卜克（Wilhelm Röpke, 1900-1966）的*The Economics of the Free Society*（中文譯名：《自由社會的經濟學》，一九七九年首版）。米塞斯、海耶克和洛卜克，是成立於一九四七年，以提倡自由市場經濟爲宗旨的Mont Pelerin Society[3]（蒙貝勒蘭學會）的發起人。夏先生也是該學會的會員。夏先生所有前述譯著，於一九九〇年代初，皆在中經院同事吳惠林博士費心校訂後，由臺北遠流出版公司重新發行。

夏先生的自我要求很高，因此對於前述所有校訂後的翻譯作品，仍然覺得不夠滿意。例如，對於校訂再版的《人的行爲》，他說：「嚴謹的翻譯，尤其是理論性的翻譯之求嚴謹，眞是一件難事。我相信這個譯本如再修訂一次、兩次，仍不免還有缺失。」

除魅

夏先生以珍愛的藏書贈我，不無鼓勵我延續他譯介奧國學派自由經濟思想的志業。另一方面，我在十多年前從職場退休後，不時想要盤點：自己鑽研經濟學數十年，究竟學到多少可以確信的理論知識？因此，我偶爾會翻閱尚未丟棄的經濟學書籍，也時常瀏覽美國米塞斯研究院的網站，但從來沒想到要重新翻譯*Human Action*。直到大約七年前，當時，我碰巧讀到一篇，在瓦爾拉式效用函數分析架構下（含約束條件下的優化邏輯），批評米塞斯利息理論的文章，該文作者被歸類爲新成長中的奧國學派經濟學者；一時之間，我居然順著該文的邏輯，繞進了思想的迷宮，甚至一度嘗試以效用函數分析的術語，妄想解釋米塞斯所堅持的行爲概念[4]；後來才警覺：行爲和效用函數分析絕不相容——效用函數分析架構中，找不到人的行爲[5]。這整個過程讓我醒悟：對於人的行爲，自己之前的認知太過膚淺，否則絕不可能繼續受到效用函數分析的魅惑。

是的，我之所以翻譯這本書，主要是想透過精讀米塞斯，以廓清我之前在沒有米塞斯思想的指引下，鑽研經濟學的過程中，累積潛伏下來的一切謬思和妄念，讓求知的心靈得大解脫。至於在譯文的清晰、流暢和可親可讀方面，如果有任何優於夏先生的地方，那也得完全歸功於本書的校訂者洪瑞彬和劉天祥兩位先生。這本書能透過吳惠林兄和五南出版社的介紹，獲得原本素未謀面的洪瑞彬兄，以及迄今緣慳一面的劉天祥先生費心校訂，實乃人生一大幸事，謹在此再次感謝兩位先生的貢獻。另外，我也要感謝五南出版社編輯部的同仁；他們的費心校稿與糾錯，大大增進了這本譯作的品質。

提醒

前面點到本書譯者因醒悟效用函數分析之弊，而得以進入本書所闡述的理論殿堂。由於每個人的學習背景不完全相同，有助於我的機緣，他人不見得適用；要從本書獲益，所須跨越的具體認知障礙，或許人人不同。米塞斯本人認爲，要掌握行爲學的大意，以及行爲學這門知識的特性，須仔細思考某些重大的行爲學議題，例如，報酬律[6]、李嘉圖的結社律[7]、經濟計算問題[8]等等。[9]無論如何，我相信，任何人只要心靈足夠開放、成熟，便都能夠在細品米塞斯說理的過程中得到啓發。

以下簡略說明米塞斯六本主要英文著作之間的關係，希望有助於讀者對米塞斯思想的進一步鑽研。

就米塞斯思想鋪陳的邏輯而言，《人的行爲》無疑居於核心，而且該書是根據一九四〇年發表的*Nationalökonomie, Theorie des Handelns und Wirtschaftens*架構和內容改寫而來，所以出版順序實質上也應算是在其餘五本著作之前。在《人的行爲》裡，米塞斯將人的行爲科學嚴格區分爲兩部分：行爲學和歷史。經濟學，鑲嵌在行爲學當中，是行爲學不可分割的一部分；研究主題是市場現象。行爲學和經濟學的最終基礎，是人的行爲這個概念；這個概念不單是學者設想出來解釋市場或其他社會現象的概念，更是每個人以每一個具體行爲所彰顯的眞實存在；「人的行爲」不是理論家的假設。不過，行爲學和經濟學，以想像、推理的方式，只處理一般行爲元素的形式結構，而不處理個別行爲的具體內容；如此所確立的定理，在其前提和推演過程所假設的條件給定的情況下，是嚴格有效的。而處理個別行爲具體內容的行爲科學，是歷史；歷史學家固然應用行爲學，也不該違背行爲學，但需要應用情理學或歷史「了解」（thymological or historical understanding）的方法，處理所有歷史的獨特性問題；如此建構而成的歷史命題，必然反映歷史學家的個性，因此不具有行爲學定理那種可被證明的確定性，和無可置疑的說服力，而且本質上不具普效性，尤其是不能用於預測未來。[10]

《人的行爲》主要是一本理論性著作，闡述行爲學中發展最完備的部分——經濟學，至於歷史專屬的研究方法和特質，雖然在《人的行爲》中有必要的對照論述，但篇幅不多，更不用說個別的歷史問題討論。

一九四四年出版的*Omnipotent Government*算是在補充《人的行爲》中關於極權主義政府興起的歷史論述；而同年出版的*Bureaucracy*屬於行爲學理論部分，它補充《人的行爲》在討論市場經濟架構中的利潤管理制度（profit management）時，作爲對照，點到的行政管理制度。

一九五六年的*The Anti-capitalistic Mentality*是米塞斯作爲歷史學家，嘗試從Thymology（夏譯：情意學，而筆者則比較偏好譯爲情理學）的角度了解當時歐美社會反商情結的由來，這是一本一百二十頁左右的袖珍小書。

和*The Anti-capitalistic Mentality*只處理某個歷史現象不同，一九五七年的*Theory and History*卻是在比較一般的層次，說明歷史專屬的研究方法和特質，補充《人的行爲》第二章〈人的行爲科學在認識論層次的一些問題〉歷史方面討論的不足。

一九六二年的*The Ultimate Foundation of Economic Science: An Essay on Method* 批評實證主義（又稱實證論），指出某些人根據實證主義反對經濟學，無異於反智；這彌補了《人的行爲》第三章〈經濟學和對理性的反叛〉只討論多元邏輯說之反叛理性與經濟學，而未言明實證主義也同屬一丘之貉。米塞斯指出，「今天這兩種學說——馬克斯的多元邏輯說和實證論，彼此很和諧的對『左派』給以理論的支持。就哲學家、數學家、生物學家這方面來講，有邏輯實證論或經驗實證論的奧祕教條；另一方面，平凡老實的大眾，仍然是受辯證唯物論的一些片斷湊合的東西所煽動。」[11]是的，在米塞斯看來，多元邏輯說和實證主義之反對經濟學，就是對理性的反叛，因爲經濟學純粹是憑理性，從確實存在的行爲元素出發，一步步推演建立起的。[12]

最後，似乎該談一下海耶克。夏先生經由鑽研米塞斯，進而對海耶克產生濃厚的興趣，對海耶克的評價似乎還高於米塞斯。他說，米塞斯的廣博更勝於精深；海耶克的精深更勝於廣博。再者，海耶克的字句鍛鍊，行文嚴謹，那種爐火純青的氣象，米塞斯似乎稍遜一籌。[13]甚至在譯完《經濟學的終極基礎》後，沒直接繼續翻譯米塞斯的其他著作，而急忙著手翻譯海耶克的《個人主義與經濟秩序》。

但海耶克和米塞斯的思想差異，其實是很大、很根本的。米塞斯強調人的理性（reason），認爲人類文明的每一次進步，都是由於人類憑理性能認識到，以合作代替對抗，有利於每一個人長期或「正確了解的」利益。[14]而海耶克思想中，反對或鄙薄理性的色彩，卻是頗爲濃厚的。譬如，他在〈個人主義：眞的和假的〉一文裡說，「人類的理性（reason）不存在於單數……人類的理性必須理解爲人際關係的一個過程。在這個過程中，任何人的貢獻都被別人試驗與糾正。」[15]而米塞斯卻說，「人，作爲一個能思想與行爲的生物，在脫離他的前人類狀態而成爲人的時候，便已經是一個社會性的生物。理性、語言與合作的演化，是同一個過程的結果；它們是不可分割、必然連結在一起的。但是，這個過程發生在個人身上，也完全表現在個人行爲的變化上。這個過程，除了發生在個人身上，沒發生在其他實體上。除了個人的行爲，沒有別的社會基層。」[16]。說到底，我都不太肯定海耶克眞的堅守他自己鼓吹的眞個人主義，遑論思想精深。

米塞斯和海耶克兩人之間，像前述這樣針鋒相對的思想分歧，還有許多[17]。除了米塞斯[18]堅持行爲學（含經濟學）純粹是先驗的、形式的和演繹的性質，而海耶克[19]卻主張經濟學也含有經驗科學的成分之外，這裡僅就《人的行爲》所處理的一個重大議題——社會主義經濟計算問題，略述米塞斯和海耶克兩人的基本分歧。這涉及「均衡」這個概念在經濟理論中所扮演的角色。米塞斯主張：(1)「均衡」（或「均勻輪轉的經濟」）只是理論家在推理過程中所使用的一個思考工具，行爲人不會也不需要考慮「均衡」狀態；(2)個人行爲和市場過程總是趨向「均衡」，因爲行爲總是趨向完全滿足（或無行爲狀態），而市場過程總是趨向消滅企業家的利潤和虧損；但行爲和市場永遠達不到「均衡」，因爲在趨向「均衡」的過程中，市場基本情況必然會不斷變化，而這又因爲變化是生命的本質；(3)市場過程的驅動力，來自爲了追求利潤與規避虧損，而不斷伺機調整生產結構以適應未來消費者需求的企業家；(4)以貨幣爲依據的經濟計算，是生產手段私有制下企業家行爲的思考工具，也是市場過程趨向「均衡」，生產結構和消費契合度改善的指南針；(5)社會主義下，因爲沒有自由的生產手段市場，沒有生產手段價格，任何人都不可能進行經濟計算，比較不同生產結構的利弊得失；(6)所以，社會主義不可能理性的使用生產要素，社會主義不可能實現，不可能成爲有效的社會分工合作體系。

海耶克也認爲社會主義不是一種可以落實的社會分工合作體系，但他所持的理由是：理論上，社會主義經濟計畫當局可以利用數理經濟學用來描述市場「均衡」的那組微分方程式，替代市場經濟計算，但實際上，要應用該替代方法，就必須每天重新給像神話般龐大的那組方程式求解；而這個無法想像的龐大工作負荷，將使這個替代市場經濟計算的想法顯得荒謬。簡言之，海耶克認爲，社會主義理論上可以落實，但基於技術性的理由，實際上很難落實。注意，他暗地裡認爲，「市場機能」實際上能夠很快達到市場「均衡」。

針對海耶克所持的理由，米塞斯很客氣的指出，由於實際經濟體系永遠處於不均衡狀態，所以即使沒有任何技術性的困難阻止人們獲知某個假想的均衡狀態下，情況將會是怎樣，這種知識對於天天必須選擇和採取行動的行爲人（包括社會主義經濟計畫當局）也不會有什麼用處。[20]他倒是還可以批評海耶克和一般數理經濟學家一樣，誤以爲經濟「均衡」並非只是理論家作爲思想工具所虛擬的一個想像，而是有其實際對應的狀態。其實，就神化「市場機能」，未加以分析這一點而言，海耶克也頗有資格被歸入瓦爾拉學派。

對讀者來說，仔細思考、掌握奧國學派和瓦爾拉學派之間的這點差異，也可能是踏入米塞斯思想世界的試金石。

校訂者序

回首向來蕭瑟處，歸去，也無風雨也無晴。

——蘇東坡〈定風波〉

洪瑞彬，二〇二〇年二月於臺北市

二〇一三年中，我驀然回首，發現個人進入行政院經濟建設委員會服務，已歷經了十六位主任委員、十六任行政院長。不勝唏噓的是，當年列爲就業首選的這個職場，曾經是叱吒風雲的「美援會」、「經合會」，號稱「財經小內閣」的樞紐部會，竟然可以形同兒戲，五年之內更換了五位主任委員！一個歸去來兮的念頭驀地從內心深處升起，於是就在任職即將屆滿三十五年的八月一日，毅然提出退休申請，並順利如願地在八月底獲准、十月二日起卸下一切重擔，過起閒雲野鶴般的生活來。

多年知交、自由主義經濟學者吳惠林兄一向抬愛，知我再無公務縈身，立即來電鼓勵，邀我一起投入經典經濟名著的譯述工作，因爲太重要了。他經常舉一個範例，說他的同學謝宗林兄雖然離開職場多年，但仍然熱中於古典經濟思想，特別是「奧地利學派」自由主義經濟學說的研究與傳承，刻正從事系列經典著作的重新翻譯，希望我也能加入這個行列。也因爲如此，我與本書的譯者謝宗林兄雖然素昧平生，卻早已久仰大名，暗地裡欽敬幾分。

二〇一六年中，惠林兄再度來電，說宗林兄稍早重譯米塞斯（Ludwig von Mises）的名著《人的行爲》，已經大致完成；但鑑於該書乃是經典之作，務必求其盡善盡美，故還不斷在精讀、修訂之中，由衷希望我能協助該書的檢閱、校訂與潤飾，使可讀性更爲提高云云。

說到《人的行爲》，不禁想起該書一九九一年遠流「修訂版」的翻譯者夏道平先生。回憶二十多年前，個人何其有幸，由於惠林兄的引見，能夠多次親臨請益、躬聆雅教，對於夏先生嚴肅中不失親和，論述中常帶幽默的風範，印象極爲深刻，那種如沐春風的感覺，恍如昨日。沒想到古道尙存，夏先生作古多年，居然還有衣缽傳人！於是電話中幾乎不假思索，就答應了惠林兄的邀請，他也擇日安排了三人之會，終於順利促成了一樁美事。而接下來的幾次會晤、餐敘，宗林兄對學問的專注、對論述的熱忱，在言談中總是自然流露，令人動容。尤其難得的是，宗林兄的翻譯自我要求極高，本已字斟句酌，堪稱是嘔心瀝血之作，遠非一般譯者能及；但他還是不厭其煩，對於我有時過度的挑剔與苛求，總能夠虛心接受，重新就相關字句、語意再加推敲，務求更爲順暢、易懂。

另一個讓我感慨萬千的是，宗林兄幾次語帶激動地對我說他自己，還有兒女，早已錯過機會，無法在就學階段吸收正確的經濟知識、觀念了，但是他的孫子還來得及；他一定要傾全力將米塞斯的觀念精準呈現，傳授年輕一代經濟學的眞知灼見，避免重蹈上一代慘遭扭曲、誤導的覆轍。這是多麼深刻的領悟！多麼沉痛的吶喊！回顧我自己，大學、研究所主修的就是經濟，隨後大半生在職場接觸、處理的，也盡是經濟問題、經濟事務，只是捫心自問，距離米塞斯所闡述市場機能的眞諦，相去何其遙遠！

夏先生在當年的序文中說得好：不朽的名著，沒有「時效」問題，因而也沒有「過時」的翻譯；有的，只是無常的「時運」。的確，往者已矣，來者可追。希望這個重譯本的出版，能夠在社會各界形成新的潮流，發揮激濁揚清的作用，讓世人有所依循、迷途知返，庶幾不負奧地利學派先哲薪火一脈相傳的苦心！

前言

從一九三四年秋一直到一九四〇年夏，我有幸在瑞士日內瓦的國際關係研究所（Graduate Institute of International Studies）擔任國際經濟關係講座，那是由兩位卓越的學者Paul Mantoux和William E. Rappard所創立和持續領導的學術機構。在寧靜的研究氣氛中，我著手執行一個舊計畫——寫一本綜合性的經濟學專論，題爲*Nationalökonomie, Theorie des Handelns und Wirtschaftens*。一九四〇年五月，該書就在一片憂鬱的戰爭氣氛中於日內瓦出版了。

目前這個英文版本，並不是前書的翻譯本；雖然整體內容結構幾乎沒什麼改變，但所有部分都已重新改寫。

我特別要向我的好友Henry Hazlitt表達感謝，承蒙他費心閱讀這本書的手稿，給了許多最有價值的建議。我也必須感謝Arthur Goddard先生在詞句、文體方面的指教，惠我良多。此外，我很感激耶魯大學出版部的編輯Eugene A. Davidson先生和經濟教育基金會的總裁Leonard E. Read先生的支持和鼓勵。

這幾位先生對於本書內涵的任何見解，不負任何直接或間接的責任。這是毋庸贅言的。

Ludwig von Mises

一九四九年二月於紐約

目次

下冊

第十八章　時間流逝中的行爲

第一節　時間遠近對時段價值的影響

行爲人區別需求獲得滿足之前的時間和滿足持續的時間。

行爲，永遠以去除未來的不適爲目的，即使這未來只是即將來臨的下一刻。從開始行爲到達成目的，總會經過一段時間，亦即，行爲播下種子、生長、直到成熟所經過的熟化時間。最明顯的例子出自農業方面：從耕種土地到果實成熟，經過一段相當長的時間；另一個例子，是葡萄酒品質改善，也需要一段陳年時間。然而，某些行爲所需熟化時間非常短暫，以致日常話語能說：行爲的目的立即達成。

在需要使用勞動的場合，行爲涉及工作時間。每一種勞動都會消耗一段執行時間。某些行爲所需工作時間非常短暫，以致我們能說：行爲完全不需要執行時間。

只有在一些罕見的行爲場合，某一簡單、不可再細分、不用重複的動作，便足以達成目的。行爲人距離其所努力的目標，通常不會只有一步之遙；他必須執行好幾個步驟，而每次要更進一步，都會重新引起是否該繼續朝既定目標邁進的疑問。大多數目標是如此遙遠，以致只有堅定執著才能達成。持之以恆、堅定不移邁向所追求的目標，是行爲成功所必須的。總共需花費的時間——工作時間加上熟化時間，可稱爲生產期。某些場合，生產期很長；另一些場合，生產期則很短。有時候，生產期如此短暫，以致實際上能完全予以忽略。

目的達到後所增加的滿足，是有時間限制的。行爲所產生的成果，功用只持續一段有限期間；我們可以稱此爲功用持續期。有些產品的功用持續期比較短，另有些產品的功用持續期比較長；後者通常稱爲耐久財。行爲人總是會考慮生產期和產品的功用持續期。行爲人在評估考慮中的行動項目會產生哪一些負效用時，不僅關心所需花費的材料和勞動，也關心所需的生產期；在評估預期產品的功用時，行爲人會關心功用持續期的長短。當然，產品愈耐久，所提供的功用數量愈多。但是，如果這些功用不是全部可在同一天使用，而只是在某一段期間內陸陸續續、可供每天使用一部分，那麼，正如下面將表明的，時間對這些功用的價值評估就有一特殊作用。n單位的功用是否在同一天可用，或者在連續n天的期間內，每天只可使用1單位，對於功用的價值評估是有影響的。

讀者必須知道，生產期和功用持續期，都是人的行爲所隱含的範疇，不是哲學家、經濟學家或歷史學家建構出來，作爲思考工具，以方便解釋社會現象的概念；它們是行爲之前、指導行爲的思考，必然會有的基本元素。這裡必須強調這一點，因爲龐巴衛克（Böhm-Bawerk）未能理解其中差異，雖然經濟學界得感謝他發現了生產期對行爲的影響。

行爲人不會用歷史學家的眼光來審視自己的處境；行爲人不關心目前的情況是怎麼來的，而只關心怎樣妥善利用各種目前可用的手段，以便盡可能去除未來的不適。對行爲人來說，過去發生了哪些事，是無關緊要的；現在有一定數量的物質類生產要素歸他處置；他不會問，這些生產要素是不是大自然賜予的，或是過去完成的生產過程的產品。對他來說，過去爲了生產這些生產要素，花費了多少大自然賜予的（或者說，原始的）物質類生產要素和勞動，以及相關生產過程花費了多少時間，是無關緊要的；他對目前各種手段的價值評估，端看它們在他努力使未來情況變得更好的過程中，能分別提供什麼功用。對他來說，生產期和功用持續期是計畫未來時固有的行爲範疇，不是什麼學術回顧或歷史研究所使用的概念。只要行爲人必須選擇長一點或短一點的生產期，以及只要他必須選擇生產比較耐用或比較不耐用的產品，生產期和功用持續期這兩個行爲範疇就會發生作用。

行爲人不關心一般未來，他永遠只關心未來某一有限的時段；這時段的一端，必然是行爲開始的那一剎那，至於另一端則取決於行爲人的選擇。有些人只關心即將來臨的下一刻，另有些人則極爲深謀遠慮，所關心的未來時段遠超過自己的預期壽命。行爲人在某一特定行爲中，希望以某一方式、在某一程度內、給予照應的未來時段，稱爲照應期。行爲人在未來同一時段的各種需求滿足之間做選擇；同樣的，他也在較近的和較遠的未來需求滿足之間做選擇。每一個選擇都隱含一個照應期的選擇，亦即，行爲人在決定怎樣使用各種現有手段以去除不適感時，也暗地裡決定了照應期。在市場經濟裡，消費者的需求也決定照應期的長短。

有一些不同的方法，可以用來延長照應期：

一、累積比較多預定用於未來消費的消費財庫存。

二、生產一些比較耐久的財貨。

三、生產一些所需生產期比較長的財貨。

四、選擇一些比較費時的生產方法，生產一些生產期較短的過程也能夠生產出來的財貨。

第一和第二個方法毋須進一步說明。第三和第四個方法則必須詳加討論。

人生和行爲的一個根本事實，就是生產期最短的那些過程不會完全去除不適感；當這些最短的過程所能提供的一切產品都生產出來之後，仍然有些需求尚待滿足，因此進一步行爲的動機仍然存在。由於行爲人在其他情況相同下，偏愛在最短時間內能完成產品的生產過程，所以進一步的行爲只能採取費時比較長的生產過程。[1]行爲人從事比較費時的生產過程，是因爲他認爲預期增加的滿足，價值高於成果等待時間較長的犧牲。龐巴衛克說：比較費時的迂迴生產方式具有比較高的生產力。比較適當的說法應該是：比較費時的生產過程具有較高的實質生產力。這些過程的較高生產力，並非總是在於它們——在花費相同數量的生產要素下——生產出較多數量的產品；較高的生產力常常在於，它們生產一些根本不可能在較短生產期內生產出來的產品。但這些過程不是迂迴的過程，而是最短、最快抵達所選定目標的途徑。譬如，要捕獲更多魚，除了借助魚網和獨木舟取代徒手捕魚之外，沒有別的辦法。又譬如，要生產阿斯匹林，除了現代化工廠所採用的那些方法之外，沒有別的更好、更短和更便宜的已知辦法。如果略去犯錯和無知的情況不計，那就毋須懷疑行爲人所選擇的那些生產過程最具生產力、也最便捷；行爲人如果不認爲它們是最直接的過程、是達到目的的最短途徑，自始便不會採用它們。

行爲人單純累積消費財庫存所達成的照應期延長，是行爲人渴望爲某一較長時段的消費預作準備所致。生產一些比較耐久的產品，其耐久度增加的比例大於所需增加的生產要素花費，[2]也是同一種渴望所致。但是，如果行爲人想達成一些時程上比較遙遠的目標，則生產期的延長便是行爲的一個必然的結果；行爲所追求的目的，不可能在較短的生產期內達到。

延後某一消費行爲，意味行爲人預期延後消費所提供的滿足，大於立即消費所提供的滿足。選擇某一較長生產期，意味行爲人預期，這個後來才能有成果的過程所提供的產品，價值高於費時比較短的過程所提供的產品。在這種考量和所導致的行爲中，生產期以等待期的形式出現。傑逢斯（William Stanley Jevons）和龐巴衛克的偉大貢獻，就在於表明納入等待期的考量對行爲的影響。

人如果不關心等待期的長短，將永遠不會說，某某目標在時程上是如此遙遠，以致誰也不會想要達成它。當面對兩個生產過程，同樣的投入，有不同的產出，人所選擇的生產過程，將永遠是那個生產出相同產品，但數量比較多的過程，或產品數量相同，但品質比較好的過程，即使因而必須延長生產期。投入增加，如果導致產品的功用持續期超比例增加，將絕對被視爲有利。但人的行爲其實不是上述這樣。這個事實證明，行爲人對於長短相同的各個未來時段的價值評估，是根據各時段距離行爲人下決定那一刻的遠近而有所不同的。其他情況相同下，人偏愛比較近期的未來滿足，甚於比較遙遠的未來滿足；人認爲，等待是負效用。

這個事實已經隱含在本章開頭強調的那句話裡：行爲人區別需求獲得滿足之前的時間和滿足持續的時間。在人生中，時間元素如果要有什麼作用可言的話，那麼，較近和較遠的兩個長短相同的未來時段，就絕不可能得到相等的價值評估。如果這兩者的價值相等，將意味行爲人不關心早一點或晚一點獲得成功，也就等於完全抹除了時間元素在價值考量中的作用。

沒錯，人確實認爲，功用持續期較長的財貨比功用持續期較短的財貨更有價值。但是，這個事實本身並未隱含人的行爲考慮到時間元素。一個能保護房屋在十年內免於風雨的屋頂，比一個只能在五年內具有這種功用的屋頂更有價值；這兩個屋頂所提供的服務數量不同。但這裡必須處理的問題是，行爲人在選擇時，是否認爲較晚的未來才可使用的服務（或功用），價值等於較早的未來便可使用的同一種服務（或功用）。

第二節　時序偏好是行為的一個基本要素

前述問題的答案是：在評估不同時段的滿足時，行爲人不會只考慮滿足時段的長短。在去除未來的不適上，**早一點**或**晚一點**的考量，會影響行爲人的選擇。時間，對人來說，不是一種同質的，只有長短才是重要的東西；它不是尺度上比較長或比較短的東西，而是一個不可逆的流動，每個不同片斷，按其距離價值評估與抉擇那一刻的遠近，以不同（或透視）的角度出現在行爲人的視野之中。某個需求在較近的未來得到滿足，和在較遠的未來得到滿足相比，在其他情況相同下，人總是偏好前者；眼前的財貨，總是比未來的財貨更有價值。

時序偏好，是人的行爲必具有的元素。任何人都無法想像，有什麼樣的行爲不是——在其他情況相同下——偏好取得較早的滿足，甚於較遲的同樣滿足。某人採取行動滿足某個慾望，這行動本身便意味：他偏好在當下滿足那個慾望，甚於在稍後滿足。某人不推遲消費、而選擇現在消費某一不易腐敗的東西，那就顯示：他認爲現在消費所得到的滿足，價值高於延後消費所得到的滿足。如果某人竟然不偏好在較近的未來取得滿足，反而偏好在較遠的未來取得滿足，那麼，他將永遠不消費、也不滿足慾望。他將總是累積財貨，永遠不消費、也不享受；今天他不消費，明天他也不消費，因爲當明天來臨時，他還是一樣會碰到當下消費或推遲消費的選擇。

不僅邁向需求滿足的第一步、乃至後來的每一步，都同樣會受時序偏好影響。一旦價值排序中排在第一順位的慾望 a 獲得滿足後，行爲人必須在第二順位的當下慾望 b 和——如果不考慮時序偏好——原本排在第一順位的預期未來慾望 c 之間做取捨。如果行爲人寧取 b 而不取 c，這選擇顯然也牽涉到時序偏好。行爲，以追求慾望滿足爲目的，所以必定會受「寧取較近期的滿足、而不取較遠期的滿足」這種偏好的影響。

現代西方資本主義社會裡的人，處境和原始時代的祖先不同；兩者在不同的生活環境下行爲。由於先人深謀遠慮的照應，現代西方人有大量的中間財——資本財或生產出來的生產要素——和消費財庫存供其處置。現代西方人的許多行動，籌謀較長的照應期，因爲他們有幸繼承了過往的一段歷史，這段歷史一步步延長照應期，並且給他們留下各種進一步延長等待期的手段。在行爲時，他們關心比較長遠的未來，並且希望在所選定的照應期內，比較平穩的滿足所有時段的需求。他們能期待消費財不斷湧進庫存，因爲他們手中不僅有可供立即消費的消費財庫存，而且也有各種生產財庫存；憑藉這些生產財庫存和不斷的努力，可使新的消費財源源不斷成熟。膚淺的觀察者因此認爲，現代西方人在處理此一逐漸增加的「所得流量」時，不會理睬任何牽涉到現有財貨和未來財貨有什麼不同價值的考量。這種觀察者斷言，現代西方人不分辨時間先後，因此在事事物物的處置上，時間元素沒有任何重要性可言；所以，在解釋現代的情況時，訴諸時序偏好是沒意義的。

這個流行的異議，所涉及的根本錯誤，和其他許多相關錯誤一樣，是對「均勻輪轉的經濟」這個假想建構產生可悲的誤解所造成的。在這個假想建構裡，什麼變動也沒發生，一切事物都一成不變的重複進行。於是，在均勻輪轉的經濟裡，人爲了滿足較近和較遠的未來慾望，所做的財貨配置不會有任何變動。誰也不會計畫任何更動，不僅因爲——根據假設——現行的財貨配置最適合自己，也因爲誰也不相信有什麼可行的重新配置模式，能夠改善自己的處境。誰也不想增加自己在較近未來的消費而犧牲較遠未來的消費，反之亦然；因爲現行的配置模式，比其他任何想得到的和可行的配置模式，更讓自己覺得滿意。

資本和所得這兩個行爲範疇的區別，乃是基於行爲固有的時間元素：行爲人對未來各期間的需求滿足有不同的價值評估。均勻輪轉的經濟假想，隱含所得全部不多不少的消費掉，所以資本保持不變；也就是說，針對未來各期間的需求滿足所規劃的財貨配置，已達到均衡狀態。如果以宣稱「誰也不想在今天消費明天的所得」來描述此一狀態，那是可容許的；經濟學家當初在設計均勻輪轉的經濟這個假想建構時，原本就是要讓它恰恰符合這個條件。但是，讀者必須知道，經濟學家也能同樣斷然確定的宣稱，「在均勻輪轉的經濟裡，誰也不希望擁有比實際擁有的更多的任何商品」。對於均勻輪轉的經濟而言，這些陳述都是正確的，因爲它們都隱含在經濟學家給這個假想建構所下的定義中。然而，對於一個變動中的經濟，或者說，對於所有眞實的經濟來說，這些陳述是毫無意義的。一旦給定的資料有所變動，人就不得不重新面對同一期間、不同的需求滿足之間，以及不同期間的需求滿足之間的抉擇問題。增加的所得，或者能用於立即消費，或者能用於投資擴大生產；不管行爲人怎樣使用這增加的所得，他們的選擇必定是在權衡各未來期間的需求滿足、預期會有些什麼利弊得失之後的結果。在眞實的世界裡，在活生生、變動的宇宙裡，每一個人在每一個行爲中，都不得不在不同期間的需求滿足之間做選擇。有些人消費掉他們賺到的全部所得，也有些人消費掉一部分他們的資本，而另有些人則儲蓄一部分他們的所得。

對於時序偏好的普遍有效性抱持懷疑的人，無法解釋一個人爲什麼並未總是把今天手上的一百塊錢用於投資，儘管該一百塊錢投資一年後將增加至一百零四塊錢。顯然的，這個在今天消費這一百塊錢的人，必然認爲今天的一百塊錢比一年後的一百零四塊錢價值更高；再者，即使他今天選擇投資這一百塊錢，那也不意味他偏好某一未來期間的滿足甚於今天的滿足，而是意味他認爲今天的一百塊錢價值低於一年後的一百零四塊錢。行爲人今天花出去的每一毛錢，都證明行爲人認爲眼前的滿足價值高於後來的滿足，因爲在現代資本主義經濟裡，有許多機構方便人投資，不管金額是多麼少。

時序偏好定理必須在兩種情況下分別證明成立。首先是單純的儲蓄，行爲人在這種情況下，必須在立即消費某一數量的財貨，和稍後消費同一數量的財貨之間做選擇。第二是資本家的儲蓄，行爲人在這種情況下，必須在立即消費某一數量的財貨，和稍後消費較大數量的同一種財貨之間做選擇；或者必須在立即消費某一數量的財貨，和稍後消費其他某些財貨之間做選擇——行爲人認爲，這些供後來消費的財貨適合提供一些更有價值的服務，只不過時程較遠，需要特別斟酌。上面已經給了這兩種情況的證明，不會再有其他想得到的情況了。

嘗試從心理學的角度，了解時序偏好問題，是可以的。沒耐性和等待所引起的痛苦，無疑是心理現象。論者也許可以引用人生在世時間有限，引用個人的出生、成長、成年，以及不可避免的衰老、過世，嘗試闡釋這些心理現象。在個人生命過程中，每一件事情都有其恰當的時機，以及太早或太晚的時候。不過，行爲學的問題和心理學絕不相干。我們必須想像、理解（conceive），而不只是了解（understand）。我們必須想像：某人如果並不偏好較近的未來滿足、甚於較遠的未來滿足，那麼，他將永遠實踐不了任何消費和享樂。

另外，行爲學的問題也絕不可和生理學的問題混淆。某人若想活到未來某個日子，那麼，他首先必須在這一段期間天天照顧好身體；因爲滿足基本的生存需要，是滿足任何較遠的未來需求的必要條件。這使我們了解：爲什麼在僅能勉強餬口的情況下，人總是偏好近期的滿足，甚於後來的滿足。不過，這裡探討的是行爲本身，而不是行爲背後的動機。就像經濟學家不問，人爲什麼需要蛋白質、碳水化合物、脂肪，所以經濟學家也同樣不探究，基本生存需要的滿足爲什麼似乎是必要的、不容拖延的。作爲經濟學家，必須想像、理解：任何消費和享樂，都意味行爲人偏好當前的滿足，甚於後來的滿足。這種想像、理解所提供的知識，遠遠超過相關的生理事實所能解釋的範圍；它適用於每一種需求滿足，不僅局限於基本生存必需品的需求滿足。

這一點很重要，因爲龐巴衛克所說「基本生存供給，可供墊付基本生存的物資儲存」，很容易遭到誤解。供應物資滿足生活必需品的需求，從而確保生存，無疑是該物資儲存的一個任務；但是，除了滿足等待期間基本生存必要的需求之外，該物資儲存還必須大到足夠滿足某些基本生存之外的需求與慾望；因爲若和比較費時的生產過程、所產生的比較豐富的物質收穫相比，人認爲這些需求和慾望的滿足更爲迫切。

龐巴衛克宣稱，生產期的每一步延長，有賴於這樣的條件：必須有「某一數量充足的現有財貨，容許人渡過啓動準備工作和產品收成之間，平均加長的間隔時間」。[3]其中，「數量充足」一詞需要闡釋；它不是說數量足以供應基本生存的需要，而是說數量必須大到足夠確保某些需求的滿足；因爲人認爲，和生產期進一步延長所獲較多的未來好處相比，所有這些需求在等待期間的滿足更爲迫切。如果該數量少了些，則生產期的縮短便顯得比較有利；因爲這時行爲人不再認爲，預期從保持較長的生產期而獲得的那些數量較多或品質較好的產品，足夠補償等待期間必須縮減消費的犧牲。「基本生存供給」數量是否充足，並非取決於任何能夠用科技和生理學方法、客觀確定的生理或其他事實。再則，前述引文中，「渡過」這個比喻詞，也很容易引起誤解；因爲它暗喻彷彿有一條河流，其寬度爲橋梁建造者設下一個由客觀因素決定的任務。但是，這裡講的數量，是由行爲人評估它的價值，他的主觀判斷決定相關數量是否充足。

即使我們想像有這樣的世界存在：在那裡，大自然爲每個人提供維持嚴格意義的生存所需的一切手段；或者說，在那裡，最重要的食物不虞匱乏，因此人的行爲將和維生的需求無關。但，在這樣的世界裡，時序偏好的現象依然會存在，依然會引領人的一切行爲。[4]

論時序偏好理論的演進

有人也許會認爲，期間愈長、利息愈高的事實，按理早該點醒經濟學家在發展利息理論時，注意到時間的作用。然而，古典經濟學家卻受阻於錯誤的價值理論與成本概念，而未能意識到時間元素的重要性。

經濟學應感謝傑逢斯提出時序偏好理論，但更應感謝龐巴衛克詳細闡釋該理論。龐巴衛克是第一個問對問題、第一個揭露生產力學派的利息理論所隱含的各種謬誤，以及第一個強調生產期有什麼作用的人。但是，他對利息問題的闡釋，並未能完全避開某些相關的陷阱。關於時序偏好的普遍有效性，龐巴衛克所提出的證明不夠充分，因爲他的證明建立在一些心理因素的考量上。然而，心理學絕不可能證明行爲學定理的有效性。心理學也許能證明某些人或許多人放縱自己屈服於某些動機；但是，心理學絕不可能證明，所有人的行爲必然受到某一考量因素的特定影響，亦即，該考量因素在每一個行爲實例中，發揮特定的引導作用。[5]

龐巴衛克論證的第二個缺失，是誤解了生產期這個概念；他沒充分意識到，生產期的考量是行爲固有的一個範疇，而且該範疇在行爲中所發揮的作用，完全在於影響行爲人怎樣選擇長短不一的生產期；至於過去爲了生產現在可供使用的各種資本財曾花費多長的時間，對行爲人而言，則是完全無關緊要的事情。行爲人在評估這些資本財的價值時，只關心一個面向：它們對未來的需求滿足多麼有用。龐巴衛克所謂的「平均生產期」是一個空洞的概念。決定行爲的，是這樣的事實：行爲人在各種不同的、能夠去除未來不適感的途徑中做選擇時，每一個途徑的等待時間都是必然要考量的一個因素。

由於這兩個錯誤，龐巴衛克在鋪陳利息理論時，未能完全避開生產力學派的論點，儘管他本人在對資本與利息學說歷史的批判研究中，就已經非常出色的駁斥了該學派的理論。

這裡的評論絲毫不會減損龐巴衛克不朽的功績。後來的經濟學家，尤其是Knut Wicksell、Frank Fetter和Irving Fisher，在完善時序偏好理論方面的成就，主要是建立在龐巴衛克所奠定的基礎上。

有一些經濟學者向來以「行爲人對現有財貨的偏好、一貫勝過對未來財貨的偏好」，表述時序偏好理論的精髓。對於這個表述方式，另有一些經濟學家則感到困惑；他們說，事實上在某些場合，某些財貨現在的用途價值低於未來的用途價值。然而，這些表面的例外所引起的爭議，純粹是對眞實情況有所誤解所致。

有些享樂是不可能同時兼得的。譬如，一個人不可能在同一晚欣賞歌劇**卡門**和**哈姆雷特**的表演。在購買門票時，他必須在這兩部歌劇之間做選擇。即使這兩張同一晚的門票作爲禮物呈現在他面前，他也一樣必須選擇其中之一。對於他所拒絕的門票，他也許會有這樣的想法：「我只是現在不喜歡它」，「但願它是明、後晚的門票」。[6]然而，這並不表示他偏好未來的財貨甚於眼前的財貨；他必須在兩個不可兼得的享受之間做取捨，這是每一個取捨的實例都會有的兩難局面。在當下，他偏好欣賞**哈姆雷特**甚於欣賞**卡門**；當後來某一天情況不同了，他很可會做出相反的決定。

第二個貌似的例外，出現在一些容易腐敗的財貨場合。這些財貨可能在每年的某一季供應量很大，而在其他季節也許供應稀少。然而，冬天的冰塊和夏天的冰塊，不是現有財貨和未來財貨的區別，而是一件即使現在沒消費掉、也會喪失功用的財貨，和另一件需要不同生產過程的財貨，兩者之間的區別。冬天的冰塊，只有經過某一特別的保存過程後，才能留到夏天使用。就夏天可用的那種冰塊而言，冬天的冰塊充其量不過是必要的互補生產要素之一。縮減消費冬天的冰塊，不可能增加夏天冰塊的供應量。這兩樣東西，就所有實際意義而言，是不同的兩種商品。

守財奴的例子也沒牴觸時序偏好的普遍有效性。守財奴在花費自己的一些收入勉強過活時，也是偏好某些較近未來的滿足、甚於較遠未來的滿足。極端的守財奴，連最低必要的食物也捨不得消費，是一種病態的生命力流逝；而因爲害怕病從口入而拒絕進食的人、寧可自殺也不想迎戰危險的人，以及因爲擔心睡覺時可能有不測之禍臨頭而不能入眠的人，也同樣是病態的生命力流逝的例子。

第三節　資本財

一旦所有比照應未來需求都更爲迫切的現在需求，都完全滿足了，人便會開始儲蓄一部分現有的消費財以供未來使用。消費延後，使行爲能追求時程上較爲遙遠的目的。由於決定延後消費，人現在能夠追求一些在此之前由於所需生產期較長、而不考慮的目標。另外，人現在也能夠選擇一些生產期較長的方法，以提高每單位投入的產出數量。人採納的生產過程若要延長，儲蓄——也就是目前的生產多於目前的消費，是一個必要條件。儲蓄是改善物質享受的第一步，也是要繼續這種改善的第一步。

即使沒有一些生產期較長，科技比較優越的生產過程所提供的激勵，人也會延後消費，以便累積一些消費財庫存供未來消費；而知道有一些雖然比較費時、但較具生產力的生產過程，就會大大增強人的儲蓄傾向。於是，在較近的未來縮減消費所忍受的犧牲，不僅將因預期在較遠的未來消費這些省下的財貨而得到補償，而且該犧牲既是通往在較遠的未來有一較豐富供給的敲門磚，也是通往取得無此犧牲便不可能取得的一些財貨的墊腳石。在其他情況相同下，行爲人如果不是毫無例外的偏好較近的未來消費、甚於較遠的未來消費，他將總是儲蓄、永遠不消費。限制儲蓄和投資的因素，是時序偏好。

行爲人若要進行某個生產期較長的生產過程，首先必須透過儲蓄，累積數量充足的消費財，以備在等待期間，滿足行爲人認爲比等待該比較費時的生產過程可望增加的福利更爲迫切的慾望。資本的累積，從某一些人推遲消費財的消費，以便形成供未來消費的消費財庫存開始。現在省下的消費財，如果只是儲存起來供應未來的消費，那便只是單純的財富，或者更精確的說，一筆未雨綢繆、以備不時之需的儲備，停留在生產活動之外；只有當省下的消費財用作生活物資、付給工人從事比較費時的一些生產過程時，才算是整合到生產活動裡。這種整合是經濟意義、而不是實質意義的整合。某些人省下的消費財，如果以這個方式花用，會被其他人實質消費掉；但就經濟意義而言，它們並未消失。它們首先轉變成某些較長生產過程的中間產品，然後又轉變成這些生產過程的最終產品——消費財。

所有投資冒險和生產過程的決策，都接受資本會計的知性控制；資本會計是以貨幣表述的經濟計算的制高點。如果沒有貨幣計算的幫助，人除了生產期長短之外，甚至不可能知道某一生產過程是否有可能比另一生產過程更具生產力。沒有貨幣計算的幫助，各生產過程所需的花費，將不可能相互比較。資本會計以現有可供進一步生產使用的資本財市場價格爲起始點；這些資本財市場價格的總和，稱爲資本。資本會計記錄這資本組合的每一項支出，以及這些支出所換來的一切收入項目的價格，最後確立資本組合所有進出轉換的最終結果，從而確立整個轉換過程的成敗。資本會計不僅顯示最後的結果，也反映達到最後結果的每一個中間站，在每一個可能需要盤算收支平衡的日子，產生臨時的資產負債表，並且爲生產過程的每一部分或每一階段產生損益表。資本會計是市場經濟生產活動不可或缺的指南針。

在市場經濟裡，生產是一個連續的、無止境的活動，分成無數不同的局部過程。無數生產期各異的生產過程同時進行，它們彼此互補、同時也互相競爭稀少的生產要素。在這當中，或者有新的資本不斷被儲蓄、累積起來；或者先前累積的資本被過度消費、吃光耗盡。生產活動分散在無數個別的工廠、農場、車間和企業中進行，每一個生產單位只完成有限的任務。中間產品或資本財，亦即，生產出來供進一步生產使用的要素，在生產過程中不斷轉手；它們從某一工廠轉移到另一工廠，直到最後製成消費財，供人消費享用。社會的生產過程永不停歇，時時刻刻都有無數生產活動在進行著；其中有些生產活動比較接近完成各自特別的任務，有些則是距離完成任務比較遠。

在這不停的財富（或財貨）生產過程中，每一項成就，都是在前人儲蓄與預備工作鋪就的基礎上達成的。我們有幸繼承了先人的遺產，他們的儲蓄累積了今天幫助我們工作的資本財。我們這些電氣時代的寵兒，現在仍然得益於原始時代漁夫最初的儲蓄；他們爲了照應某段遙遠的未來、而奉獻了一部分工作時間，生產出第一批捕魚的魚網和獨木舟。如果這些傳說中漁夫的兒孫把這些中間產品——魚網和獨木舟——用壞了，卻沒生產新的替補資本財，那就是在消費資本；如果是這樣，儲蓄和資本累積的過程就必須從頭開始。我們的處境之所以比前人來得更好，只因爲我們擁有前人預爲累積的資本財。[7]

商人，作爲行爲人，全神貫注唯一的一件事：怎樣好好利用現有的一切手段，以改善未來的情況。商人不是從分析和理解的角度審視當前的事態；他採取的是一些膚淺的經驗法則，爲各種進一步生產的手段歸類、並評估它們的重要性。他區別三種生產要素：大自然賜予的物質類要素、人力要素——勞動，以及資本財——過去生產出來的中間要素。他不分析資本財的性質；在他眼裡，資本財是增加勞動生產力的手段。他相當天眞的以爲，資本財具有自己的生產能力。他沒把資本財的手段性質追溯到大自然和勞動，他不問資本財是怎麼來的。在他看來，資本財的重要性，只在於它有助於他的成功。

就商人來說，這種思考模式是沒問題的。但對經濟學家來說，同意商人這個膚淺的看法，卻是嚴重的錯誤。商人錯把「資本」視爲一種獨立的生產要素，和大自然賜予的物質類要素及勞動並列。然而，資本財——過去生產出來供進一步生產使用的生產要素——並不是一種獨立的生產要素；資本財是過去花費兩種原始要素——自然賜予的物質類要素和勞動——的共同產品；資本財沒有自己獨立的生產能力。

此外，把資本財稱爲儲存起來的勞動和大自然，也是不正確的想法。資本財倒是可以稱爲儲存起來的勞動、大自然和時間。沒有資本財幫忙的生產活動，和有資本財協助的生產活動，兩者之間的差別在於時間。資本財是從生產活動的起點到最終目的——產出消費財——這條路上的中間站。相對於一個沒有資本財、因而必須從起點出發的人，有資本財協助生產的人享有一個極大的優勢：他在時程上比較接近他努力的最終目的。

沒有所謂資本財的生產力這回事。一件資本財的價格，和該件資本財的再製所需的各種互補原始生產要素總和的價格，兩者之間的差異完全是時間差所造成的。使用該資本財——譬如，一部機器——的人，比較接近生產目的；對於有資本財可用的人來說，他的生產期比某個必須從頭開始的競爭者要短一些。當某人購買某部機器時，他買的是：該部機器再製時所需花費的各種原始生產要素、加上時間——他的生產期因使用該部機器而縮短的時間。

時間價值，亦即，時序偏好，或較近的未來需求滿足價值高於較遠的未來需求滿足，是人的行爲的一個基本元素，影響每一抉擇和每一行爲。沒有哪個人會漠視早一點和晚一點的差別。在所有商品和服務的價格形成過程中，時間價值都發揮了作用。

第四節　生產期、等待期和照應期

如果有人想要測量現存各種財貨過去製造時所花費的生產期長短，他就必須追溯這些財貨的起源史，直到最初只花費原始生產要素的那一刻；他必須確定自然資源和勞動在什麼時候用在一些，除了協助生產已用掉的財貨，最後也有助於生產現存財貨的生產過程。要解決這個問題，就必須假設可以進行實物歸屬；也就是說，必須能在數量上確定直接或間接用在生產現存財貨的各種工具、原料和勞動，分別對生產結果有多少貢獻。這種歷史的探究，必須追溯到原本現掙現食、僅能餬口的人開始儲蓄和累積資本的起點。不僅實際上困難重重，阻止這種歷史研究。實物歸屬問題不可解，使這種研究工作連起步都踏不出去。

行爲人本身，以及經濟理論，都不需要測量過去花了多少時間，才生產出現在可供使用的各種財貨。行爲人即使知道這些數值，也用不著。行爲人面對的，是怎樣好好利用現有的財貨供給。在選擇怎樣利用這供給的每一部分時，他的目的，是使尚未滿足的需求中最迫切的需求獲得滿足。爲了達到這個目的，他必須知道，把他和他可以選擇的各個目標隔開的等待時間分別有多長。正如前面已經指出，而在此必須再次強調的：行爲人沒必要回顧現有資本財的歷史起源。行爲人算計的等待時間和生產期，是從今天往未來算起的。正如他沒必要知道，現有的各種產品在過去生產時花費了多少勞動和物質生產要素，他也一樣不需要知道，過去生產該等產品所花費的時間長短。對於所有財貨，行爲人都完全根據，它們分別能給未來需求的滿足提供什麼服務，來評定價值。過去爲了生產它們所付出的犧牲和所花費的時間，是無關緊要的；那些犧牲和時間屬於已經消逝的過去。

讀者必須知道，所有經濟學概念都指涉人的行爲，完全和事物的物理性質沒有任何直接關係。經濟學不是關於財貨與服務的學問，而是關於人的選擇與行爲的科學。行爲學的時間概念，不是物理學或生物學的概念。行爲學的時間概念，指涉行爲人在做價值判斷時，發揮作用的那個「**早一點**」或「**晚一點**」的時間差。資本財和消費財之間的區別，不是一個僵固、取決於相關財貨的物理或生理性質的區別，而是取決於行爲人的態度和他必須做些什麼選擇；同一批財貨可以視爲資本財，也可以視爲消費財。一批可供立即享用的財貨，從某個人的觀點來看，是資本財，只要他把該批財貨當作等待期間維持他自己和所僱工人生活的手段。

若要採取生產期、從而等待期較長的生產過程，則現在可供使用的資本財數量就必須增加。某人如果想達到時程上比較遙遠的目的，就必須採用比較長的生產期，因爲在較短的生產期內不可能達到所欲追求的目標。某人如果想採用每單位投入產出數量比較多的生產方法，就必須延長生產期，因爲每單位投入產出數量比較少的生產過程，先前所以採用，完全是由於所需生產期比較短的緣故。但另一方面，若利用新增儲蓄所累積起來的資本財，並非每一種選定的用途，從開始生產到產品成熟的生產期，都一定會比所有先前已採用的生產過程更長。實際情況也許是：在滿足了比較迫切的需求後，人現在渴望獲得一些能在相對短的期間內生產出來的財貨；先前所以沒生產這些財貨，不是只因爲所需的生產期太長，而是因爲另有更爲迫切的用途，等著使用所需的生產要素。

如果有人決定宣稱，資本財供給每有增加，都會導致生產期和等待期進一步延長，那他應是根據下面這樣的推論：如果a代表先前已有生產的財貨，b代表利用增加的資本財供給啓動新過程生產的財貨，那麼，顯然的，人等待a和b的時間，必然長於只等待a的時間；因爲要生產a和b，人不僅必須取得生產a所需的資本財，並且還必須取得生產b所需的資本財。而如果人把原本儲蓄下來，打算供應生產b的工人生活所需的物資，挪來增加即時消費（也就是說，打消增加儲蓄、延後消費的念頭），那便可早一點達到其他某些需求的滿足。

在討論資本問題時，有些反對所謂「奧地利學派」觀點的經濟學家一向假設：人所採用的生產方法獨特取決於給定的科技知識狀態。相對的，「奧地利學派」的經濟學家則主張：在諸多已知的生產方法當中，採用哪一個方法，取決於當時的資本財供給數量。[8]對資本稀少問題稍加研究，便可輕易證明「奧地利學派」的觀點正確。

且讓我們檢視苦於資本稀少的某個國家的處境。就拿一八六〇年左右羅馬尼亞國內的情況爲例來講。羅馬尼亞缺乏的，肯定不是科技知識。西歐先進國家所採用的一些科技方法，不是什麼祕密。那些方法，在無數書本上，都有描述；在許多學校裡，也有人傳授；在奧地利、瑞士和法國的科技大學裡，羅馬尼亞的青年精英已經取得關於現代生產科技方法的完整知識。數以百計的外國科技專家也準備在羅馬尼亞境內發揮他們的知識和技巧。羅馬尼亞當時缺乏的，是按照西歐模式把羅馬尼亞落後的生產、運輸和通訊設備，來個大改造所需的資本財。如果一些先進的外國給予羅馬尼亞的援助，只限於科技知識方面的提供，那麼，羅馬尼亞人將必然意識到，需要花很長一段時間才趕得上西歐國家。羅馬尼亞人必須做的第一件事，將是儲蓄，以便讓現有的一些工人和原料，能挪去執行一些比較費時的生產過程。只有這樣，羅馬尼亞人才能一步一步、先生產出建造某些工廠所需的工具，接著利用這些工廠，把建造和操作一些現代工廠、農場、礦場、鐵路、電報線路和建築等所需的設備生產出來。等到羅馬尼亞人把過去落後的時間彌補過來，將已經過了數十年。在這段過渡期間內，羅馬尼亞人，除了盡可能在生理條件許可範圍內縮減消費之外，沒有別的辦法可以加速這個追趕過程。

然而，實際情形以一種不同的方式發展。西歐資本主義國家借給一些落後國家立即改造大部分生產方法所需的資本財，很快提高落後國家的勞動生產力，讓落後國家縮短了很多時間趕上先進國家。對羅馬尼亞人來說，結果是：他們能立即享受現代生產科技所帶來的好處，宛如他們在很早以前便已開始儲蓄和累積資本財了。

說某人短少資本，意味他現在和想達到的某個目標，距離遠於他如果早一點開始朝該目標邁進的話，該目標和他現在的距離。因爲他過去輕忽起步工作，以致現在短少了一些中間財，儘管生產這些中間財所需的一些大自然賜予的要素一直是存在的。資本短少，是時間短少。資本短少，是太晚開始朝相關目標邁進所造成的結果。要描述現有資本財所帶來的好處，以及資本財短少的壞處，不能不提**早一點**和**晚一點**這個時間元素。[9]

行爲人若擁有資本財，等於比較接近他想達到的目的。資本財供給增加，讓行爲人能夠追求時程較遠的目標，而毋須在這過程中被迫縮減消費。相對的，資本財方面的損失，迫使行爲人必須放棄追求某些先前能夠追求的目的，或者必須縮減消費。擁有資本財，其他情況相同下，[10]意味獲得時間。在給定的科技知識狀態下，相對於短缺資本財的人而言，資本家能夠較早達到一定的目標，而毋須縮減消費，或增加勞動和大自然賜予的物質類要素投入。資本家的先機在於時間；資本財配備較少的對手，只有縮減消費才趕得上他。

相較於其他國家，西方國家的人民所取得的先機，在於他們很早以前便已創造出必要的政治與制度條件，讓大規模儲蓄、資本累積和投資過程，得以平順、大致不間斷的進行。因此，到了十九世紀中葉，他們的物質享受程度，便已遠遠超過一些比較貧窮的民族和國家；這些比較貧窮的民族和國家，在以服務牟利的資本主義觀念取代掠奪性的軍國主義觀念方面，比較不成功。如果放任自然、沒獲得外國資本的協助，這些貧窮國家要改善自己的生產、運輸和通訊方法，將需要花費更長時間。

沒掌握到這個大規模資本移轉之重要性的人，不可能了解過去數世紀世界情勢的發展，以及東西方之間的關係變化。西方不僅給了東方生產科技和醫療方面的知識，也給了東方立即應用這些知識所需的資本財。由於外國資本輸入，這些東歐、亞洲和非洲國家能夠早一點收穫現代產業的成果。在某一程度內，這些國家毋須縮減人民的消費，便能累積足夠的資本財；這就是他們國內民族主義者和馬克思主義者所譴責的、西方資本主義對落後國家所謂剝削的本質。這所謂剝削，其實是經濟落後國獲得先進國的財富灌輸而變得比較富饒的過程。

雙方都從這個過程中獲得利益。促使西方資本家到國外投資的因素，是消費者的需求；西方國家的消費者要求一些本國根本不可能生產的財貨，同時也要求某些只能以愈來愈高的成本在本國生產的財貨價格愈來愈便宜。如果西方資本主義國家的消費者過去不是這樣行爲，如果事實證明資本輸出的制度性障礙難以踰越，則資本輸出將不會發生。這樣，西方資本主義國家將會有更多縱向的國內生產擴張，而不是橫向的國外擴張。

討論資本市場國際化、國際資本市場如何運作、資本接受國所採取的沒收政策最後怎樣導致國際資本市場崩解等等，是歷史學的任務，而不是交換學的任務；交換學只須詳細探討資本財供給變多或變少所引起的後果。

且讓我們比較兩個獨立的市場體系A和B。在面積、人口、科技知識狀態和自然資源方面，這兩個體系相同，只在資本財供給上彼此不同，A的資本財供給大於B的資本財供給。於是，A所採用的許多生產過程，每單位投入產出的數量大於B所採用的那些生產過程。在B，由於資本財相對稀少的緣故，不可能考慮採用每單位投入產出數量比較大的生產過程，因爲若要採用這種生產過程，就必須縮減消費。在B，許多操作用手工執行，而這些操作在A則用節省勞動的機器執行。在A，生產的財貨比較耐久；在B，卻必須放棄生產比較耐久的財貨，即使所需增加投入的比例小於耐久性延長的比例。在A，勞動生產力、乃至工資率和工薪階級的生活水準，皆高於B。[11]

延長照應期直到行爲人的預期壽命之後

在較近的未來滿足和較遠的未來滿足之間取捨的價值判斷，所顯示的是行爲人現在的價值評估結果，而不是未來的價值評估結果；行爲人權衡較近的未來滿足自己現在認爲的重要性，相對於較遠的未來滿足自己現在認爲的重要性。

行爲人想盡可能去除的不適感，永遠是現在的不適感，亦即，永遠是在行爲當下感覺到的不適，而且永遠指涉未來的情況；行爲人現在對未來各期間的預期事態感到不舒服，因此嘗試透過有意的作爲改變預期的事態。

如果行爲的目的主要是想改善他人的處境，所以通常稱爲利他的，則行爲人想要去除的不適感，便是他自己現在對於他人在未來各期間情況的預期所感到的不舒服。對行爲人來說，照顧他人，就是在緩解行爲人自己感到的不滿意。

所以，難怪行爲人時常熱中於延長照應期，直到他自己的預期壽命之後。

時序偏好理論的一些應用

經濟學的每一部分，都可能遭到某些政客故意扭曲和誤解，因爲他們渴望爲自己的黨綱，所根據的一些謬誤理論，文過飾非或辯解。爲了盡可能防止這種濫用，這裡似乎最好對時序偏好理論再增加一些相關說明。

有些思想流派斷然否定人與人之間有什麼先天遺傳上的差異。[12]在這些論述者看來，西方文明的白種人和因紐特人之間的唯一差異是：因紐特人在朝向現代工業文明前進的道路上比較落後。然而，這只是幾千年的時間差，和人類從類人猿狀態演化到現在所謂智慧人狀態所歷經的數十萬年相比，是微不足道的。因此，有些人種現在比白種人落後的事實，並不能支持個人之間有什麼種族差異的假說。

不管是行爲學或經濟學，都和這個爭論所引起的議題無關。但是，經濟學家必須採取一些預防措施，以免經濟學在這種敵對的理念衝突中被染上黨性色彩。那些盲目反對現代遺傳學教訓的人，如果不是全然不懂經濟學，肯定會嘗試扭曲時序偏好理論，使該理論有利於他們。他們會說，西方國家的優勢，僅在於西方國家比較早開始努力儲蓄和累積資本財。然後，他們會以一些偶然的因素，譬如，環境提供了較好的機會，解釋這個時間差。

針對這些可能的曲解，我們必須強調如下這個事實：西方國家所取得的先機，是以某些意識型態因素爲先決條件的，而這些意識型態因素絕不可能化約爲僅僅是環境使然。一般稱爲人類文明的事態，迄今一直是一個從支配型連結、轉向契約型連結爲主的社會合作型態發展過程。但是，許多種族和民族在這個轉向過程的早期階段便停滯下來，而其他民族則繼續邁步前進。西方民族的卓越之處，在於這個事實：在抑制掠奪性軍國主義精神方面，他們比其餘人類成功；他們於是創造出儲蓄與投資得以在較廣泛的範圍內進行的社會制度。甚至馬克思本人也未曾爭論這個事實：從原始人類的赤貧狀態，進展到十九世紀西歐和北美比較舒適狀態的過程中，私人主動倡議、創新和私人擁有生產手段的財產權，是不可或缺的發展階段。東印度群島、中國、日本和回教國家欠缺的，是保障個人權利的制度。巴夏（pashas）、卡迪（kadis）、王公（rajahs）、滿大人（mandarins）和大名（daimios）的武斷治理，不利於資本的大規模累積。法律有效保障個人財產權免於任意徵用、沒收，是西方空前的經濟發展得以開花結果的基礎。這些法律可不是什麼機遇、偶然的歷史事件，也不是地理環境的意外成果；它們是理性的產物。

我們不知道，如果外界過去放任亞非民族自由，亞洲和非洲的歷史將會怎樣發展。實際的歷史是他們當中有些曾受歐洲人統治，而其餘——譬如，中國和日本——則在西方列強海軍壓境下被迫打開門戶。西方工業制度的一些成就，於是從海外來到他們跟前。他們很快便利用起西方借給他們或直接在他們那裡投入的資本。但是，對於產生現代工業制度的意識型態，他們卻遲遲不願意接受；他們只是在表面上融入西方生活方式。

我們正處在一個革命過程中[13]，這個過程將很快消滅所有形形色色的殖民主義。這個革命的範圍，並非僅限於英國人、法國人和荷蘭人殖民統治的國家。甚至一些曾經在無損於他們的政治主權下受惠於外國資本的國家，也熱中於擺脫他們所謂外國資本的羈絆。他們以各種手段——歧視性課稅、拒付欠款、赤裸裸的沒收、外匯限制等等——剝奪外國人的財產。我們正處於國際資本市場完全崩解的前夕。這種事態的經濟後果相當明顯，而其政治影響則難以預料。

若要評估國際資本市場崩解的政治後果，那就必須記得資本市場國際化在過去曾產生了哪些效果。在十九世紀下半葉的情況下，一國是否本身具備充分利用其境內自然資源所需的資本，是無關緊要的。實際上，對每個人來說，每一個地方的自然資源都是自由開放的。在尋求最有利的投資機會時，資本家和首倡者沒遭到國界的阻撓。就投資開發已知的自然資源、謀求最佳可能的利用而言，絕大部分的地球表面，可以視為已融入一個一體化的、包括全世界的市場體系。沒錯，這個結果在某些地方，譬如，在英屬和荷屬東印度群島和馬來亞，是在殖民政權下達成的；這些地方的本土政權很可能不會主動建立引進資本所需的制度環境。不過，東南歐和西半球國家則是自己主動加入國際資本市場。

馬克思主義者刻意指控：外國借款和投資的目的，在於滿足戰爭、征服和殖民擴張的慾望。然而，資本市場國際化，加上自由貿易和自由移民，其實有助於消除戰爭和征服的經濟誘因。對任何人來說，本國的政治疆界位於何處，不再是一個重要的考慮；企業家和投資者不會遭到這些疆界的阻礙。在第一次世界大戰之前的年代，執著於愛好和平的自由主義「頹廢」思想的國家，正是那些對外貸款與投資名列前茅的國家。最主要的侵略國當中，俄國、義大利和日本不是資本輸出國；它們需要外國資本來開發本身的自然資源。至於德國，帝國主義的冒進政策，並未獲得國內大企業和金融機構的支持。[14]

國際資本市場消失，使情況完全改變；國際競爭、利用自然資源的自由被廢除了。如果某個經濟落後國家的社會主義政府欠缺利用本國自然資源所需的資本，這個情況將沒有任何辦法補救。如果國際資本市場提早一百年消失，那就不可能在墨西哥、委內瑞拉和伊朗開發油田，也不可能在馬來西亞開闢橡膠園或在中美洲發展香蕉產區。如果有人認為先進國家會默許這樣的情況，那就錯了。為了取得迫切需要的原料，先進國採取的唯一辦法將會是訴諸征服。在國際資本市場所實現的外國投資自由之外，戰爭是唯一的選項。

外國資本流入，不會傷害接受國。例如，歐洲資本大幅加速美國和英屬自治領非凡的經濟發展。由於接受外國資本，拉丁美洲和亞洲的一些國家現在有了一些現代化的生產和運輸設施；如果未曾得到外國資本協助，它們將必須在很長一段時間內忍受欠缺這些設施所造成的不便；現在這些國家的實質工資率和農場生產力，高於如果過去沒有外國資本參與建設，它們將會停滯的水準。現在幾乎所有國家都熱烈要求美國貸款，僅憑這個事實，便可徹底駁倒馬克思主義者和民族主義者的那些無稽之談。

然而，只是渴望獲得資本財進口，並不會使國際資本市場復甦。只有當資本進口國無條件、誠心誠意堅持私有財產權原則，不會計畫在後來某一天設法剝奪外國資本家的所有權，資本家才可能到國外投資或貸款給外國。正是對外國資本家實施剝奪，摧毀了國際資本市場。

政府之間的借貸，不可能取代國際資本市場的功能。如果這些貸款是在商業條件下發放的，那麼，它們就和私人貸款一樣，以充分尊重財產權為基礎。如果這些貸款，就像通常的情形那樣，是當作實質補貼發放的，沒有還本付息的規定，那麼，它們對債務國主權就會施加一些限制。事實上，這種所謂「貸款」，大部分是為了在即將來臨的戰爭中獲得「債務國」提供軍事援助所支付的代價。這種軍事考量，在歐洲列強準備發動我們這個時代的幾次大戰時，便曾經產生過重要的作用。最突出的例子，是法國資本家在第三共和政府強硬壓迫下，把大筆款項借給帝俄。當時的沙皇把這筆借款用於強化軍備，而不是用於改善俄國的生產設備；他們沒好好運用這筆資本擴大生產，而是消費掉這筆資本的大部分。

第五節　資本財轉換用途的可能性

資本財是通往一定目標的中間步驟。如果在生產期中，目標改變了，那些已經生產出來的資本財，並非總是能用來達成新目標。有些資本財變得完全沒用，過去所有生產它們的成本，現在看來是浪費掉了。其他一些資本財可以供新生產計畫使用，不過，必須經過一番調整改造；如果一開始就針對新目標進行生產，便可能省下改造所需的成本。而第三類資本財則毋須改造，也可以供新計畫使用；不過，如果當初在生產這些資本財時，知道它們將供新計畫使用，便可能以較低成本製造其他一些有相同功能的資本財。最後，有些資本財可以用在新生產計畫上，而且和當初設想的一樣好用。

如果不是必須駁斥一些相當流行的錯誤概念，這裡幾乎不必提到這些明顯的事實。這世界上，沒有獨立於具體資本財之外的、抽象的或理想的資本這回事。如果不考慮現金握存在資本構成中所扮演的角色（下面某一章節將處理這個角色），那就必須知道，資本總是具體化爲一定的資本財，而每一件與該資本財有關的事情，都會對資本產生影響。一筆資本的價值，是它所具體化成的那些資本財價值的衍生值。一筆資本的貨幣當量，是抽象的談到該筆資本時，所指涉的那一批具體資本財的貨幣當量總和。沒有什麼能稱爲「自由資本」的東西。資本總是以一定的資本財形式存在。這些資本財比較適合用在某些用途，比較不適合用在其他一些用途上，而完全不能用在其餘更多的用途上。因此，在某一意義上，每一單位資本總是固定的資本，亦即，總是專門在一定的生產過程中使用的中間產品。商人習慣區分固定資本和流動資本，這種區分只是一種程度上的差異，而不是本質上的不同。對固定資本有效的每一句陳述，對流動資本也同樣有效，儘管必須打一點折扣。所有資本財或多或少都有其特殊性。當然，對許多資本財來說，不太可能因爲需求和生產計畫改變，而變得毫無用處。

一定的生產過程愈接近最終目的，中間產品和最終目標之間的聯繫就愈緊密。譬如，鐵的特殊性小於鐵管，而鐵管的特殊性又小於鐵製的機器零件。一定的生產過程，進行得愈深入、愈接近終點——生產出消費財，要改變過程通常就愈困難。

如果我們從頭開始考慮資本累積過程，那就很容易理解爲什麼不可能有自由資本這回事。資本必然具體化爲一些性質比較特殊的或比較不特殊的財貨。當人的需求或人對於如何滿足需求的見解有所改變時，資本財的價值也就隨之改變。唯有透過一定行爲使消費落後生產，才能產生新增資本財。新增的資本，在它出現的那一剎那，便已具體化爲某些特定的資本財。這些財貨首先必須生產出來，才可能——作爲生產大於消費的一個餘額——變成資本財。在這個過程中，因插入貨幣而產生的影響，我們稍後再來處理。這裡只須確認，即使對資本全是由貨幣和貨幣請求權構成的資本家來說，他也沒擁有自由資本。他的資本和貨幣綁在一起，因此會受貨幣購買力變動的影響，而且——只要是投資於一定數目的貨幣請求權——也會受到債務人償付能力變動的影響。

截然區分固定資本和自由或流動資本，很容易滋生誤解；最好以資本財轉換用途的可能性，取代這種截然區分的概念。資本財轉換用途的可能性，係指資本財有多少機會調整利用方式，以適應基本生產條件的改變。轉換用途的可能性，是有層級變化的、絕不完美；也並非在所有可能的條件變化下，都存在轉換用途的可能性。就絕對特殊的生產要素而言，改變用途的可能性完全不存在。由於發生未曾預料的條件變化，資本財才必須從原先規劃好的用途轉換到別的用途，所以，講到轉換用途的可能性，不能概括的講，也就是說不能不提基本條件已經發生或預期將發生的具體變化。有時候，基本條件的改變，可能使原先認爲很容易轉換用途的資本財，變得完全不能轉換用途，或者必須克服很大的困難才能轉換用途。

有些財貨的功能，在於提供一系列的服務，延續一段時間；另外有些財貨，在生產過程中只提供一次服務，功能就耗盡；顯然，在實務上，是否可能轉換用途，對前述第一類財貨來說，比對第二類財貨重要許多。如何處理未使用的工廠產能、運輸設備，以及報廢某項當初生產時計畫長期使用的耐久裝置，顯然比拋棄過時的布料、衣物，以及拋棄物質上容易腐敗的財貨，來得影響重大。轉換用途的可能性之所以是資本和資本財特有的一個問題，只因爲資本會計使該問題在資本財的場合特別彰顯。然而，即使在個人爲了自己使用或消費而取得的某些消費財場合，基本上也存在轉換用途的可能性問題。如果過去導致購買某些消費財的情況現在改變了，那些消費財現在是否能轉換用途，也同樣會變成一個實在的問題。

資本家和企業家，作爲資本的擁有者，並不是完全自由的；他們並非總是處在即將束縛他們的首次決定與行動的前夕；他們總是已經在某些方面有了牽絆。他們的資本不是停留在社會生產過程之外，而是投資在一些特定的生產途徑上。如果他們擁有貨幣，那麼根據當時的市場狀況，這或許是、也或許不是明智的「投資」，但總是一項投資；他們或許已經錯過了適當時機，未能購買遲早必須購買的某些具體生產要素；或許適當的購買時機還沒到來。如果是第一種情況，他們握存現金就不是明智的；他們錯過了一個機會。如果是第二種情況，他們的選擇則是正確的。

資本家和企業家在支出貨幣購買具體生產要素時，完全根據他們當下預期的未來市場狀況，評估各種財貨的價值。他們所支付的價格，是已經按照他們現在所評估的未來狀況調適過的價格。過去生產現有資本財所犯下的種種錯誤，不會拖累資本財的買者；那些錯誤的後果，完全由賣者承擔。就此意義而言，企業家把過去一筆勾銷之後，才拿出貨幣購買現有資本財，以進行未來的生產活動。他現在購買的那些生產要素，無論價值和價格曾經發生過何等變化，對他的企業冒險計畫沒有任何影響。唯獨就此意義而言，我們也許能說：擁有現金的人就擁有流動資本，而且也是自由的。

第六節　過去的行為對現在行為的影響

資本財累積得愈多，轉換用途的可能性問題就愈形重要。從前的農夫和手工藝業者所使用的原始生產方法，比現代資本主義的生產方法，更容易調整，以適應新任務。但面對情況快速變化問題的，恰恰是現代資本主義的生產方法。我們這個時代，科技知識和消費需求天天發生變化，許多引導生產過程的計畫因而不合時宜，從而引起從前起始的計畫方向是否應該延續的問題。

全盤創新的精神，可能充斥人心、克服懶散怠惰的抑制作用，激勵因循苟且的懶人奮起，連根拔除傳統的價值判斷，甚至斷然責令人人走上全新的途徑、邁向全新的目標。空想家可以力圖忘記：我們不可避免在各方面繼承前輩的努力，我們的文明是長期演化的產物，不可能一下子全盤改造。但是，創新的傾向不管多麼強烈，總是會受到某個因素約束，迫使人不得太過倉促偏離前人所選擇的前進路線。所有物質類財富都是過去活動的遺留，具體化爲一些特定的資本財，轉換用途的可能性相當有限。這些累積下來的資本財，現在引導人們的行爲步入一些，若非受限於過去完成而現在仍有約束力的行爲結果、他們自己就不會選擇的途徑。目的選擇，和達成這些目的的手段選擇，都受到過去行爲結果的影響。資本財是一個保守元素，迫使我們調整行爲、適應自己先前的行爲，以及適應過去許多世代的思想、選擇和行爲所造成的情境。

且想像一下，如果我們過去能夠按照現有關於自然資源、地理、科技和衛生學方面的知識，安排所有生產過程和製造所有資本財，結果將會是什麼樣的一幅情景。我們可能會把生產中心設置在不同於現在的一些地方。我們也將會以不同於現在的方式，在地表上安置人口；有些現在人口稠密、布滿工廠與農場的地方，人煙將會比較稀少，因爲我們將會在其他一些地方聚集更多人口、更多工廠和農場；所有企業將配備最有效率的機器和工具；每一個企業單位的規模大小，將保證產能獲得最爲經濟有效的利用。在這個想像的、完美規劃的世界裡，將不存在生產科技落後的問題，不存在未使用的產能問題，也不存在可避免的人員交通與財貨運輸問題。人的勞動生產力，將遠遠超過現在這個不完美世界實際達到的水準。

社會主義者的著作，充斥這種烏托邦的幻想。不管他們是否自稱爲馬克思主義或非馬克思主義的社會主義者、技術主義者或僅自稱爲社會規劃師，他們都急於向我們證明，時下各種事情的實際安排是多麼愚蠢，而如果他們能賦予社會改革者獨裁的權力，人類的生活將會是多麼幸福。在當前的科技知識狀態下，只因資本主義生產模式固有的缺陷，以致人類享受不到科技能夠生產出來的所有生活便利品。

這個唯理主義浪漫思想所涉及的根本錯誤，在於誤解現有資本財供給的性質，和資本財缺稀的意義。現有中間產品或資本財，是先人和我們自己過去製造出來的。過去生產這些資本財所依據的計畫，無論就目的或科技程序的選擇而言，都是當時流行的一些理念的產物。如果我們現在考慮追求不同的目的和選擇不同的生產方法，我們就得面對一個抉擇：或者必須捨棄大部分現有資本財，從頭開始生產現代設備，或者必須調整生產過程，盡可能適應現有資本財的特殊性。這個選擇最終取決於消費者——在市場經濟裡，事情總是這樣發展的；消費者的買或不買，解決這個問題。在老公寓和備有各種舒適器具的新公寓之間、在鐵路和汽車之間、在煤氣燈和電燈之間、在棉織品和人造絲製品之間、在蠶絲襪和尼龍絲襪之間，消費者所做的選擇，隱含選擇是否繼續使用先前累積下來的資本財，或者予以報廢。如果一棟還能居住多年的老建築沒過早拆除、沒改建成一棟現代化的房子，因爲老建築的承租人不準備支付較高的房租，寧願滿足其他慾望、也不願住進比較舒適的房子，那麼，現在的消費抉擇怎樣受到過去、既成情況影響，就很明顯了。

並非每一項科技改良都會立即全面應用到相關領域。並非只要市場推出較好的車子，或新的衣服樣式變時髦了，每個人便會立即拋棄自己的舊車或舊衣服。繼續使用舊車，不會比繼續穿舊衣更特出、更值得注意。在所有這些事情中，人的選擇都是基於現有財貨稀少的考量。

假設一部新機器，比先前使用的所有機器都更具效率，製造出來了。那些配備較不具效率的舊機器的工廠，是否會立即拋棄仍然可以使用的舊機器，而以新機器取代舊機器，取決於新機器優越到什麼程度。只有當優越程度大到足以補償所需增加的花費時，把舊機器報廢，就經濟而言，才是明智的。假設p是新機器的價格，q是把舊機器報廢能夠賣得的價格，a是使用舊機器生產時每單位產品的成本，b是使用新機器生產時每單位產品的成本，b沒納入購買新機器所花的成本。且讓我們進一步假設，新機器的卓越之處，僅在於比較節省原料和勞動投入，而不在於能夠製造出數量比較多的產品，因此每年產出z維持不變。那麼，如果收益z・（a－b）大到足以補償支出p－q，以新機器取代舊機器便是有利的。只要新機器的每年折舊沒大於舊機器，這裡可以不管折舊費用。相同的考量，對於是否該把一座舊工廠從某個比較不利於生產的地方、移轉到條件比較有利的地點，也一樣有效。

科技落後和經濟劣勢，是不同的兩回事，絕不可混淆。從純粹科技觀點，一組看似很不入流的生產組合，也許能夠成功的和一些配備比較優良或地點比較有利的生產組合競爭。科技上較具效率的設備或比較有利的地點所提供的優勢，相較於改造或遷移舊有設備所需的額外花費，決定這個新舊取捨的問題。其間比較的結果，取決於相關資本財轉換用途的可能性。

分辨科技完美和經濟合宜，其實並不是唯獨資本主義經濟才有的特徵，儘管浪漫的工程師希望我們相信，這種分辨只出現在資本主義經濟裡。沒錯，唯獨在市場經濟裡才可能執行的經濟計算，讓行爲人有機會進行所有必要的計算程序，以便認知相關事實。社會主義經濟管理當局不可能以算術方法，查明它所面對的情況；所以，它不知道，它所計畫和執行的，是不是現有資源最適當的使用程序，最適合用來滿足國人尚未滿足的需求中，它認爲最迫切的需求。但如果它眞能計算，它的進一步作爲，和一個能夠計算的商人的作爲相比，將不會有什麼不同；如果比較迫切的需求將得不到滿足，它就不會把生產要素浪費在一些它認爲需求比較不迫切的滿足上；如果替代舊設施而需進行的新投資，將妨害擴大生產某些比較迫切需要的財貨，它就不會急著報廢仍然可用的舊生產設施。

適當考慮轉換用途的可能性，可以輕易駁倒許多流行的謬論，例如，主張以關稅保護、扶植幼稚產業的理論。這個理論的擁護者辯稱，要在某些國家發展一些加工業，暫時保護是必須的。該等國家的自然條件，比較有利於某些加工業的操作，或至少不會輸給老牌競爭者所在國的自然條件。不過，由於老牌競爭者起步較早，已經取得競爭優勢；儘管這優勢純粹是「起步較早」這種歷史的、偶然的，和顯然「非理性的」因素所致，但畢竟還是有礙該等國家建立新工廠和他國老牌的工廠競爭，雖然該等國家的自然條件可望使新設工廠在站穩腳步後，生產成本能變得比他國老牌的工廠更便宜，或至少一樣便宜。這個理論的擁護者也許會承認，給幼稚產業暫時提供保護，是很昂貴的，但他們說，幼稚產業後來獲得的利益，將可補償該暫時的犧牲，還綽綽有餘。

事實是：就經濟觀點而言，只有當新地點的自然優勢是如此巨大，大於那些裝置在老牌工廠不能轉換用途、也不能遷移的資本財遭到廢棄所招致的損失時，在新地點建立幼稚產業才是有利的。如果新地點的優勢確實如此巨大，則新工廠將能夠成功的和老牌工廠競爭，毋須政府給予任何幫助或扶持。如果新地點的優勢不是如此巨大，則給予新工廠關稅保護便是一種浪費，即使這保護只是暫時的、即使新工廠後來得以自立。實質上，該關稅等於是消費者被迫支付的一項津貼，用來補貼僱用某些生產要素，以取代一些仍然可以使用、但過早報廢的資本財；或用來補貼某些稀少的生產要素撤離某些用途，而在這些用途上，這些遭撤離的生產要素原本提供的服務，消費者認爲比較有價值。消費者被剝奪了滿足某些需求的機會，因爲滿足這些需求所需的資本財，被引向生產一些他們在沒有保護性關稅時便已經可以取得的財貨。

所有產業，都普遍傾向移往互補生產要素潛能最有希望實現的地方。這種傾向，在未受干擾的市場經濟裡，因爲必須適度考量稀少的資本財用途不能轉換，而相應減緩下來。然而，這個歷史性因素——舊有資本財用途不能轉換——不會讓舊產業享有永久優勢，而只是防止新投資導致仍然可用的生產設施棄置不用所造成的浪費；另一方面，該歷史性因素也防止資本財供給縮減，避免某些尚未滿足的需求得不到滿足。在沒有關稅干擾的情況下，產業遷徙的適當時機會延後，直到投資於舊工廠的資本財耗損到不堪使用，或由於科技進步如此巨大，以致讓舊資本財因爲過時，而必須以新設備取代。美國工業史有許多產業中心在該國境內遷移的例子，這些產業遷移都沒得到政府當局給予什麼保護措施的扶持。幼稚產業論似是而非的程度，不亞於所有其他主張產業保護的理論。

另一個流行的謬論，涉及有用的發明專利據稱遭到扣留、不用的問題。一項專利是一項合法獨占的權利，在一定年限內有效，頒發給某項新發明的發明人。在這裡，我們不關心頒發這種獨占特權給發明人是不是一個好政策。[15]我們只處理「大企業」是否如某些人所宣稱的：濫用專利制度、扣留專利，讓民眾享受不到科技進步的好處。

有關當局在頒發專利給發明人時，不會去研究獲頒專利的發明有什麼經濟含義，而只關心先前是否有人提出該項發明，並且相關的審核也僅限於科技方面的問題。有關當局以同樣公正、認眞的態度處理所有發明，不會考慮獲頒專利的發明是否將使某個產業發生革命性的全面變化，或只是一些瑣碎、顯然沒什麼用處的器具發明。因此，專利保護頒給一大堆毫無價值的發明。這些發明的創作者，很容易高估自己的發明對科技知識進步的意義，而對該發明可能帶給自己的物質利益，也很可能會有一些浮誇的期望和幻想。結果他們失望了，於是他們抱怨這是一個荒謬的經濟體制，責怪它剝奪人民享受科技進步的好處。

上面已經指出，在哪些條件下，以新改良的設備取代仍然可用的舊設備，合乎經濟考量。如果這些條件不存在，則不管是對市場經濟裡的私人企業來說，或是對極權體制裡的社會主義管理當局來說，立即採取新發明的科技進行生產並不划算；未來生產出來裝備新工廠的新型機器，擴建舊工廠，和更換已耗損到不堪使用的舊機器，會按照新科技的設計完成；但仍然可以使用的設備，不會立即報廢；新科技的生產程序，只會逐步採用，而操作舊設備的工廠，在一段時間內，仍然禁得住操作新設備的工廠競爭。那些對上述說法的正確性有所質疑的人，應該自問：他們是否在比較好的新機種一上市，就會立即拋棄自家正在使用的吸塵器或收音機？

就這一點而言，新發明是否獲頒專利保護，是不會有什麼差別的。取得某項專利特許的企業，已經爲該項新發明花了一些錢；儘管如此，如果該企業沒採用這個新方法，理由便是採用新方法不划算；即使有專利權提供政府所創造的獨占地位，得以防止競爭者應用該項專利，那也無濟於事。唯一要緊的是，新發明相較於舊方法，究竟優越到什麼程度。這優越意味：每單位生產成本降低，或產品品質顯著改良，以致購買者願意充分支付較高的價格。如果優越程度不足，以致轉換生產過程的成本無利可圖，那只證明消費者其實比較在意取得其他一些財貨，而不在乎享受新發明的好處。最終的決定，還是取決於消費者。

膚淺的觀察者有時候未能看清這些事實，因爲他們被許多大企業通常的作法迷惑住了；這些企業在購買它們營運領域中的專利授權時，通常不在乎該專利是否有用。這個慣常的作法，出自許多不同的考量：

一、該項新發明的經濟意義，還不能清晰辨認。

二、該項新發明顯然沒什麼用，但該企業認爲能以某一方式加以發展，使之變成有用。

三、立即應用新發明不划算，但該企業打算未來更換不堪使用的設備時，應用該項新發明。

四、該企業希望鼓勵某位發明人繼續努力研究，儘管到目前爲止，該發明人的努力未曾產生實際可用的發明。

五、該企業希望安撫某些喜好興訟的發明人，以避免輕率的侵權官司可能導致的時間與金錢浪費，以及神經緊張。

六、該企業訴諸幾乎不加掩飾的賄賂，或屈服於隱諱的勒索，花錢向某些人購買一些毫無用處的專利，這些人是某些廠商或機構的幹部、工程師或其他有影響力的人士，而那些廠商和機構則是該企業的顧客或潛在的顧客。

如果一項新發明眞是如此優於舊生產過程，以致使舊設備過時、斷然要求立即使用新機器取代舊設備，那麼，這改造工作就會立即執行，不管該項發明的專利權是否掌握在舊設備所有者手中或某個獨立企業手中。所有與此相反的陳述，必然基於如下的假設：不僅發明人和他的代理人，而且所有已經活躍在相關生產領域的人，以及所有躍躍欲試、一旦有機會便想進入該等領域競爭的人，都完全未能掌握該項發明的重要意義；所以發明人把專利權賤賣給某家老牌企業，因爲沒有別人想購買該項專利；而這家老牌企業也太笨了，以致於看不出應用該發明能得到什麼利益。

沒錯，某項科技進步，如果沒人看出它有用，便不可能採納。在社會主義管理當局控制下，只要相關部門的主管官員無能或頑固，便足以阻止任何人採用比較經濟有效的生產方法，而在政府主宰的一些領域裡，新的發明也經常面臨相同命運。最顯著的例子，是有些出名的軍事專家未能理解新器具的重要性。譬如：偉大的拿破崙沒看出蒸汽船在他入侵英國的計畫中能提供的幫助；第一次世界大戰前夕，不管法國的福煦元帥、還是德國的參謀本部，都同樣低估了航空戰力的重要性；而後來著名的空軍戰備先驅——美國的Billy Mitchell將軍，也曾有過許多不愉快的經驗。但是，在沒遭到目光短淺的官僚機構干擾的市場經濟領域裡，卻完全是另一幅景觀；在那裡，幾乎人人傾向高估，而不是低估，創新發明的獲利潛力。翻開現代資本主義史，有無數嘗試推動其實無效的創新而終歸失敗的例子；有許多企業首倡者因爲毫無根據的樂觀，而付出昂貴的代價。責怪資本主義傾向高估一些沒用的創新，比責怪資本主義壓抑據稱有用的創新，更爲實事求是。實際上，大筆資金曾浪費在購買一些沒什麼用處的專利發明，以及浪費在實際應用這些專利發明、卻毫無結果的商業冒險上。

有人說，現代大企業偏愛阻止科技進步；這個說法實在荒謬。事實上，有許多大公司花大錢、尋求新製程和新裝置。

那些悲嘆自由企業據稱壓抑發明的人，絕不能以爲：只要指出許多專利從未利用或經過漫長的拖延後才利用，他們的論點便已得到事實證明。許多專利、也許是絕大多數專利，顯然是沒什麼用處的。我還沒看到，指稱創新遭到不合理壓抑的人曾舉出什麼例子，顯示哪一個創新在有專利保護的資本主義國家沒獲得利用，卻在某些蘇維埃國家——這些國家的主事者可不是尊重專利權的人——獲得利用。

在人文地理方面，資本財轉換用途的可能性有限也扮演重要的角色。現在地表上住宅和產業中心的分布，某一程度是由歷史因素決定的。前人在遙遠的過去選定了某些地點的事實，現在仍然繼續發揮作用。沒錯，人普遍傾向移往生產要素潛能最有希望實現的地方。然而，這個傾向不僅受到一些制度因素限制，譬如，移民障礙；歷史因素也發揮重大的限制作用。一些用途轉換的可能性有限的資本財已經投資在某些地方；從我們現在的知識角度來看，這些地方不是很具有生產潛能。資本財的固著性，阻礙我們完全傾向按照現代關於地理、地質、動植物生態、氣候和其他科學方面的知識，在最適當的地方安置工廠、農場和住宅。相對於移往自然條件較佳的地方能夠帶來的好處，我們也必須考慮拋棄一些不太可能轉換用途、也不太可能遷移的資本財所招致的壞處。

因此，現有資本財轉換用途的可能性大小，影響所有生產和消費方面的決定。用途轉換的可能性愈小，科技進步實現的時程就會愈爲延後。然而，如果指責這個延後因素是非理性和反對進步的，那就荒謬了。在計畫 怎樣行爲時，考慮所有可能的好處和壞處，衡量這些好、壞處的相對重要性，是理性的展現。該受責怪對現實感到困惑不解的，不是頭腦清醒、認眞計算的商人，而是浪漫的技術主義者；再說，眞正延後科技進步的因素，也不是資本財轉換用途的可能性不完美，而是資本財供應稀少。人富裕的程度，還沒達到足以拋棄仍然可用的資本財不用的地步。資本財存在，並不阻礙科技進步；相反的，該事實正是任何改良進步不可或缺的條件。前人的遺產，體現爲我們現在的資本財供給，是我們的財富和物質享受得以繼續提高的最重要手段。沒錯，如果前人和我們自己過去的行爲，曾經比較成功預料到我們今天必須面對的情況，我們現在的處境會更好。認識這個事實，可以解釋許多我們現在看到的現象。但是，這可不是在責怪過去，也不表示市場經濟本質上不完美。

第七節　資本的累積、保持和消費

資本財是中間產品，將在進一步的生產過程中，轉變成消費財。所有資本財，包括那些稱爲不容易腐敗的，最後都會消失；它們或者在生產過程中耗盡實質功能，或者在此之前，由於市場資料改變而喪失經濟功能。保持特定資本財供給完好無損，是不可能的事。資本財是短暫存在的東西。

財富固定不變，是刻意計畫和行爲所產生的觀念。這財富指涉資本會計應用的資本概念，而不是指涉資本財本身。在具體的物質世界中，沒有什麼東西是和這個資本概念相對應的。這個資本概念，只存在於計畫未來的人心中，不存在於別的地方；資本，是經濟計算的一個元素。資本會計只有一個目的，就是幫助我們了解：我們現在的生產和消費安排，會怎樣影響我們滿足未來需求的能力；資本會計要回答的問題是：某一行爲過程，究竟會增加、抑或會減少，我們未來的努力可能獲得的成果。

一個即使不可能使用經濟計算作爲思考與判斷工具的人，如果想保持他現有的資本財供給功能不減，或想增加他的資本財供給，也可能在行爲上表現出這樣的意圖。原始的漁夫和獵人肯定知道，保持工具和裝備形狀與功能完好，和用壞它們、卻沒充分準備更換的物品，兩者之間的差異。一個守舊、執著於傳統慣例、不懂現代會計的農夫，清楚知道保持他的農具和牲口庫存完好無缺的重要性。在一個停滯或緩慢進步的經濟裡，即使沒有資本會計，人也可能成功操作。在那種單純的情況下，要保持資本財供給大致不變，能以如下的方式落實：當下生產一些資本財，用來更換用壞的資本財；或者累積一筆消費財儲存，使得稍後挪出部分努力、更換用壞的資本財時，毋須暫時被迫縮減消費。但是，在不斷變化的工業經濟裡，行爲人不能片刻沒有經濟計算和相關的根本概念——資本和所得。

概念實體化，已經混淆學者對資本概念的理解，衍生出一套關於資本的神話學。[16]有些學者認爲：「資本」實際存在，獨立於「資本」所具體化成的資本財之外。資本，據說，把它自己再生產出來，因此它是自我保持不滅的。馬克思主義者說，資本孵出利潤。所有這些都是胡言亂語。

資本是一個行爲學概念。忽略所有行爲學問題，是傳統哲學的一大特色，不過，如果採用傳統哲學的術語，我們便能說，資本是一個唯意志論的概念，是思考的一個產物，只存在於人心中。資本是一個審視行爲問題的方式，是從某一計畫觀點評估行爲適當與否的方式。該行爲方式，決定人的行動方案；因此，唯獨就此意義而言，資本是一個眞實因素。資本不可避免的和資本主義——市場經濟——聯繫在一起；在沒有市場交換、所有各種順位的財貨都沒有貨幣價格的經濟裡，資本只是一個魅影。

只要人在行爲時接受資本會計指引，資本概念便發生作用。如果某個企業家以某一方式運用生產要素，使得產品的貨幣當量至少等於用掉的生產要素貨幣當量，那麼，該企業家便能以貨幣當量相等的新資本財，更新或重置用掉的資本財。但是，產品總收入的實際運用，亦即，實際如何分配總收入，究竟是用於保持舊資本，還是消費舊資本，或是累積新資本，永遠是企業家和資本家有意行爲的結果。資本獲得保持，不是「自動的」，而必然是刻意行爲的結果。保持資本的計畫，如果所根據的經濟計算因爲疏忽、錯誤，或對未來情況的誤判而失效，那麼該計畫便可能遭到挫折。

新增資本只可能透過儲蓄而得，亦即，只可能透過生產大於消費的餘額來累積資本。儲蓄可能來自消費緊縮，但也可能在沒進一步緊縮消費、也沒改變資本財投入的情況下，淨生產增加所造成的；這種增加可能以如下各種方式出現：

一、自然條件變得比較有利，農作物收成比較豐碩；人現在有機會耕種比較肥沃的土地，或挖掘每單位投入產出比較高的新礦藏。或者過去反覆發生、使人的努力遭到挫折的各種天災地變，現在變少了。或者流行病和牲口瘟疫消退、平息了。

二、在沒投入更多資本財、也沒進一步延長生產期的情況下，人成功使某些生產過程更有效率、成果更豐碩。

三、社會體制對生產活動的騷擾，變得比較不常發生。戰爭、革命、罷工、怠工和蓄意破壞，以及其他一些罪行所造成的損失變少了。

如果因此導致的生產增額用於增加投資而非立即消費，則未來的淨生產收入將進一步增加。那時人就可以擴大消費、而不致減損資本財供給和勞動生產力。

資本，永遠是個人，或某些行動一致的個人所組成的團體（譬如，公司企業）所累積起來的，從來不是「國家經濟」或社會所累積起來的。[17]有時候可能發生這樣的情況：當某些行為人在累積新增資本時，同一時間卻有其他一些行為人在消費以前累積的資本。如果這兩過程在金額上相等，則市場經濟裡的資本金供給總額保持不變，彷彿資本財供給總額沒發生任何變化。某些人所累積的新增資本，只免除了某些生產過程原本必須進行的生產期縮短調整。但是，這時不可能增加任何生產期比較長的生產過程。如果從這個角度觀察事態發展，我們能說，發生了資本移轉。但是，我們必須小心提防，切勿混淆這個資本移轉概念和下面談到的財產權轉讓。

在資本財買賣和企業貸款發放的場合，就相關財產權的轉讓本身而言，不是資本移轉。財產權的轉讓是人與人之間的交易，把一些具體資本財，交給有意利用它們執行某些生產計畫的企業家。這種轉讓，是很長的一系列行爲過程的附屬步驟。這種轉讓的綜合作用，決定整個生產計畫的成敗或盈虧。但是，不管是盈利或是虧損，都不會直接造成資本累積或資本消費。使現有資本數額發生變動的，是那些有幸獲利或不幸虧損的人，選擇怎樣安排他們自己的消費。

資本移轉可能伴隨、也可能沒伴隨資本財所有權的轉讓。後一種情況是，某個人在消費資本，而另一個和他毫無關係的人恰好在累積數額相等的資本。前一種情況是，某一件資本財的賣者消費所賣得的收入，而買者則是從淨收入大於消費的餘額中，挪出一筆儲蓄下來的金額、支付該件資本財的價格。

資本消費和資本財的實質消滅，是不同的兩回事。所有資本財遲早都會轉變成最終產品，並且隨著使用、消費、耗損，而不復存在。能夠以適當的消費安排保存下來的，只是某筆資本金的價值，從來不是具體的資本財。有時候可能發生這樣的情況：天災地變或人爲破壞導致資本財嚴重消滅，以致任何可能的消費緊縮，都無法在短期內將資本金補充到原來的水準。但是，資本這樣消耗，同樣也是當下的生產淨收入中，用來保持資本不變的部分不夠大，這個事實所造成的。

第八節　投資人的可移動性

資本財用途轉換可能性有限，不會把資本財擁有者束縛得動彈不得。投資人可以自由改變他的資本金的投資標的（當然，這種自由並不隱含他在改變投資標的時，完全毋須承擔虧損）。如果他能夠比別人更正確預料到未來的市場情況，他的投資行動便可取得成功：他只挑選到價格會上漲的投資標的，而規避價格會下跌的投資標的。

企業家的利潤或虧損，源自生產要素實際投注在某些生產項目上。而股票市場的投機和證券市場外的類似交易，則決定這些生產項目的利潤或虧損著落在誰人頭上。一般人傾向截然區別純粹投機的股票市場冒險和眞正合理的實業投資；然而，所謂投機和投資之間的差別，其實只是程度不同而已。世界上，沒有非投機性的投資這回事。投資可能是好的或壞的，但永遠是投機的。情況的根本變化，甚至可能使通常認爲絕對安全、可靠的投資，變成壞的投資。

股票投機不可能撤銷過去的行爲，亦即，不可能抹除任何已經存在的資本財用途轉換可能性有限所產生的問題。股票投機所能做到的，只是阻止投機者並不認同的產業或企業增加投資。市場經濟的一般趨勢，是傾向擴大有利可圖的、同時縮小無利可圖的生產冒險；股票投機給這個趨勢指出一個具體方向。就此意義而言，股票市場簡直就是「市場中的市場」、市場經濟的焦點，是使預期的消費者需求成爲商場最高指導力量的終極機制。

投資人的可移動性，顯現在所謂資本外逃的現象。只要甘心吞下已經遭到市場折現的損失，個別投資人能出脫自己認爲不安全的投資標的。於是，他能使自己避開預期進一步發生的損失，而把該預期損失，移轉給某些對相關財貨的未來價格評估比較不切實際的人承擔。資本外逃不會把不能轉換用途或不能遷移的資本財，撤離既定的投資用途；資本外逃只不過是資本財所有權的轉讓。

就這一點來說，資本外逃的資本家究竟是「逃到」國內另一個投資標的，還是「逃到」外國的某一投資標的，是無關宏旨的。外匯管制的一個主要目標，據說是阻止資本外逃到外國。然而，外匯管制僅能成功阻止持有國內投資標的者，及時把他們認爲不安全的國內投資標的，交換成某個他們認爲安全的國外投資標的。

如果所有或某些種類的投資標的遭到部分或全部沒收的威脅，股票市場會藉由適當改變相關投資標的價格，將沒收政策的不利後果折現。當股票市場已經完全反映沒收政策的不利後果之後，投資人再想訴諸資本外逃以避免受害，那就太晚了。只有那些在其他大多數投資人還沒意識到災難即將臨頭、不清楚該災難的意義時，便已足夠敏銳、預知這災難的投資人，才可能以某一小損失換得脫身。不管這些極個別的資本家和企業家可能採取什麼行為，都絕不可能使不能轉換用途或不能遷移的資本財變得可以移動。這一點，對固定資本而言，輿論大致承認，但對流動資本而言，輿論卻不承認。輿論斷言，商人能輸出產品，而不再匯入產品在國外賣得的收入。做此斷言者沒看出，一家企業一旦被剝奪了流動資本，便不可能繼續營運。如果某個商人將他自己的資本金當中，原本每天用來購買原料、勞動和其他必要生產要素的部分匯出，他就必須以借來的資金替補該部分資本金。流動資本的移動性神話中，如果還有一絲眞理存在，那就是這個事實：有時候，投資人可能採取一些特別的、和規避固定資本所受到的損失威脅無關的手段，規避流動資本受到的損失威脅。然而，不管是流動資本，還是固定資本，資本外逃的過程都是一樣的，都是投資者轉換成別人，而投資標的本身則不受影響；相關資本並未外移。

資本外逃到國外，預設某些外國人傾向以他們在資本外逃國境外的投資，交換資本外逃國境內的投資。譬如，如果沒有哪一個外國人購買英國境內的投資，任何英國資本家便不可能逃離他在英國境內的投資。因此，資本外逃絕不可能產生輿論大談特談的國際收支惡化，也不可能使外匯匯率上揚。如果許多資本家——不管是英國的或外國的——想要出脫英國證券，英國證券的價格將會下跌，但這並不會影響英鎊和外國貨幣之間的交換率。

對於投資於現金的資本而言，前面的陳述也一樣有效。假設某個持有法國法郎者，想預先因應法國政府的通貨膨脹政策、規避預期產生的後果；他或者可以透過購買某些財貨而逃向「實質財貨」，或者可以逃向外國貨幣。但是，他必須找到願意接受法郎、以財貨或外國貨幣和他交換的人；只有在仍然有人對法郎未來的交換價值評估比他更爲樂觀的情形下，他才可能出脫法郎。使商品價格和外匯匯率上揚的，不是準備出脫法郎者的行爲，而是除非按比較低的交換率，否則不願意接受法郎者的行爲。

許多政府佯稱，它們所以訴諸外匯管制以防止資本外逃，是基於國家重大利益的考量。然而，外匯管制眞正造成的局面，其實違反許多公民的重大利益，對任何公民或「國家經濟」這種幽靈沒有任何好處。如果通貨膨脹正在法國進行，那麼，讓所有災難性的後果只影響到法國人，肯定對法國國家整體或對任何法國公民，沒有什麼好處。如果某些法國人能藉由出售法國鈔票或可兌換法國鈔票的債券給某些外國人，從而把通貨膨脹的損失轉嫁給一些外國人承擔，則法國通貨膨脹所導致的一部分損失將會著落在外國人身上。阻止法國人出脫法郎或法郎資產的明顯後果，只是某些法國人變得更窮、卻沒讓任何法國人變得更富有。從民族主義者的觀點看來，這似乎一點也不足取。

一般輿論認爲：股票市場的交易，無論從哪一個角度來看，總有些令人反感之處。如果股票價格上揚，投機者被斥爲牟取暴利，侵吞了本該屬於別人的收入。如果股票價格下跌，投機者則被斥爲揮霍國家財富。投機者賺得利潤被汙名化爲搶奪和偷竊，受害者是其餘國民。輿論含沙射影暗指，投機者是一般民眾貧窮的原因。輿論通常區別證券交易商不誠實的豐厚獲利和製造業者的利潤，認爲：製造業者不但不是賭博，而是眞正供應消費者的需求。甚至財經作家也未能意識到，股票市場的那些交易，既不產生利潤、也不產生虧損，而只是給股票市場外的貿易與製造活動所產生的利潤或虧損來個最終結算——決定這些利潤或虧損著落在誰人身上。這些利潤或虧損，是消費大眾對企業家過去執行的投資表示贊同或不贊同，經由股票市場公諸於世。股票市場的交易，對一般民眾沒有影響；反倒是一般民眾對投資人所安排的生產模式的反應，決定證券市場的價格結構。最終是消費者的態度，讓某些股票價格上漲，而讓其他股票價格下跌。那些既不儲蓄、也不投資的人，既不會因爲股票市場的報價波動而獲利，也不會因爲這種波動而受害。證券市場上的買賣，只是決定哪些投資人將賺得利潤、哪些人將承受虧損。[18]

第九節　貨幣與資本；儲蓄與投資

資本是依據貨幣當量計算出來的，並且在這種計算中代表一定數額的貨幣。但是，資本也可能是由某些數額的貨幣構成的。因爲資本財也在人與人之間交換，而且這種交換和所有其他財貨的交換一樣，是在相同的情況下進行的，所以在資本財交換的場合，間接交換和貨幣的使用也變成是不得不然。在市場經濟裡，沒有哪一個參與者能放棄現金握存的好處。不僅作爲消費者，人必須保持一定的現金握存，即使作爲資本家和企業家，也必須保持一定的現金握存。

對這個事實感到費解和迷惑的人，是因爲誤解了貨幣計算和資本會計的意義，乃至企圖給資本會計指派某些它絕不可能達成的任務。資本會計是一個思考工具，適合市場經濟裡操作的個人或團體，用來計算、思考行爲是否恰當。只有在貨幣計算的框架裡，資本才變成是可以計算的。資本會計唯一能達成的任務，是給市場經濟裡活動的人顯示：他們各自運用於牟利行爲的資本，它的貨幣當量是否已經改變，以及改變到什麼程度。對所有其他目的，資本會計是沒用的。

在人們各自用於牟利的資本，以及「人們各自的牟利資本的總和」這個顯然毫無意義的概念之外，如果有人還想調查某一所謂「國家經濟」資本或社會資本的量，那麼，他當然會困擾於一個虛假的問題。他會問：在這個所謂社會資本的概念中，貨幣扮演什麼角色？他發現，資本從個人觀點來看，和從社會觀點來看，有一重大差別。然而，這整個推理是全然謬誤的。在計算一個除非依據貨幣當量，否則不可能計算的量時，排除對貨幣的指涉，顯然是自相矛盾的。在一個不可能有什麼貨幣、也不可能有生產要素貨幣價格的經濟體系裡，是不可能進行貨幣當量計算的；因此，企圖使用貨幣計算，調查某個在這樣的經濟體系裡沒有意義的量，那是荒謬的。我們的推理，一旦超出市場社會的框架，就絕不可對貨幣和貨幣價格有任何指涉。社會資本這個概念，只可能想像是各種財貨的集合；兩個這種集合，是不可能比較的；最多只能說，其中一個集合對去除整個社會所感覺到的不適，比另一個更有用（而是否有哪一個凡人能斷然做出這樣通盤的判斷，則是另一個問題）。對於這種集合，不能應用任何貨幣表述。在處理一個沒有生產要素市場的社會體系的資本問題時，以貨幣表述的項目沒有任何意義。

近年來，有些經濟學家特別關注現金握存在儲蓄和資本累積過程中所扮演的角色，曾經提出許多關於這個角色的謬誤結論。

如果某個人使用某一數額的貨幣，不是用來消費，而是用來購買生產要素，儲蓄便直接變成資本累積。如果這個儲蓄者使用新增的儲蓄增加現金握存，因爲在他看來這是最有利的儲蓄使用方式，那麼，他便引發一個趨勢，傾向使商品價格下降、貨幣單位購買力上升。如果我們假設市場體系的貨幣供給不變，則儲蓄者增加現金握存的行爲，對資本累積，以及對運用資本於擴大生產，將不會有直接影響。[19]這個儲蓄者的儲蓄，亦即，他所生產出來的財貨減去他所消費掉的財貨所得出的餘額，並沒因爲他窖藏貨幣而消失。他窖藏貨幣的行爲，導致一些資本財價格沒上升到沒有該窖藏行爲時將會達到的高度。但是，有更多資本財可供運用的事實，並沒受到儲蓄者增加現金握存的影響。儲蓄者增加儲蓄，造成某些財貨沒被他們自己消費掉，如果這些財貨也沒因別人擴大消費而用掉，則這些財貨仍然增加了可供使用的資本財存量，不管它們的價格變高或變低。這兩個過程——現金握存增加和資本累積增加——同時發生。

商品價格下跌，在其他情況相同下，導致個人資本的貨幣當量下降。但是，資本的貨幣當量下降，並不等於資本財供給減少，因此也毋須調整生產活動，去適應一個據稱人人變窮的情況。商品價格下跌，只改變了納入貨幣計算的那些項目的貨幣當量。

現在且讓我們假設，信用貨幣或不可兌換幣數量增加或信用擴張，提供了某些人擴大現金握存所需的額外貨幣。於是，有三個不同過程分別進行著：一是，可用的資本財數量增加，以及這增加所導致的生產活動擴張，傾向使商品價格下跌；二是，作爲現金握存的貨幣需求增加，傾向使商品價格下跌；三是，（廣義的）貨幣供給增加，傾向使商品價格上升。這三個過程在某一程度是同步進行的，每一個都引起一些特別效果；這些效果可能因源自其他兩個過程中的某個過程的效果而加強，也可能因另一個過程的相反效果而削弱；究竟如何，得視具體情況而定。但重點是，額外的儲蓄所產生的資本財，並沒因同時發生的貨幣變動——（廣義的）貨幣供給和貨幣需求的變動——而消滅。每當某個人將某一金額的貨幣用於儲蓄，而不是用於消費時，這儲蓄過程總是和資本累積與投資過程完全一致的。就這一點來說，儲蓄者是否增加現金握存，是無關緊要的。儲蓄總是意謂有一相應的財貨供給生產出來，但沒消費掉，總是意謂有一相應的財貨供給可用於進一步的生產活動；一個人的儲蓄總是具體化爲某些資本財。

有些學者認爲，窖藏起來的貨幣，是整個財富中沒有生產性的部分；這部分財富的增加，導致用於生產的那部分財富萎縮。這個想法，只有在下面這種情況下，才說得上正確：貨幣單位購買力上升，導致更多生產要素用於開採金礦，並且導致黃金從產業用途移轉至貨幣用途。但是，這種情況，是某些人力圖增加現金握存造成的，不是他們的儲蓄行爲造成的。在市場經濟裡，只有透過省下一部分所得不消費，才可能儲蓄。個別儲蓄者把儲蓄用於窖藏現金，會影響貨幣購買力的決定，因此，可能降低資本的名目金額，亦即，降低資本的貨幣當量；但是，這不會使任何一部分累積起來的資本變得沒有生產性。

第十九章　利　率

第一節　利息現象

前面已表明：時序偏好是人的每一行為固有的範疇，以本源利息（originary interest）的樣貌呈現，亦即，以未來財貨相對於現有財貨的折價呈現。

利息並非僅指資本利息；利息不是利用資本財所獲得的特別收入。古典經濟學家所講的三種生產要素——勞動、資本和土地，對應於三種收入——工資、利潤和租金，是禁不住批駁的。租金不是特別來自土地的收入，而是一般的市場交換現象。租金在勞動和資本財收入中所扮演的角色，和租金在土地收入中所扮演的角色是一樣的。再則，也沒有什麼相同性質來源的收入，可以按古典經濟學家的意思稱為利潤（就企業家的利潤這個意義而言）和利息，不是資本特有的收入，同樣也不是土地特有的收入。

消費財的價格，透過市場上各方面力量的互動，分給合作生產消費財的各個互補生產要素。由於消費財是現有財貨，而生產要素則是未來財貨的生產手段，並且由於現有財貨的價值高於同一種類和同一數量的未來財貨，所以，現在分給各個互補生產要素的金額總和，會低於相關消費財現在的價格；即使在均匀輪轉的經濟假想裡也是如此。其間的差額就是本源利息。本源利息和古典經濟學家所區別的三種生產要素中的任何一種，都沒有特別關係。企業家的利潤或虧損，是市場資料在消費財生產期間發生變化，以及這變化所導致的價格變動所造成的。

來自狩獵、捕魚、畜牧、伐木和農耕的經常收入中，思想單純者看不出有什麼問題。大自然產生鹿、魚和牲畜，並且使它們成長，使乳牛泌乳，使母雞生蛋，使樹木增長木材和開花結果，並且使種子抽穗。有權利把這種一再發生的財富據爲己有的人，享有穩定、源源不斷的收入，就像一條野溪、活水源源而來，這個「收入流」不斷流淌，一再帶來新財富。在思想單純者看來，這整個過程分明是一個自然現象。但對經濟學家來說，土地、牲畜和所有其他收入來源的價格如何決定，是一個問題。如果未來財貨的買賣沒有一個相對於現有財貨的折價，則購買土地者必須支付的價格，將會等於所有未來各期土地淨收入的簡單總和；這價格將不允許買入土地者在未來各期，除了地租或土地淨收益之外，還享有另外一筆收入。

就交換學觀點而言，土地和牲畜擁有者每年獲得的收入，和遲早會在生產過程中用盡的那些刻意生產出來的生產要素所產生的收入，並沒有什麼特別不同之處。對一塊土地的處置權，是控制該塊土地如何和其他要素合作、生產可能在該塊土地成長的某些果實的權利；對一處礦區的處置權，是控制該處礦區如何和其他要素合作、開採可能從該礦區挖掘出來的某些礦藏的權利。同樣的，一部機器或一包棉花的所有權，是控制它們如何和其他要素合作、生產可能產出的某些東西的權利。所有從生產力和功能的角度探討利息問題的學說，所隱含的根本謬誤，就在於各該學說把利息現象歸結到生產要素所提供的生產服務上。然而，生產要素的服務或功用所決定的，是生產要素所受支付的價格，而不是利息。某一生產要素的價格，分掉某一生產過程有或沒有該生產要素的合作，所造成的生產力差異的全部。各種互補生產要素的價格總計和產品價格之間的差額，是即使市場資料沒有任何變化也會出現的價差；這價差是現有財貨價值高於未來財貨的結果。隨著生產過程的進行，各種生產要素轉變或熟化成爲價值較高的現有財貨。這種在生產過程中隨著時間而增長的價值，是流入生產要素所有者手中的特別收入——本源利息——的來源。

就交換學觀點而言，物質類生產要素所有者——有別於市場操作功能擬人化所虛構的純粹企業家[1]

——獲得性質不同的兩種收入：一是，獲得他們所控制的生產要素參與生產合作時受支付的價格；二是，獲得利息。這兩件事情絕不可混淆。在解釋利息時，絕不可指涉生產要素在生產過程中所提供的服務。

所有利息現象都是同一性質的。沒有不同性質的利息來源。耐久財的利息和消費信用的利息，和其他名目的利息一樣，都是現有財貨價值高於未來財貨價值的結果。

第二節　本源利息

本源利息，是近期未來的需求滿足，相對於遠期未來的同一需求滿足，在人心目中的價值比。在市場經濟中，這種價值比顯現在未來財貨相對於現有財貨的折價。這種折價本身不是價格，而是商品價格比。市場傾向使所有商品的這種價格比趨於相等。在均勻輪轉的經濟假想裡，所有商品的本源利率都是一樣的。

本源利息不是「資本的服務受支付的價格」。[2]龐巴衛克和後來一些經濟學家在解釋利息時，指出比較費時的迂迴生產方法有比較高的生產力。但是，這個事實解釋不了利息現象。相反的，倒是本源利息現象，解釋了人爲什麼採用比較不費時的生產方法，儘管比較費時的生產方法會提高每單位投入的實質產出。再則，本源利息現象也解釋了爲什麼合用的土地能按有限的價格買賣。如果一塊土地所能提供的未來服務和現在的服務獲得同樣的價值評估，那麼，任何有限的價格，不管多高，都將不足以吸引地主出售該塊土地。土地將不可能按一定金額的貨幣買到或賣出，也不可能拿一些服務數量有限的財貨和土地直接交換。某塊土地將只會和他塊土地直接交換。一棟在未來十年內每年能產生一百元收入的地上建物，它的價格（除去它所在的地皮），在這十年期的期初將訂在一千元，在第二年的年初將訂在九百元，依此類推。

本源利息不是資本（或資本財）供需在市場上互動所決定的價格。本源利息的高低，並非取決於資本（或資本財）供需的強度。反倒是本源利率的高低，決定資本和資本財的供需。本源利息決定現有財貨供給中，多少將用來供應近期未來的消費，以及多少將用來供應較爲遙遠的未來消費。

人儲蓄和累積資本，不是因爲有利息。利息既不是儲蓄的動機，也不是對犧牲立即消費的報酬或補償。利息是現有財貨相對於未來財貨的價值比。

借貸市場並不決定利率，而是根據未來財貨折價所顯現的本源利率，調整借貸利率。

本源利息是人的行爲的一個範疇，在每一次對外在事物的價值評估中，都發揮作用，並且絕不可能消失。如果曾經發生在基督紀元第一個千禧年末的情景再度出現，也就是說人如果再次相信世間一切的最終末日即將到來，人將停止供應未來的塵世需求。於是，在人眼中，各種生產要素將變成沒有用處、也沒有價值。這時，未來財貨相對於現有財貨的折價不但沒有消失，反而是提高到無法計量的程度。另一方面，本源利息如果消失，那將意味人完全不在乎滿足比較近期的未來需求，也就是意味人寧可選擇在一千年或一萬年後獲得兩個蘋果，也不選擇在今天或明天或一年後或十年後獲得一個蘋果。

如果本源利息不存在、如果本源利息不是任何行爲固有的元素，我們甚至無法想像世界將變成什麼景象。不管有沒有分工和社會合作，也不管社會合作的組織型態是以私人控制生產手段爲基礎，或是以公共控制生產手段爲基礎，本源利息永遠存在。在社會主義共和國，本源利息的角色不會不同於它在市場經濟裡的角色。

龐巴衛克已經徹底揭露以生產力解釋利息的幼稚謬誤，亦即，揭露所謂「利息是生產要素實質生產力的顯現」這種觀點的謬誤。然而，龐巴衛克本人卻在一定程度根據生產力觀點，建構他自己的利息理論。他在解釋利息現象時，訴諸比較費時、迂迴的生產過程在科技上較爲優越，希望藉此迴避幼稚的生產力謬論粗糙的疏漏。其實，他只是以比較微妙的形式，重拾生產力論的觀點。後來有些經濟學家忽視龐巴衛克利息理論中的時序偏好觀念，而僅僅強調其中的生產力觀點；於是，他們不得不推論說，如果有一天進一步延長生產期再也不能使生產力進一步提高時，本源利息必定消失。[3]然而，這個結論完全錯誤。只要有手段稀少的問題，從而有行爲，本源利息現象便不可能消失。

只要這世界沒變成萬物豐裕的世外桃源，人就會有手段稀少的問題，從而就必須行爲，必須節約利用有限的手段；人不得不在較近的未來滿足和較遠的未來滿足之間做選擇。因爲不管是在較近的未來或在較遠的未來，都不可能達到完全滿足的狀態。於是，改變生產要素的用途，把某些要素撤離較近的未來需求滿足用途，轉而用於滿足較遠的未來需求，必然會減少較近的未來需求滿足狀態，同時增進較遠的未來需求滿足狀態。如果我們假設情形不是這樣，我們就會捲入各種無解的矛盾中。我們頂多能想像這一種狀態：科技知識和技巧已經發展到凡人所能達到的極限，不再可能有進一步的進展。此後，人將不再能發明新的、每單位投入產出較多的生產過程。但是，只要某些生產要素是稀少的，我們就絕不能以爲，所有最具生產力的過程——撇開生產期不談——都充分利用了；也絕不能以爲，不會有任何實質生產力較低或每單位投入產出較少的生產過程獲得採用，只因爲該過程比其他實質生產力較高的過程更早產生成果。生產要素稀少，意味我們雖然能夠草擬某些計畫、希望增進我們的物質幸福，然而礙於欠缺足夠可用的手段，以致該等計畫不可能實現。正是這種我們想要、卻不可能實現的幸福進步，構成資源稀少的眞諦。現代擁護生產力觀點的人，他們的推論受到龐巴衛克用語「迂迴的生產方法」的言外之意和該用語所暗示的科技進步觀點誤導了。然而，不管科技知識狀態進步與否，只要有手段稀少的問題，必定總是會有某個在某一產業部門以延長生產期來增進物質幸福的科技機會尚未獲得利用。只要手段是稀少的，只要目的和手段的相互關係仍然存在，那麼，根據邏輯的必然性，就必然會存在某些尚未滿足的需求，不管是在較近的未來或是在較遠的未來。永遠會有一些我們必須放棄取得的財貨，因爲取得該等財貨的路途太過遙遠，會妨礙我們滿足某些比較迫近的需求。我們所以沒給未來的需求提供更充足的準備，乃是我們對較近的未來滿足相較於較遠的未來滿足做了價值權衡的結果。此一權衡所得到的價值比，就是本源利息。

且讓我們假設，在一個科技知識已完美無缺的世界裡，某個創業家草擬了一個計畫A，要在一處風景優美，但不容易到達的山區，蓋一座旅館，並且要開闢幾條通往該旅館的道路。他在深入檢討該計畫的可行性後，發現現有手段不足以執行該計畫。他在計算這項投資的獲利前景時，得到這樣的結論：預期的收入不夠大，不足以支付所需花費的材料和勞動成本，以及所需投入資本的利息。於是，他放棄執行A計畫，轉而執行另一個計畫B。根據B計畫，這座旅館將蓋在一處比較容易到達的地點，風景不像計畫A所選的山區那樣的優美怡人，但在那裡蓋旅館，建造成本比較低，或者能在較短時間內竣工。如果所需資本的利息沒納入計算，創業家可能會產生一個錯覺，誤以爲市場資料——資本財的供給和民眾的價值排序——容許執行計畫A。然而，執行計畫A，將迫使某些稀少的生產要素撤離滿足消費者認爲比較迫切的需求用途；那將意味明顯的錯誤投資與現有滿足需求手段的浪費。

延長生產期，能增加每單位投入的產出數量，或生產某些完全不可能在較短時間內生產出來的財貨。但這種事實並不意味：因爲生產期延長而增加的財富價值歸屬於生產期延長所需的資本財，所以產生了資本利息現象。如果有人是這樣想的，那麼，他就重新陷入了龐巴衛克已徹底推翻的生產力觀點的一些最愚蠢的錯誤。各種互補生產要素對生產結果的貢獻，是生產要素被認爲具有價值的理由；生產要素的貢獻，解釋生產要素受支付的價格，而且在決定這價格時，生產要素的全部貢獻已經納入考慮了；絕不會有什麼沒納入考慮的貢獻部分剩下來，成爲支付利息、解釋利息的理由。

有人曾斷言，在虛構的均勻輪轉經濟裡，將不會出現利息。[4]然而，我們能證明，這個主張，和虛構均匀輪轉的經濟時所根據的那些假設不相容。

首先區別兩類儲蓄：單純的儲蓄和資本家的儲蓄。單純的儲蓄，只是累積消費財以供未來消費；而資本家的儲蓄，則是累積一些財貨，打算用來改善、增進生產過程。單純儲蓄的目的，是供應未來消費；這只是延後消費；單純儲蓄所累積起來的財貨儲備，遲早將供應消費，屆時將不會留下什麼東西。而資本家儲蓄的目的，首先是改進工作生產力；資本家的儲蓄，累積資本財，以供進一步生產活動使用，所以不僅僅是供應未來消費的儲備。得自單純儲蓄的利益，是將來消費那些沒立即消費而累積起來供應未來需求的財貨庫存。得自資本家儲蓄的利益，則是財貨的產出數量增加，或生產出一些，如果沒有該類儲蓄的協助，便絕不可能生產的財貨。在建構均匀輪轉的（靜態）經濟想像時，經濟學家不在乎資本累積過程：各種資本財是既定的、而且保持既定，因爲根據假設，市場資料不會發生任何變化，既不會有儲蓄導致新資本累積，也不會有消費超出所得（亦即，當期生產減去維持資本所需的資金準備）而導致資本消費。現在我們的任務，便是證明這些假設和沒有利息的想法是不相容的。

在這裡，我們毋須花太多時間討論單純的儲蓄。單純儲蓄的目的是供應未來某段期間的消費，因爲儲蓄者擔心那時自己的收入可能不如現在這麼充裕。然而，均匀輪轉的經濟假想有一個根本特徵，那就是假設未來和現在完全一樣，而且行爲人充分知道這個事實，並根據這個事實而行爲。因此，在均匀輪轉的經濟裡，不存在單純的儲蓄。

至於資本家儲蓄的結果——所累積起來的資本財存量，情況就不同了。在均匀輪轉的經濟裡，既沒有儲蓄和累積新增資本財，也沒有消費既存資本財。這兩個現象將意味市場資料改變，因此將擾亂該假想的經濟體系均匀輪轉。且說，過去——亦即，在均匀輪轉的經濟確立之前——所儲蓄和累積的資本數量，是調整到適應當時的利率水準的。如果——隨著均匀輪轉的經濟情況確立——資本財擁有者不再收到任何利息，則過去在配置各種財貨存量、以滿足未來各期需求時一直發揮作用的那個條件，就被推翻了。該條件的改變，必然導致新的安排使用財貨的方式。而另一方面，在均勻輪轉的經濟裡，未來各期的需求滿足價值差異，也不可能消失。在這個假想建構裡，人給今天即可使用的一顆蘋果評定的價值，也將高於他給十年後或一百年後才可使用的一顆蘋果評定的價值。如果資本家不再收到利息，較近的未來滿足和較遠的未來滿足之間的供需平衡，就被打亂了。某個資本家把自己的資本恰好維持在十萬元，是以現在的十萬元價值等於十二個月後可以動用的十萬零五千元爲基礎的。這五千元，在他的眼裡，足以勝過立即消費他的一部分資本可望獲得的好處。如果利息收入消失了，資本消費就會接踵而至。

熊彼得（J. A. Schumpeter）所描述的那個靜態體系的基本缺陷，就在於這一點。只假設該體系的資本設備已經在過去就累積起來了，以及這個先前累積起來的資本設備現在全部可供使用，並且此後將一成不變的保持在相同水準，是不夠的。在假想的靜態體系中，還必須安排那些將資本保持在相同水準的力量繼續運作。如果抹除了作爲利息收受者的資本家角色，那就等於以作爲資本消費者的資本家取代該角色；因爲不再有什麼理由，能說服資本財擁有者不把資本財立即用於消費。在假想的靜態（均勻輪轉的經濟）情況所隱含的假設下，人不需要單純保持資本財儲存以供應不時之需。即使我們有夠矛盾的假定，有一部分資本財儲存專門用於這個目的，所以暫時沒消費掉，那麼，至少另有一部分資本將被消費掉——這部分資本對應於單純儲蓄之外的資本家儲蓄。[5]

如果沒有本源利息，資本財將不會用於立即消費，而且也不會有任何資本消費。相反的，在這樣一個不可想像、也無法想像的情況下，將沒有任何消費，而只有儲蓄、資本累積和投資。並非本源利息無法想像的消失，而是支付給資本主的利息遭到廢除，導致資本消費。資本家所以因爲利息遭到廢除而消費他們的資本財和資本，恰恰因爲存在本源利息這個行爲範疇，恰恰因爲人偏好現時的滿足甚於後來的滿足。

所以，不管以什麼社會制度、法律或金融操縱手段，企圖廢除利息，絕不可能成功。想要「廢除」利息的人，將必須誘導人民認爲一百年後可以用到的一顆蘋果，價值不低於現在可用的一顆蘋果。能夠以法律和命令廢除的，只是資本家收取利息的權利。但是，這樣的法律將導致資本消費，將很快把人推回原始的自然貧窮狀態。

第三節　利率的高低

對孑然孤立者的儲蓄行爲——不管是單純的儲蓄或是資本家的儲蓄——來說，未來各期的需求滿足價值差異，顯現在該行爲人爲供應較近的未來消費所做的準備程度，比他爲供應較遠的未來消費所做的準備更爲充裕。對市場經濟來說，如果虛構的均勻輪轉經濟所隱含的假設條件存在，本源利率將等於兩筆數量不等的貨幣之間的比率（減去1）；其一爲今天可用的一筆貨幣，另一爲後來可用的一筆在行爲人看來價值與前者相等的貨幣。

本源利率引導企業家投資。在每一個生產部門，本源利率決定等待期和生產期的長短。

經常有人問：究竟是「高的」利率，還是「低的」利率，對儲蓄和資本累積的激勵比較大？哪一個激勵比較小？這個問題毫無意義。未來財貨的折價愈少，本源利率也愈低。人不會因爲本源利率上升而增加儲蓄，本源利率也不會因爲儲蓄增加而下降。本源利率和儲蓄數量的變動——其他情況，尤其是制度情況相同下——是同一現象的兩個面向。本源利息消失，將等於消費消失；本源利息高到無法計量，將等於儲蓄和所有供應未來的準備消失。

現有資本財供給數量，既不會影響本源利率，也不會影響進一步的儲蓄數量。即使最爲充裕的資本供給，也未必導致本源利率下跌或儲蓄傾向下降。資本累積、平均每人資本額增加，是經濟先進國的一個特徵；但是，資本累積未必會降低本源利率或減弱行為人的儲蓄傾向。在處理這些問題時，學者大多只比較借貸市場所決定的市場利率，因而被誤導了。然而，借貸市場的毛利率不僅僅表現本源利率的高低而已。下面將表明，借貸市場的毛利率除了本源利率之外，還包含其他一些成分；由於這些成分的影響，毛利率在貧窮的國家，通常高於相對富有的國家。

學者普遍認為：其他情況相同下，個人在較近未來獲得的供應愈充足，對較遠未來的需求所做的供應準備便愈充足。因此，經濟體系的總儲蓄和資本累積量，據稱取決於人口在各所得階層的分布；所得接近平等的社會，其總儲蓄據稱小於所得相對不平等的社會。這一類看法確實含有一絲眞理；不過，這種看法以心理事實爲基礎，因而欠缺行爲學陳述固有的普遍有效性和必然性。再則，被這種看法預設爲相同的其他情況中，還包含個人不同的價值觀，亦即，包含個人在權衡立即消費相較於延後消費的利弊得失時，所顯現的主觀價值判斷。這種看法對許多個人行爲的描述，確實很恰當；但也有其他一些個人行爲，和這種看法並不相符。譬如，十九世紀法國的小農，雖然大多爲中等財富和中等收入者，卻以習慣過度節儉著稱於世，而當時法國有一些富有的貴族階級，以及鉅額工商業財富的繼承者，其荒淫、揮霍的程度在世界上也同樣著名。

所以，無論就整個國家或個人而言，在可供使用的資本數量大小，和另一方面的儲蓄、資本消費或本源利率的高低，兩者之間不可能確立任何必然的行爲學定理。如何配置稀少的資源以滿足未來各期的需求，取決於價值判斷，因而間接取決於所有構成行爲人個性的因素。

第四節　變動經濟中的本源利息

到目前爲止，我們一直在一些假設下探討本源利息問題。這些假設是：（一）財貨買賣使用中性貨幣；（二）儲蓄、資本累積和利率的決定，未受到任何制度性障礙的干擾；（三）整個經濟過程在均勻輪轉的經濟架構中進行。我們將在下一章剔除前述第一和第二個假設。現在且讓我們討論變動的經濟裡的本源利息。

某人如果想爲滿足未來的需求預做準備，就必須對這些需求有正確的預料；如果對未來的需求了解錯誤，事實將證明他所做的準備不如他意，或甚至毫無用處。這世界上，沒有什麼抽象的儲蓄可以滿足所有種類的未來需求，完全不受外在情況和主觀價值改變的影響。所以，在變動的經濟裡，本源利息絕不可能以某一純粹、沒摻雜其他成分的形式顯現。只有在均勻輪轉的經濟假想中，單純的時間經過，便可使本源利息成熟，亦即，在生產過程的進展中，隨著時間的經過，宛如愈來愈多價值被累增到互補的生產要素身上，直到生產過程結束，逝去的時間已經在產品價格中產生全部屬於本源利息的份額。然而，在變動的經濟裡，生產期間內，除了時序偏好外，其他影響主觀價值的因素也可能發生變化。譬如，有些財貨的主觀價值可能比從前升高，而另有些財貨的主觀價值則可能比從前降低。所有這些主觀價值變化，都是企業家的利潤或虧損的來源。只有在計畫 生產時便已正確預料到未來市場狀況的企業家，才能夠在出售產品時獲得超過生產成本支出（包括純粹的本源利息）的利潤。一個對未來情況揣摩、了解失誤的企業家，他的產品即使還能銷售，售價也將不足以補償他的成本支出，以及已投入資本的本源利息。

和企業家的利潤或虧損一樣，利息並不是一個價格，而是以某一特殊計算方式從經營成功的企業產品價格中解析出來的一個量。某一商品的銷售價格和生產該商品所支出的成本（不包括投入資本的利息），兩者之間的差額，在英國古典經濟學術語中，稱爲利潤。[6]現代經濟學則認爲，這個差額是一些不同的交換學分析項目的綜合。古典經濟學家稱爲利潤的這個（總收入超過支出的）差額，其實包含生產過程中所使用的企業家本人勞動的價格、所投入資本的利息，以及企業家眞正的利潤。如果企業家在出售產品時沒獲得這個差額，那他不僅未能獲得眞正的利潤，而且他也既沒得到和他所貢獻勞動的市場價值相當的收入，也沒得到所投入資本的利息。

（古典意義的）毛利潤分解爲管理階層的工資、利息和企業家的利潤，並非只是經濟理論的論述設想。隨著商業會計和計算慣例的逐步完善，這樣的分解概念也在商場中發展，獨立於經濟學家的理論論述之外。審愼、明智的商人對於古典經濟學家所使用的那個混亂、歪曲的利潤概念，不會認爲有什麼實際意義。商人的生產成本概念，包含他本人所貢獻勞動的潛在市場價格、所支付借來資本的利息，以及他在自家企業投資的資本，如果借予他人，根據市場情況可能賺到的利息。只有在銷貨收入減去如此計算的成本後，所得到的差額，才是他心目中的企業家利潤。[7]

要分開企業家工資和古典經濟學家利潤概念所包含的所有其他項目，沒什麼特別困難的問題；但要把企業家利潤和本源利息分開，那就比較困難。在變動的經濟裡，借貸契約所訂定的利息永遠是一個綜合數，除了本源利息之外，還含有其他考量成分；其中的純本源利息必須以特別的計算分解程序來確定。前面已表明，在每一放貸行爲中，除了貨幣單位購買力可能變動的問題外，還含有企業家冒險的成分。授信必然總是一種企業家或投機的活動，結果可能失敗，以致損失一部分或全部借出去的錢。借貸契約所訂定和支付的每一分利息，不僅包含本源利息，也含有企業家的利潤成分。

在過去很長一段時間，前述事實曾使許多嘗試完善利息理論的學者步入歧途。直到均勻輪轉的經濟假想獲得詳盡論證後，學者才終於能夠借助該假想架構，精確區別本源利息和企業家的利潤或虧損。

第五節　利息的計算

本源利息是主觀價值排序的衍生物；主觀價值不斷的變動、起伏，所以本源利息也隨著變動、起伏。按年計算利息，只是商業慣例，方便記帳的常規。這種習慣不會影響市場所決定利率的高低。

企業家的活動，傾向在整個市場經濟範圍內確立一個統一的本源利率。如果某個市場部門現有和未來財貨價格之間的差距不同於其他市場部門，商人便會爭取進入差距比較大的部門，同時避開差距比較小的部門，從而導致所有市場部門的這種價格差距趨於相等。在均勻輪轉的經濟中，所有市場部門最後的本源利率都相同。

導致本源利息出現的主觀價值排序，偏好在較近未來獲得的滿足，甚於在較遠未來獲得同一種、同一程度的滿足。但是，沒有任何理由允許我們假設，這種對較遠未來的滿足價值打折的幅度，會隨著未來的延伸而連續、均勻的提高。如果採取這樣的假設，那就是在暗示行為人所計畫 的照應期是無限的。然而，不同的人為了供應未來需求而做的準備程度，其實是各不相同的；即使對最為深謀遠慮的人來說，準備程度超出供應未來一定期間的需求，也顯得多餘；光是這些事實，便不容許我們假設照應期是無限的。

利息的計算，絕不可受到借貸市場一些慣例的誤導。借貸契約，習慣給整個借貸期間訂定某個均一利率，並且按該均一利率計算複利。[8]真實的利率決定，和這些慣例，以及其他計算利息的算術方法無關。如果利率按契約規定在某段期間內固定不變，則市場利率在這期間的預期變動，就會反映在契約成立時貸款本金所獲支付價格的相應變動上，這種價格變動，當然已適當考量過契約對貸款到期必須償還多少本金，有不可更改的約定。利息的計算，不管是根據不變的利率和變動的本金價格，或變動的利率和不變的本金金額，或變動的利率和變動的本金，對於計算結果都不會有影響。

借貸契約的利息條款，和借貸期限是息息相關的。不僅因爲使市場毛利率偏離本源利率的那些毛利率中的其他成分，而且導致本源利率變動的那些因素，也一樣會受到借貸期限長短不同的影響。所以，借貸契約會按照所約定的借貸期限不同，而得到不同的主觀價值評估和客觀估價。

第二十章　利息、信用擴張與景氣循環

在市場經濟裡，人與人的交換行爲透過貨幣的媒介來完成；因此，本源利息這個行爲範疇，主要顯現在貨幣借貸的利息。

第一節　問　題

上面指出，在均勻輪轉的經濟假想中，本源利率是統一的，亦即，整個經濟體系只通行一個利率。貨幣借貸利率和未來財貨相對於現有財貨的折價所隱含的本源利率相符。我們可以稱此貨幣借貸利率爲中性利率。

均勻輪轉的經濟假想，預設中性的貨幣。然而，貨幣絕不可能是中性的，於是出現一些特別問題。

如果貨幣關係改變，亦即，作爲現金握存的貨幣需求相對於供給的比例改變，所有財貨與服務的價格都會受到影響。然而，這種影響不會在同一時間、按同一程度改變各種財貨與服務的價格。這導致人與人之間財富與收入相對狀態改變，從而也改變了決定本源利息高低的因素。貨幣關係改變後，經濟體系傾向確立的那個最後的本源利率，不再是經濟體系之前傾向確立的那個最後的本源利率。因此，貨幣的驅動力能導致最後的本源利率和中性的利率持久改變。

其次，有一個更爲重要的問題，當然也可以視爲前述第一個問題的另一個面相。貨幣關係變動，在某些情況下，首先會影響借貸市場；在那裡，資金供需影響借貸市場利率；我們可以稱此爲貨幣（或市場）毛利率。貨幣關係改變所導致的貨幣毛利率變動，能否使包含在貨幣毛利率裡的淨利率持久偏離相當於本源利率（亦即，現有財貨相對於未來財貨的價值差異）的高度？借貸市場的供需變化能否消除一部分、乃至全部的本源利息？對於這個問題，每一個經濟學家都會毫不猶豫給予否定的回答。但是，接著會出現一個進一步的問題：市場因素的互動，會怎樣重新調整貨幣毛利率，使它趨向和本源利率相配的高度？

這些都是大問題。經濟學家在討論銀行運作、信用媒介和循環信用、信用擴張、信用免費或有償、景氣循環，和所有間接交換的其他問題時，想要解決的就是這些問題。

第二節　市場毛利率中的企業家成分

借貸市場的利率不是純利率。決定借貸市場利率的因素當中，有一些不屬於本源利息的元素。放貸者永遠是一個企業家。每一筆放款都是一項投機的企業冒險，成敗是不確定的。放貸者總是面對著風險，他可能損失一部分或全部貸出的本金。他對這風險的估量，決定他怎樣和準債務人討價還價、達成借貸契約。

無論是放貸或其他種類的信用交易與延期支付，都不可能絕對安全。債務人、保證人和擔保人可能喪失償付能力，擔保品和抵押品可能喪失價值。債權人永遠是債務人的實質合夥人，以及擔保品與抵押品的實質擁有者。影響到債務人或擔保品與抵押品價值的市場情況變化，也可能影響到債權人。債權人的命運，於是和債務人的命運連結在一起，和抵押品的價格變動連結在一起。資本不會自己長出利息；資本必須獲得妥善運用和投資，才可能產生利息，甚至才可能避免完全消失。就此意義而言，**錢不會生錢**（*pecunia pecuniam parere no potest*）這句格言是有意義的。當然，該格言在這裡的意思，和古代與中古時代哲學家賦予該格言的意義截然不同。毛利息只可能由放貸成功的債權人獲得。如果債權人賺得任何淨利息，這個淨利息總是包含在某項不僅包含淨利息的毛收入裡。淨利息只是學者透過分析思考，從債權人的毛收入中提取出來的一個量。

債權人的毛收入裡包含的企業家成分，取決於那些在每一個企業家冒險項目中都會產生作用的因素；同時也取決於法律和制度環境。借貸契約將債務人和其財產或抵押品設定為緩衝物，置於債權人和所出借的資本因債務人錯誤投資而招致的災難性後果中間。然而，借貸契約設定的緩衝效果，受到法律和各種制度的制約。只有在法律和制度架構能確保債權人對違約的債務人強制執行債權下，債權人暴露於投資失敗與損失的風險才會小於債務人。然而，經濟學毋須詳細討論各種長短期債券、優先股、抵押貸款和其他種類的信用交易所涉及的法律層面。

企業家成分出現在所有種類的放貸中。時常有論者區別消費性或個人貸款，以及生產性或企業貸款。前一類貸款的特徵，在於它使貸款人得以花用預期的未來收入。然而，出借資金者在取得對個人未來收入的部分請求權時，變成一個企業家，這和出借資金者取得對某一企業未來收入的部分請求權，是一樣的。放貸結果特有的不確定性，在於相關的未來收入不確定。

再則，也有論者通常區別私人和公共貸款；後者指對政府和相關部門的放款。公共貸款先天特有的不確定性，在於人世間權力的沉浮。帝國可能瓦解、政府可能遭到革命者推翻，而革命者可能不願意承擔責任、償還前任政府的負債。此外，前面已指出，政府各種長期負債，基本上都含有一點不良的居心。[1]

各種延期支付契約，隨時有遭到政府干預的危險，就像頭上懸著一把達摩克利斯劍[2]。輿論向來總是歧視債權人，認為債權人是飽食終日、無所事事的富人，而債務人則是忍饑耐寒、勤勉刻苦的窮人。輿論憎惡富人，把富人當作窮兇極惡的剝削者，而憐憫窮人，把窮人當作無辜的被壓迫者。輿論認為，政府採取一些旨在削減債權人求償權利的措施，對絕大多數人極為有利，只傷害為數極少的一群鐵石心腸的高利貸者。輿論完全沒注意到，十九世紀資本主義的各種創新，已經完全改變了債權階級和債務階級的成員。在梭倫（Solon）的古希臘時代、在實施平均地權法的古羅馬時代，以及在歐洲中古世紀，債權人大多是富人，而債務人則大多是窮人。但是，在各種長短期債券、抵押貸款銀行、儲蓄銀行、人壽保險單和社會安全生活補助金的時代，絕大多數中等以下收入的民眾反倒成爲債權人。另一方面，那些擁有公司普通股、工廠、農場和房地產的富人，多半是債務人，而不是債權人。普羅大眾要求政府剝奪債權人的權利，等同不經意損害了他們自己的特別利益。

在這樣的輿論氛圍下，債權人只有受害於反債權人措施的可能，而沒有受惠於反債務人措施的機會。倘若這種政治風險僅限於借貸市場，沒像現在這樣同樣影響所有生產手段的私人財產權，前述這種利害相對的不平衡，將導致一個單向趨勢，使包含在毛利率中的企業家成分趨於上升。然而，在我們現在的情形下，沒有哪一種投資完全免於私人財產被沒收的政治風險。資本家即使選擇直接投資於企業，而不出借資本給企業或政府，也不可能降低他的財富脆弱程度。

金錢放貸所涉及的政治風險，不會影響本源利息的高低；政治風險會影響市場毛利率中的企業家成分。在極端的情形下——亦即，當人人普遍預期，所有關於延期支付的契約即將喪失法律效力時——政治風險導致毛利率中的企業家成分增加到無法計量的地步。[3]

第三節　市場毛利率中的價格貼水

如果現金引起的貨幣單位購買力變動，在同一時間、按同一程度，影響所有商品和服務，則貨幣是中性的。如果貨幣是中性的，而且沒有延期支付的問題，則一個中性的利率是可以想像的。如果有延期支付，假使我們撇開債權人的企業家立場，以及因此在毛利率中出現的企業家成分，那麼，我們還必須進一步假設，在約定借貸條件時，貨幣購買力未來所有可能變動的後果，都獲得了借貸雙方適當考慮；貸款本金將定期乘以貨幣購買力指數，從而按照相關期間中購買力發生的變化予以增加或減少。如果本金按此調整，利息計算所根據的本金金額也會跟著變動。於是，簽訂借貸契約時所約定的利率，便是一個中性的利率。

如果貨幣是中性的，只要借貸雙方能夠正確預料貨幣購買力的未來變化，中性的利率也能以另一種約定方式達到。他們可以讓約定的毛利率包含一個反映購買力變化的津貼，亦即，根據購買力變化給本源利率加上或減去若干百分點。我們可以稱此津貼爲——正的或負的——價格貼水。當通貨緊縮快速進行時，負的價格貼水不僅可能吞沒全部的本源利率，甚至可能把毛利率倒轉成一個負值——一個支付給債務人的利率。如果價格貼水被正確算出，則不管是債權人的處境，或是債務人的處境，都不受借貸期間貨幣購買力變動的影響；這樣的利率將是中性的。

然而，所有這些假設不僅純屬虛構，甚至不可能是毫無矛盾的假設、想像。在變動的經濟裡，利率絕不可能是中性的。在變動的經濟裡，沒有統一的本源利率，只有一個趨勢，傾向確立某個統一的本源利率。然而，在達到統一的最後本源利息之前，市場資料又會出現新的變化，把利率的移動重新轉向某個新的最後統一狀態。當一切事物都處於不斷變化之中，中性的利率不可能確立。

在眞實世界裡，所有價格都是上下波動的，行爲人不得不充分考慮這些起伏變化。企業家從事商業冒險，和資本家改變投資組合，只因他們預料市場將發生變化，從而預先因應、以便從中牟利。市場經濟的根本特徵，就在於它是一個衝動永不停歇、趨向改善的社會體系。一些最爲深謀遠慮和最有進取心的人，爲了賺取利潤，一再重新調整生產活動的安排，希望以最佳可能的方式滿足消費者的需要，包括消費者自己已經知道的需要，以及消費者自己還沒想到要獲得滿足的潛在需要。企業家——首倡者的投機冒險，促使價格結構天天革新，從而也使市場毛利率天天呈現新的高低變化。

假設某人預期某些價格將上漲，他以貸款人的身分進入借貸市場，將願意支付較高的毛利率，高於他預期價格上漲的幅度不大或價格不變時願意支付的毛利率。另一方面，放款人放款時，如果他自己也預期價格上漲，他要求的毛利率，將會高於借貸市場沒預期價格上漲或上漲幅度不大時的毛利率。貸款人不會因為利率較高而裹足不前，因為他的投資項目似乎具有很好的前景，能負擔較高的利息成本。而放款人則將放棄放款，並且將以企業家和出價者的身分進入商品和服務市場，因為放款毛利率不足以補償他能依後一方式獲得的利潤。因此，價格上漲的預期使毛利率傾向上升，而價格下跌的預期使毛利率傾向下降。如果價格結構的預期變化只涉及有限的幾種商品和服務，而且某些財貨價格預期的上漲還被其他財貨價格預期的反向變動抵銷，情形如同貨幣關係保持不變時會發生的那樣，則這兩種彼此相反趨勢大致相互平衡。但是，如果貨幣關係發生有感的變動，以致人人預期所有商品和服務的價格將普遍上漲或下跌，那麼，將只有一個趨勢在發生作用。於是，在所有關於延期支付的合約中，某一正的或負的價格貼水就會出現。[4]

變動經濟裡的價格貼水，它的作用和我們前面鋪陳那個假想的、不可能實現的架構中所賦予價格貼水的作用不同。即使僅就信用借貸而言，價格貼水也絕不可能完全消除貨幣關係變動的影響、絕不可能使利率變成中性的利率。價格貼水改變不了貨幣本身基本上具有驅動力的事實。即使所有行為人都完全正確知道整個經濟體系裡（廣義的）貨幣供給將會如何變動，包括數量將如何變化、何時發生變化、首先會影響哪些人等，他們還是不可能事先知道，作為現金握存的貨幣需求是否會改變、按怎樣的時間順序改變、改變到什麼程度，以及各種商品價格將會改變到什麼程度。只有當價格貼水的出現先於貨幣關係變動所造成的價格變動時，價格貼水才可能抵銷貨幣關係變動對信貸契約的實質影響。而這樣的價格貼水將必然是一個推理的結果；在這個推理過程中，行為人努力計算所有直接和間接對自身滿足狀態有影響的商品與服務價格，將在什麼時候、改變到什麼程度。然而，這種計算不可能牢靠，因為行為人對於未來的各種情況與主觀價值的變化欠缺完美的知識。

事實上，價格貼水的出現，是一種算術演算的結果，而這種算術演算不可能提供什麼可靠的知識，也消除不了未來的不確定。價格貼水是首倡者和企業家對於未來的了解，以及他們根據這種了解所做計算的結果。價格貼水逐步出現；首先是少數行為人，接著愈來愈多行為人陸續意識到：市場正面臨現金引起的貨幣關係變動，從而會面臨一個往某一特定方向發展的趨勢。只有當行為人趁勢牟利，開始買進或賣出時，價格貼水才會出現。

必須知道：價格貼水是行為人鑑於貨幣關係預期的變動，所做的一些揣測的產物。在通貨膨脹趨勢預期持續的場合，引起價格貼水的因素，已經是某種現象的第一個徵候；這種現象，當後來變得普遍流行時，稱為「逃向實質財貨」，而且最後會演變成「崩潰的繁榮」，以及相關貨幣體系的全面崩潰。就像任何嘗試了解未來將怎樣發展那樣，這裡的揣測者有可能犯錯，預期的通貨膨脹或通貨緊縮可能中止或減緩下來，因而未來的價格可能不同於揣測者的預期。

增強的買進或賣出傾向（就是這種傾向產生或正或負的價格貼水），對短期貸款的影響，通常先於對長期貸款的影響，而且影響的程度也比較大。就此通常情形而言，價格貼水首先出現在短期貸款市場，然後由於市場各個部分都連結在一起，才出現在長期貸款市場。然而，在某些情形下，價格貼水在長期貸款市場的出現，和短期貸款市場的情勢發展完全沒有關係；特別是在過去國際資本市場仍然活躍的日子裡，這種情形更為常見。偶而會發生這樣的情形：放款者對於某國通貨的短期發展很有信心，因此，以該國通貨約定的短期貸款，完全沒有或只有少許價格貼水；但是，對於該國通貨的長期展望，放款者比較沒信心；因此以該國通貨約定的長期貸款合約，便納入一個相當高的價格貼水。結果是：以該國通貨約定的長期貸款，只有按較高的利率安排才可能借到，高於同一借款人以黃金或某一外國貨幣約定的貸款能安排借到的利率。

我們已經舉出一個理由，說明價格貼水為什麼實際上頂多只會緩和、但絕不可能完全消除現金引起的貨幣關係變動對信貸交易的實質影響（另一個理由將在下一節處理）。價格貼水永遠落後於購買力變動，因為引起價格貼水的因素不是（廣義的）貨幣供給變化，而是該變化對價格結構的影響——這影響必然落在貨幣供給變化之後。只有在不停的通貨膨脹的最後階段，事情才會變得不一樣。貨幣體系崩潰的恐慌——崩潰的繁榮，特徵不僅顯現在各種財貨價格傾向上漲到無法計量的高度，也顯現在正價格貼水傾向上升到無法計量的高度。任何毛利率，不管多高，對準放款人而言，都顯得還沒高到足以補償放款人，勢將因貨幣單位購買力不斷下降而蒙受的損失；他會放棄放款，寧可自己買進一些「眞實」財貨。於是，借貸市場陷入停頓。

第四節　借貸市場

借貸市場所決定的毛利率不是統一的。在毛利率裡，永遠含有企業家成分；該成分的大小依個別借貸合約的特殊性而各不相同。所有專注於利率動向的歷史統計研究都有一個最嚴重缺點，就是忽略毛利率中的企業家成分。把公開市場的利率資料或中央銀行的貼現率排成時間數列，是毫無用處的；構成這些時間數列的個別數據之間並沒有可比性。同一中央銀行在不同期間的貼現率，意味不同的東西。各國中央銀行操作的制度條件、各國的私人銀行和各國所組織的借貸市場，是如此不同，如果沒有充分考慮這些差異就逕行比較名目利率，會招致誤解。我們能先驗知道，在其他情況相同下，放款人會選擇高利率、不選擇低利率，而借款人則會選擇低利率、不選擇高利率。但是，實際上，其他情況永遠不相同。在借貸市場上，有一強大趨勢促使同一類貸款的毛利率趨於相等；所謂同一類貸款，係指在這些貸款的場合，決定企業家成分高低和價格貼水的那些因素相同。前述先驗的認識是一個思考工具，可用來解釋和利率有關的歷史事實。沒有這個先驗認識的幫助，龐大的歷史統計資料將只是一堆沒意義的數據。在把某些初級商品的價格排成時間數列時，（方法論的）經驗主義至少還有一個表面理由，亦即，所處理的價格資料指涉相同的物質對象。其實，這是一個虛假的藉口，因爲價格和物品不變的物理性質無關；和價格有關的，是行爲人賦予物品的價值，而這價值是時時變動的。但是，在研究利率的場合，甚至連這個蹩腳的藉口也不允許提出。在現實中出現的那些毛利率，除了市場交換理論在它們身上看到的那些特徵外，沒有別的什麼共同點；那些毛利率是複雜現象，絕不可能用來建構什麼實證的或後驗的利息理論；它們絕不可能證實或否定經濟學對於相關問題的剖析與論述。如果利用經濟學所傳達的知識予以仔細分析，那些毛利率可以成爲非常珍貴的經濟史參考資料；但是，就建構經濟理論而言，它們沒有用處。

論者習慣區別短期貸款市場（貨幣市場）和長期貸款市場（資本市場）；更爲深入的分析，甚至必須進一步在各貸款期限內區分貸款類別。此外，契約條款賦予放款人求償權利所涉及的法律面差異，也必須考慮。簡言之，借貸市場不是一個同質的市場。而且，其中最顯著的性質差異來自毛利率當中的企業家成分；每當貸款人說貸款是基於信任或信心時，他們指的就是這個企業家成分。

借貸市場所有部門之間，以及各部門所決定的毛利率彼此之間的連通性，源自於這些毛利率當中的淨利率，基本上傾向趨近最後的本源利率。由於存在此一趨勢，市場交換理論可以處理市場利率，宛如它是一個統一的現象，並且還可以抽離必然總是包含在毛利率裡的企業家成分，以及偶而會包含在毛利率裡的價格貼水。

所有商品與服務的價格，每一刻都在朝向某一最後狀態移動。如果這個最後狀態竟然達到了，那麼，最後顯現的本源利息狀態，就是現有財貨相對於未來財貨的價格比。然而，變動的經濟絕不會達到前述想像的最後狀態。新的市場資料一再出現，促使價格變動趨勢，從原本趨向的目標轉向不同的最後狀態；結果，和這個最後價格狀態對應的，可能是一個不同的本源利率。因此，本源利率並沒有比價格和工資率更持久不變的特性。

有些人——亦即，企業家和首倡者，他們的行爲深謀遠慮，致力調整生產要素的用途，以適應市場情況預期的變動；他們根據市場決定的各種價格、工資率和利率，計算他們行爲的後果。他們發現，互補生產要素的現在價格和以市場利率折減後的產品預期價格，兩者之間存在差距，並且渴望利用這種價格差距來牟利。在商人的計畫考量中，利率扮演的角色是明顯的。市場利率向他顯示，在把生產要素抽離比較近期的未來需求滿足用途上，他能做到什麼程度；在把生產要素投入比較遠期的未來需求滿足用途上，他又能做到什麼程度。在每一個具體安排生產過程的場合，市場利率向他顯示，什麼樣的生產期，符合民眾針對現有財貨相對於未來財貨所做出的價值差異判斷。市場利率阻止商人從事某些生產項目，因爲這些項目的執行，將和民眾儲蓄所提供資本財數量有限的事實扞格不入。

正因爲影響到利率的這個根本功能，所以貨幣的驅動力才能以某一特別方式產生作用。現金引起的貨幣關係變化，在某些情況下，在影響商品與勞動的價格之前，已先影響借貸市場。（廣義）貨幣供給的增減，能增減借貸市場上的資金供給，從而降低或提高市場毛利率，儘管本源利率沒發生任何變動。如果這種情形發生，市場利率便偏離和本源利息相配的狀態，也就是偏離可供生產使用的資本財供給數量所要求的高度。於是，市場利率未能履行它在引導企業家決策方面所扮演的功能；它使企業家的計算失效、繼而行爲轉向，偏離最符合消費者利益的路線，使企業家的行爲不再是以最佳可能的方式、滿足消費者最迫切的需求。

接下來，另有一個重要的事實必須知道。在其他情況相同下，如果（廣義）貨幣供給增加或減少，從而導致所有價格普遍趨於上升或下跌，某一或正或負的價格貼水將會相應出現，以提高或降低市場毛利率。但是，如果貨幣關係變動首先影響借貸市場，則貨幣關係變動所實際引起市場毛利率變動型態，恰和前述貨幣購買力變動所要求的市場毛利率變動型態相反。雖然這時需要有某一或正或負的價格貼水來調整市場利率，以反映貨幣關係的變化，然而事實上，市場毛利率卻反向下降或上升。這就是另一個可以說明，爲什麼價格貼水的功用不可能完全消除現金引起的貨幣關係變動對延期支付契約實質影響的理由。價格貼水的作用開始得太遲，落在購買力變化之後，這一點上面已經提過。現在我們知道，在某些情況下，把毛利率往相反方向推動的力量，比價格貼水更早顯現在借貸市場上。

第五節　貨幣關係變動對本源利息的影響

像其他市場資料的每一變動那樣，貨幣關係變動也可能影響本源利率。根據通貨膨脹主義史觀，通貨膨脹傾向增加企業家收入；因爲商品價格比工資率上漲得更快、也更陡峭。一方面，賺取工資者和受薪者，亦即，那些將大部分收入用於消費而很少儲蓄的階級，受到不利的影響，從而必須緊縮支出。另一方面，人口中遠比其他人更傾向將大部分收入儲蓄起來的資產階級，則因通貨膨脹而受惠；資產階級不按收入比例增加消費，而是超比例增加儲蓄。因此，就社會整體而言，新資本累積趨勢傾向增強。投資增加，是強迫人口中每年消費經濟體系絕大部分產出的階級緊縮消費所致。這種**強迫儲蓄**降低本源利率，加速經濟進步，以及科技方法改善的步伐。

我們必須承認，這種強迫儲蓄可能源自通貨膨脹，而這種情形過去也確實時常發生。在處理貨幣關係變動對利率高低的影響時，我們絕不可忽略，在某些情況下，這種變動確實能改變本源利率。但是，有其他好幾個事實，我們也必須考慮。

首先，我們必須知道，通貨膨脹雖然可能引致強迫儲蓄，但這不是必然的。工資率是否會落後商品價格上升，取決於每一通貨膨脹過程的具體情況。實質工資率趨跌，不是貨幣單位購買力下降不可避免的後果。名目工資率有可能比商品價格上漲得更多、更快。[5]

其次，我們必須記住，所謂比較富有的階級有比較高的儲蓄和資本累積傾向云云，這個說法所依據的只是某個心理學事實；它本身並非行爲學事實。因通貨膨脹而獲得額外收入的人，有可能不會把額外收入儲蓄起來投資，反而用來增加消費。我們不可能以所有經濟學定理共有的那種絕對確定的意義，預測從通貨膨脹獲利的人將怎樣行爲。歷史能告訴我們，過去發生了什麼事情；但是，它不可能斷言未來將發生什麼事情。

通貨膨脹也會產生一些傾向資本消費的力量；忽略這個事實，將是嚴重的錯誤。通貨膨脹的一個後果，是扭曲經濟計算和資本會計，產生誤導作用——產生虛幻的或表面的利潤現象。在每年攤提折舊時，如果沒充分考慮耗損的設備重置時將需要比過去購置時更高的成本支出，那麼，所決定的折舊攤提份額顯然是不夠的。如果在出售存貨和產品時，將它們的取得價格和它們的出售價格之間的全部差額當作盈餘、登錄在帳簿上，那也是犯了同樣的錯誤。如果把股票和房地產價格上漲當作是一項利得，那也是明顯的幻覺。正是這種虛幻的利得，使人相信通貨膨脹導致普遍繁榮。許多人覺得幸運，變得出手大方，豪爽花費、享受生活。他們裝修住宅，建造新的豪華宅第，並且贊助演藝事業。他們在花用這些表面利得——錯誤計算所產生的虛幻結果時，正在消費資本。誰是這些大方花錢的人，無關宏旨。他們可能是商人或股票經紀商；他們可能是賺取工資的工人，因爲他們提高酬勞的要求，被脾氣隨和、自認爲天天變得愈來愈富有的雇主滿足了；他們也可能是一些靠政府稅收維持生活的人，因爲這時稅收通常會搜括很大一部分表面利得。

最後，隨著通貨膨脹的進展，愈來愈多人意識到購買力下降。對於那些不是親身從商、不熟悉股票市場情況的人來說，主要的儲蓄工具是累積儲蓄存款、購買債券和人壽保險。所有這些儲蓄都受到通貨膨脹傷害。於是，儲蓄行爲被潑冷水，而揮霍無度則似乎被暗中嘉許。民眾最後的反應——「逃向實質財貨」，是一個絕望的嘗試，企圖從毀滅性崩潰後的廢墟裡撈出一些碎片、殘骸。就保持資本的觀點而言，「逃向實質財貨」不是一個補救辦法，而只是一個拙劣的應急措施，充其量，只能拯救一小部分儲蓄者的資金。

通貨膨脹主義和信用擴張主義擁護者的主要論點，因此是相當脆弱的。我們可以承認，通貨膨脹過去時常、但並非總是導致強迫儲蓄和資本供給增加。然而，這不表示通貨膨脹將來也必定產生同樣效果。相反的，我們必須知道，在現代條件下，在通貨膨脹過程中，趨向資本消費的力量比較可能壓倒趨向資本累積的力量。無論如何，貨幣關係變動影響儲蓄、資本和本源利率的結果，最終取決於每一實例的具體情況。

這個結論，加以必要的更改後，也適用於通貨緊縮或信用緊縮的後果與影響。

第六節　通貨膨脹和信用擴張影響下的市場毛利率

無論通貨膨脹或通貨緊縮對本源利率高低影響的最終結果是什麼，這最終結果，和現金引起的貨幣關係變動在市場毛利率方面所能導致的暫時變化之間，不存在任何必然的對應關係。如果流入或流出市場體系的貨幣和貨幣替代物首先影響借貸市場，這流入或流出的貨幣會暫時擾亂市場毛利率和本源利率之間的調和對應狀態。市場利率隨著可貸放的貨幣數量的減少或增加而上升或下降，這升降和本源利率在後來的事態發展中由於貨幣關係改變、而最終可能發生的變化，兩者之間不存在必然的相關性。市場利率實際背離本源利率所決定的最終市場利率高度，因此有一些力量開始發生作用，傾向調整市場利率重新回到和本源利率對應的高度。在這個調整過程中，本源利率的高度本身有可能改變，而這個改變也有可能是當初引起市場利率背離本源利率的通貨膨脹或通貨緊縮所造成的。那麼，這時市場利率重新調整最後趨向的本源利率，便不是原來——市場利率和本源利率之間的調和狀態被擾亂前——的那個本源利率了。本源利率發生這樣的變化，可能影響調整過程的具體情況，但不影響調整過程的本質。

簡言之，我們要處理的現象是：本源利率，取決於未來財貨相對於現有財貨的折價，基本上和貨幣與貨幣替代物的供給是沒有關係的，儘管貨幣與貨幣替代物的供給變化能間接影響本源利率實際的高低。但是，貨幣關係變動會直接影響市場毛利率。因此，市場毛利率必定會有一個重新調整，向本源利率回歸，和本源利率重新調和的過程。這個重新調整究竟是一個什麼樣的過程？

在這一節，我們只討論通貨膨脹和信用擴張。爲了簡化起見，我們假設，新增的貨幣和貨幣替代物全部流入借貸市場，並且只透過放款才進入其他市場部門。這恰恰對應於循環信用擴張的情況；[6]因此，這裡的研究等於是在分析信用擴張所引起的調整過程。

進行這個分析時，我們必須再次提到價格貼水。上面已經指出，在信用膨脹剛開始的時候，起初不會出現價格貼水。在新增的（廣義）貨幣供給已經開始影響商品與服務的價格之前，不可能出現價格貼水。但是，只要信用擴張繼續進行，不斷有新增信用媒介流入借貸市場，便持續有一股力量壓低市場毛利率。但，市場毛利率將勢必上升，因為隨著信用擴張過程的進展，正價格貼水勢必不斷上升。但是，當信用擴張持續進行時，市場毛利率持續落後理當包含本源利率加上正價格貼水的高度。

我們必須強調這一點，因為它駁倒商界習慣用來區別所謂利率高低的方法。他們通常只考慮利率的算術高度或利率走勢。對於「正常的」利率，商界有一定看法，大概介於百分之三到百分之五之間。當市場利率上升到這個高度以上，或者當市場利率——不管利率的算術高低——屢創新高時，他們相信，這應該是高利率或正在上漲的利率了。針對這些錯誤的認知，這裡必須強調，在價格普遍上升（貨幣單位購買力下降）的情況下，只有當包含大致充分的正價格貼水時，市場毛利率——相對於購買力大致穩定時的水準——才可視為沒變。就此意義而言，在一九二三年秋天，德帝國銀行的百分之九十貼現率是一個低利率——一個低得真正可笑的利率——因為它大幅落後價格貼水，以致市場毛利率應有的其他成分根本沒有餘地容身。[7]基本上相同的現象，在每一個持續很久的信用擴張實例中都會出現。在信用擴張過程的後來階段，市場毛利率固然都會上升，但市場毛利率還是低的，因為沒有達到商品價格預期普遍進一步上漲所要求的那個高度，或者說，沒充分反映購買力預期進一步下跌的幅度。

為了分析信用擴張的過程，且讓我們假設，經濟體系在適應市場資料的調整過程中，亦即，經濟體系在朝向確立最後價格和利率的過程中，由於出現了一個新的市場資料——亦即，借貸市場新增了一筆可供貸放的信用媒介——而遭到干擾。在這干擾發生前，按當時的市場毛利率，每一個借貸實例的企業家成分都獲得適當考量下，所有想借錢的人都能借到所要的貸款。因此，現在新增的放款資金，只能按較低的市場毛利率貸出。市場毛利率下跌，是否顯現在約定的借貸利率實際減少若干百分點，無關宏旨。名目的借貸利率可能保持不變，而信用擴張則顯現在一些原本因爲所涉及的企業家成分相當高、而遭到拒絕的貸款請求，現在則按原來的利率談成了。這樣的結果，等於是市場毛利率下跌；所引起的後果相同。

市場毛利率下跌，會影響籌劃投資的企業家對於獲利可能性的計算。除了物質類生產要素價格、工資率和產品的預期未來價格外，利率也是企業家籌劃計算的一個因素。這種計算的結果爲企業家顯示，某個投資計畫是否有利可圖；它顯示，在民眾對現有和未來財貨所做的價值判斷既定的情況下，什麼是可以投資的；它引導他的行爲，使之與該價值判斷相契合；它阻止他從事某些可能不爲民眾所認可的投資項目，因爲該等投資產生成果所需的等待期太長；它迫使他依某一方式使用現有的資本財存量，因爲那是使消費者最迫切的需求獲得滿足的最佳方式。

但是，現在利率下跌、扭曲了企業家的計算。雖然可供使用的資本財數量並未增加，企業家的籌劃計算卻使用了一些只有在資本財供給增加的情況下才可使用的數値。這樣計算的結果，具有誤導作用；它使某些投資項目看起來似乎有利可圖、可以執行，而根據沒遭到信用擴張扭曲的利率正確計算，該等投資項目其實是不可執行的。於是，遭到誤導的企業家著手執行該等投資項目；商業活動受到刺激、景氣暴升。

企業家新增的需求擴張，傾向抬高生產財的價格和工資率。而隨著工資率上漲，消費財的價格也跟著上漲。此外，對於消費財價格上漲，企業家也貢獻了一份力量，因爲被營業帳簿所顯示的虛幻利得矇騙，他們也樂於增加消費。各種價格普遍上揚，樂觀的情緒蔓延。如果只有生產財價格上漲，而消費財價格沒受影響，企業家將會變得很尷尬。對於原來的計畫是否健全可靠，他們將會感到懷疑，因爲生產成本上升已經推翻原來的計算。但是，鑑於消費財需求增強，儘管價格持續上漲，擴大銷售看來是可能的；而這又使他們覺得放心。於是，他們深信生產將可獲利；儘管生產成本比原先設想的還高，他們決定繼續下去。

當然，為了繼續進行信用擴張所引起的擴大生產，所有企業家，包括已經擴大生產的企業家，以及只在先前計畫內生產的企業家，都需要額外的資金，因為生產成本現在比較高。如果信用擴張只是一次性的，在注入借貸市場某一定量的信用媒介後，便完全停止，那麼，景氣暴升必定會很快結束；企業家無法取得繼續冒險所需的資金。因為貸款需求增加，而可供放貸的貨幣供給沒相應增加，市場毛利率上升。於是某些企業家拋售存貨，而其他企業家縮手不買，商品價格回跌。工商業活動再度收縮。景氣暴升結束，因為引起景氣暴升的力量不再運作。新增的循環信用數量已經耗盡作用力，不再干擾價格與工資率。價格、工資率和每個人的現金握存，都朝向適應新的貨幣關係調整；在沒有額外的信用媒介繼續注入、干擾下，它們朝向和這個新貨幣關係對應的最後狀態移動。與新的市場價格結構相配的那個本源利率，以其全部動能對市場毛利率發揮作用。市場毛利率不再受現金引起的（廣義）貨幣供給變動的干擾和影響。

所有嘗試解釋景氣暴升——亦即，普遍擴大生產和所有價格普遍趨向上漲——卻沒提及貨幣或信用媒介供給變化的理論，主要的缺點就在於忽略這個情況：只有在**所有**商品供給減少或（廣義的）貨幣供給增加的情況下，價格才可能普遍上漲。為了方便論證，且讓我們暫時承認，關於景氣暴升和景氣循環的非貨幣解釋是正確的。價格上漲，工商活動擴張，雖然貨幣供給未曾增加。那麼，很快必定出現價格回跌的趨勢，因為貸款需求必定增加，市場毛利率必定上升，短暫的景氣暴升於是終結。其實，每一個非貨幣的景氣循環理論都暗地裡假設——或邏輯上應該假設——信用擴張是景氣暴升的一個附帶現象。[8]任何非貨幣的景氣循環理論都不得不承認，如果沒有信用擴張，景氣暴升不可能出現；（廣義）貨幣供給增加是價格普遍上漲的必要條件。因此，在嚴格檢視下，景氣循環波動的非貨幣解釋縮水為如下的主張：信用擴張，雖然是景氣暴升一個不可或缺的條件，但單靠信用擴張，並不足以引起景氣暴升；出現景氣暴升，還需要某些進一步的條件。

然而，即使就這個縮水的意義而言，這些非貨幣學說也是無效的。顯然，每次信用擴張，必定引起前面描述的景氣暴升；只有在同時遭到其他因素抵銷時，信用擴張創造景氣暴升的趨勢，才可能發展不起來。例如，當銀行擴張信用時，如果大部分人預期商人的「超額」利潤將全部被政府課稅沒收；或者大部分人預期，一旦所謂「給幫浦添加啓動水」的經濟刺激措施導致價格上漲，政府將立即中斷信用擴張；那麼，景氣暴升便發展不起來。企業家將避免利用銀行暫時提供的廉價信用來擴大事業冒險，因爲他們看不出擴大冒險會增加利潤。這裡必須提到這個事實，因爲它解釋美國新政的景氣刺激措施爲什麼失敗，以及一九三〇年代爲什麼發生了其他一些事情。

只有在信用擴張不斷加速進行下，景氣暴升才可能持續。一旦沒有繼續新增的信用媒介流入借貸市場，景氣暴升就會立即結束。但是，即使通貨膨脹和信用擴張不斷進行，景氣暴升也不可能永遠持續。景氣暴升將碰到阻止循環信用無限擴張的障礙。景氣暴升將導致崩潰的繁榮，以及整個貨幣體系崩塌。

貨幣理論的精髓在於：確認現金引起的貨幣關係變動，既不會在同一時間、也不會按同一程度，影響各種商品價格、工資率和利率。如果沒有這種不均匀的影響，貨幣將是中性的，貨幣關係變動就不會影響工商業結構、各產業部門的規模與發展方向、消費，以及各階層人民的財富與收入。那麼，市場毛利率也將——不管是短暫或持久——不受貨幣和循環信用變動的影響。貨幣和循環信用變動所以能改變本源利率，是前述不均匀改變了人民彼此相對的財富與收入地位而造成的。除了本源利率改變外，市場毛利率暫時受影響的事實，也是這種不均匀的一個顯現。如果新增貨幣數量進入經濟體系的方式是：只有在促使商品價格和工資率上漲之後，才抵達借貸市場；那麼，新增貨幣直接對市場毛利率的暫時影響將是輕微的，或者完全沒影響。流入經濟體系的新增貨幣或信用媒介供給愈早抵達借貸市場，市場毛利率受影響的程度就愈劇烈。

在信用擴張下，如果新增的貨幣替代物全部借給商人，則生產規模擴大。企業家或者從事橫向的生產擴張（亦即，在個別產業的生產期沒延長的情況下擴大生產），或者從事縱向的擴張（亦即，延長生產期）。不管是哪一種擴張，新增的工廠都需要投入更多的生產要素。但是，可供使用的資本財數量並未增加，而信用擴張也沒引起消費傾向緊縮的趨勢。沒錯，正如上面在討論強迫儲蓄時已經指出的，在信用擴張後來的發展階段，有一部分人將被迫緊縮消費。但是，某一階層人民的強迫儲蓄是否將綽綽有餘的彌補其他階層人民的消費增加，進而導致整個市場體系總儲蓄的淨增加，取決於每一信用擴張實例的具體情況。無論如何，信用擴張的立即後果是某些賺取工資者的消費增加；因爲從事擴張的企業家所展現的勞動需求增強，可支持工資收入提高。爲了方便論證，且讓我們假設，這些受惠於通貨膨脹的工資所得者所增加的消費，在數量上等於其他受通貨膨脹傷害者的強迫儲蓄，因此總消費數量沒發生變化。那麼，情況將是這樣的：生產活動已經往延長等待期的方向改變了；但是，消費財的需求並未下降，因此現有的消費財供給並不足以照應較長等待期的消費。當然，這個事實導致消費財價格上漲，從而引起傾向強迫儲蓄的趨勢。然而，消費財價格上漲增強工商企業的擴張趨勢。從需求和價格上漲的事實，企業家得出投資更多和生產更多將有利可圖的推論。所以他們繼續擴張，而企業活動的增強又引起生產財價格和工資率進一步上漲，從而再度推升消費財價格。只要銀行願意繼續擴張、注入愈來愈多信用，景氣就會持續暴升。

在信用擴張前夕，所有在當時給定的市場資料下預期有利可圖的生產過程都在進行中。經濟體系正朝向某個狀態移動，在該狀態下，所有渴望賺取工資者都將獲得僱用；所有不能轉換用途的生產要素，都將利用到消費者需求和非特殊用途的物質類生產要素及勞動供給容許的程度。進一步的生產擴張，只有在資本財數量獲得新增儲蓄的挹注，亦即，在獲得生產出來、但沒消費掉的剩餘產出挹注下，才可能執行。信用擴張所引起的景氣暴升，特徵就在於這個額外的資本財尚未到位。因此，企業活動擴張所需的資本財，就必須從別的生產用途挪移過來。

我們可以把信用擴張前夕可供使用的資本財總供給稱作 p，而在一定期間內、不妨害未來生產的要求下，這些 p 所能生產出來、供當期消費的消費財總量稱作 g。現在，企業家受到信用擴張的引誘，著手生產某一額外數量、稱作 g_3 的某種他們一直在生產的財貨；以及著手生產某一數量、稱作 g_4 的某種他們未曾生產過的財貨。為了生產 g_3，需要一份稱作 p_3 的資本財供給；為了生產 g_4，需要一份稱作 p_4 的資本財供給。但是，根據我們的假設，可供使用的資本財數量迄今保持不變，所以欠缺 p_3 和 p_4 的資本財供給。正是此一事實，把信用擴張所創造的「人為」榮景，和只有在 p 增加了 p_3 與 p_4 後才導致的「正常」生產擴張，兩者區隔開來。

在一定期間的生產總收入當中，有某一數量的資本財（且讓我們稱此為 r）必須用來替補生產過程中用掉的那部分資本財。如果將 r 用於這種替補，經濟體系將能夠在下一期間再生產出 g 來；如果將 r 挪出此一用途，p 將減少 r，而 p－r 在下一期將只生產出 g－a。我們可以進一步假設，受到信用擴張影響的經濟體系是一個進步的經濟體系。在信用擴張之前的期間，該經濟體系可以說「通常」生產出某一剩餘數量的資本財 p_1＋p_2。如果信用擴張未曾介入，p_1 將用於生產稱作 g_1 的某一額外數量的某種一向生產的財貨，而 p_2 則將用於生產稱作 g_2 的某一數量的某種先前未曾生產的財貨。企業家可以自由規劃和處置的資本財總量是 r＋p_1＋p_2。然而，受到廉價貸款的迷惑，企業家的行為宛如有 r＋p_1＋p_2＋p_3＋p_4 的資本財可供使用一般，宛如不僅能夠生產出 g＋g_1＋g_2，而且還能再生產出 g_3＋g_4。各個企業家彼此競相加價、爭取到的資本財份額，加總起來其實不足以使他們那些野心過大的生產計畫全部實現。

隨之而來的生產財價格暴漲，可能在剛開始時超出消費財價格上漲，也就是本源利率起初可能傾向下降。但是，隨著信用擴張後續的進展，消費財價格上漲將超過生產財價格上漲。工資和薪水上漲，以及資本家、企業家和農夫的利得增加，雖然這些新增利得大部分是表面的，會增強消費財的需求。信用膨脹的提倡者斷言，透過強迫儲蓄，這樣的榮景能眞正增加消費財的總供給。這裡毋須仔細檢討這個主張。無論如何，這增加的消費財需求在市場上出現的時機，是在那些新增投資還未能生產出產品時。於是，現有財貨相對於未來財貨的價格差距再度擴大。在信用擴張的早期階段，可能曾經產生作用的那個傾向下降的本源利率趨勢，現在會由一個相反的趨勢取代。

本源利率傾向上升的趨勢，以及正價格貼水的出現，可以解釋景氣暴升的某些特徵。銀行界這時面對來自企業界增加定期貸款與臨時墊款的需求；企業家會準備按較高的毛利率借錢。於是，儘管銀行界索要較高利息，企業家還是會繼續借。就算術觀點而言，毛利率已上升至超過信用擴張前夕的高度。然而，就市場交換學觀點而言，市場毛利率還沒達到本該達到的那個包含本源利息、加上企業家成分與價格貼水的高度。銀行界認爲，當銀行按較爲苛刻的條件放款時，銀行已經盡到一切責任阻止「不明智的」投機，批評者不該責怪銀行助長市場的投機熱潮。銀行界未能看出，銀行給市場注入愈來愈多信用媒介，其實是在煽動人爲的景氣暴升。引發、助長和加速景氣暴升的因素，正是不斷增加的信用媒介供給。市場毛利率的現狀，只是信用媒介供給增加的一個結果。如果想知道是否有信用擴張，那就必須去看信用媒介供給的狀態，而不是看利率的算術高低。

論者習慣把景氣暴升描述爲過度投資。然而，只有在資本財供給有所增加的程度內，才有所謂新增投資。由於景氣暴升本身，除了強迫儲蓄，並未導致消費緊縮，反而導致消費增加，所以景氣暴升並未產生更多資本財作爲投資標的供人投資。所以，信用擴張所引起的景氣暴升，本質不是過度投資，而是投資在錯誤的用途上，亦即，錯誤投資。企業家使用實際可供使用的資本財供給 $r+p_1+p_2$，宛如能夠使用更多的資本財供給 $r+p_1+p_2+p_3+p_4$ 一般。企業家，在可供使用的資本財數量實際不足以支撐的某個規模上，從事投資擴張。然而，由於資本財供給不足，企業家的那些投資計畫不可能實現，遲早必定失敗。信用擴張不可避免的結束，使企業家所犯的錯誤顯現出來。有些工廠不能投入利用，因爲生產互補生產要素所需的那些工廠還不見蹤影；有些工廠的產品沒有銷路，因爲消費者比較熱中購買其他一些財貨，然而，這些財貨的產量卻不夠充足；有些工廠因而不能繼續蓋成，因爲現在投資者已經明白它們不值得蓋。

有些論者以爲，景氣暴升的根本特徵在於過度投資，而不在於錯誤投資。這個錯誤的認識，源自於他們習慣僅根據感覺得到的具體事物來判斷情況。膚淺的觀察者只注意到看得見的錯誤投資，卻未能看出某些設施所以是錯誤投資，全因爲欠缺別的一些工廠——生產互補生產要素所需的工廠，以及生產民眾比較迫切需要的一些消費財所需的工廠。由於科技條件使然，擴大生產首先必須擴大某些工廠的規模，這些工廠所生產的財貨，在生產順序上離終端消費財最遠。要擴大生產鞋子、衣服、汽車、家具或房子，首先必須增加生產鐵、鋼、銅，以及諸如此類的其他財貨。當企業家使用只夠生產出 $a+g_1+g_2$ 產品的資本財供給 $r+p_1+p_2$，宛如該資本財供給是 $r+p_1+p_2+p_3+p_4$、因而足夠生產 $a+g_1+g_2+g_3+g_4$ 時，他們首先必須著手增加那些基於物理原因、最先需要增加的產品與結構體的產出。整個企業家階級，可以說，好比是一個建築大師，他的任務是利用有限的建築材料蓋一棟建築物。如果這個建築師高估實際可供使用的建材數量，那他擬定的便是一個可支配手段不足以執行的計畫。他一開始便把地基挖得太深，把基礎範圍鋪設得太大，蓋到後來才發現欠缺完成整棟建築所需的材料。顯然的，這個建築大師所犯的過錯，不是過度投資，而是不適當的使用可支配的手段。

有些論者認爲，經濟危機所以發生，是因爲企業家不當的把「流動」資本轉變成「固定」資本。個別企業家面對危機時的信用緊縮狀況，確實有道理後悔過去花太多錢擴張工廠和購買耐久設備；如果花在那些用途上的資金仍然可供他用於日常業務操作上，他的處境將會比較好。然而，在景氣從上揚、反轉成衰退的轉折點，市面上並不欠缺原料、初級商品、半成品和食物。相反的，經濟危機的特徵，恰恰在於此等財貨大量在市場上拋售，以致它們的價格急遽下跌。

前面的說明，可以解釋爲什麼景氣暴升最顯著的特徵，是全套生產設施、重工業生產，以及耐久生產財生產的擴張。一百多年來，金融和工商紀事報導的編輯，一直把這些產業和建築業的生產數據，當成景氣波動的指標。這是對的！他們只是錯在指稱存在過度投資。

當然，景氣暴升也影響到一些消費財產業。它們也投資更多，擴大它們的產能。然而，這些新工廠和舊工廠新增的附屬設施，所生產的產品，並非總是民眾最迫切需求的。它們很可能契合整個以生產 $a + g_1 + g_2 + g_3 + g_4$ 爲目標的計畫。此一規模過大的計畫失敗，暴露它們的不適當。

商品價格急遽上漲，過去並非總是景氣暴升的一個附帶現象。信用媒介數量增加，無疑總是具有使價格上漲的潛在作用。但是，有可能在同一時間，因爲某些作用相反的力量足夠強大，將價格上漲維持在狹窄範圍內，甚至完全消除價格上漲。在過去，市場經濟平順運作遭到冒進的信用擴張主義一再打斷的那一段歷史時期，是經濟不斷進步的時代。穩步進展的新資本累積，使科技進步成爲可能，每單位投入產出增加。工商企業使市場充滿愈來愈多物美價廉的財貨。如果同一時間（廣義）貨幣供給的增加比實際那樣大量增加少一些，讓所有商品價格傾向下跌的趨勢肯定會發生作用。信用擴張，作爲實際的歷史事件，總是發生在某個特定環境，而這個環境中往往有一些強大力量在抵銷信用擴張抬高價格的傾向。通常這些彼此相反力量碰撞的結果，是產生價格上漲的那些力量占優勢。但是，有一些特殊情況，價格只輕微上漲。最顯著的例子是美國於一九二六至一九二九年間的景氣暴升。

信用擴張的本質，不受前述這種特殊市場情況影響。引誘某個企業家從事某些投資項目的因素，既不是高價格、也不是低價格本身，而是生產成本（包括所需資本的利息）和產品預期價格的差距。信用擴張所引起的市場毛利率降低，總是有這樣的作用：它使某些以前看起來不是有利可圖的投資項目，現在顯得有利可圖。它促使企業界使用 $r+p_1+p_2$ 宛如那是 $r+p_1+p_2+p_3+p_4$。它必然導致一個和實際的資本財供給不符、因而最後必然倒塌的投資和生產活動結構。有時候所涉及的價格變動，出現在購買力普遍傾向上升的背景趨勢中，並且沒把這個背景趨勢轉變成明顯相反的趨勢，而只是把背景趨勢轉變成某種大致可以稱爲價格穩定的狀態。然而，這樣的事實，只是使整個過程的花絮點綴有些變化罷了。

無論實際是什麼情況，有一點是確定的：不管怎樣操弄銀行信用，都不可能爲經濟體系提供資本財。生產活動的健全擴張，需要的是新增資本財，而不是額外貨幣或信用媒介。景氣暴升是建立在銀行鈔票和存款堆成的沙堆上的東西。它必定崩解、倒塌。

一旦銀行界因景氣暴升的步伐加快而感到害怕，開始避免進一步擴張信用，這倒塌就會出現。只有在銀行界隨時準備爽快的提供企業界所需的一切貸款，去執行那些過度誇張、完全不符合實際生產要素供給狀態與消費者價值排序的計畫時，景氣暴升才可能持續。那些因爲寬鬆的貨幣政策、人爲壓低的利率、扭曲的企業家計算，而被慫恿出來的虛幻計畫，只有當新貸款能按人爲壓低的某個毛利率繼續取得時，才可能推動實施；該人爲壓低的毛利率，低於毛利率在未受干擾的借貸市場將可達到的高度。正是這個利率差距，賦予那些過分的投資計畫有利可圖的虛幻外觀。銀行界的行爲轉向，不是造成危機的因素；他們只是使景氣暴升期間企業界錯誤投資所散布的經濟結構破壞，變得清晰可見而已。

即使銀行界頑固的堅持擴張政策，景氣暴升也不可能永遠持續；嘗試以額外的信用媒介取代不存在的資本財數量（亦即，p_3 和 p_4），注定失敗。如果信用擴張沒及時制止，景氣暴升就會變成崩潰的繁榮；

人人開始逃向實質財貨，整個貨幣體系倒塌崩潰。然而，銀行界過去通常未曾把事態推進到這樣極端的地步。他們通常在離最後的大災難還很遠的時候，便警覺到必須改弦更張了。[9]

一旦額外信用媒介停止流入，景氣暴升這個空中城堡便會倒塌。企業家必須緊縮生產計畫，因爲缺乏資金，無法繼續推動此等規模誇張的計畫。價格突然下跌，因爲這些陷入財務困境的企業會嘗試在市場上賤價拋售存貨、套取現金。一些工廠被迫關閉，一些建造中的工程項目被迫叫停，一些工人遭到解僱。一方面，由於許多企業迫切需要貸到現金以避免破產，而另一方面，所有企業都不再獲得信任，市場毛利率中的企業家成分跳升到離譜的高度。

在制度和心理方面，通常會有一些偶然事件使危機爆發變成恐慌。描述這些不愉快的事件，可以留給歷史學家來做。市場交換理論的任務，不是詳細描述在恐慌的那幾天或那幾週發生過什麼不幸事件，或仔細研究這些事件偶而會有的一些怪誕面向。經濟學對每一個實例中那些偶然的、取決於個別歷史情況的面向不感興趣。相反的，經濟學的目標，是區別根本的、可以確切證明爲必然的面向，和那些只是偶然的面向。經濟學對經濟恐慌的心理面向不感興趣，而只對如下這個事實感興趣：信用擴張所引起的景氣暴升，必然不可避免的導致俗稱衰退的經濟調整過程。經濟學必須確認，衰退其實是重新調整的過程，重新使生產活動符合給定的市場資料，包括可供使用的生產要素供給數量、消費者的價值排序，以及，尤其是，顯現於民眾的價值排序當中的本源利息狀態。

然而，這些市場資料不再和信用擴張前夕存在的市場資料相同；許多事情已經改變了。強迫儲蓄，以及比強迫儲蓄更多的、正常自願的儲蓄，可能已經累積了一些沒被景氣暴升所引起的錯誤投資和過度消費完全浪費掉的資本財。每一個通貨膨脹過程固有的不均勻影響，已經改變了人與人之間，以及社會階層之間的相對財富和收入。撇開任何和信用擴張有因果關係的不談，社會人口和成員特徵結構可能已經改變；

科技知識可能已經進步，某些財貨的需求可能已經改變。市場過程如今傾向確立的那個最後狀態，不再是市場在受到信用擴張擾動之前、傾向確立的那個最後狀態。

景氣暴升期間所進行的某些投資，若以重新調整期的冷靜態度來評估，因爲不再受到景氣暴升時的幻覺所迷惑，看起來是絕對無可救藥的失敗，必須乾脆予以捨棄，因爲進一步利用那些投資所需投入的流動資金，不可能從產品的出售回收；有其他滿足消費需求的產業部門對這部分流動資金的需求更爲迫切，流動資金在此等部門運用更有利可圖，就是明證。其他一些錯誤投資，似乎呈現相對有利的機會。當然，如果當初計算正確，企業家是不會把資本財投放在這些投資項目上的。不過，由於它們不能轉換用途，已是**既成事實**，所以算是給下一步的行爲提出一個新問題：如果它們的產品銷售可望獲得的收入大於流動的營運成本，則繼續營運便有利可圖。雖然消費大眾準備爲此等產品支付的價格不夠高，不足以讓整個不能轉換用途的投資變得有利可圖，還是足以讓一部分，儘管是很小一部分投資有利可圖。其餘的投資必須視爲沒有任何回報的支出，視爲已經浪費和丟掉的資本。

從消費者的觀點來看待這個結果，意義當然也是相同。如果寬鬆的貨幣政策所產生的幻覺未曾引誘企業家，如果企業家未曾將稀少的資本財浪費在滿足一些比較不迫切的需求用途上，如果比較迫切的一些需求未因欠缺資本財投入而得不到滿足，那麼，消費者現在的處境將會比較好。但是，現在木已成舟、景氣暴升已導致投資錯誤，消費者不得不承受這個不可挽回的局面，他們必須暫時放棄某些原可享受的生活便利品。但是，另一方面，如下這個事實讓他們可以獲得部分補償：有些他們原本可望而不可即的享受，現在可以取得，只因平順的經濟活動曾受到景氣暴升期間紙醉金迷的影響。不過，這只是些微的補償而已，因爲他們對其他某些東西的需求，比他們對這些，可以說，是「替代品」的需求更爲強烈；而其他那些東西，如果資本財未曾遭到不當使用，他們原本是可以得到的。但是，事已如此，那些「替代品」是現在唯一的選擇。

信用擴張的最後結果，是人普遍變窮。但是，有些人可能已經趁機增加了自己的財富；他們的理性沒被群眾集體的歇斯底里所迷惑，甚且及時利用了個別投資者的可移動性所提供的一些機會，獲利了結。其他一些人和部分社會階層的財富也可能受惠了，那不是因爲他們主動採取了什麼聰明的作爲，而純粹只是因爲他們所出售和買進的財貨價格上漲之間，有一個時間差所致。但是，絕大多數人必須承擔景氣暴升期間的錯誤投資，和過度消費所帶來的苦果。

我們必須慎防誤解這裡所謂的「變窮」，它不是和信用擴張前夕情況相比的變窮。這個意思的變窮是否發生，取決於每一具體實例的一些特殊情況；交換學對此不可能有絕對正確的陳述。當交換學斷言，變窮是信用擴張不可避免的一個後果時，它的意思是：和沒有信用擴張與景氣暴升下將會發展出來的財富狀態相比的變窮。在資本主義下，經濟史的特徵是經濟不斷進步，可供使用的資本財數量穩定增加，一般人民的生活水準持續傾向改善。經濟進步的步伐是如此快速，以致即使在景氣暴升期間中，改善的步伐也很可能超越，同一時間錯誤投資和過度消費所造成的損失。那麼，在景氣暴升結束時，整個經濟體系還是變得比景氣暴升開始時更爲富裕；而只有當比較基準是原來可能會有的、比較好的滿足狀態時，整個經濟體系才會顯得變窮了。

在極權政府的管理下據稱沒有經濟衰退

許多社會主義提倡者強調：經濟危機和景氣衰退反覆發生，是資本主義生產模式固有的現象；相對而言，社會主義體系保證沒有此等禍害。

正如已經可以清楚看出、而且稍後將再度證明的，景氣循環波動，並不是市場內部沒受干擾下、自發產生的現象，而是政府干預企業操作環境、企圖把利率壓低至自由市場決定的高度以下的結果。[10]在這裡，我們只須處理社會主義計畫經濟據稱可以確保穩定云云的論點。

我們必須知道，使經濟危機出現的，是市場民主的過程。這一點很重要！消費者未必贊同企業家所安排的生產要素使用方式，他們以購買和拒絕購買，表達他們的贊同或不贊同。企業家被人為壓低市場毛利率所創造出來的幻象誤導，未能把資本財用在可以使消費者最迫切需求獲得最佳滿足的用途上。一旦信用擴張結束，這些投資失誤就暴露出來。消費者的態度迫使商人重新調整生產活動，讓消費者的需求獲得最佳滿足。正是這個清除景氣暴升期間所犯過失、重新按照消費者的願望調整的過程，輿論稱它為經濟衰退。

但是，在社會主義經濟裡，唯有政府的價值判斷才算數，任何可以使人民的價值判斷成為主導力量的手段都被剝奪了。獨裁者在決定多少生產要素使用於供應當前消費、多少使用於新增投資時，不用擔心人民是否贊同。如果獨裁者投資多一點，從而削減了可供當前消費的手段，人民就必須默默的少吃一點；危機不會出現，因為獨裁統治下的人民沒有機會表達心中的不滿。在沒有商業買賣的地方，商業景氣不能說好、也不能說壞。在社會主義經濟裡，可能有人餓死、有饑荒，但不會有我們在討論市場經濟問題時所說那個意思的經濟衰退。在沒有自由選擇的地方，人民不可能反對掌權者所採用的任何生產活動安排。

如果有人對此提出異議，說資本主義國家的輿論贊成寬鬆的貨幣政策，那可不是什麼面對問題的態度。人民被冒牌專家的誇誇其談誤導，以為低利率可以使他們毋須付出任何代價而變富。他們不知道，投資只能擴大到新增資本已被儲蓄累積起來的程度。他們被一些貨幣怪咖的「童話故事」矇騙了。然而，現實中作數的，不是童話故事，而是人民的作為。如果人民不準備以縮減當前消費來加強儲蓄，那麼，經濟體系就欠缺大量擴張投資所需的手段。供應投資的手段，是不可能由印鈔票和增加銀行貸款提供的。

個人往往以選民的身分，實質牴觸他在市場上的作爲。這是一個常見的現象。例如，他可能投票贊成某些政策措施，以提高某種或所有商品價格；而作爲市場上的買者，他卻希望看到這些價格是低的。這些行爲衝突源自無知和認知錯誤。由於人性如此，這種自我矛盾的行爲可能發生。但是，在個人既不是選民、也不是買者的社會組織裡，或在所謂投票和購買只是做作樣子的社會組織裡，因爲不存在眞正的行爲，所以自我矛盾的行爲當然也就不存在。

第七節　通貨緊縮和信用收縮影響下的市場毛利率

我們假設：在通貨緊縮過程中，（廣義）貨幣供給減少的數量全部取自借貸市場。那麼，借貸市場和市場毛利率在這過程一開始便受影響，而這時商品與服務的價格還沒因貨幣供需的變化而改變。例如，我們可以假設，政府爲了減少貨幣供給，安排了一筆借款，然後把借來的貨幣悉數毀掉。過去兩百餘年，這樣的程序曾一再被採用。這種作法旨在歷經長久的通貨膨脹政策與貶值後，要把本國貨幣單位的匯率提高，達到和本國貨幣單位原先的貴金屬含量等價的水準。當然，在大多數這種實例中，通貨緊縮政策很快就終止，因爲受到愈來愈多人反對，而且也給國庫帶來沉重負擔。或者，我們可以假設，在信用擴張所引起的危機中，銀行界被一些不好的經驗嚇著了，決心增加相對於負債的貨幣儲備比例，所以緊縮循環信用數量。第三種可行的假設是，危機已經導致某些放貸循環信用的銀行破產，這些銀行所發行的信用媒介消失，因此借貸市場的信用供給減少了。

在所有這些場合，市場毛利率隨即傾向暫時上升。一些過去顯得有利可圖的投資項目，現在好景不再。生產要素價格逐漸傾向下跌，接著是消費財價格。市面上，生意變得比較清淡。這樣的停滯狀態，只有當各種商品價格與工資率已大致調整到適應新的貨幣供需關係時，才會改觀。那時候，借貸市場也適應了新情況，市場毛利率不再因可貸資金短缺而受到擾亂。因此，現金引起的市場毛利率上升，只產生短暫的景氣停滯。通貨緊縮與信用收縮，和通貨膨脹與信用擴張一樣，都是擾亂經濟活動平順進行的因素，都是亂源。然而，如果輕率把通貨緊縮與信用收縮當成只是通貨膨脹與信用擴張的反面，那就錯了。

信用擴張首先產生繁榮幻象；信用擴張極受歡迎，因爲信用擴張似乎使大部分人、甚至每個人更富裕。信用擴張具有誘人的性質，要制止它，需要特別的道德勇氣。另一方面，信用收縮，立即產生每個人都傾向譴責爲禍害的一些情況。信用收縮不受歡迎的程度，甚至遠大於信用擴張受歡迎的程度。信用收縮招致激烈反對。很快，攻擊信用收縮的政治力量，就變得不可抵抗。

不可兌換幣的擴大發行和低利貸款給政府，輸送額外的資金給國庫；而緊縮貨幣發行和貸款則使國庫枯竭。對銀行界而言，信用膨脹大大有利，而信用收縮等於銀行的財產遭到沒收。對凡人來說，通貨膨脹和信用擴張有一股內在吸引力，而通貨緊縮和信用收縮則有一股內在排斥力。

但是，這兩個相反的貨幣與信用操縱模式不同之處，並非僅在於其中一個很受歡迎、而另一個普遍被憎恨。比起通貨膨脹與信用擴張，通貨緊縮與信用收縮比較不可能散布禍害，這並非僅因爲通貨緊縮與信用收縮難得被採行；它們造成的禍害所以比較少，也由於它們本身固有的一些作用。信用擴張，透過錯誤投資和過度消費，浪費稀少的生產要素。一旦信用擴張結束，需要經過漫長的恢復過程，清除信用擴張後留下的變窮狀態。但是，信用收縮既不引致錯誤投資，也不引致過度消費。信用收縮所引致的生產活動暫時減退，有可能因失業工人和銷量下降的物質類生產要素擁有者暫時減少消費，而大致相互抵銷；不會有持久的傷痕留下來。當信用收縮結束時，重新調整的過程，並不需要彌補資本消費所造成的損失。

經濟史上，通貨緊縮和信用收縮從未扮演過顯著角色。大英帝國曾經兩度，分別在歷經拿破崙戰爭和第一次世界大戰戰時的通貨膨脹後，恢復戰前的英鎊黃金平價，是比較突出的兩個例外。在這兩個場合，國會和內閣都率爾採取通貨緊縮政策，未曾權衡兩個不同的恢復金本位制方法的利弊得失。[三]在十九世紀二〇年代，英國的那些決策者是可以原諒的，因爲當時貨幣理論尚未澄清相關問題。一百多年後，同樣的作法，無異是在炫耀決策者對經濟學和貨幣理論不可原諒的無知。

同樣的無知，也顯現在輿論傾向把通貨與信用收縮過程，和擴張性景氣暴升必然導致的重新調整過程混爲一談。通貨膨脹後的危機是否導致信用媒介數量緊縮，取決於引起景氣暴升的那個信用體系的制度結構。如果危機導致放貸循環信用的銀行破產，而剩下的銀行沒採取相應的擴張去補足破產銀行減少的信用媒介，那麼，通貨緊縮便可能發生。但是，這樣的緊縮未必是經濟衰退的一個附帶現象；毫無疑問，過去八十年，歐洲未曾出現這樣的緊縮；而在美國，一九一三年聯邦準備法通過後，出現這種緊縮的程度則明顯被扭曲、誇大了。通貨膨脹後的危機特有的那種信用供給稀少現象，不是信用媒介收縮造成的，而是銀行沒繼續擴張信用造成的。信用供給稀少傷害所有企業——不僅那些無論怎樣都注定倒閉的企業，而且其他企業也一樣受害，即使後者經營相當健全，如果獲得適當貸款，仍能蓬勃發展。由於先前的放款尚未還回來，銀行即使面對最健全的企業，也欠缺資金放款。危機變得普遍，迫使所有產業部門和所有企業活動緊縮。但是，這些因先前的景氣暴升而衍生的後果，是不可避免的。

經濟一旦出現衰退，通貨緊縮立即普遍遭到譴責，輿論喧嚷要求繼續實施擴張性政策。且說，沒錯，即使嚴格意義的貨幣和信用媒介供給沒有任何緊縮，經濟衰退也會觸發現金引起的貨幣單位購買力上升趨勢。每一個廠商都決心增加現金握存，於是影響（廣義）貨幣供給相對於（廣義）貨幣需求（作爲現金握存）的比例。這種情形如果稱爲通貨緊縮，也算恰當。但是，若以爲商品價格下跌是廠商爭取較大的現金握存造成的，那就錯了。這裡的因果關係剛好相反。在景氣暴升期間中，各種——包括物質的和人力的——生產要素價格已經高到離譜的價位。在企業能變得有利可圖之前，生產要素價格必須下降。企業家擴大現金握存，是因爲鑑於價格和工資結構尚未調整至符合實際市場資料的地步，他們避免購買財貨和僱用工人。因此，政府與工會任何阻止或延遲調整過程的舉措，只會拉長景氣停滯的時程。

甚至時常有些經濟學家未能掌握前述這個因果連結的先後關係。他們如此論證：景氣暴升期間發展出來的價格結構，是信用擴張壓力的產物。如果信用媒介不再繼續增加，價格和工資必然停止上漲。但是，如果通貨沒有緊縮，價格和工資率是不可能下跌的。

如果通貨膨脹的壓力在耗盡其對商品價格的直接作用之前未曾影響借貸市場，前述推論將是正確的。且讓我們假設，某個孤立國的政府發行額外的紙幣作爲救濟金，支付給中下收入的公民。如此引起的商品價格上漲，將打亂原來的生產活動；它傾向把生產活動，從經常由該國未受補貼的階層購買的消費財，移轉至受補貼的階層現在需求的消費財。如果以這個方式補貼某些階層的政策後來終止了，先前受補貼的階層所需求的商品價格將會下跌，而先前沒受補貼的階層所需求的財貨價格將更爲陡峭的上升。但是，貨幣單位購買力將不會有上升回到通貨膨脹前夕狀態的趨勢。如果該政府沒從市場撤回它先前以補貼方式，注入市場的那個額外數量的紙幣，價格結構將永遠受到該通貨膨脹政策的影響。

如果信用擴張首先影響借貸市場，那情形就不同了。在這種場合，通貨膨脹的作用，被資本的錯誤投資和過度消費擴大。企業家彼此競出高價，試圖爭取較大的一份有限的資本財和勞動供給，而把價格推升，達到只有信用擴張以不斷加快的步伐繼續進行時才可能維持不墜的地步。一旦額外的信用媒介沒繼續流入，所有商品與服務的價格急遽下跌，將不可避免。

當景氣暴升還在進行時，人人普遍傾向盡快購買東西，因爲大家預期價格將進一步上漲。另一方面，當景氣衰退時，人人盡可能避免買東西，因爲他們預期價格將繼續下跌。只有當價格和工資率降低到有足夠多的人認爲它們將不會再下跌時，景氣復甦和恢復「常態」的過程才可能開始成形。所以，縮短景氣蕭條的唯一辦法，是避免嘗試延遲或制止價格與工資率下跌。

只有當景氣復甦開始成形時，信用媒介數量增加所造成的貨幣關係變動，才會在價格結構中開始顯現。

信用擴張和單純的通貨膨脹之間的差異

上面在處理信用擴張的後果時，我們假設，新增信用媒介悉數作爲企業貸款進入市場體系。關於信用擴張的效果，前面的一切陳述都指涉這個情況。

然而，在某些場合，信用擴張的法律與技術，被用來執行一個和眞正的市場交換學觀點的信用擴張完全不同的程序。政治和制度的權宜考量，有時候會讓某個政府認爲，利用銀行融資取代政府印製和發行不可兌換幣，操作上更爲方便。國庫向銀行借錢，而銀行則以發行額外的銀行鈔票，或以貸記政府在銀行的存款帳戶，提供資金給政府。就法律而言，銀行變成國庫的債權人。然而，事實上，這整個交易等於是不可兌換幣發行膨脹。新增的信用媒介，經由國庫支付各種政府歲出項目，進入市場體系。正是新增的政府需求促使企業界擴張生產活動。新增的不可兌換幣數量不會直接影響市場毛利率，不管政府付給銀行多少貸款利率。撇開正價格貼水的出現不談，這些新增的不可兌換幣對借貸市場和市場毛利率不會產生影響，除非在它們對商品價格與工資率的影響完全發揮之前，有一部分先抵達借貸市場。

例如，美國在第二次世界大戰期間的情形就是這樣。除了在戰爭爆發前便已採取的信用擴張政策，美國聯邦政府還大量向商業銀行告貸。就技術層面而言，這是信用擴張；但本質上，它只是替代美元紙幣的發行。許多國家甚至採取更爲複雜的替代技巧。例如，德帝國在第一次世界大戰期間出售債券給民眾。德帝國銀行爲這些債券的購買者提供融資；它接受這些債券作爲抵押，貸出購買該等債券所需的大部分資金——帝國銀行鈔票——給購買債券的民眾。除了購買債券者本身拿出的那一部分資金——帝國銀行鈔票——外，帝國銀行和購買債券的民眾在整個交易中僅扮演形式上的角色。實質上，新增的帝國銀行鈔票是不可兌換的紙幣。

注意這些事實很重要，以免混淆眞正的信用擴張和政府增加印發不可兌換幣的後果。

第八節　貨幣或循環信用的景氣循環理論

英國通貨學派鋪陳的景氣循環理論，有兩點不能令人滿意。

首先，該理論未能看出，銀行不僅能以發行超出庫存現金的鈔票發放循環信用，而且也能以創造超出庫存現金的支票存款（或存款貨幣）發放循環信用。因此，該理論沒看出，活期存款也是信用擴張的一個工具。這個錯誤並不怎麼重要，因爲很容易改正。只須強調一點就夠了，即：所有指涉信用擴張的陳述，對所有種類的信用擴張都有效，不管新增的信用媒介是銀行鈔票或是銀行存款。然而，通貨學派的學說，在這個根本缺點還沒揭露的時候，啓迪英國政府立法防止信用擴張引起的景氣暴升，以及景氣暴升必然的後果——經濟衰退——一再復發。一八四四年Peel內閣通過的英國銀行法，以及該法在其他國家的仿製品，沒達到它們所追求的目的。這個失敗動搖了通貨學派的威望；銀行學派獲得不該得到的勝利。

通貨學派理論的另一缺點，影響更爲重大。通貨學派把論證局限在黃金外流問題上；該學派只處理一個特殊情況，亦即，只處理某個國家發生信用擴張，而其餘國家或者沒採取信用擴張，或者信用擴張的幅度比較小。這大致足以解釋十九世紀上半葉英國的經濟危機。但是，整個論證只觸及問題的表面，完全沒提到根本的問題。對於普遍的——不僅局限於客戶群有限的幾家銀行的——信用擴張所引起的後果，該學派沒給予任何闡明。該學派沒分析（廣義）貨幣供給和利率之間的互動關係；對各式各樣試圖經由銀行改革以降低或完全消除利息的計畫，該學派都高傲的看作騙術予以嘲笑，卻未曾給予批判性的剖析、駁倒。暗地裡，該學派還贊同中性貨幣這個幼稚的假定。於是，所有徒勞無功、企圖以直接交換理論解釋經濟危機和景氣波動的嘗試，獲得大肆揮灑的空間。在中性貨幣這個讓人迷惑的魔咒打破之前，時間已過了數十年。

貨幣或循環信用理論必須克服的障礙，不僅有理論的錯誤，而且還有政治的偏見。輿論傾向認為，利息不過是阻礙生產擴張的一個制度性障礙罷了；卻沒意識到，未來財貨相對於現有財貨的折價，是人的行為一個必要、永恆的範疇，是不可能透過銀行操弄予以革除的。在貨幣怪咖和煽動家眼裡，利息是冷血的剝削者邪惡陰謀詭計的產物。對利息的古老非難，已經徹底被現代干預主義喚醒了。干預主義堅持如下這個信仰教條：優良政府的一個首要任務，是盡可能降低利率或完全廢除利率。當今所有政府都狂熱致力於降低利率的貨幣政策。正如前面已經提過的，英國政府曾斷言信用擴張已經完成「把石頭變成麵包的……奇蹟。」[12]紐約聯邦儲備銀行的某位董事局主席曾宣稱，「但凡國家有一個像現代中央銀行這樣運作的機構存在，可以發行不能兌換黃金或其他商品的貨幣，那就意味該主權國擁有免於國內貨幣市場約束的最終自由。」[13]許多政府、大學和經濟研究機構非常大方補貼出版的許多文章，其主旨是讚美不受約束的信用擴張將帶來的恩賜；並詆毀所有反對者，說反對者居心不良、為自私自利的高利貸者辯護。

像波浪一樣影響經濟體系的這種上下擾動——景氣暴升和隨後的衰退反覆發生的現象，乃是政府一次又一次、重複試圖透過信用擴張降低市場毛利率，不可避免引致的後果。信用擴張所引起的景氣暴升終歸走向崩潰，沒有別的辦法可以避免。或者讓危機，作爲主動放棄繼續擴張信用的結果，早一點來臨；或者讓危機晚一點來臨，而以相關貨幣體系最後、全面崩潰收場；沒有別的可能選項。

唯一曾提出來反對這個循環信用理論的理由，其實是無效的。有論者曾斷言，市場毛利率降低至自由借貸市場的利率將會達到的水準以下，看起來可能不是銀行界或貨幣當局蓄意執行政策的結果，而是他們的保守態度不經意造成的。面對如果任其自由發展將導致市場利率上升的情況，銀行界忍住衝動、沒提高一向索取的放款利率，從而不經意的踏上信用擴張的路徑。[14]這種主張並不妥當。但是，即使我們爲了論證，承認該主張正確，它也完全和貨幣的景氣循環理論精髓無關。究竟是什麼情況促使銀行界擴張信用，以及促使銀行界把放款利率壓低至未受干擾的市場將會決定的毛利率以下，無關宏旨。唯一要緊的是，銀行界和貨幣當局接受如下想法的引導，亦即，認爲自由市場所決定的利率水準是邪惡的東西，認爲降低自由市場利率是好的經濟政策目標，以及認爲信用擴張是達成該目標的適當手段，不會傷害任何人，除了寄生的高利貸者。正是這種痴迷，促使銀行界甘於從事最後必然引起景氣暴跌的冒險。

有些論者可能因爲考慮到前述那些事實而不想在純市場經濟理論架構中討論相關問題，乃至把它們淡化、挪到在分析干預主義、分析政府對市場現象的干預時，才附帶予以處理。毫無疑問，信用擴張確實是干預主義的一個主要議題。儘管如此，分析相關問題的適當場所，並不是在干預主義的理論中，而是在純市場經濟的理論裡。因爲我們必須處理的問題，基本上是貨幣供給和利率之間的關係。至於信用擴張的後果，只不過是這個基本問題的一個特殊面向罷了。

前面針對信用擴張所陳述的一切，同樣適用於狹義的貨幣供給增加所引起的效果，只要這增加的貨幣供給在流入市場體系的初期階段便抵達借貸市場。如果新增的貨幣數量，在商品價格和工資率尚未完成調整、適應貨幣關係變動之前，就被用來增加放款，則所產生的效果便和信用擴張沒有兩樣。市場交換學在分析信用擴張的問題上，完善了貨幣與利息理論架構，徹底摧毀了古老的關於利息的錯誤觀念，駁倒了所有異想天開企圖以改革貨幣或信用制度「廢除」利息的計畫。

信用擴張，相對於只使用商品貨幣、完全沒有信用媒介的經濟體系裡可能出現的貨幣供給增加，兩者之間的差別，全在於增加的數量，和影響各市場部門的時間順序，這兩方面的差異。貴金屬產量即使有急遽的增加，也絕不可能會有信用擴張能達到的那種快速增幅。金本位制有效抑制信用擴張，因爲它強迫銀行界在冒險擴張時不得超越某些界限。[15]金本位制本身的通貨膨脹潛力，受制於黃金開採量的興衰變遷。再則，新增的黃金只有一部分，會立即增加借貸市場的資金供給；大部分首先會影響商品價格和工資率，直到通貨膨脹過程後來的某個階段，才會影響借貸市場。

然而，商品貨幣的持續增加，還是會給借貸市場帶來一股穩定的擴張壓力。市場毛利率，在過去數世紀，不斷受到新增商品貨幣流入借貸市場的衝擊。當然，這股壓力，在過去一百五十餘年間的英美語系國家，以及過去一百餘年間的歐陸國家，遠遠不如同一時間銀行界正常發放的信用媒介增長的影響；而這還未計入銀行界——不時重複——爲了降低市場毛利率，而明目張膽、努力加強信用擴張時，所發放的信用媒介數量。於是，有三個傾向降低市場毛利率的趨勢同時運作、相互增強。第一個趨勢是商品貨幣數量穩定增加的結果；第二個趨勢是信用媒介在銀行營運程序中自然增長的結果；第三個趨勢是有關當局發起的、而輿論也贊同的，蓄意消滅利息之政策的結果。當然，要以計量方法確定它們共同運作的效果，以及它們個別的貢獻，是不可能辦到的；這種計量的問題，只能由歷史的了解來提供答案。

交換學的論證只能證明：黃金加上信用媒介儘管持續增加，如果沒遭到寬鬆貨幣政策蓄意、過度增強，將只會有輕微的增幅，那麼，它們對市場毛利率施加的那種輕微、但持續的向下壓力，是可以被市場經濟固有的調適力量沖銷掉的。企業強大的調適能力，如果沒遭到市場外部力量的蓄意破壞，足以抵銷借貸市場受到輕微干擾的後果。

統計學家曾嘗試以統計方法研究景氣波動的長波趨勢。這種嘗試不會有結果。現代資本主義史，是經濟穩定進步一再遭到狂熱的景氣暴升，以及隨後必然的衰退打斷的一頁記錄。一般來說，統計方法能把這些反覆發生的短期上下波動，和資本投入與產出數量長期傾向增加的大趨勢區分開來。但是，要在這大趨勢本身發現任何有規律的長期波動，那是不可能的。

第九節　景氣循環反覆下的市場經濟

通貨膨脹和信用擴張普受歡迎；這個事實是一再嘗試以信用擴張使人民變富裕的妄想終極的根源，因此也是景氣循環波動的終極原因。通貨膨脹和信用擴張受歡迎的程度，清楚顯現在習慣用語上。景氣暴升稱為景氣好、景氣繁榮、景氣上揚。景氣暴升不可避免的後果——市場重新調整適應眞實的市場資料，則稱爲經濟危機、景氣暴跌、不景氣、衰退。輿論非常厭惡如下這個洞見：擾亂經濟的因素，在於景氣暴升期間的錯誤投資和過度消費；人爲誘發的景氣暴升注定崩潰回跌。輿論希望找到能讓景氣暴升永遠持續的萬靈丹！

上面已經指出，我們在什麼意義上可以把產品品質改善和數量增加稱爲經濟進步。如果應用這個標準於景氣循環的各個階段，我們就必須稱景氣暴升爲退步、而景氣衰退則是進步。景氣暴升透過錯誤投資、浪費稀少的生產要素，透過過度消費、減少資本財供給；景氣暴升的所謂恩賜，是以變窮爲代價。另一方面，衰退則是回歸正途的過程，回到所有生產要素都用在使消費者最迫切的需求、獲得最佳可能滿足的正途。

有些論者曾努力嘗試，在景氣暴升中，尋找對經濟進步有些正面貢獻的成分。他們強調強迫儲蓄在助長資本累積上所發揮的作用。他們的論證是無效的。前面已經表明，強迫儲蓄是否眞能部分抵銷景氣暴升所引致的資本消費，是很可疑的。那些對強迫儲蓄據稱有益的效果大表讚揚的論者，如果思想一貫，便該支持向中下收入階層徵稅以補貼富人的財政制度。以這個方法達到的強迫儲蓄，將使資本供給數量有一淨增加，同時不至於引起數量更大的資本消費。

提倡信用擴張者還強調，景氣暴升期間的錯誤投資中，有些後來變得有利可圖。他們說，這些投資太早執行了，亦即，在執行這些投資的時候，資本財供給和消費者的價值排序還不允許。然而，所造成的傷害不算太糟糕，因爲這些投資項目後來總是要執行的。我們可以承認，就景氣暴升所引起的某些錯誤投資實例而言，這樣的陳述是恰當的。但是，沒人敢斷言，對所有受到寬鬆貨幣政策所營造出來的幻象鼓舞而執行的投資項目來說，這樣的陳述是正確的。無論如何，這些投資項目影響不了景氣暴升的後果；它們撤銷不了、也緩和不了，景氣暴升後的衰退；無論後來在不同時空環境下，它們是否將是合理的投資，錯誤投資的效果當下就會顯現。當一八四五年一條如果沒有信用擴張、原本不會興建的鐵路在英國完工時，隨後那幾年的情況，不會因爲展望一八七〇年或一八八〇年將有足夠資本財可供建造該條鐵路，而變得更好受。後來該條鐵路毋須支用新資本和勞動建造的事實將產生的利益，在一八四七年彌補不了過早建造招致的損失。

景氣暴升固然會引起物質面變窮的狀態，但更爲嚴重的災難，是對人們精神面的肆虐；它使一般人變得沮喪、意氣消沉。一般人在景氣暴升期間的繁榮幻覺下愈是樂觀，在衰退時的絕望、挫折感就愈深沉。個人總是傾向把幸運歸功於他自己的能力，把幸運當成他自己的才能、勤勉和正直應得的報酬。另一方面，他總是把命運的逆轉歸咎於他人，特別是社會和政治制度的荒謬。他不責怪有關當局曾經引發景氣暴升；卻會因為之後必要的崩潰而咒罵當局。輿論認為，更多的通貨膨脹和更多的信用擴張，是唯一對抗通貨膨脹和信用擴張所引起禍害的辦法。

他們說，這兒有一些工廠和農場，它們的產能，或者完全閒置，或者部分閒置；這兒有成堆滯銷的商品，有成群失業的工人。另一方面，這兒也有許多民眾翹首企盼，但願運氣好一點，能夠滿足自己的需要多一點。欠缺的，只是信用。額外的信用將使企業家能夠恢復或擴大生產。失業的工人將找到工作，並且能購買產品。這個推論看似合理，卻完全錯誤。

如果商品賣不出去，如果工人找不到工作，原因只可能是索要的價格和工資太高。凡是想出售存貨或工作能力的人，都必須降低索要的價格或工資，直到找到某個買者。這就是市場法則。這就是市場用來引導每個人的活動、進入對滿足消費者需求最有貢獻的那些途徑的辦法。景氣暴升期間的錯誤投資，已把一些不能轉換用途的生產要素誤置在某些生產部門，以致損害了其他迫切需要那些生產要素的部門發展。換言之，景氣暴升期間的錯誤投資，造成不能轉換用途的生產要素在各產業部門之間的配置比例不恰當。這個不恰當的配置比例，唯有透過新資本的累積，以及把新資本投資在最迫切需要資本的那些產業部門，才能獲得改正。這是一個緩慢過程。當該過程還在進行中，要充分利用某些工廠的產能是不可能的，因為欠缺互補的生產設施。

或許有論者會提出下面這個無效的異議。他們會說：有些產品特殊性不是很高的工廠，也有部分產能閒置。這些產品的銷路清淡，據他們說，是不可能以（不能轉換用途的）資本設備在各產業部門的配置比例不恰當為由予以解釋的；這些產品能用於許多不同用途，而且這些用途也需要使用它們。這個反對意見本身也是一個錯誤。如果鋼鐵廠、銅礦場和鋸木廠等等的產能不能全部運轉，理由只可能是：市場上沒有足夠的買者，願意按足以補償它們當前運轉成本的價格，購買它們的全部產出。由於那些變動成本的主要成分只可能是其他產品的價格和工資，而且由於其他產品的價格也是同樣情況，所以，這總是意味工資率太高了，以致企業家無法給所有渴望工作者提供工作機會，從而也無法漸進使用不能轉換用途的設備，直到非特殊性資本財與勞動不該繼續從別的一些用途挪過來的地步（因爲超過這個地步後，資本財與勞動，在原來的用途，可以滿足更爲迫切的消費需求）。

只有一個辦法，可以脫離景氣崩潰後的局面，回到資本漸進累積和物質幸福穩定改善的狀態。那就是：新的儲蓄必須累積所需的資本財，使所有生產部門有彼此協調的必要資本配置。人們必須透過儲蓄提供那些在景氣暴升期間遭到不當忽視的生產部門，所欠缺的資本財。工資率必須下降；人們必須暫時縮減消費，直到因錯誤投資而浪費掉的資本回復原狀。如果不喜歡調整期間的種種艱辛，現在就必須立即放棄信用擴張。

以新的信用擴張干預調整過程，是沒用的。新的信用擴張，如果夠幸運，沒引發新一輪的景氣暴升和所有景氣暴升不可避免的後果，充其量只會中斷、擾亂和延長衰退期的治療過程。

即使沒遭到新的信用擴張干擾，調整過程也會因爲沮喪和挫折的心理效果而延後。一般人很難從虛幻的繁榮自欺中解脫出來。商人試圖繼續推動無利可圖的投資項目；他們對一些會讓他們傷心的洞見閉上眼睛。工人們推三阻四不願意降低所要求的工資水準以適應實際的市場情況；他們希望盡可能避免降低生活水準，盡可能避免換工作，盡可能避免換住所。一般人在景氣上揚時愈是樂觀，現在就愈灰心洩氣。他們一時喪失自信和進取精神，他們甚至未能把握一些翻身的好機會。但是，最糟糕的是，一般人稟性難移。過了幾年後，他們又再度著手信用擴張，於是舊事自動重演。

未利用的生產要素在景氣暴升初期所扮演的角色

在變動的經濟裡，永遠有待售的（數量超出基於技術理由必須儲存的）存貨、失業的工人，和閒置的、不能轉換用途的生產設施。經濟體系正朝向某個將不會有失業工人、也沒有多餘存貨的狀態移動。[16]但是，由於市場不斷出現新資料，把經濟移動的軌跡轉向某個新目標，所以均勻輪轉的經濟狀態永遠不會實現。

不能轉換用途的投資產能遭到閒置，是過去所犯錯誤的一個結果。投資者過去的設想，被後來的事態發展證明是不正確的；相較於這些工廠能生產的財貨，市場對其他財貨的需求更爲強烈。多餘的存貨堆積起來，以及工人的交換性失業，都是投機性的。存貨所有者拒絕按市場價格出售，因爲他希望未來某一天可以賣得較高價格。失業工人拒絕換工作、換住所或接受較低酬勞，因爲他希望未來某一天，可以在住家附近、最喜歡的行業裡，找到報酬比較高的職位。他們兩者都不願意調整自己的要求，以適應目前的市場情況，因爲他們在等待市場情況改變，希望未來的改變有利於他們。他們的這種不願意，是經濟體系還沒達到均勻輪轉狀態的一個原因。

提倡信用膨脹者堅決主張，需要的是更多的信用媒介；然後，工廠將全能運轉，存貨將按貨主滿意的價格賣出，而失業的工人也將按自己滿意的工資找到工作。這個普受歡迎的學說，隱含新增的信用媒介所引起的價格上漲，將在同一時間、按同一程度影響所有其他商品與服務，而同時多餘存貨的貨主和失業工人將滿足於他們現在要求的——不過，當然得不到的——名目價格和工資。這個學說所預言的情況眞要發生，多餘存貨的貨主和失業工人所獲得的實質價格和實質工資，就必須按其他商品與服務價格上漲的比例調降，直到若要找到買主和雇主就必須降到的水準。

景氣暴升前夕閒置的產能、待售的存貨和失業工人等等，對景氣暴升過程不會有實質影響。且讓我們假設，目前存在閒置的銅礦開採設施、待售的成堆黃銅和失業的銅礦工人。在黃銅目前的價格下，開採某些銅礦，將入不敷出；這些銅礦的工人被解僱；有些投機者在等待時機，暫不出售他們的存貨。要讓這些銅礦的開採再度變得有利可圖，要讓那些失業的銅礦工人恢復就業，以及要讓那些堆存的黃銅銷售價格沒降至生產成本以下，需要的是資本財的供應有一個增量p，這增量必須大到足夠使一般投資、生產與消費數量增加到市場對黃銅的需求跟著有一足夠的增加。然而，如果這增量p沒有出現，而企業家遭到信用擴張矇騙，當成p已經加入實際的資本財供給那樣採取行爲，則黃銅市場的情況，在景氣暴升持續期間中，將宛如p已加入了實際的資本財供給那樣。但是，前面就信用擴張不可避免的後果所陳述的每一句話，也都適合這裡的情況。唯一的差別是，就黃銅而言，要達成不適當的生產擴張，毋須將資本與勞動撤離原本用來更好滿足消費者需求的一些用途。就黃銅而言，新一輪的景氣暴升，遇上了前一輪的景氣暴升已經完成的、但重新調整過程尚未消化完畢的一項錯誤的資本投資與勞動僱用。

至此已經很清楚：以存在閒置的產能、尚未賣出的存貨（或者根據不正確的說法，「賣不出去的」存貨），以及失業的工人作爲理由，爲新一輪的信用擴張辯護，是多麼沒用。新一輪的信用擴張，開始時遇上了先前的錯誤投資與錯誤僱用中尚未被重新調整過程完全抹除的殘餘，看似挽救了這些錯誤。然而，事實上，這只是重新調整過程的一個中斷，推遲了回歸合理狀態的時程。[17]存在閒置的產能和失業的工人，並不是一個有效駁斥循環信用理論的理由。信用擴張和通貨膨脹的提倡者認爲，放棄進一步的信用擴張和通貨膨脹，將使經濟永遠處於衰退。這個看法完全錯誤！這類提倡者所建議的解救辦法，不會使景氣暴升永遠持續，只會打亂經濟復甦過程。

非貨幣的景氣循環理論之謬誤

在討論各種徒勞無益、企圖以非貨幣理論解釋景氣循環波動的嘗試時，首先必須強調一個在此之前一直遭到不當忽略的重點。

有些學派認爲，利息只是爲了取得某一數量的貨幣或貨幣替代物的處分權所支付的價格。根據這個理念，他們頗符合邏輯的得出如下這個推論：革除貨幣和貨幣替代物的稀少性，將完全革除利息，導致信用借貸免費。然而，如果有人不贊同這個觀點，並且知道本源利息存在的道理，那麼，就會出現一個他無法規避、必須處理的問題。貨幣或信用媒介數量增加所引起的信用供給增加，肯定會壓低市場毛利率。但是，如果利息不僅是一個貨幣現象，因此貨幣與信用媒介供給增加，不管多大，絕不可能長期壓低或抹除利息，那麼，闡明那個和非貨幣方面的市場資料相配的利率水準如何自動重新確立，便是經濟學一個無可規避的責任。換言之，經濟學必須解釋：實際的市場毛利率，以及那個和行爲人心目中現有財貨相對於未來財貨價值比相配的市場毛利率，兩者之間任何因現金（或貨幣供給）引起的差距，將遭到什麼樣的市場過程移除。如果經濟學不知道怎樣達成這個理論任務，那經濟學就等於暗中承認，利息是一個貨幣現象，並且在貨幣關係變動的過程中，利息甚至可能完全消失。

在非貨幣的景氣循環理論看來，有反覆發作的經濟衰退經驗，是最根本的事實。捍衛這一類理論的論述者，在他們所陳列的經濟變化順序圖示當中，起先看不出有什麼線索，能提示什麼令人滿意的理論，解釋這些謎樣的經濟混亂。他們最終逼不得已找來某些臨時湊合的說法，拼湊到他們的一般教義之中，當作某個據稱是解釋景氣循環的理論。

貨幣或循環信用的景氣循環理論和前述情形不同。現代的貨幣理論終於清除掉所有和據稱中性的貨幣相關的概念與主張。它無可反駁的證明，在市場經濟裡有一些因素在運作，而對於這些因素的運作，一個不知道貨幣本身具有驅動力的理論是沒什麼好說的。認識貨幣並非中性和貨幣本身具有驅動力的交換理論體系，強調貨幣關係變動，首先在短期內，以及後來在長期內，怎樣影響利率。這個理論體系，如果不能回答利率方面的問題，將是有缺陷的；如果所提的答案沒同時解釋景氣循環波動，它將是自相矛盾的。即使沒有諸如信用媒介和循環信用這類課題，現代的交換理論也將不得不提起，貨幣關係變動和利率之間，究竟有些什麼關係的問題。

前面談過，每一個非貨幣的景氣循環理論都勢必要承認：貨幣或信用媒介數量增加，是景氣暴升的一個必要條件。很明顯的，價格普遍上漲的趨勢，如果不是各種商品的生產和供給普遍下降造成的，便是因爲（廣義）貨幣供給增加，否則該趨勢便不可能出現。現在我們知道，爲什麼那些攻訐貨幣理論的人，再一次爲了另一個理由，不得不採取這個他們所詆毀的理論。因爲唯有這個理論能回答，流入市場體系的新增貨幣和信用媒介，怎樣影響借貸市場和市場毛利率。只有那些認爲利率只不過是貨幣供給遭到邪惡的人爲限制而產生的一個現象的學者，才用不著暗中承認循環信用的景氣循環理論。這解釋爲什麼迄今沒有任何反對這個理論的批評者，曾提出任何站得住腳的反對理由。

所有非貨幣理論的擁護者都狂熱拒絕承認他們自己的錯誤，這種狂熱當然是政治偏見的一種展現。馬克思主義者首創以「資本主義固有的禍害」解釋商業危機的慣例；他們說商業危機是資本主義「無政府」生產模式的一個必然結果。[18]非馬克思主義的社會主義者和干預主義者同樣急於證明，市場經濟不可能避免經濟衰退復發。他們益發渴望攻訐貨幣理論，因爲操縱貨幣與信用是致力於建立政府萬能神話的反資本主義政府當今使用的主要工具。[19]

一些企圖把經濟衰退和來自宇宙的影響聯繫起來的嘗試，包括當中最著名的傑逢斯（William Stanley

Jevons）太陽黑子理論，已經證明徹底失敗。市場經濟向來以相當令人滿意的方式，成功調整生產和銷售活動，適應所有影響人類生活的自然條件和環境。只有相當武斷的論者，才會認爲只有一種自然事實——亦即，據稱有規律的農作收成變化——市場不知道如何應對。爲什麼企業家未能辨識農作收成波動的事實，從而以某種方式安排企業活動，減輕這種波動對他們營運計畫造成不利的影響呢？

當今非貨幣的景氣循環理論，接受「無政府生產」這個馬克思陣營口號的引導，以資本主義據稱固有的趨勢解釋景氣循環波動；簡言之，這派理論認爲，在資本主義下，各產業部門的投資發展傾向比例失調。然而，每一個商人都渴望避免這種錯誤，以免自身蒙受嚴重的財務損失；對於這個事實，即使是比例失調的理論也不會有異議。企業家和資本家活動的精髓，就在於不會從事那些他們自己認爲無利可圖的投資項目。如果論者認爲，在這方面，商人的努力普遍歸於失敗，那麼，他便等於說，所有商人的眼光都是短淺的；他們太愚蠢了，以致避免不了某些陷阱，從而在事業經營上一再鑄成大錯；於是，社會全體不得不爲這些愚蠢的投機者、首倡者和企業家的疏失埋單。

顯然，人容易犯錯，而商人肯定不會沒有這種人性弱點。但是，我們不該忘記，市場中有一挑選過程不斷在運作；市場有一強大趨勢，傾向淘汰那些比較沒效率的企業家，亦即，淘汰那些儘管努力、卻未能準確預料到消費者需求的企業家。如果某一群企業家生產超出消費者需求的商品，因此不能按有利可圖的價格出售該等商品，從而蒙受損失，那麼，另一群生產出民眾爭先恐後搶購的某些商品的企業家便會賺到更多利潤。有些生意部門處境艱辛，而其他一些部門則欣欣向榮；各行各業普遍衰退的情況，不可能出現。

但是，我們必須予以批駁的那些理論的提倡者，卻有不同的想法。他們認爲，不僅整個企業家階級，而且所有人都是眼目昏迷的。然而，由於企業家階級並非封閉的、外人不得進入的社會階級；由於每一個有進取心的人實際上都能挑戰已經屬於該階級的人；由於資本主義的歷史有無數例子，述說無數一文不名的新手，憑他們自己的判斷，從事生產適合滿足消費者最迫切需求的某些商品，而獲得輝煌的成功。所以，認爲所有企業家經常陷入錯誤，等於暗中認爲所有實際做事的人都是弱智。這樣武斷的意見，隱含：所有現在從商的人，以及所有那些一旦某些實際從商的人決策有所疏漏、而讓別人有機會從商致富、便會考慮從商的人，沒有一個足夠精明、能了解實際市場情況。但另一方面，一些理論家自己從來沒有企業經營方面的經驗，而只是在旁邊對商人的行爲進行理論探索，卻又自認爲自己足夠聰明、能發現究竟是哪些錯誤把商人引入歧途。這些無所不知的教授從來不會被這些錯誤騙倒，儘管這些錯誤蒙蔽其他每個人的判斷。這些教授準確知道私人企業錯在什麼地方；所以，有充分正當的理由，要求人民賦予他們獨裁的權力，全盤掌控工商企業的經營。

關於這些理論，最叫人吃驚的，是它們進一步暗指：商人心智卑鄙、冥頑不靈，所以固執依循種種錯誤的程序，儘管學者早已揭露該等程序的毛病；雖然每一本教科書都加以駁斥，商人卻忍不住仍然要重複那些程序。顯然，沒有其他辦法能防止經濟衰退反覆發生，除了——按照柏拉圖的烏托邦理念——把至高無上的權力，託付給專搞理論的哲學家。

在這些比例失調的景氣循環理論當中，且讓我們簡短的檢視最出名的兩個。

第一個是耐久財理論。耐久財的功能可以保持一段時間；在功能持續時期，已經取得一件的買者，不會再買一件新的來取代它。因此，一旦所有相關人等都已經買了一件這種財貨後，新產品的需求便萎縮、生意變差；必須經過一段時間，等舊的耐久財，譬如舊房子、舊車子、舊冰箱損壞後，使用者必須買新的，生意才可能復甦。

然而，商人通常比這個理論所假定的更爲深謀遠慮許多。商人致力調整生產規模大小，以適應消費者的需求變化。麵包師會考慮每一個家庭主婦每天只需要一條新麵包的事實，而棺材製造者會考慮每年棺材總銷售量不可能多於同一期間去世的人。機械產業，和裁縫師、製鞋匠、汽車廠、收音機廠、冰箱廠、營造廠等一樣，會估計機械產品的平均「壽命」。沒錯，永遠會有一些首倡者和企業家遭到虛幻的樂觀情緒蒙蔽，輕率的過度擴張他們的企業。在執行過度擴張計畫時，他們從同一產業部門的其他廠商，以及從其他產業部門，迅速汲取某些生產要素。因此，他們的過度擴張導致其他一些領域相對減產。某個產業部門持續擴張，而其他一些產業部門則相對萎縮，直到前者的虧損和後者的獲利重新調整產業發展局面。在這種場合，不管是先前的暴升，還是隨後的暴跌，都只牽涉到一部分產業。

第二派比例失調理論，一般稱爲加速原理。某一商品的需求暫時增加，導致該商品的生產增加。這時，如果需求後來再次下降，爲了前一次生產擴張所做的投資，就變成是錯誤的投資。在耐久生產財的場合，這種需求起伏的效果特別有害。如果消費財 a 的需求增加百分之十，企業須增加生產 a 所需的設備 p 百分之十。一件設備 p 的功能持續期間愈長，因而先前 p 的損壞替補需求愈小，消費財 a 的需求增加所導致的 p 需求增加，相對於 p 先前的替補需求，比例便愈加可觀。如果一件 p 的壽命是十年，則 p 每年的損壞引起的替補需求便是整個產業所使用的 p 存量的百分之十。所以，a 的需求增加百分之十，使 p 的需求倍增，導致生產 p 所需的設備 r 生產擴張百分之百。接著，如果 a 的需求停止增加，則百分之五十的 r 生產設備將會閒置。如果 a 的需求增加從每年百分之十降爲百分之五，則百分二十五的 r 生產設備將會閒置。

這個理論的根本錯誤，在於認爲企業家的活動是對瞬間需求狀態的盲目自動反應。該理論認爲，每當需求增加使某個產業部門更有利可圖時，該產業部門的生產設施就會立即按需求增加比例擴張。這種見解是站不住腳的。企業家時常犯錯，而且常爲自己的錯誤付出昂貴的代價。但是，凡是按照加速原理所描述的那種方式行爲的人，便不是一個企業家，而是一個沒有靈魂的自動機。然而，眞實的企業家是一個投機者（*speculator*），[20]一個渴望把自己對未來市場結構的獨特了解，運用在有獲利前景的商業項目上的人。這種特別的、對於不確定的未來情況的預先了解，是沒有任何規則可循的，是不能予以系統化的；因此，這種特別的了解，既不可能教，也不可能學。如果不是這樣，每個人便會有相同機會，成功從事企業家工作。把成功的企業家與首倡者，和其他人區別開來的，恰恰在於這個事實：成功的企業家不會任由過去和現在的情況引導他的行爲，而是根據他自己對未來的看法安排自己的行動。他和別人一樣，看到過去和現在的情況；但是，他以某一不同方式判斷未來。某個關於未來的看法引導他的行爲；該看法不同於一般群眾的見解。驅策他行爲的力量，來自他以不同於他人的方式，估量某些生產要素價格，以及該等生產要素之產品的未來價格。即使目前的價格結構使銷售某些商品的生意現在獲利豐厚，也只有當企業家認爲這樣有利的市場形勢將持續夠長的一段時間，使新的投資有利可圖時，他才會擴大生產該等商品。如果企業家對未來的展望不是這樣，即使目前已經投入營運的企業利潤很高，他也不會受到引誘、進行擴張。恰恰是資本家和企業家這種不願意投資於一些他們認爲無利可圖的事業，遭到一些不理解市場經濟運作的人激烈批評。囿於科技本位思想的工程師抱怨，由於利潤動機居於至高無上的地位，以致消費者得不到科技知識所能提供的、極爲豐富的財貨供應；而社會煽動家則大聲抨擊，指稱貪婪的資本家打定主意要保持商品供應稀少的狀態。

基本上，要滿意解釋景氣循環，絕不可訴諸「某些個別廠商或某些產業的廠商集體誤判未來市場狀態，從而做了錯誤投資」這樣據稱的事實。景氣循環理論的對象，是各行各業的活動**普遍**上揚，**所有**產業部門都傾向擴張生產，以及隨後**普遍**的衰退。這些現象不可能是由於某些產業部門利潤增加、導致該等產業擴張、再導致那些製造該擴張所需生產設備的產業某一超大比例的投資，如此這般的所謂事實引起的。

一個眾所周知的事實是，景氣愈是暴升，要買到機器和其他生產設備愈是困難。製造這些生產財的廠商訂單接不完；顧客必須忍耐好長一段時間，才可能等到訂購的機器交貨。這清楚顯示，一般生產財產業不會像加速原理所假定的那樣，迅速擴張自己的生產設施。

即使爲了論證緣故，我們姑且承認資本家和企業家像比例失調理論所描述的那樣行爲，如果沒有信用擴張，那還是無法解釋他們怎麼可能持續那樣行爲。爭取執行這樣額外的投資，會抬高各種互補生產要素價格和借貸市場利率。如果沒有信用擴張，前述價格與利率效果將很快遏止產業的擴張趨勢。

這些比例失調理論的捍衛者說，農業方面有一些情況，證實他們對於私人企業天生欠缺遠見智慧的斷言。然而，絕不能以中小型農場經營的情況，論證實際在市場經濟裡操作的自由競爭企業的特徵。在許多國家，政策制度將中小型農場排除在市場和消費者至高無上的影響之外。政府對市場的干預，無微不至的保護這些農夫免受市場變遷起伏的影響。這些農夫並非在自由市場裡操作；他們享有各種政府措施溺愛照顧的特權。他們的生產活動範圍，可以說，是一個原始文化保留區；在那裡，科技落後、偏執頑固和無效率經營模式，被人爲的保存下來，而以犧牲社會非農階級利益爲代價。如果他們在農事經營上犯錯，政府便強迫消費者、納稅者和抵押權者爲他們埋單。

沒錯，確實有穀物——豬仔循環這回事，而其他農產品生產方面也確實有類似情況。但是，這種循環所以反覆發生，是由於這個事實：市場對無效率和笨拙的企業家施加的那種懲罰，影響不到大部分農夫。這些農夫不用爲他們自己的行爲負責，因爲他們是政府和政客的寵兒。如果不是這樣，他們早就破產；而他們曾經擁有的農場，也早就由更聰明的人接手經營了。

第二十一章　工作與工資

第一節　內向型勞動與外向型勞動

人可能基於不同理由，克服勞動的負效用（即，放棄休閒享受）。

一、他勞動，可能是爲了使自己身心強壯、有活力、更靈敏。勞動的負效用，這時不是爲了達到這些目標所付出的代價；克服勞動的負效用，和勞動所追求的滿足，這時是不可切割的。最顯著的例子，一是眞正的運動，運動者不在意任何報酬和別人眼中的成功；二是追求眞理和知識，探索者不是爲了利用眞理和知識改善自己的能力和技巧，以便更好執行其他種類的勞動，達成其他目的，而是爲了眞理和知識本身的緣故。[1]

二、他可能爲了服侍上帝，而甘心忍受勞動負效用。他犧牲休閒、取悅上帝，以便未來在天國獲得永恆至福的獎賞，乃至以便在今生塵世旅程中，感受到確實遵守所有信仰義務而獲得賜予無上喜悅（然而，如果他服侍上帝是爲了達到某些塵世目的——每天的麵包和世俗成功——他的服侍行爲，實質上便和其他以勞動付出、希望得到某些塵世利益的努力沒什麼不同。引導他這樣行爲的理論是否正確，以及他的期待是否實現，對於交換學怎樣區分他這個行爲模式，是沒影響的）。[2]

三、他可能爲了避免更大的傷害而辛苦勞動。他忍受勞動負效用，以便忘懷、逃離令人沮喪的思緒，和驅除惱人的心情；對他來說，勞動宛如是一場讓自己完美昇華的遊戲。這種昇華的遊戲，絕不可和孩童只爲了產生娛樂效果而進行單純的遊戲混爲一談（然而，也有其他性質的孩童遊戲；孩童有時候也足夠世故成熟，可以讓自己忘懷於昇華的遊戲）。

四、他勞動，可能是因爲他偏好勞動的收入，甚於勞動負效用之避免與休閒享樂。

前面第一、二、三類勞動付出，是因爲勞動負效用本身——不是勞動成果——讓人滿足。某人忍辛耐煩的勞動，不是爲了在這勞動過程的終點達到某個目的，而是爲了這勞動過程本身的緣故。爬山者並不希望只是到達山頂，他希望以攀爬方式到達山頂；他鄙視齒軌火車，雖然它將使他更快、更輕鬆抵達山頂，而且票價也比他自己爬山所招致的費用（譬如，嚮導的費用）便宜。爬山的辛勞不會直接讓他滿足；它涉及勞動負效用。但是，恰恰是克服這勞動負效用，讓他滿足。一個相對不費力的登山行程，將不會使他更滿足，反而會使他比較不滿足。

我們可以稱第一、二、三類勞動爲內向型勞動，以便把它們和外向型的第四類勞動區分開來。在某些場合，內向型勞動可能導致——可以說，作爲一個副產品——某些成果，並且可能有其他人願意忍受勞動負效用，以便獲得這些成果。虔誠的信徒可能爲了天國的某個獎賞而照顧病人；眞理的追求者，全心專注於探索知識，可能發現某個有實際用途的方法。就此而言，內向型勞動可能影響市場上的勞動供給。但是，交換學通常只關心外向型勞動。

內向型勞動所引起的心理學問題，對交換學而言，是無關緊要的。從經濟學觀點看來，內向型勞動應該劃歸爲消費。執行內向型勞動，通常不僅需要相關個人親身努力，而且也需要支用一些物質類生產要素和他人外向型的、非直接自娛的、因此必須支付工資才能買到的勞動產出。進行宗教儀式，需要有適當處所和相關設施；運動，需要有各式各樣的器具和設備、訓練師和教練。所有這些東西都屬於消費範圍。

第二節　勞動的趣味和乏味

只有外向型、非直接自娛的勞動，才是交換學討論的課題。這類型勞動的特徵在於：勞動是爲了本身之外的某個目的而執行，而且會產生負效用。人工作，因爲想獲得勞動工作的產出。勞動本身導致負效用。但是，除了這個令人厭煩、因此會促使個人盡量節省勞動的負效用外，即使個人的工作能力無限，即使個人能夠執行無限的工作，有時候可能也會出現某些特殊的情緒，譬如，有趣或乏味的感覺，伴隨某些種類工作的執行。

勞動的趣味和乏味，這兩種情緒和勞動負效用屬於不同的勞動面向。所以，勞動的趣味既不能緩解、更不用說驅除勞動的負效用。而且，勞動的趣味絕不可和某些種類工作所提供的立即滿足混爲一談。勞動的趣味是一個附帶現象，若不是源自勞動的間接滿足（即，勞動的產出或報酬），就是源自某些附屬的工作情況。

人忍受勞動負效用，不是因爲有什麼趣味伴隨勞動，而是因爲勞動的間接滿足。事實上，勞動的趣味大多以相關勞動的負效用爲其先決條件。

勞動趣味產生的來源是：

一、預期勞動的間接滿足、預期享受勞動的成果。辛苦工作者把自己的工作，視爲達成某個目的的手段，工作進展讓他高興，因爲他愈來愈接近他的目的。他的勞動趣味，在於預先感到勞動將帶來的間接滿足。在社會合作架構中，勞動趣味顯現在：勞動者，對於自己能夠在社會組織中站穩腳步、提供有用的服務，獲得同胞以購買產品或給予勞動報酬所表達的感激，感到滿意。工人的心情愉快，因爲他得到自尊，因爲他意識到他養活了他自己和家庭，沒倚賴他人的慈悲施捨。

二、在進行工作時，工人享受自己的技巧和產品帶給他的美感。這不只是某個人，欣賞別人完成的某樣東西時，可能陷入的那種沉思出神的趣味。它是某個人的自豪，這個人能夠說：我知道怎麼做這種東西，這是我的作品。

三、在完成了一項任務後，工人可以享受成功克服所有相關辛苦與麻煩後的快感。他高興終於擺脫了一樁困難的、討厭的和痛苦的事情，以及在一段時間內，可以解除勞動的負效用。他的這種勞動趣味，是「我做完了，可以鬆口氣」的感覺。

四、某些種類的工作滿足一些特別的慾望。例如，有些職業滿足色慾——有意識的或潛意識的色慾，這些慾望可能是正常的、也可能是變態的。此外，戀物癖者、同性戀者、施虐狂者和其他心理變態者，有時候能在工作中，找到機會滿足他們的奇特嗜好。有一些職業對這些人特別有吸引力；殘酷和嗜血慾，在各式各樣的職業包裝下，滋長蕃盛。

不同種類的工作，爲勞動趣味的出現，提供不同條件。這些條件，在第一和第三類工作趣味方面，大致比在第二類工作趣味方面，性質更爲相同。很明顯的，在第四類工作趣味方面，產生的條件比較罕見。勞動趣味也可能完全不存在；一些心理因素可能完全消除它。另一方面，人能夠刻意嘗試增加勞動趣味。

敏銳的人類靈魂識別家向來總是熱中於提高勞動趣味。僱傭軍組織者和領導者的成就，大部分屬於這個領域。就戰爭職業提供第四類趣味滿足而言，他們的任務很容易完成。然而，這些滿足和戰士的忠誠無關。一個背棄舊軍頭，轉而爲新軍頭服務、使舊軍頭陷入困境的士兵，也一樣能享受第四類趣味滿足。因此，傭兵雇主的一個特別任務，就在於提升某種團隊精神和忠誠度，以便僱來的傭兵頂得住誘惑、不會背叛。當然，也有一些軍頭不擔心這種難以捉摸的事情。十八世紀的陸軍和海軍部隊，確保服從和防止叛逃的唯一手段，就是野蠻的懲罰。

現代工業制度對於刻意提高勞動趣味，一向不熱中。現代工業制度倚賴物質改善，包括給雇員——作爲賺取工資者——更好的工具，以及給雇員——作爲消費者和產品購買者——更好的產品。鑑於求職者蜂擁而至工廠、而大家也都搶購工業製品的事實，似乎不需要採取什麼特殊方法提高勞動趣味。群眾從資本主義體系獲得的好處是如此明顯，以致沒有哪一個企業家認爲有必要對工人洗腦、打氣，宣傳資本主義的好處。現代資本主義，基本上是一個爲大眾需要而大量生產的體系。那些購買產品的人，大致上是同一群以賺取工資者的身分合作製造出產品的人。關於大眾生活水準是否改善，不斷增加的銷售數量，給雇主提供正面可靠的消息。雇主不關心雇員作爲工人身分的感覺，而只專注於服務作爲消費者身分的工人。即使是現在，在面對最堅持不懈和最狂熱的反資本主義宣傳時，一般雇主也幾乎沒有任何反制宣傳。

這個反資本主義的宣傳，是一個有系統的陰謀，旨在以勞動乏味取代勞動趣味。第一和第二類勞動趣味，在某一程度內，倚賴意識型態因素。工人以他的社會地位爲榮，以能有效參與社會合作生產爲樂。如果有人貶低這種意識型態，而以另一種意識型態取代它，把賺取工資者描繪成冷酷的剝削階級腳下貧苦的犧牲者，則勞動趣味就變成勞動乏味。

任何意識型態，不管怎樣強調和宣導、試圖加深印象，都不可能影響勞動負效用。勸說也罷、催眠暗示也罷，都不可能消除或減輕勞動負效用；另一方面，言語和教條也不可能增加勞動負效用。勞動負效用是一個絕對給定的現象。個人本身的能量和生命功能，在毫無目的、無拘無束的狀態下，自然而然、無憂無慮的釋放，比有目的的努力下嚴厲的自我克制，更適合每個人。一個全心全意、甚至忘我而專注於工作的人，勞動負效用也會使他痛苦。他也會渴望減少勞動量，但願不致傷害預期的間接滿足，而且他也盼望享受第三類勞動趣味。

然而，第一和第二類勞動趣味，有時候甚至第三類勞動趣味，有可能在意識型態的影響下完全消失，甚至被勞動乏味所取代。如果工作者變得認爲，使他忍受勞動負效用的因素，不是他自己比較看重所約定的報酬，而是他處在不公平的社會制度下，不得不忍受勞動負效用，那麼，他便會開始憎恨自己的工作。他受到社會主義一些宣傳口號的蒙蔽，未能意識到：勞動負效用其實是人世間一個無法改變的事實、一個最終的給定因素，是不可能用什麼社會組織手段或方法去除的。他陷入馬克思主義的謬誤，誤以爲在社會主義共和國裡，工作不但不會引起痛苦，反而會是快樂的。[3]

某些人嘗試以勞動乏味取代勞動趣味這件事，既不會影響人對勞動負效用的價值判斷，也不會影響人對勞動產出的價值評估；無論是勞動需求，或是勞動供給，都維持不變；因爲人不是爲了勞動趣味而工作，而是爲了勞動的間接滿足。改變的，只是工人的情緒態度。他的工作，他在社會分工網絡中的地位，他和其他社會成員，以及和社會全體的關係，在他眼裡將呈現出一個新面貌。他自怨自艾，自認爲處在荒謬和不公平的制度裡，而自己則是任人欺凌的制度犧牲者。他變得脾氣不好、滿腹牢騷、性格不平衡，成爲很容易被各種謊言妄語矇騙、煽動的人。個人若能趣味盎然的執行任務和克服勞動負效用，不僅會心情愉快，而且他的能量和活力也會增強；反之，若工作時感覺乏味，則會讓人悶悶不樂、變得神經質。一個勞動乏味到處彌漫的共和國，將是一群充斥敵意、動輒爭吵和憤怒的不滿分子的大集合。

然而，就克服勞動負效用的意志泉源而言，勞動的趣味與乏味所扮演的角色只是附帶、額外的。人絕不可能只爲了勞動趣味而工作；勞動趣味絕不可能取代勞動的間接滿足。誘使人工作得更多、更好的唯一手段，是給他一份更高的報酬；以勞動趣味來勾引，是沒用的。當蘇聯、納粹德國和法西斯義大利的獨裁者，嘗試在生產體系中，給勞動趣味指派一定功能時，他們只能眼睜睜看著他們的預期落空。

勞動的趣味和乏味，都不可能影響市場上的勞動供應量。顯而易見，只要這些感覺以相等強度存在於所有種類的工作，勞動供應量將不受它們影響。即使勞動的趣味或乏味取決於相關工作的一些特色或工人的特性，勞動供應量也一樣不受它們影響。例如，就拿第四類勞動趣味來說。如果有些人渴望獲得有機會享受奇特滿足的某些工作，這種渴望會傾向降低這些工作的工資率。但恰恰也是這個效果，使得其他對這些有問題的趣味比較沒共鳴的一些人，寧願選擇別種工作，以便賺取比較高的工資。於是，出現一個相反傾向，與前一個傾向相抵銷。

勞動的趣味和乏味是心理現象，它們既不會影響個人對勞動負效用和間接滿足的價值評估，也不會影響勞動市場的價格。

第三節　工　資

勞動是一種稀少的生產要素。在市場上，行爲人將它當作一種生產要素買賣。如果勞動者本人是勞動產品或服務的賣者，則支付給勞動的價格就包含在產品或服務受支付的價格裡。如果勞動本身（亦即，不包括勞動的產品或服務）是買賣的標的，則不管勞動的買者是從事生產銷售的企業家，或是某個想使用他人的勞動服務供自己消費的消費者，勞動受支付的價格稱爲工資。

對行爲人來說，他自己的勞動不僅是一種生產要素，也是負效用的來源；他不僅就預期的間接滿足、而且也就它所引起的負效用，評估它的價值。但是，對他而言，或者說，對每個人而言，市場上別人供應的勞動不過是一種生產要素罷了。人處理別人勞動的方式，和處理所有稀少的物質類生產要素一樣，會按照那些用來評估所有其他財貨價值的原則，評估勞動價值。市場上，工資率高低的決定方式，和所有商品價格的決定方式一樣。就此意義而言，我們可以說勞動是一種商品。這「商品」一詞，在馬克思主義的影響下，所引起那些情緒方面的聯想，是無關緊要的。我們只消附帶的說，雇主處理勞動，就像處理所有商品那樣，因爲消費者的行爲迫使雇主不得不這樣做，就夠了。

如果只是泛泛講述一般勞動和工資，而沒提到一些限制條件，那是不行的。這世界不存在同一型態的勞動或一般的工資率。勞動的性質千差萬別，每一種勞動都提供特別的服務；每一種勞動的價值，都按其用作製造某些消費財（或消費服務）的互補生產要素得到評估。外科醫生所完成工作的價值，和碼頭裝卸工人所完成工作的價值，兩者之間沒有直接的聯繫。但是，間接的，每一個勞動市場部門都和所有其他部門聯繫在一起。對外科醫生的服務需求增加，不管多大，絕不可能直接吸引裝卸工人蜂擁進入外科醫師業。然而，勞動市場各部門彼此之間，沒有截然劃分的界線。勞動市場永遠有一強大趨勢，傾向把工人從現在的工作部門移轉到其他類似的職業部門，只因爲那裡的情況似乎提供比較好的機會。因此，某個部門的供需變動，最後會間接影響到其他所有部門；所有種類的工人間接相互競爭。如果更多人進入醫師業，人力便會從一些類似職業出走，而這些職業爲了補充人力，會吸引別的部門的工人流入；依此類推。就此意義而言，所有職業別的工人之間，不管各職業別的資格要求差異多大，都存在一定的連通關係。這裡我們又碰到「人的勞動的非特殊性」這個事實，即：滿足需求所需執行的工作，其性質差異的程度，大於人與生俱來的工作能力差異。[4]

不僅在不同類型的勞動之間，以及它們受支付的價格之間，存在著連通關係，而且在勞動和物質類生產要素之間，也一樣存在著連通關係。在一定程度內，勞動能替代物質類生產要素，反之亦然。這樣的替代辦法採用到什麼程度，取決於工資率的高低和物質類生產要素的價格。

工資率的決定——和物質類生產要素價格的決定一樣——只可能在市場上達成。沒有非市場的工資率這回事，就像沒有非市場的價格那樣。只要有工資這種事，人便會像處理任何物質類生產要素那樣處理勞動——在市場上買賣。論者通常把僱用勞動的那部分生產財市場稱爲勞動市場。就像其他所有市場部門那樣，驅動勞動市場的，也是熱中於賺取利潤的企業家。每一個企業家都渴望以最低廉的價格，購買實現企業計畫所需的所有特定種類的勞動。但是，企業家開出的工資必須夠高，才能從其他競爭者手中招來所需要的工人。他的出價上限，取決於他從相關工人的僱用能增產的財貨、未來銷售預期可獲得的價格。他的出價下限，取決於其他競爭企業家的出價，而這些企業家的出價也和他一樣受到類似考量的影響。當經濟學家說，每一種勞動工資率的高低取決於該種勞動的邊際生產力時，他們心裡想的就是這種情形。另一個表達同一原理的說法是：工資率，一方面取決於勞動和物質類生產要素的供給，另一方面取決於現在預期的未來消費財價格。

交換學對於工資率如何決定的解釋，向來是熱血沸騰、而完全錯誤的攻訐者所針對的目標。有些論者斷言，在勞動需求方面，存在買方獨占的情況。這種理論的支持者大多認爲，只消引述亞當・史密斯附帶提到雇主彼此對於壓低工資有「一種心照不宣、但堅定一致的聯合」這樣的話語，便已足夠證明他們的論點了。[5]其他支持者含糊提到，各行各業的商人通常有各種同業公會組織。顯而易見，所有這種空話都毫無意義。然而，鑑於這些混亂的想法，是工會主義和所有當代政府勞動政策的主要意識型態基礎，所以，這裡有必要以最慎重的態度加以分析。

企業家相對於勞動賣方的立場，和企業家相對於物質類生產要素賣方的立場是一樣的。企業家必須以最便宜的價格取得所有生產要素。但是，如果在進行這項努力時，某些個別企業家、某些企業家團體或所有企業家開出的價格或工資太低，亦即，不符合未受干擾的市場狀態，那麼，只有當進入企業家行列的途徑遭到某些制度性障礙阻塞時，他們才可能成功取得所需的生產要素。如果新企業家加入競爭或舊企業家擴大營運沒遭到阻止，那麼，任何不符合市場結構的生產要素價格下降，必定會給某些人打開賺取利潤的新機會。將會有一些人，渴望利用現行工資率和各種勞動邊際生產力之間的差距牟利。這些新競爭者對勞動的需求，將使工資率回升到符合勞動邊際生產力的水準。亞當．史密斯提到的、那種雇主彼此之間的默契聯合，即使存在，並不可能把工資壓低至自由競爭市場的工資率以下，除非加入企業家行列不僅需要頭腦和資本（對於有豐厚報酬前景的企業來說，要取得資本，永遠不是什麼問題），而且還需要某種只保留給特權階級的制度性權利、專利或特許執照。

有論者斷言，求職者必須按任何價格出售他的勞動，不管價格多麼低，因爲他完全倚賴自己的工作能力，沒有別的收入來源。他不能等待，因此不得不忍氣吞聲、接受雇主好心開出的任何酬勞條件。求職者這種固有的弱點，讓企業老闆很容易聯合起來壓低工資率。如果有必要，老闆能等得更久，因爲他們對勞動的需求，不像工人對生存物資的需求那樣迫切。這種論點有缺陷。它理所當然的以爲：雇主把相當於邊際生產力的競爭性工資率，和較低的獨占性工資率，兩者之間的差額，當成一筆額外的獨占利益納入他們自己的口袋，而未以降低產品售價的方式，把該差額傳輸給消費者。如果他們按照生產成本下降的程度降低產品價格，那麼他們以企業家和產品銷售者的身分，將得不到壓低工資的任何利益；工資遭到壓低所產生的利益，將全部歸於消費者，因此也將歸於作爲產品購買者身分的工人；企業家自己將僅以消費者的身分獲得利益。雇主如果想留下這筆從「剝削」工人的弱勢談判能力而來的額外利潤，他們就必須以產品銷售者的身分彼此聯合起來、一致行動。這將需要他們全體對所有種類的生產活動都享有獨占地位，而這種獨占地位只可能由某一限制進入企業家行列的制度性障礙創造出來。

問題的癥結在於：亞當．史密斯和大部分輿論提到的那種所謂「雇主的獨占性聯合」，如果眞有其事，將是一種需求獨占。但是，我們已經指出，這種所謂需求獨占，事實上是一種性質特殊的供給獨占。[6]只有當所有雇主共同獨占了某種，對所有生產活動而言，都是不可或缺的物質類生產要素，並且以某種獨占性方式限制該要素的利用時，雇主彼此之間才能夠聯合一致、壓低工資率。由於沒有哪一種物質類生產要素是所有生產活動都不可或缺的，他們將必須獨占所有物質類生產要素。而這個條件只存在於社會主義共和國，在那裡既沒有市場、也沒有價格和工資率。

再說，物質類生產要素的所有者——資本家和地主——也不可能聯合起來形成一個全體卡特爾對抗工人階級的利益。在過去和可以預見的未來，生產活動的特徵，都是勞動稀少的程度大於大部分原始、自然賜予的物質類生產要素稀少的程度。勞動相對較大的稀少程度，決定相對較豐富的原始、自然要素可以利用到什麼程度。這世界還有沒開墾的土地，還有沒開採的礦藏等等，因爲沒有足夠多的勞動可以用來開墾或開採它們。如果目前已耕作土地的地主聯合起來、形成一個卡特爾以便攫取獨占利益，他們的計畫將因邊際以下土地地主的競爭而遭到挫敗。至於生產出來的生產要素所有者（即，資本家），如果沒有原始生產要素所有者的配合，也不可能聯合起來形成一個全體卡特爾。

針對勞動受到某一心照不宣或公開約定的雇主聯合集團獨占剝削的理論，過去有許多人提出各式各樣的反對意見。有人曾證明，在一個未受干擾的市場經濟裡，無論何時與何地，都不可能發現有這種卡特爾存在。另有些人則證明：說求職者不能等待，所以不得不接受雇主開出的任何工資率條件，不管這工資率多麼低，是不對的；說未獲僱用的工人都得挨餓，也是不對的。其實，工人一樣有存糧，一樣能等待；而他眞的等待了，就是有存糧的證明。另一方面，對企業家和資本家來說，等待在財務上也可能是無法負擔的。如果他們不能運用所擁有的資本，便會蒙受損失。因此，所有連篇累牘、關於工資談判中所謂「雇主優勢」相對於「工人劣勢」的說法，都是沒有事實根據的論述。

但是，這些都是次要、附屬的理由。核心事實是：在一個未受干擾的市場經濟裡，勞動需求獨占不可能存在，而事實上也不存在。勞動需求獨占，若要出現在這世界上，只可能是企業家行列准入限制的一個衍生物。

還有一點必須強調。這個認爲工資率受到雇主的獨占地位操控的理論，還把勞動當成宛如是性質相同的一種東西來講。它處理諸如「一般勞動」需求和「一般勞動」供給這樣的概念。但是，正如前面已經指出的，這樣的概念在現實中沒有任何對應的事物。在勞動市場上，人人買的和賣的，不是「一般勞動」，而是能提供一定服務的特殊勞動。每一個企業家都在爲完成生產計畫所需執行的那些特殊任務，尋找適合的工人。企業家必須把這些專家從他們現在湊巧所在的工作崗位招過來；他達成這個目的的唯一手段，就是開出較高的酬勞。企業家計畫的每項創新——生產某種新產品、應用某一新製程、選擇在某一新地點設置某一特殊部門，或只是擴大生產自家或別家企業已經在生產的產品——都需要僱用一些此前一直在別的地方工作的工人。企業家面對的，不僅僅是「一般勞動」的稀少，而是自家工廠所需的那些特殊種類勞動的稀少。在聘請適當的人手方面，企業家彼此出價競爭，激烈程度不亞於他們對所需原料、工具和機器的出價競爭，以及他們彼此在資本和借貸市場的出價競爭。個別廠商的生產活動擴張，以及整個社會的生產活動擴張，不僅受限於資本財的供應量和「一般勞動」的供給量。此外，在每一個生產部門，生產規模還受限於各種專業人力的供給量。當然，這只是一個暫時的障礙。長期而言，當更多工人，受到人手相對不足的產業部門專業人員薪水較高的吸引，自我訓練到適合相關的特殊任務時，該障礙就會消失。但是，在變動的經濟裡，這種專業人力稀少的情況每天會重新出現，從而決定雇主尋求工人的方向和作法。

每一個雇主必然都想以最便宜的價格購買所需生產要素，包括勞動。某個雇主所支付的工資，如果比他的雇員所提供服務的市場價格還高，他將很快被開除企業家資格。另一方面，某個雇主如果嘗試把工資率壓低，到達和勞動邊際生產力相配的水準以下，他將招募不到所需要的那種工人，好讓他的工廠設備得到最有效率的利用。市場上必然有一強大趨勢，把各種勞動工資率推向等於勞動邊際產值的價格。如果工資率降至這個水準以下，僱用每一額外工人所獲得的利益將促使雇主增加勞動需求，從而使工資率再度上升。如果工資率上升至這個水準以上，僱用每一個工人所招致的損失將迫使雇主解僱工人。尚未獲得僱用的工人，彼此競爭尋求工作機會，將產生工資率下降的趨勢。

第四節　交換性失業

求職者如果得不到他想要的職位，就必須尋找另一個職位。如果他未能找到某個願意給付他所希望酬勞的雇主，他就必須降低要求。如果他拒絕這麼做，他將得不到任何工作，而保持失業狀態。造成失業的原因，就在於這個事實：和前面提到的工人不能等待的理論相反，渴望賺取工資者能夠、而且的確等待了。在未受干擾的市場經濟裡，求職者如果不想等，總是可以得到一份工作，因爲永遠存在尚待利用的自然資源產能，而且往往也存在一些過去生產出來的、尚待利用的生產要素產能；他只須降低所要求的酬勞，或者改變職業或工作地點。

過去有，而現在也仍然有，一些人只工作一段時間，然後在另一段時間靠他們在工作期間所累積下來的儲蓄過活。有些國家，一般民眾的文化水準很低，企業家往往招募不到願意待在工作崗位的工人。在那裡，一般人除了購買一些休閒時間，甚至麻木、遲鈍到不知道怎樣使用工資收入；他工作，只爲了保持失業一陣子。

在文明國家，情形就不同了。這裡的工人認爲失業是一件壞事，他寧可避免失業，只要所需的犧牲不是太痛苦。他在就業和失業之間作選擇，就好像在所有其他行爲場合那樣做選擇：他權衡它們的利弊得失。如果他選擇失業，這失業便是一個市場現象，它的性質和變動的經濟裡出現的其他市場現象並沒有什麼不同。我們可以稱這種失業爲市場產生的失業或**交換性失業**。

導致某個人決定失業的各種不同理由，可以分類如下：

一、這個人相信，稍後將可在居所附近找到一份屬於原來職業、而且報酬不錯的工作；他比較喜歡這樣的工作，因爲他過去一直接受這方面的訓練。他希望避免轉換職業和搬家所涉及的支出與其他不便；可能有一些特殊情況，會增加這些成本。一個工人，如果自己擁有住宅，會比承租公寓的人更牢固的和居住地連結在一起。一個已婚婦女，不比未婚女孩那麼容易移動。還有，某些職業不利工人未來恢復先前的工作能力；例如，一個鐘錶工人，如果做了一段時間的伐木工人，可能失去先前工作所需的手指靈巧。基於所有這樣的理由，這個人選擇暫時失業，因爲他相信，長期而言，這個選擇比較划算。

二、有些職業所面對的市場需求，有幅度相當大的季節性變化。在每年的某些月分，市場需求特別強烈，而其餘月分則萎縮或完全消失。工資率結構會把這些季節性起伏考慮進去。市場需求有這種起伏變化的產業部門，若要在勞動市場上競爭，那麼旺季給付的工資，就必須高到足以補償賺取工資者因季節變化所蒙受的不便。於是，這些工人大多會在旺季儲蓄豐厚收入的一部分，以備維持淡季時的失業狀態。

三、這個人，基於流行話語稱作非經濟或甚至非理性的理由，選擇暫時失業。他不接受與他的宗教、道德和政治信仰不相容的工作。他迴避某些職業，因爲從事這些職業有損他的社會聲譽。他接受傳統行事準則的引導，區分什麼是適合紳士的職業，以及什麼是和紳士不配的職業。他不希望失去面子或自身的種姓地位。

在未受干擾的市場裡，失業永遠是自願的。在失業者眼中，失業是兩害相權取其輕的選擇。市場結構有時候可能造成工資率下降；但是，在未受干擾的市場上，對每一種勞動而言，永遠存在某個可讓所有渴望工作者都能得到一份工作的工資率。最後的工資率，是那個使所有求職者都找得到工作、所有雇主想招募多少人便可招募到多少人的工資率；它的高度取決於各種工作的邊際生產力。

工資率的起伏，是消費者爲了在勞動市場彰顯其至高主權所採取的辦法。質言之，工資率的起伏，是消費者用來配置勞動於各生產部門的手段；消費者對於人員配置相對過多的產業部門，藉由降低工資率，來懲罰他們對消費者主權的不順從；對於人員配置相對過少的產業部門，則藉由提高工資率，來報償他們對消費者主權的順從。前述這個辦法使個人承受嚴厲的社會壓力；很明顯的，它間接限制個人選擇職業的自由。但是，這種限制不是死硬的。它留給個人一些騰挪的空間，在一定範圍內選擇什麼比較適合，以及什麼比較不適合自己。在該範圍內，他可以按照自己的意思選擇怎樣行爲。這個程度的自由，是個人在社會分工架構下能享有的最大程度的自由；而這個程度的限制，則是保持社會合作秩序不可或缺的最小程度的限制。在工資制度所施加的市場壓力之外，只有一個替代方案：由某個權威當局不容置疑的強制命令，給每個人指派職業和工作。而這就等於壓制所有自由。

沒錯，在工資制度下，個人沒有選擇永遠失業的自由。但是，任何可以想像的社會制度，沒有哪一個能讓個人享有無限休閒的權利。凡是人，都不免要忍受勞動負效用，這個事實不是任何社會制度造成的；它是人生活與行爲不可避免的自然條件。

有些學者借用力學的比喻，把交換性失業稱爲「摩擦性」失業，這是不妥當的。在假想的均勻輪轉經濟裡，沒有失業，那是因爲我們根據沒有失業的假設，建構該假想經濟。失業是變動的經濟裡的市場現象。因爲生產過程的安排發生改變而遭到解僱的工人，沒立即抓住每一個機會取得另一份工作，而是等待某個更有利的時機；這個事實，不是因應情況變化的調整過程本身遲緩所造成的後果，而是拖延該過程的一個因素。這種交換性失業，不是對已發生的市場變化，自動的反應、無關求職的意志與選擇，而是求職者有意行爲的結果。它是投機性的，不是摩擦性的。

交換性失業絕不可和**制度性失業**混爲一談。制度性失業不是求職者個人的決定所產生的結果，而是市場現象受到干預的結果；干預者決心以強制和脅迫手段，把工資率訂在高於未受干擾的市場將決定的水準之上。制度性失業問題的處理，屬於干預主義問題分析的領域。

第五節　毛工資率和淨工資率

雇主在勞動市場購買的，亦即，他付出工資換得的，永遠是某一明確的勞動成果，他按照市場價格評估這成果的價值。各勞動市場部門流行的習慣，對任一定量特殊勞動成果的給付價格不會有影響。毛工資率永遠趨向等於邊際工人的僱用、所增加的產出、能在市場上賣得的價格，適當減去所需材料的價格，和所需資本的本源利息。

在權衡僱用工人的利弊得失時，雇主不會關心工人拿到多少實得工資。對雇主來說，唯一有關的問題是：爲了取得相關工人的服務，必須支出的總價格是多少？在講到工資率的決定時，交換學所指的，永遠是雇主爲了某一特定種類、特定數量的工作，必須支付的總價格，亦即，毛工資率。如果法律或業界慣例，迫使雇主在付給雇員的工資之外，還須支付某些其他費用，則工人的實得工資就會相應減少；這些附屬支出不影響毛工資率；它們的負擔完全著落在賺取工資者身上；附屬支出的總金額降低實得工資——淨工資率——的高度。

有必要知道前述原則的下列後果：

一、工資究竟是按時計酬或按件計酬，是無關宏旨的。而且即使按時計酬，雇主也只考慮一件事情，亦即，他從每一個雇工預期得到的工作成果。他必定會考慮，按時計酬可能提供給開小差者和作弊者所有的機會。他會解僱那些沒完成最低預期工作份量的工人。另一方面，某個工人如果渴望賺取更多工資，就必須轉到按件計酬的工作，或另外尋找一個最低預期工作成果比較高、所以報酬也比較好的工作。

此外，在未受干擾的勞動市場上，按時計酬的工資究竟是每天、每週、每月或每年給付，也是無關宏旨的。解僱前的通知期間是長是短；僱用合約是否按一定的期限簽訂或終身僱用；雇員是否擁有申請退休給付的權利；雇員本人、遺孀和孤兒，是否擁有年金給付的權利；雇員是否擁有帶薪或無薪渡假的權利；是否享有疾病或傷殘補助或其他福利與優惠的權利等等，也都是無關宏旨的。雇主面對的，永遠是這個相同的問題：對我而言，簽訂這樣一個僱用契約划算不划算？就我獲得的成果回報而言，我不會支付太多了吧？

二、因此，所有所謂社會負擔和利得，最終都著落在工人的實得工資上。雇主是否有權利從現金支付給雇員的工資中，扣除所有這些所謂社會安全捐助，是無關宏旨的。無論如何，這些捐助的負擔都會落在雇員身上，而不是雇主身上。

三、針對工資課稅，同樣也是如此。在這方面，雇主是否有權利從實得工資中扣除工資稅，也一樣是無關緊要的。

四、縮短工時，也不是免費送給工人的禮物。如果工人沒相應增加產出、以彌補工時縮短，按時計酬的工資率將相應下降。如果法律命令縮短工時、又禁止工資率這樣下降，則政府命令工資率上升的所有後果將會出現。在所有其他所謂社會紅利方面，諸如帶薪渡假等等，同樣也是如此。

五、如果政府撥款補貼雇主僱用某些種類的工人，他們的實得工資將會增加，其數目等於補貼的金額。

六、如果政府鑑於受僱工人的工資收入低於某一最低標準，決定發給每一個受僱工人一筆津貼，把受僱工人的收入提高到這個最低標準，那麼，市場工資率的高低，不會直接受到影響。但是，只要這個津貼制度引誘那些先前未曾工作的人尋求工作機會，從而導致勞動供給增加，則這個制度可能間接導致工資率下降。[7]

第六節 工資與最低生活費

原始人的生活，是爲了爭取大自然賜予的少量生存手段、而不斷「拚命」努力的過程。這個「拚命」努力爭取基本生存的過程，曾導致許多人和整個家庭、部落和種族滅亡。原始人始終生活在餓死的陰影中；文明使我們免於這種危險。人的生命，日夜受到無數危險的威脅；任何時刻，生命都可能遭到人力無法掌控的，或至少不是我們目前的知識與潛力所能掌控的自然力量摧毀。但是，餓死的恐懼，再也威脅不到生活在資本主義社會裡的人。但凡能工作者，都能掙得遠高於維持基本生存所需的收入。

當然，還有一些殘廢、無工作能力的人。然後，還有只能完成少量工作的身心羸弱者；他們的殘疾讓他們無法和正常工人賺得一樣多；有時候賺到的工資甚至低到不足以養活他們自己。這些人能活著，只有靠別人幫助，包括透過近親、朋友、善心人士和基金會的慈善捐助，以及公共濟貧措施等，照顧這些貧困者。接受救濟者並未參與社會合作生產過程；就供應手段滿足需求而言，他們並未行爲；他們活著，因爲別人照顧了他們。這些濟貧問題，是消費如何安排的問題，不是生產活動如何安排的問題。因此，它們不在人的行爲理論框架之內；因爲該理論僅指涉消費所需各種手段的供應問題，不指涉這些手段如何消費的問題。交換學不處理社會採取什麼方法，對貧困者進行慈善救助，除非這些方法可能影響勞動供給。經驗顯示，過去社會所採取的濟貧政策，反而鼓勵了一些體格健全的成年人變得更不願意工作、更懶惰。

在資本主義社會裡，人均資本投入量傾向穩定增加，因爲資本累積速度傾向高於人口成長速度。因此，勞動邊際生產力、工資率和賺取工資者的生活水準，傾向不斷提高。但是，這個物質幸福改善的趨勢，並非某一必然的人類演化法則運作的結果，而是某些力量相互作用所產生的一個趨勢；這些力量，只在資本主義下，才能自由發揮作用。如果一方面發生資本消費的情事，而另一方面人口增加或下降幅度不夠，該趨勢便可能逆轉；如果再考慮到當今一些政策的取向，趨勢逆轉便不僅僅是理論上的一個可能性，而是並非不可能發生的事實。到那個時候，人很可能再度親身體會、學到活活餓死的意義；因爲屆時相對於人口，資本財供給數量很可能變得極其稀少，以致一部分工人賺得的收入，還不足以維持基本生活。僅僅朝這種情況接近，肯定就會在社會內部引起不可調和的紛爭，演變成暴力衝突，乃至崩裂所有社會連結。畢竟，只要參與合作的社會成員有一部分注定賺不到維持基本生活所需的收入，和平的社會分工秩序是不可能保持的。

從交換學觀點來看，生理觀點的最低生存標準——這個所謂「工資鐵則」提到的、而社會煽動家也一再提起的概念——對於解釋工資率如何決定，毫無用處。社會合作所倚賴的基礎，是這個事實：按照分工原理執行的勞動，遠比個人單打獨鬥的努力更有生產力，體格健全的人乃得以不再受困於饑餓的恐懼；這樣的恐懼，在過去曾天天威脅著人類的祖先。在資本主義共和國裡，最低生存標準沒有任何交換學意義。

再則，「生理最低生存標準」的概念，其實也欠缺論述者以爲它應該具有的精確性和科學嚴謹性。原始人，由於適應了一個比較像動物、而不像人的生存環境，因此在某些情況下，能讓自己活下來；而這些情況，對於資本主義下嬌生慣養、凡事講究高雅的人類子孫來說，簡直無法忍受。由此可見，沒有什麼可由生理學和生物學定理決定的、對動物學所謂智人種的每一個樣本都有效的、所謂「最低生存標準」。同樣站不住腳的還有：需要一定量的卡路里，才能維持一個人的身體健康和生殖力；以及另外需要一定量的卡路里，替補工作用掉的活力，等等的想法。訴諸這些畜牧和實驗動物活體解剖的概念，對於經濟學家努力理解有意識的人的行爲問題，毫無幫助。所謂「工資鐵則」，和基本上相同的「馬克思學說」——所謂「勞動力的價值」由「產生勞動力，因此也是再產生勞動力，所需的工作時數」決定[8]——都是交換學領域所有流傳的理論中最站不住腳的理論。

然而，要給工資鐵則所隱含的一些想法充填某些意義，卻不是不可能的。如果你將賺取工資者看成只是一種動產——譬如，奴隸，並且認爲他在社會中沒有其他作用；又如果你認爲他除了進食和繁殖之外，沒有其他想要的滿足；而且他除了獲取那些動物性滿足之外，也不知道其他使用收入的方式，那麼，你便可以認爲工資鐵則是關於工資率如何決定的一個理論。事實上，古典經濟學家囿於失敗的古典價值理論，一直想不出解決相關問題的其他方法。他們認爲，勞動的自然價格，就是使賺取工資者得以生存、並且得以使這種人既不增加、也不減少、永遠自我延續下去的那個價格；這個定理，對於托倫斯（Robert Torrens）和李嘉圖來說，是他們那個站不住腳的古典價值理論在邏輯上無可避免的推論。但是，當古典經濟學的追隨者後來不再滿足於這個明顯荒謬可笑的工資鐵則時，對它採取的那個修改方式，卻無異於完全放棄嘗試以經濟理論解釋工資率如何決定。這些追隨者以某個「社會的」最低標準取代生理的最低標準，企圖保存他們所珍愛的「最低生存標準」概念。他們不再講維持勞動者的必要生存，和保持勞動供給不變所需的最低標準，換成講保持某個歷史傳統和古風遺俗認可的生活水準。儘管日常經驗深刻的告訴大家，在資本主義下，實質工資率和賺取工資者的生活水準穩步上升；又儘管有一個趨勢，日復一日愈來愈明顯，亦即，分隔社會各階層人口的傳統壁壘已不再能保存下去，因爲產業工人的社會地位相對改善，摧毀了既有的社會等級和高尚觀念；這些教條主義者卻依然宣稱：古風遺俗和社會成規決定工資率的高低！在這樣的時代，當工業一再推出前所未聞、可供大眾消費的各種新商品，當普通工人也可享受過去連國王也夢想不到的滿足時，只有先入爲主，遭到偏見和黨派獨斷傾向蒙蔽了心眼的人，才可能採用這樣一個解釋工資率的理論！

普魯士歷史學派主張政治科學的經濟面學說，把工資率視爲和商品價格，以及利率一樣，都是「歷史的範疇」；而且在處理工資率時，訴諸「和個人在社會階級排序中的等級相配的收入」這樣的概念。這一點不是特別值得注意；這個學派的學說精髓，在於否定經濟學存在，以及在於企圖以歷史取代經濟學。比較令人訝異的是，馬克思和馬克思主義者竟然沒看出：一旦他們認可這個謬誤的學說，那就等同親手顛覆、瓦解了馬克思經濟理論體系裡所謂的主體部分。當十九世紀六〇年代初，一些在英國發表的論文和專著說服了馬克思相信，情況不再允許他一如既往，繼續堅持古典經濟學家的工資理論時，他便著手修改他的勞動力價值理論。他宣稱，「所謂自然的慾望，其程度和滿足的方式，本身便是歷史演化的結果」，而且「在很大程度內，取決於相關國家達到的文明程度，尤其是取決於自由勞動者在養成過程中所經歷的生活水準、習俗和各項自以爲是的權利主張」。因此，「某個歷史的和道德的元素影響勞動力價值的決定」。然而，馬克思接著說：儘管如此，「就任何國家、在任何時候來說，**不可或缺的**生活必需品平均數量，都是給定的事實」。[9]他這是自相矛盾的、誤導讀者的。他心裡想的，其實不再是「不可或缺的必需品」，而是某個傳統觀點認爲不可或缺的東西，亦即，讓工人得以保持適合其傳統社會階級排序的生活水準所需的物質手段。採取這樣的解釋，就等同於放棄以任何經濟學或交換學理論闡明工資率的決定。各種工資率被解釋爲歷史給定的事實，不再被當作市場現象看待，而被當作外生變數，亦即，不受相互作用的市場力量決定的因素。

然而，即使有學者相信，現實世界裡實際觀察到的那些工資率，其高低是外力強迫市場接受，當作一個既定條件來遵守，他們也免不了要發展某個市場理論，用來解釋工資率的決定是消費者主觀價值與選擇的結果。倘若欠缺這樣一個交換學觀點的工資率理論，那麼任何對於市場經濟的分析，便絕不可能是完整的和邏輯上令人滿意的。把交換學的論述局限於商品價格和利率如何決定，而把工資率視為歷史決定的外生條件，簡直是荒謬絕倫。名符其實的經濟理論，對於各種工資率，必須能夠說出一番比取決於某個「歷史的和道德的元素」還多的道理。經濟學的特徵，就在於把市場買賣所顯現的交換率當作市場現象來解釋，主張此等現象取決於某個主導各種市場現象的連結與發生順序的規律，亦即，取決於市場法則。正是這個特徵，把經濟學的想像理解和歷史的了解區分開來，把理論和歷史區分開來。

我們完全可以想像有某個歷史場景，其中工資率的高低，是由外力脅迫與強制干預強迫市場接受的。像這樣由制度訂定工資率，是我們這個干預主義政策時代的一個主要特色。但是，對於這樣的場景，經濟學的任務，是研究兩種工資率的差距究竟會引起什麼後果：其一是，未受干擾的市場透過勞動供需互動，將會呈現的那個潛在的工資率，另一則是，外力干預強迫市場交易雙方遵守的工資率。

沒錯，賺取工資者深信：工資至少必須夠高，足以讓工人維持和其社會階級相配的生活水準。每一個工人，對他本人基於「身分」、「等級」、「傳統」和「習俗」有權利請求的收入，都有他自己的特殊看法，就像對於他本人的能力和成就，也有他自己的特殊看法那樣。但是，這種權利請求和自以為是的能力臆斷，和工資率的決定毫不相干；它們既不會限制工資率的上升，也不會限制工資率的下跌。賺取工資者有時候不得不作出選擇，接受遠低於他本人認為按照身分等級和能力他該獲得的報酬。但如果他得到的報酬比他預期的還多，他會把這多出的報酬納入口袋，一點也不覺得慚愧。在工資鐵則和馬克思的「工資率歷史決定論」宣稱有效適用的那個自由放任年代，實質工資率呈現逐漸上升趨勢，儘管有時候出現短暫的中斷。在該年代，賺取工資者的生活水準上升到歷史上空前的高度，一個在以前的年代從來沒人想過的高度。

工會主張：名目工資至少必須按照貨幣單位購買力的變動幅度不斷提高，以確保賺取工資者持續享受先前的生活水準。針對戰時的情況和籌措戰費的措施，工會也提出同樣的主張；在工會看來，即使在戰時，通貨膨脹也罷，所得稅預扣也罷，都不該影響工人實得的實質工資率。這種主張暗中隱含〈**共產黨宣言**〉的論點：「工人無祖國」，而且「除了腳鐐，沒什麼好損失的」；所以，在資產階級剝削者所進行的戰爭中，工人是中立的，工人不在乎本國征服了誰或被誰征服了。仔細檢查這些言論，不是經濟學的任務。經濟學只須確立這個事實：主張實質工資率應該高於勞動市場在未受干擾下所決定的工資率，不管基於什麼理由，都是無關緊要的；如果由於這種主張，實質工資率眞的強制提高到相關勞動邊際生產力之上，那麼，不利的後果必定出現，不管這種主張根據的是什麼哲理。

前述論斷對下面這個糊塗的理論也同樣有效。某些工會高級職員說：賺取工資者有權利爲自己要求，享有源自所謂「一般勞動生產力」改善的所有利益。在未受干擾的勞動市場上，工資率永遠傾向等於邊際勞動生產力。「一般勞動生產力」的概念，和所有其他類似、全體的概念，例如，鐵或金的一般價值概念，都是一樣空洞的。講到勞動生產力，如果指的不是邊際勞動生產力這個意思，那是沒意義的。那些工會高級職員心裡想的，其實是一個爲他們的政策辯護的道德理由。然而，政策所根據的藉口，影響不了政策的經濟後果。

工資率最終取決於消費者認爲，賺取工資者的服務和成就有多大的價值。勞動之所以當作一種商品來論價，不是因爲企業家和資本家的鐵石心腸和冷酷無情，而是因爲他們絕對受制於無情的消費者至高無上的支配權。消費者不會滿足任何人的主張、臆斷和自以為是；消費者只希望得到最價廉物美的服務。

工資率歷史決定論和（貨幣購買力）回歸定理的比較

馬克思主義和普魯士歷史學派的學說認為：工資率其實是歷史給定的條件，而不是市場交換現象。拿這個歷史決定論和貨幣購買力的回歸定理[10]做比較，也許對讀者會有些許啓發意義。

回歸定理確立一個事實：能獲選作為交換媒介使用的財貨，沒有哪一種是在開始作為交換媒介時，沒有基於其他用途的交換價值。這個事實，本質上不影響貨幣購買力每天如何決定；這決定實際上仍是由貨幣供給和人在握存現金方面的貨幣需求互動產生的。回歸定理沒說，貨幣和另一方面的各種商品與服務，兩者之間的任何實際交換比率，都是歷史給定的事實，和今天的市場情況無關。回歸定理只解釋：人怎樣才會開始使用和繼續使用一種新的交換媒介。就這個意思說，貨幣購買力是有歷史成分的。

至於馬克思和普魯士學派的工資率定理，那就不同了。在這派理論看來，實際出現在市場上的工資率，其高低是歷史給定的事實。對於工資率的高低，目前消費者（即勞動的間接買方）的價值判斷和賺取工資者（即勞動的賣方）的價值判斷，是沒有作用的。工資率的高低，由過去的歷史固定；工資率不可能高出、也不可能低於這個由歷史決定的高度。今天瑞士的工資率高於中國的工資率，這個事實只能由歷史來解釋，就像只有歷史才能解釋，為什麼拿破崙一世成為法國人而不是義大利人，或成為一個皇帝而不是一個科西嘉的律師。在解釋牧羊人或磚匠的工資率在中國和瑞士的差異時，是不能採用那些必然會在每一國市場中運作的因素的；而只能由這兩國的歷史提供某個解釋。

第七節　勞動負效用影響下的勞動供給

影響勞動供給的根本事實陳列如下：

一、每個人只能執行某一數量有限的勞動。

二、這一定量的勞動，不是想在什麼時候執行就能在什麼時候執行。勞動過程中，插入休息和消遣的時間是必要的。

三、不是每個人都能執行任何種類的勞動。在執行某些種類工作的能力方面，人與人之間有些先天固有的，以及後天習得的差異。某些種類工作所需先天固有的能力，不可能經由任何後天的訓練和教育方法習得。

四、如果不想讓工作能量變壞或完全消失，工作能量必須獲得妥適處理。在個人不可避免減退的生命力容許的某一段期間內，個人的工作能力，包括先天固有的和後天習得的能力，需要特別照顧才能保持。

五、當工作接近個人在某段期間所能執行的工作總能量耗盡的那一點，而必須插入一段消遣時間時，疲勞會傷害工作執行的質量。[11]

六、人偏好不勞動，亦即，休閒，甚於勞動，或者以經濟學術語說：人認為勞動產生負效用。

自給自足的人，在經濟孤立狀態下，只為滿足他自己的需要而工作，當他開始覺得休閒，或者說，沒有勞動負效用，比預期從更多工作間接增加的滿足價值更高時，他便會停止工作。既然已經滿足了最迫切的一些需要，他覺得滿足那些尚待滿足的需要，並不比滿足他對休閒的渴求更為可取。

對一個孑然孤立、自給自足的工人來說，是這樣；對賺取工資者來說，也是如此。他們都不會不停工作直到所有工作能量全部耗盡爲止。在他們覺得預期的間接滿足，不再比執行更多工作所招致的負效用更重要時，他們就急忙停止工作。

流行的觀點，囿於返祖退步的想法和馬克思主義的口號，遲遲未能掌握前述事實。過去有論述者堅持，甚至現在也還有論述者堅持這樣的思維習慣：把賺取工資者視爲奴隸，把資本主義時代的工資，視爲相當於過去畜奴者和畜牧者必須提供給奴隸和牲畜維持基本生存的東西。在這個理論看來，賺取工資者是迫於貧窮而必須忍受奴役的人。該理論告訴我們，資產階級律師虛矯的形式主義，把這種隸屬關係稱爲自願的，把雇主和雇員之間的關係解釋爲平等的兩造之間的契約。然而，工人其實是不自由的；他在貧窮的挾持下行爲；他必須忍受實質的奴役枷鎖，因爲他作爲一個被剝奪了繼承權的社會棄子，沒有別的選擇。他表面上雖然有權利選擇他的主人，但其實這是騙人的。雇主公開或默契的聯合，統一制定僱用條件，大體上使這項選擇雇主的權利成爲虛幻。

如果工資只是補償工人在保持和再生產其勞動力方面所招致的費用，或者工資的高低取決於歷史傳統，那麼，把縮減勞動契約要求工人承擔的責任，視爲工人單方面的一項利益，便完全合乎邏輯。如果工資率的高低和工作完成的質量無關；如果雇主付給工人的不是工人的成就獲得市場評定的價格；如果雇主購買的不是一定質量的工人作品，而是一個奴隸；如果各種工資率是這麼的低，以致基於自然的或「歷史的」理由，不可能更低；那麼，強制縮減每天的工時，對工人的命運而言，便無疑是一項改善。那麼，便可以把現代限制工時的法律，視爲等同於十七、十八和十九世紀早期歐洲各國政府頒布的那些命令，逐步減少、直到最後完全廢除農民奴隸每年必須奉獻給封建領主的義務勞動時數，或等同於那些減輕犯罪受刑人工作負擔的法令。那麼，資本主義工業制度演進所引致的每天工時縮減，便可以視爲受剝削的工資奴隸的勝利，亦即，他們終於成功反抗了極度自私、折磨他們的老闆。所有強制要求雇主負起責任、支付某些費用以嘉惠雇員的法律，都讓雇員享受到「社會紅利」（social gains），亦即，雇員毋須付出任何代價便可得到的禮物。

一般人普遍認爲，這個理論的正確性已經充分獲得如下事實證明了：對於勞動契約條款如何決定，賺取工資者個別只有微乎其微的影響力；關於每天工時多長，週日和假日是否上班，何時用餐，以及其他許多事項，都是由雇主單方面決定，沒詢問過雇員的意見；賺取工資者沒有別的選擇，不服從雇主的命令、就得挨餓。

這個理論所涉及的基本謬誤，前面幾節已經指出。雇主要的，不是一般勞動，而是適合執行所需完成工作的勞動。正如企業家必須爲他的工廠選擇最適合的地點、設備和各種原料，所以他也必須僱用最有效率的各種工人。他必須以某一方式安排工作條件，以便能吸引他想僱用的那些種類的工人。沒錯，個別工人對於這些安排沒什麼發言權。這些安排，就像工資率的高低，像各種商品的價格，以及像各種製造出來供大眾消費的商品式樣，是無數參與市場過程的社會成員互動的結果。它們本身是群眾現象，是不太可能因爲單一個人的緣故而改變的。然而，如果斷言個別投票者的選票沒有任何影響力，因爲需要好幾千張選票、甚至好幾百萬張選票，才可能決定選舉結果，而且那些沒有任何政黨依託的民眾，他們的選票實質上無關緊要，那就是對事實的扭曲。即使我們爲了方便論證而暫時承認這個論點，邏輯上也不能據此推論說，以極權主義原則取代民主程序，將使公職人員的閉門決定，比公開的競選活動更能反映眞實民意。一些論點呼應這種政治極權主義神話，聲稱所謂市場經濟民主不過只是空話。因爲個別消費者無力對抗供給者，而個別受雇者也無力對抗雇主。當然，不是某人個別的、與眾不同的品味，而是多數人想要的和喜歡的樣式，決定了那些設計來供大眾消費、大批量產商品的特色。不是個別求職者，而是許許多多求職者的行爲，決定了某些地方或產業部門通行的勞動契約條件。如果大家習慣在正午和一點之間使用午餐，一個喜歡在下午兩點和三點之間吃午餐的人，是沒什麼機會滿足希望的。然而，在這個場合，這個孤僻的個人所承受的這種社會壓力，不是來自於雇主，而是來自於雇員同袍。

雇主為了尋找合適的工人，有時候甚至必須遷就一些嚴重的不便和昂貴的要求，否則他們便找不到所需要的工人。在許多國家，其中有些被反資本主義者汙衊為社會落後的國家，雇主必須對工人，基於宗教儀式或種姓與身分的理由，所提出的各種要求讓步。雇主必須按照工人的相關意見安排工時、假日和許多工作程序，不管這樣的調整可能多麼累贅、麻煩。每當雇主提出一些在雇員看來是討厭的或噁心的特殊工作要求時，他就必須為工人所忍受的額外負效用支付額外的工資。

勞動契約指涉所有工作條件，不僅僅是工資率的高低。工廠裡的團隊合作考量，以及各企業之間彼此依賴的制約，使得即便想偏離相關國家或相關產業部門內習慣的工作條件，也不可能，導致了相關安排的統一化和標準化。但是，這個事實既沒削弱，也沒消除雇員對建立這些安排的影響。當然，對個別工人來說，相關安排是不能改變的資料，就像鐵路時刻表相對於個別旅客那樣。但是，沒有人會認為鐵路公司在決定時刻表時，不將潛在顧客的願望納入考量。時刻表的目的，恰恰是要盡可能為更多潛在顧客提供最滿意的服務。

各國政府和多數民眾，以及所謂同情勞工的作家和歷史學者的反資本主義偏見，已經把現代工業制度演化的詮釋，汙損得面目全非了。他們斷言，實質工資率上升、縮短工時、廢除童工，以及限制已婚婦女的勞動強度，是政府和工會干預，以及人道主義作家喚起輿論壓力所造成的結果。倘若沒有這種干預和壓力，企業家和資本家肯定會把資本投入增加，以及繼而發生的生產科技改善，所產生的利益全部據為己有。因此，賺取工資者的生活水準上升，是政府和工會聯手，削減了資本家、企業家和地主「不勞而獲」的收入後掙來的。繼續推動這些政策，可以讓許多人受惠，而僅僅犧牲少數幾個自私自利的剝削者的利益，讓資產階級不公正的收入愈來愈少，是極為正當、可取的。

很明顯，這種詮釋並不正確。所有限制勞動供給的措施，只要增加了勞動邊際生產力，而減少了物質類生產要素邊際生產力，都將直接或間接對資本家不利。由於限制了勞動供給、但沒減少資本供給，這些措施將提高生產活動淨產出總額當中分給賺取工資者的那一部分的比重。但是，淨產出總額也將下降，所以，較小的一張餅中某一相對較大的份額，是否絕對大於較大的一張餅中某一相對較小的份額，取決於每一個具體場合的特殊情況。利率和利潤不會直接受到勞動供給縮減的影響。物質類生產要素的價格下跌，而個別工人平均每單位工作成果的工資率則上升（受僱工人每人平均的工資率未必也會上升）。產品的價格也會上升。在每一個具體事例中，所有這些變動是否導致賺取工資者的平均收入增加或減少，正如前面談過的，是一個歷史事實問題。

但是，上面的假設，說這些措施不會影響物質類生產要素的供給，是說不通的。縮短工時，限制夜間工作，和限制僱用某些種類的工人，會削減一部分現有設備的利用率，等同於資本供給減少。所導致的資本財稀少程度加劇，可能完全消除勞動邊際生產力相對於資本財邊際生產力潛在的上升傾向。

如果伴隨著工時的強制縮短，有關當局或工會又禁止工資率發生任何相應的降低，即使市場狀態要求這樣降低，或者如果一些傳統制度禁止這樣降低，那麼，便會出現制度性失業，這是任何想把工資率維持在潛在的市場工資率之上的嘗試都會導致的效果。

過去兩百餘年西方文明範圍內，實際運作的資本主義所留下的歷史，是賺取工資者的生活水準穩步上升的一頁記錄。資本主義固有的特徵，在於它是一個大量生產、供應大眾消費的體系，由最有活力和最有遠見的一些人領導，不屈不撓的邁向改善生活。追求利潤是它的驅動力；這個動機的功用，在於迫使商人不斷提供消費者更多、更好、更便宜的生活便利品。只有在進步的經濟中，而且也只有在大眾生活水準改善的程度內，企業家的利潤總和才可能大於虧損總和。[12]於是，資本主義體系促使一些最敏銳和最靈巧的心靈竭盡所能，增進反應遲緩的多數人福祉。

在歷史經驗範圍內，不可能訴諸測量。由於貨幣不是價值和需求滿足的標準，不能用來比較人在不同期間的生活水準。然而，凡是歷史學家，只要他的判斷沒被浪漫的先入觀念弄糊塗，都會同意：資本主義的演進，已經使資本設備大大增加，幅度遠大於同時的人口增加。不僅總人均資本設備，而且有工作能力者的人均資本設備也遠大於五十年前、一百年前或兩百年前。同時，賺取工資者從生產出來的各種商品總量當中獲得的份額，也大大增加；而生產出來的各種商品總量本身，就比過去增加了許多倍。結果導致大眾生活水準提高，比起以前的年代，簡直是一個奇蹟。從前那些所謂快樂的日子，即使是最富有者的生活方式，和現在普通美國人或澳洲人相比，也不得不說相形見絀。馬克思不假思索、一再頌揚中古世紀的作家所創造的一些神話，他說：資本主義有一不可避免的趨勢，傾向使工人愈來愈貧窮。事實則是：資本主義賜予大量賺取工資者富裕的生活；諷刺的是，這些賺取工資者還時常竭盡所能，對那些使他們的生活更愜意的創新，進行破壞、阻止它們實施。試想某個美國工人，如果被迫住在中古世紀領主的莊園宅邸，裡面既沒有現代住宅的水電管線設施，也沒有其他一些他完全認爲理所當然會存在的小裝置，他將會是多麼不自在。

工人的物質幸福改善，也改變了他對休閒的價值判斷。由於已經有了比較充裕的生活便利品供應，他比以前更快覺得，任何勞動負效用的進一步增加，將是一個相對較大的禍害，亦即，他比以前更快斷定：間接滿足預期的進一步增加，不再比勞動負效用的進一步增加更爲重要。他現在渴望縮短工作時間，渴望使他的配偶與子女免於在外工作賺錢的辛苦和煩惱。並不是勞動法規和工會壓力縮短了工時，並且把已婚婦女和童工撤離工廠；而是資本主義使賺取工資者變得如此富裕，以致能夠爲他自己和眷屬購買更多休開。十九世紀勞動立法的功用，大體上，只不過是給市場因素相互影響下已經造成的變動，提供法律承認罷了。就法律規定有時候超前產業發展的步伐而言，財富快速進步不久便把這先後顚倒的順序扭正過來。但是，所謂同情勞工的法律所命令的一些措施，如果不僅僅是事後追認已經完成的改變，或稍微提前實施預期即將實現的改變，那麼，它們便會傷害工人的物質利益。

「社會紅利」（social gains）完全是一個引人誤解的名詞。如果法律強迫某些寧願每週工作四十八小時的工人不得工作超過四十小時，或者強迫雇主支付某些費用以嘉惠雇員，這可不是在削減雇主的利益來照顧工人。不管社會安全法有些什麼規定，其影響最終著落在雇員身上，而不是雇主身上，影響的是雇員的實得工資。這些規定如果把雇主所須爲每單位工作成果支付的工資，提高到潛在的市場工資之上，就會造成制度性失業。社會安全立法其實並未責成雇主花費更多錢去購買勞動，而只不過是在賺取工資者身上強加了一項限制，約束他們的總收入該如何花用罷了；從而也削減了工人按照自己的意思、安排日常生活的自由。

這樣的社會安全立法究竟是好的或是壞的政策？這基本上是一個政治問題。你可以嘗試爲它辯護，說賺取工資者欠缺知識、遠見和道德毅力，不能自動自發籌謀他們自己的未來。但是，這麼一來，你就很難壓制某些人的聲音；這些人會問，如果你是對的，那麼，把國家福祉託付給法律本身認爲沒有能力自我管理的一些選民來決定，是不是很矛盾？讓那些顯然需要一個監護人以免他們的愚蠢、濫用他們自己收入的人，在國家統治事務上掌握至高無上的決策權，是不是很荒唐？賦予受監護人權利選擇自己的監護人，是否合乎邏輯？德國不僅是社會安全制度的創始國，同時也是現代輕蔑民主的思想——不管是馬克思或非馬克思極權主義思想——的搖籃，這可不是歷史的偶然。

論流行的「工業革命」詮釋

有一普遍的主張，認爲現代工業制度史，尤其是英國的「工業革命」史，是「實事求是的」或「制度學派的」學說的一個實證檢驗，完全推翻了經濟學家「抽象的」教條。[13]

經濟學家斷然否認：工會和政府同情勞動的立法，能夠、而且曾經持久使所有賺取工資者受惠，從而提高工人的生活水準。但是，那些反對經濟學家的撰述者說：事實已經駁倒這些謬論。他們認爲，那些制定工廠法的政治家和立法者，比經濟學家更洞悉現實。當自由放任哲學毫無惻隱之心，宣稱終日辛勞的勞動階層不可避免要受苦、遭難的時候，外行人的常識判斷卻成功鎮壓企業，爲了追求利潤，所採取的一些最惡劣、過分的行爲。勞工階級情況改善，完全是政府和工會的偉大成就。

現代工業制度演進史的研究，大部分瀰漫前述想法。這些歷史學家一開始便給「工業革命」前夕的情況描繪了一幅詩情畫意的景象。他們說：當時的情況，大體上，是令人嚮往的。鄉村裡的農民當時是快樂的。在家庭式的生產制度下，工人當時也是快樂的；他們在自己的小屋子裡工作，享有一定程度的經濟自主，因爲他們擁有一小塊種植蔬果的園圃和工作所需的工具。但是，接著「工業革命像戰爭或瘟疫一般，降臨」在這些人身上。[14]工廠制度把自由工人降格、變成實質的奴隸；把他的生活水準降低到只能勉強餬口的程度；把婦女和孩童大量塞進工廠，因而摧毀家庭生活，斲喪社會、道德和公共健康的根基。一小群冷酷無情的剝削者，巧妙的把他們所準備的枷鎖，成功套在絕大多數人身上。

事實是：在工業革命前夕，情況非常令人不滿意。傳統的社會制度沒有足夠的彈性，不能滿足人口迅速增加的基本需要。不管是傳統農事，或是手工業行會，都用不著新增的人力。商界沉浸在傳統的特權精神和排外、獨占的思想中；商界的制度性基礎，是許可執照和獨占授權；商界的哲學，是限制和禁止競爭，不管是國內的或是來自國外的競爭。在這樣僵固的家長主義和政府監護商業的體制下，找不到空間安身立命的人數急遽增加。他們實質上是社會的棄兒；而這些可憐人多數麻木不仁，他們仰賴既得利益階級餐桌掉下來的食物殘渣過活。農作收成季節，他們在農場打零工賺一點小錢，其餘時候就仰賴私人的慈善施捨和公共濟貧措施的幫助。這些社會階層中，數以千計精力最充沛的青年人逼不得已，只好加入皇家海軍和陸軍，不少人在戰鬥中喪命或受傷殘廢；更多人沒沒無聞、死於野蠻的艱辛訓練過程、死於熱帶疾病，或死於梅毒。[15]又有數以千計的青年人，當中最大膽的和最狠辣的，成爲騷擾社會的流氓、乞丐、遊民、強盜和娼妓。政府當局除了用貧民院和貧民習藝所收容他們，想不出其他辦法處理這些人。一般人普遍憎恨引進新發明和節省勞動的生產方法，政府附和這種憎恨、給予支持，使情況完全沒有改善的希望。

工廠制度，是經過不斷奮鬥、對抗無數障礙後，才發展起來的。它必須對抗流行的偏見、根深柢固的舊習俗、具有法律約束效力的規則制度、有關當局的敵意、特權團體的既得利益，以及手工業行會的妒忌。當時個別廠商的資本設備不足，信用貸款非常難取得、相當昂貴。生產科技知識和商業經營經驗都缺乏。工廠業主大多失敗；成功的相當少。利潤有時候相當可觀，但有時候虧損也一樣巨大。業者通常把大部分賺到的利潤再投資於工廠，就這樣經過了數十年，才爲較大規模的經營，累積了足夠的資本。

有兩個原因，讓各種工廠，即使面對所有這些阻礙，還能夠茁壯成長。首先，是經濟學家所闡述的新社會哲學的教誨。這些經濟學家摧毀重商主義、家長主義和限制主義的威信。他們駁倒「節省勞動的生產方法和引進過程會導致失業、置所有人於貧窮和衰敗」的迷信。提倡自由放任的經濟學家，是過去兩百餘年生產科技創造空前成就的先鋒。

然後，有另一個因素，削弱社會各階層對經濟創新的抵抗。各種工廠出現，使有關當局和貴族地主統治階級免於面對前述那個已經龐大到難以處理的問題。各種工廠爲大量貧民提供生計，清空了貧民院、貧民習藝所和監獄。它們把挨餓的乞丐變成自立、養家活口的人。

工廠業主並沒有權力逼迫任何人到工廠工作，而只能僱用有意願為他們所開出的工資條件工作的人。當時工資率雖然低，但對這些貧民而言，還是遠高於他們在任何對他們開放的領域能賺到的收入。若說這些工廠從育嬰室和廚房搶走家庭主婦、從遊戲場搶走孩童，那是在扭曲事實。這些婦女沒有東西可烹飪、沒有東西餵養小孩。這些孩童極度缺乏營養、忍饑挨餓。他們唯一的庇護所，就是工廠。就嚴格意義而言，工廠拯救他們免於活活餓死。

前述這樣的情況竟然存在，是可嘆的。但是，如果要找出該負責的人加以譴責，那就絕不可找到工廠業主的頭上；這些業主——當然，被他們自己的私心，而不是被「利他主義」驅動——已經盡他們所能，在撲滅這些罪惡。造成這些罪惡的，是前資本主義時代的經濟秩序，是某些論述者所謂「美好舊時光」的社會秩序。

在工業革命開頭的幾十年間，工廠工人的生活水準，如果和當時社會上層階級或現代大規模工業的工人相比，悲慘的情況駭人聽聞。不但工時很長，而且車間的衛生條件更是遭透了；個人的工作能量很快就用光、耗盡。但事實仍然是：對於當時已經因圈地運動而處境極度悲慘的剩餘人口來說，以及對於那些在當時通行的生產體系架構內簡直找不到容身空間的人來說，能在工廠裡工作，已算是救贖。這些人所以趨之若鶩，蜂擁到工廠，除了渴望改善生活水準之外，別無理由了。

自由放任的意識型態和它的衍生物「工業革命」，摧毀了阻撓社會邁向改善與繁榮的舊意識型態和制度障礙；它們摧毀了舊社會秩序。如果舊社會秩序繼續存在，注定要極度匱乏與悲慘終身的人數將不斷增加。舊時代的製造業，幾乎完全是為了滿足富貴人家的需求而存在；這些產業的擴張，受限於最富有階層購買奢侈品的預算。那些並非從事生活必需品生產行業的工匠，只有在富有階層的人願意利用他們的技巧和服務時，才可能賺錢謀生。但是現在，一個不同的原則開始運作了！工廠制度不僅開啓了一個新的生產模式，也開啓了一個新的行銷模式。它的特徵，在於製造品不是爲少數有錢人的消費而設計，而是爲了之前消費角色微不足道的人而設計。爲許多人製造便宜的東西，是工廠制度的目標。在工業革命早期，典型的工廠是棉紡織廠。且說，它製造出來的棉紡織品，不是富有者要求的東西；當時，有錢人執著於消費絲、亞麻和白麻製品。每當工廠應用動力驅動的機器、大批量產的方法，侵入某個新生產部門時，起初都是爲廣大群眾生產便宜的東西；一直要到後來某個階段，這些工廠才會轉向生產比較精緻、所以也比較昂貴的東西。因爲那個時候，它們已使大眾生活水準獲得了空前的改善，因而應用大批量產方法製造一些比較好的東西，才會變得有利可圖。例如，有好多年，工廠製造的鞋子只有「無產階級」才會購買，而比較有錢的消費者則繼續光顧量身訂做的鞋店。反資本主義者，大談特談的血汗工廠，不是爲有錢人，而是爲中下階層的人，生產衣服。時髦的淑女和紳士過去偏愛，而現在也仍然偏愛，量身訂做的洋裝和套裝。

關於工業革命，最突出的事實是，它開啓一個爲大眾需要而大量生產的時代。賺取工資者不再是一群只爲別人的物質幸福而終日辛勞的人；他們自己就是工廠製造品的主要消費者。大企業倚賴大量消費。當今美國，沒有哪一個產業部門的大企業，不是爲了滿足大眾需要而存在的。資本主義企業家精神的根本原則，正是滿足普通人的需要。普通人，以他作爲消費者的身分，是至高無上的決策者，他的買或不買，決定企業家活動的命運。在市場經濟裡，除了以最好和最便宜的方式不斷供應大眾想要的所有東西之外，沒有別的方法能夠取得和保存財富。

許多歷史學家和論述者受到偏見蒙蔽，完全未能看出前述這個根本事實。在他們看來，賺取工資者在爲別人的利益而終日辛勞。他們從來沒進一步追問這些「別人」是誰。

Hammond夫婦告訴我們說，工人在一七六〇年比在一八三〇年更快樂。[16]這是任意的價值判斷；沒有任何辦法能比較和測量不同的人或相同的人在不同時期的快樂程度。但爲了論證的緣故，我們暫且同意，一個在一七四〇年出生的人在一七六〇年，比他在一八三〇年更快樂。但是，我們切不可忘記，在一七七〇年（根據Arthur Young的估計）英國有八百五十萬居民，而在一八三一年（根據人口普查）人口數則是一千六百萬。[17]而這個顯著的人口增加，主要是以工業革命爲先決條件。對這兩位著名歷史學者的前述論斷，這些新增的英國人不可能同意，除非是當中有人贊同Sophocles這段憂鬱詩篇：「不生出來，毫無疑問，是最好的事情；但是，某個人一旦見過曙光，那麼，第二好的事情，就是盡快回到他所從來的地方。」

早期的工業資本家，大多是一些和工人來自同一社會階層的人。他們的生活相當樸素，賺得的利潤只有一小部分花在供應家庭生活，其餘收入會再投進他們的生意中。但是，隨著這些企業家變得愈來愈富有，他們的子嗣開始躋身統治階級的圈子。出身名門的紳士妒忌這些新貴的財富，並且憎恨新貴對政治改革運動的同情，於是著手調查工廠裡工人的物質和精神狀況，並且制定規範工廠的法律，展開回擊。

在英國，以及所有其他資本主義國家，資本主義的歷史，都是勞動階層的生活水準不斷傾向改善的一部記錄。這樣的歷史演進，一方面和同情勞動的立法發展，以及工會主義的擴散，同時發生；另一方面也和勞動邊際生產力的提高同時發生。經濟學家主張，工人的物質生活情況改善，是人均資本投入量增加，以及有效運用新增資本所引起的生產科技進步的結果。同情勞動的立法和工會的壓力，只要沒超過工人即使沒有這些外來干預、但由於資本累積比人口增長速度更快而必然會獲益的範圍，這些干預便是多餘的。但只要這些干預超過前述範圍，便有害勞動階層的利益：它們會延緩資本累積，從而減緩勞動邊際生產力和工資率傾向上升的趨勢；它們授予某些工人團體特權，而以犧牲其他工人團體的利益爲代價；它們造成大量失業，並且減少工人，作爲消費者，享有的產品供應量。

爲政府干預企業和工會主義辯護的論述者，把工人生活情況的一切改善，全歸因於政府和工會的行動。他們聲稱，倘若沒有這些行動，工人現在的生活水準，將不會高於工廠制度發展初期的生活水準。

很明顯，這個爭論不可能以訴諸歷史經驗的方式來解決。對於事實的確立，爭論的雙方沒有不同的意見。他們的對立，牽涉到事實的解釋，而解釋必然受雙方所選擇理論的引導。決定一個理論是否正確的那些認識論和邏輯方面的考量，在邏輯上和時序上都先於相關歷史問題的闡釋。所有歷史事實本身既不能證明，也不能否定任何理論。所有歷史事實，都必須根據理論的洞察力予以解釋。

那些撰寫資本主義下勞工生活史的作家，大多不懂經濟學，而且以誇耀此一不懂爲榮。然而，他們藐視健全的經濟理論，並不意味在著手研究他們自己的課題時，他們完全沒有理論成見，或完全沒有任何理論偏見。他們接受政府全能和工會主義運動據稱帶來恩澤賜福，等諸多謬論的引導。毫無疑問，Webbs夫婦和Lujo Brentano，以及許多較不知名的作家，在他們一開始研究時，便深受一些成見的影響，他們狂熱厭惡市場經濟，狂熱贊同社會主義和干預主義的理論。他們對待自己的信念，無疑是坦誠和眞摯的，並且也努力克盡歷史學者的本分。他們的坦率和正直，免除他們作爲人的罪過；但是，這可免除不了他們作爲歷史學者的罪過。歷史學者的意圖不管是多麼純潔無瑕，都不是採用錯誤理論的藉口。歷史學者的首要職責，是徹底仔細檢視所有他用來處理研究主題的理論。如果他忽略這項工作，反而天眞的擁抱大眾流行意見中一些混亂糊塗的想法，那麼他就不是歷史學者，而只是說客和宣傳家。

這兩種相反觀點的對立衝突，不只是一個歷史學的問題，而是還涉及當今最急切的一些問題。當今美國國內所謂勞資關係問題，爭論的源頭就是這兩種觀點的對立。

且讓我們只強調這個爭論的某個面向。廣大的區域——東亞，東印度群島，南歐和東南歐，拉丁美洲——目前僅在表面上受到現代資本主義的影響。這些國家現在的情況，大體而言，和英國在「工業革命」

前夕的情況沒什麼兩樣。有數百、千萬計的人，在傳統的經濟環境下，找不到安身立命之所。這些廣大群眾的可憐命運，只能透過工業化來改善；他們最需要的，是企業家和資本家。但是，由於他們自己的愚蠢政策，使自己的國家無法繼續享有從前外國資本輸入所給的協助，他們現在必須著手進行本國的資本累積。他們必須經歷西方國家在工業制度演進過程中經歷過的所有階段，必須從相當低的工資率和相當長的工時開始。但是，受到當今在西歐和美國盛行的理論蠱惑，他們的政治家以為可以採取不同的前進方式。他們鼓勵工會主義運動，也推展據稱有利於勞工的立法。他們的極端干預主義，把他們本國的一切工業化嘗試扼殺於萌芽狀態。這些人不知道：工業化不能從採用國際勞工組織（ILO）的箴言和美國產業工會聯合會（CIO）的原則開始。他們的頑固教條主義，給印度和中國的苦力、墨西哥的雇農和其他數以百萬計在餓死邊緣拚命掙扎的人民，帶來悲慘的命運。

第八節　市場起伏變遷下的工資率

勞動是一種生產要素。勞動的賣方在市場上能獲得的價格，取決於市場資料。

個人能夠執行的勞動質量，取決於他先天固有的和後天習得的能力。先天固有的能力，不是任何有意的行為所能改變；它們是祖先在他出生那一天賦予他的遺產。他能對遺傳天賦細心照顧、培養，防止它們過早凋零；但是，他不可能踰越上蒼對他的各種能力所劃下的界線。他能展現多一點或少一點技巧，努力找尋市場情況容許他取得的最高價格，出售他的工作能量；但是，他不可能改變自己的天性，以便更妥善的適應市場資料。如果市場資料讓他所能執行的某種勞動獲得豐厚的酬勞，那是他的運氣好；如果他先天固有的才能獲得同胞高度讚賞，那是他的機遇，而不是他個人的功勞。葛麗泰嘉寶小姐如果生在一百年前，她能賺到的收入，很可能要比目前這個電影時代少很多。就她先天固有的才能而言，她的情況，和某個農夫因為鄰近的城市擴張、而把他的農場變成都市土地、所以能以很高的價格賣出，基本上是一樣的。

個人的工作能量，在先天能力劃下的僵固界線內，能經由訓練而更為完善，更適於達成某些特定工作。個人自己——或他的父母——承擔某種訓練的費用，訓練的成果是習得執行某些種類工作的能力。教育和訓練增強個人在某一方面的能力，使他變成該方面的專家。每一種特殊訓練都增強個人工作能量的特殊性；他為了習得這些特殊能力，必須忍受辛勞、麻煩和努力學習的負效用，以及訓練期間潛在收入的損失、訓練所需的金錢花費等等，他付出這些犧牲，期待未來賺得的收入增加、補償所有這些犧牲。這些犧牲是一項投資，因此具投機性。它們是否划算，取決於未來的市場狀態。個人在訓練自己的時候，是一個投機者、企業家；未來的市場狀態，將決定他的投資究竟產生利潤或虧損。

因此，在兩種意義上，賺取工資者有其既得利益。第一種意義指涉他是一個具有某些先天性質的人；第二種意義指涉他是一個已經習得某些特殊技巧的人。

在市場上，賺取工資者依市場當下容許的價格出售他的勞動。在假想的均勻輪轉經濟架構中，企業家為了取得所有互補生產要素、而必須支付的一切價格總和，必然等於——在適當納入時序偏好的扣除額後——產品價格。在變動的經濟裡，市場（價格）結構的變動，可能導致這兩數值出現差距。因而產生的利潤或虧損，對賺取工資者沒影響。它們的影響只著落在雇主身上。未來的不確定性，對雇員的影響，只和下列幾項有關：

一、訓練所招致的時間支出、負效用和金錢花費。

二、遷移到某一特定工作地點所招致的費用。

三、就定期勞動契約而言，特殊種類勞動價格在契約期間的變動，以及雇主償付能力的變動。

第九節　勞動市場

工資是付給生產要素——人的勞動——的價格。就像所有其他互補生產要素的價格那樣，工資的高低最終取決於勞動買賣那一刻預期的產品價格。執行勞動的人，是否把他的勞動服務賣給某個雇主，由這個雇主安排把該服務和物質類生產要素，以及別人所提供的服務結合起來；或者執行勞動的人自負盈虧風險，從事這些安排結合的行爲，那是無關緊要的。無論如何，相同品質勞動的最後價格，在整個市場體系內都相同；工資率永遠等於勞動產出的全部價格。「獲得勞動的全部產出，是工人的權利」這句流行口號，是以一個荒謬的表述方式在主張：消費財應該僅在工人當中分配，什麼都不該留給企業家和物質類生產要素的所有者。無論從什麼觀點，各種製成品都不能視爲只是勞動的產品。它們是勞動和物質類生產要素，有意識的結合下的產出物。

在變動的經濟裡，市場工資率傾向自動調整至恰好等於最後工資率。這種調整是一個費時的過程，調整期間的長短，取決於進行新的工作訓練，和工人遷移至新住處所需的時間；此外，也取決於某些主觀因素，諸如，工人是否熟悉勞動市場的情況和展望。就進行新的工作訓練，和改變住所牽涉到一些成本而言，工作調整是一項投機冒險，只有在相關工人相信，未來的勞動市場狀態將證明調整成本是划算的投資時，才會進行。

就所有這些事情而言，勞動、工資和勞動市場，並沒有什麼特殊的地方；勞動市場有別於其他市場部門的特點，僅在於工人不僅是生產要素（勞動）的販賣者，而且本身也是一個活生生的人，要切割這個人和他的勞動表現，那是不可能的。輿論在發洩一些過分的言辭、無效批評經濟學關於工資率的學說時，大多會提到這個事實。然而，這些荒謬的批評言論，不該阻止經濟學適當注意該事實。

對工人來說，在各種他能執行的勞動當中，執行哪種勞動、在什麼地點執行，以及在什麼特別條件和環境下執行，是很重要的考慮。中立的旁觀者，可能會認爲：促使某個工人偏好某些工作、某些工作地點和某些勞動條件的想法和感覺，是無意義的，或甚至是荒唐可笑的偏見。然而，中立批評者學究性質的判斷，是無效的。從經濟學的觀點來處理這種問題時，一定要知道這個再明顯不過的事實：工人在看待他的辛勞與麻煩時，不僅會考慮勞動的負效用和勞動的間接滿足，也會考慮具體特別的勞動執行條件與環境，是否干擾到他享受生活，以及干擾到什麼程度。某個工人寧可放棄某一增加他金錢收入的機會，而選擇留在家鄉或祖國，因爲該工作機會要求他移居到某個他認爲比較不可取的地方；這個事實，比起某個退休富紳偏愛在相對昂貴的首都生活、而不會落腳在某個比較便宜的小城鎮，並沒有更值得特別注意的地方。工人和消費者是同一個人，經濟學只是爲了推理需要，才把這兩種社會功能擬人化，從而把人這個統一體分裂成兩個概念。但實際上，每個人都不可能把怎樣利用工作能力的決定，和怎樣享用收入的決定切割開來處理。

面子、語言、教育、宗教、心態、親情和社會環境等等，讓工人綁手綁腳，使他在選擇工作地點和部門時，不能只考慮工資率的高低。

如果工人對工作地點不介意，亦即，只要工資率相同，他不在乎在哪裡工作，那麼，我們便可以把一定種類的勞動市場可能流行的工資率稱作標準工資率（S）。然而，如果賺取工資者基於前面提到的那些考慮，對不同地點的相同工作有不同的評價，那麼，市場工資率（M）便可能永遠偏離標準工資率（S）。我們可以把市場工資率（M）和標準工資率（S）之間諸多可能的差額當中，最大的、但尚未導致工人從市場工資率較低地方移往市場工資率較高地方的差額，稱作依戀成分（A）。一定地方或區域的依戀成分，可能是正數，也可能爲負數。

此外，我們還必須考慮，不同地方或區域，在消費財供應方面，可能因（最廣義的）運輸成本而有所不同。這些成本在某些區域比較低，而在其他區域則比較高。於是，要達到同一水準的物質滿足，所需的物質投入可能因區域不同而有所不同。在某些地方，個人必須花費更多才能達到一定程度的需求滿足；而同一程度的滿足，他在別的地方，排除決定依戀成分的情況後，能以比較少的花費達到。另一方面，個人在某些地方能避免某些花費，而不致損害需求滿足，但如果是在別的地方免去這些花費，他的滿足將遭到傷害。我們可以把工人在某些地方，爲了達到相同程度的物質滿足而必須多承擔，但他在別的地方則能省下的花費，稱作生活成本成分（C）。一定地方或區域的生活成本成分，可能爲正數，也可能爲負數。

如果我們假設沒有制度性障礙阻止或懲罰各種資本財、工人和商品，從某個地方移動到另一個地方，再假設工人不在乎住在什麼地方、在什麼地方工作，那麼，人口在地表上的分布，便傾向按照原始自然生產要素的實質生產力，以及前人在什麼地方安置不能轉換用途的生產要素而定。如果我們進一步不理會生活成本成分，則同一種工作的工資率，在全世界任何地方，便會趨於相等。

如果把市場工資率加上（可能爲正、也可能爲負的）生活成本成分（M+C）低於標準工資率（S）的區域稱爲人口相對過多，而把市場工資率加上（可能爲正、也可能爲負的）生活成本成分（M+C）高於標準工資率（S）的區域稱爲人口相對過少，那是可允許的。但是，這樣定義人口相對過多或過少，不是很妥當。這樣的定義，對我們解釋形成工資率的眞實情況和工人的行爲時，沒有什麼幫助。選擇另外的定義，會比較妥當。我們可以把市場工資率（M）低於標準工資率加上（可能爲正、也可能爲負的）依戀成分和（可能爲正、也可能爲負的）生活成本成分的區域，亦即，$M<(S+A+C)$的區域，稱爲人口相對過多。與此相應，一個$M>(S+A+C)$的區域，就該稱爲人口相對過少。如果沒有制度性的移民障礙，工人會從人口相對過多的區域移往人口相對過少的區域，直到在每一個區域$M=(S+A+C)$。

同樣的推論也準用於其他一些人的移動，這些人以自負盈虧的方式工作，亦即，他們只在出售他們的勞動產品或在提供個人服務時，一併出售他們的勞動。

依戀和生活成本成分的概念，也一樣適用於不同行業或職業部門之間的人力移動。

幾乎不消多說，前述定理所敘述的移動趨勢，只在沒有制度性障礙限制資本、勞動和商品移動時，才會發生。在目前這個國際分工秩序趨向崩解、每一個主權國都朝自給自足邁進的時代，前述定理所描述的趨勢，只在每一國的疆界內發生作用。

動物和奴隸的工作

對人來說，動物是一種物質類生產要素。也許有一天，道德情感的改變，將誘導人以比較溫柔的方式對待動物。然而，只要人沒放過動物，沒讓動物自行其是，人將永遠把動物當作只是行爲的對象來處置。社會合作只可能存在於人與人之間，因爲只有人才能洞悉分工與和平合作的意義和好處。

人，制伏動物，並且把它當作一種物質，納入他的計畫中。人在馴化、飼養和訓練一些動物的時候，時常對動物的一些心理特點，表露他的賞識；他的這種表露，可以說，是在呼喚它的靈魂。但是，即使是這時，分隔人和動物的那一道鴻溝仍然是不可跨越的。動物，除了滿足自身的食慾和性慾，以及適當免於環境因素所造成的傷害外，永遠不可能得到任何別的滿足。動物之所以是獸性的和非人性的，正是因爲它們就像工資鐵則所設想的工人那樣活著。正如，人如果只知致力於進食和交配，人類文明將永遠不可能出現那樣，所以動物既不可能在社會關係中進行合作，也不可能參與人的社會。

有些人曾嘗試像看待動物那樣，看待他們的同胞，並且像處理動物那樣，處理他們的同胞。他們曾使用鞭子逼迫槳帆船上的奴隸和駁船邊的縴夫，像拉動絞盤的馬匹那樣工作。然而，經驗顯示，這些放縱殘忍的方法成果非常令人不滿意。即使是最粗魯和最遲鈍的人，如果自願工作，而不是因為恐懼鞭子而工作，工作成果也會比較令人滿意。

原始人無差別的對待他在婦孺和奴隸方面的財產，以及他在牲畜和無生命東西方面的財產。然而，一旦他開始期待從奴隸獲得一些有別於挽畜和馱獸也能提供的服務時，他就不得不鬆開奴隸身上的鎖鏈。他必須努力，以自利取代單純恐懼作為誘因；他必須努力以人的情感，引誘奴隸服從他的命令。如果奴隸不再只因鎖鏈困住或嚴密監視而不敢逃跑，不再只因恐懼鞭打而工作，則奴隸主和奴隸之間的關係便轉變成一種社會關係。奴隸可能悲嘆自身的不幸，並且企求解放，尤其是在從前自由快樂的日子仍然記憶猶新時。但是，他忍受那看來是不可避免的奴隸狀態，並且盡可能使自己遷就命運，使命運變得可以忍受。奴隸變得下定決心，要透過勤勉和執行受託任務來滿足主人；而奴隸主則變得下定決心，要透過合理對待，喚起奴隸的熱情與忠貞。主人和苦力之間，於是發展出一些可以適當稱為友誼的熟稔關係。

有些稱頌奴隸制度的作家不完全是錯的；這些作家曾斷言，許多奴隸滿足於奴隸身分，並不希望解放。也許有些個人，有些團體，甚至整個民族和人種，很享受奴役狀態所提供的安全保障；他們無感於屈辱和羞恥，樂意付出某一適量的勞動，換取特權，以便在某個富有家庭裡分享某些生活便利品；在他們看來，順從某位主人一些突如其來的怪異念頭和暴躁脾氣，只是一樁小憾事，或者根本不是什麼憾事。

當然，在大型農莊和種植園裡、在礦場中、在工作坊裡，以及在槳帆船上工作的奴僕，其辛勞情況，迥異於主人家裡的貼身男僕、清潔房間的女僕、廚子和保姆這種為某些作家所浪漫描述的愉快生活，也非常不同於小型農場裡非自由勞工、擠奶的女工、牧工和羊倌的情況。沒有哪個稱頌奴隸制度的作家，膽敢美化古羅馬時代的農奴命運（這些農奴被套上鎖鏈、塞進囚禁奴隸的私人監獄），或膽敢美化美國棉花和甘蔗種植園裡的黑奴命運。[18]

奴隸制度和農奴制度的廢除，其實既不該歸因於神學家和道德家的教誨，也不該歸因於奴隸主的軟弱或慷慨。在宗教和道德導師當中，有說服力的奴隸制度捍衛者人數和反對者一樣多。[19]奴僕勞動所以消失，是因爲這種勞動頂不住自由勞動的競爭；它無利可圖，注定要在市場經濟裡消亡。

購買奴隸時所支付的價格，取決於買者預期利用奴隸（包括作爲工人和作爲可以生出其他奴隸的祖先）將可獲得的淨收益；就像購買一頭乳牛時所支付的價格，取決於買者預期利用牠將可獲得的淨收益。奴隸主可沒私吞了什麼特別收入，對他來說，奴隸完成的工作毋須給付酬勞，以及奴隸所提供的服務，潛在的市場價格可能大於飼養、收容和看管奴隸的成本，不是什麼他「剝削」得來的利益。只要這些經濟利益是可預期的，購買奴隸的人，必定在他所支付的奴隸價格裡償付了所有這些利益；他爲這些利益支付全部的價格，當然，適度減去時序偏好扣除額。不管奴隸主是在自家裡或在自己企業裡使用奴隸，或把奴隸出租給他人提供服務，奴隸主從奴隸制度的存在都沒得到任何特別好處。奴隸制度存在的特別好處，完全歸於獵捕奴隸的販子，亦即，那些剝奪原本自由人的自由、把自由人變成奴隸加以販賣的人。但是，當然，獵捕和販賣奴隸這種行業的獲利性，取決於買方願意支付多高的價格取得奴隸。如果這價格降至低於獵捕和販賣奴隸所招致的成本，繼續從事這種獵捕和販賣行業就不划算，該行業就會結束。

然而，不管在何時或何地，使用奴工的企業，絕不可能在市場上和使用自由勞工的企業競爭。奴工永遠只在毋須面對自由勞工的競爭時，才可能採用。

如果把人當作牲畜處理，便不可能從人身上壓榨出比牲畜的性能更多的性能。但是，這時有一項事實會變得具有重要意義，亦即，人的體力弱於牛馬，而餵養和看管奴隸，相對於可望獲得的性能而言，比餵養和看管牲畜更加昂貴。人，當作一項動產處理時，每單位日常維生與看管成本的收益率低於家畜。如果想從非自由勞工身上獲得人的性能，就必須提供該勞工特別的人性誘因。如果雇主希望得到比鞭子能榨取出來的更好或更多的產出，雇主就必須讓辛勞工作者，在所貢獻的收益中也有一份自己的利益。雇主必須酬謝勤勉、技巧和熱忱，而不是懲罰怠惰和懶散。但是，雇主無論在這方面如何努力，他從非自由工人身上（亦即，沒獲得所貢獻產出全部市場價格的工人）取得的工作性能，將永遠不會等於自由工人（亦即，在未受干擾的勞動市場上招募到的工人）自動交出的工作性能。奴隸和農奴勞動所完成產品與服務的質量，無論再怎麼設法提升，也不可能超越的那個上限，遠低於自由勞動的標準。在高品質商品生產方面，企業如果利用表面上便宜的非自由工人的勞動，絕抵擋不住僱用自由勞動的企業競爭。正是這個事實，迫使歷史上所有強制勞動制度消失。

有些社會制度曾使某些區域全部或某些生產部門整個成為保留區，僅供非自由勞動占用，隔絕任何僱用自由工人的企業競爭；於是，奴隸制度和農奴制度成為僵固階級制度的基本特徵，個人既不可能藉由個別行動予以廢除，也無法加以修改。至於在沒有這類社會制度的地方，個別奴隸主都會主動採取一些措施，導致整個非自由勞動制度逐步廢除。並非奴隸主人道主義的情感和仁慈迸發，而是他們衷心企求，想從自己的財產得到最大可能的利益這種強烈的動機，誘導古羅馬那些冷酷無情的奴隸主為奴隸鬆開腳鐐。他們放棄集中、大規模管理自己龐大地產的制度——大莊園制度（the latifundia），而把奴隸變成實質的佃農、自負盈虧耕種租來的土地，只須付給地主一定租金或一定比例的收成。在加工製造業和商業，奴隸變成企業家，而奴隸的資產，亦即，奴隸的私產（the peculium），變成奴隸合法的準財產。奴隸被大批解放，因為解放的奴隸給予前奴隸主——他們的庇護者（the patronus）——的服務，比奴隸主可望從奴隸身上獲得的服務更有價值；這解放並不是一項恩典，不是奴隸主賜予的免費禮物，而可以說，是一樁信用交易，一樁分期付款購買自由的交易。被解放的奴隸必須在許多年內、甚至終身，每年給予前奴隸主一定數目的款項和服務。此外，解放的奴隸過世後，庇護者對他們的房地產還擁有特別繼承權。[20]

隨著使用非自由勞工的工場和農場消失，奴隸制度不再是一個生產制度，而是貴族階級的一項政治特權。大封建領主有權要求屬下進貢一定的實物或金錢，以及提供一定的服務；此外，領主屬下農奴的子女必須擔任領主的家僕或軍隊隨員，服侍領主一段時間。但是，沒有政治特權的農民和工匠則自負盈虧和風險，操作他們自己的農場和作坊。只在他們的生產過程完成後，領主才會介入，索取一部分收益。

後來，從十六世紀開始，有些人又開始在農業，有時候甚至在大規模生產的工業，使用非自由勞工。在美洲殖民地，黑奴制度成爲種植園標準的經營模式。在東歐——在德國東北部、在波西米亞和所兼併的摩拉維亞與西里西亞、在波蘭、在波羅的海諸國、在俄羅斯，以及在匈牙利和所兼併的地區——大規模農業，建立在農奴無限制的義務勞動上。這兩種非自由的勞動制度都獲得政治制度保護，隔絕使用自由勞工企業的競爭。在美洲的種植園殖民地，由於移民成本很高，以及個人缺乏足夠的法律與司法保護、對抗政府官吏和種植園主貴族階級的專橫霸道，以致自由勞動供給和獨立農民階級的發展受阻，出現不了足夠多的數量。在東歐，僵固的階級制度，阻絕特定階級以外的人進入農業生產領域。大規模農業保留給貴族階級，而小規模耕種土地則保留給非自由農奴。然而，使用非自由勞動的企業，抵擋不住使用自由勞動的企業競爭，這個事實任何人都沒有異議。對於這個事實，整個十八世紀和十九世紀早期，論述農業管理的作家意見一致的程度，不亞於古羅馬時代討論農場問題的作家。但是，當時自由市場體系的運作，不可能啓動廢除奴隸和農奴制度的過程，因爲政治制度把東歐貴族階級的地產和美洲種植園抽離市場競爭影響範圍。最後廢除奴隸和農奴制度的，正是如今大受辱罵的自由放任意識型態精神所主導的政治行動。

今天，人類又看到某些人嘗試以強制勞動制度，取代自由人在市場上把工作能量當作「商品」出售的自由勞動制度。當然，有些論者認爲，社會主義共和國的同志所承擔的任務，和奴隸或農奴所承擔的任務，兩者之間有一根本差異。他們說，奴隸和農奴為某個剝削成性的領主而辛勞；但是，在社會主義制度下，勞動產出歸於社會，而辛勞工作者是社會一分子；因此，可以說，工人是在為他自己工作。這種推論所忽略的是：所謂個別同志，以及所有同志全體，等同於收取所有勞動產出的集體云云，只不過是一個虛構的等同。社會主義共和國官員所追求的目標，和各個同志的願望與慾望是否相符，還只是一個次要問題。主要問題是：個人對集體財富的貢獻，無法依照市場所決定的工資獲得回報。社會主義共和國缺乏任何經濟計算方法，因此不能分別決定：生產出來的全部財貨當中，該撥給各個互補生產要素多少份額。由於不能個別確定社會欠每一個人多少貢獻量，社會主義共和國不可能按照個別工作表現的價值，酬謝不同的工人。

要辨別自由勞動和強制勞動，不需要知道自由和強制，在玄學層次，有些什麼深奧細微的本質差異。我們可以把某個人所執行的某種外向型勞動稱為自由勞動，只要這個人之所以執行這種勞動，是為了直接滿足他自己的一些慾望，或期待透過花用這種勞動在市場上賣得的價錢來間接滿足那些慾望；而強制勞動，則是在其他誘因壓力下所執行的勞動。如果不喜歡這些術語，因為使用像是自由和強制這樣的字眼可能引起一些聯想，不利於平心靜氣討論相關問題，也可以選擇別的術語。譬如，我們可以用F勞動取代自由勞動，用C勞動取代強制勞動。然而，這裡的問題關鍵，不可能受到術語選擇影響。唯一要緊的是：如果某個人自己的需求滿足和他的工作表現質量，既沒有直接關係，也沒有任何可察覺的間接關係，那麼，還能有哪種誘因可以激勵他忍受勞動的負效用？

為了方便論證，且讓我們假設：許多工人，甚至也許是大多數工人，將會自動下苦功，盡善盡美完成上司所指派的任務（我們可以姑且忽略，在決定怎樣給每個人分別指派不同任務時，社會主義共和國將遭遇到許多無解的問題）。但是，對於那些在執行所指定的任務時怠惰懶散和漫不經心的人，該怎樣處理呢？除了懲罰他們之外，再也沒有別的辦法了。因此，必須賦予他們上司相關權威，讓上司得以確立什麼是犯罪、得以根據主觀理由判決某某人是否犯了罪、並加以懲罰。於是，支配型連結取代了契約型連結。工人變成受制於上司的自由裁量權，整個人必須完全聽命於有權力處罰他的首領或主人。

在市場經濟裡，工人出售自己的各種服務，就好像別人出售他們的各種商品。雇主不是雇員的主人。雇主只是各種服務的買者，必須依市場價格購買它們。當然，就像其他每一個買者那樣，雇主也可以任性而為。但是，如果他任意僱用或解僱工人，他必定要付出任性的代價。雇主或受託管理某一企業部門的職員，可以在僱用工人時隨意歧視，可以任意解僱工人，或者隨意削減工人的工資至市場工資率以下。他這樣任性耽溺於隨心所欲的行為，傷害他的企業或他的部門獲利，從而傷害他自己的收入和他在經濟體系裡的地位。在市場經濟裡，任性作為自動帶來相應的懲罰。在市場經濟裡，對賺取工資者的權利來說，唯一眞實有效的保障，是對價格的形成有影響的那些因素的自由運作。市場使工人免受雇主和其助理的任性作為影響；工人只受制於消費者的至高權力，而工人的雇主也一樣受制於這種權力。消費者透過買或不買，間接決定各種產品的價格，和各種生產要素的僱用條件，從而確定每一種勞動的市場價格。

使工人成為自由人的原因，正是這個事實：在市場的價格結構壓力下，雇主認為勞動是一種商品，一種牟利的工具。在雇主眼裡，雇員只是一個基於金錢利益的考量而幫他賺錢的人。雇主付錢換取勞動服務，而雇員則為了賺取工資，所以執行這種服務。在雇主和雇員的這種關係當中，沒有什麼恩寵或苛待的問題。雇員不欠雇主感激；他欠雇主一定數量、一定種類和一定品質的工作表現。

前述事實也說明：在市場經濟裡，雇主為什麼用不著擁有體罰雇員的權力。所有非市場生產體系都必須授權給生產過程控制者，採取手段刺激比較遲緩的工人表現多一點工作熱情和勤勉。由於監禁把工人抽離工作崗位或至少顯著減少工人貢獻的價值，所以體罰一直是刺激奴隸和農奴待在崗位繼續工作的經典方法。隨著非自由勞動的廢除，不再需要使用鞭子作爲刺激手段。鞭打是奴隸勞動的標誌。市場社會的成員認爲體罰不人道，並且是羞辱人的，以致在學校裡、刑法裡和軍事訓練裡，體罰也已經廢除了。

如果相信社會主義共和國不需要採用強制和脅迫的手段對付懶散怠惰的工人，因爲每個人都會自動自發盡責工作，那就等於陷入無政府主義所隱含的人性幻覺中。

第二十二章　非人力原始生產要素

第一節　地租理論簡評

地租，在李嘉圖經濟學的架構中，其實是爲了處理現代經濟學以邊際效用分析法所處理的一些問題，而設想出來的概念。[1]如果以當今的見識標準來批判，李嘉圖的地租理論，顯然完全無法令人滿意；主觀價值理論的方法，無疑更爲優越許多。然而，地租理論的盛名還是當之無愧；該理論的萌發與完善過程中，所灌注的心力，產生了一些美妙的果實。經濟思想史沒有理由以李嘉圖的地租理論爲恥。[2]

品質和肥沃度不同的土地，亦即，每單位投入產出數量不同的土地，有不同的價值；這個事實，對現代經濟學來說，不是什麼特別的問題。李嘉圖的地租理論，就指稱不同的土地有不同的使用價值和市場價格而言，完全包含在現代生產要素價格理論當中。該反對的，不是地租理論的內涵，而是該地租理論，在李嘉圖的經濟理論體系裡，僅被安排了一個特殊的位置。差額地租，其實是一種普遍現象，並非只出現在土地價格形成的場合。在「地租」和「準地租」之間玩弄詭辯的區別，是站不住腳的。土地和它的效能，就像其他生產要素和它們的效能那樣，應該一體看待。如果由於適合的工具供給不足，以致必須利用一些比較不適合的工具，這時和比較不適合的工具較低的報酬相比，比較適合的工具控制權會產生一筆「地租」。同樣的，和比較沒技巧、比較不勤勞的競爭者所賺得的工資相比，比較能幹、也比較熱心的工人所賺得的工資中，也會包含一筆「地租」。

從前，地租概念想要解決的那些問題，大多是因爲使用不適當的一些名詞所造成的。日常語言和平素思想所使用的那些一般化概念，不是針對行爲學和經濟學的研究需要而形成的。早期的經濟學家毫不猶豫的採用了它們，是不對的。他們只因未加思索、執迷使用了諸如**土地**或**勞動**這樣一般通俗的名詞，才會對「爲什麼**土地**和**勞動**得到不同的價值與價格評估」這樣的問題感到困惑。只要拒絕表面文字的愚弄，而專注考慮生產要素對人的需求滿足有什麼重要性，任何人都會同意：不同的服務或效能，得到不同的價值與價格評估，乃是理所當然的事。

現代價值和價格理論，不以土地、資本和勞動這三種生產要素的分類爲基礎。根本的區別，是比較高順位和比較低順位的財貨，亦即，區別生產財和消費財。當現代的經濟理論在生產要素（或生產財）中，區別原始（或大自然賜予的）要素和生產出來的（或中間財）要素，並且進一步在原始生產要素中，區別非人力（或外在的）要素和人力要素（勞動）時，它並未打碎生產要素價格理論的統一性。決定生產要素價格的法則，仍然一體適用於所有種類的生產要素和所有個別的生產要素樣本。人對這些要素的不同效能，會有不同的價值評斷、不同的估價和不同的處理方式，這個事實只會讓一些沒注意到不同要素效能不同的人感到驚奇。對於收藏家收購一幅Velasquez畫作，價錢高於一幅比較沒才氣畫家的創作，一個看不出畫作有什麼優點的人，可能覺得很奇怪；然而，對畫作鑑賞行家來說，那是再明顯不過的事了。爲了取得一塊相對肥沃土地的控制權，買者支付比較高的價格，而承租者也支付比較高的租金，這事農夫一點也不會感到訝異。以前的經濟學家所以對這個事實感到困惑，唯一的理由是：他們的思維倚靠**土地**這個忽略生產力差異的一般化名詞。

李嘉圖地租理論的最大優點，在於認識邊際土地沒有地租收益這個事實。從這個認識出發，到發現價值判斷方面的主觀主義，只有一步之遙。然而，受到**眞實成本**概念的蒙蔽，不管是古典經濟學家，還是他們的追隨者，都沒踏出這關鍵的一步。

雖然差額地租這個概念，大體上，主觀價值理論可以採納，但是，從李嘉圖經濟學衍生出來的另一個地租概念，亦即，剩餘租概念，就必須徹底揚棄。這個剩餘價值請求權概念，以**眞實**或**實質**成本概念爲基礎，然而，在現代生產要素價格理論架構中，這種成本概念沒有任何意義。Burgundy葡萄酒的價格所以高於Chianti葡萄酒的價格，原因不在於Burgundy的葡萄園（土地）相對於Tuscany的葡萄園價格較高。此處的因果關係恰好是顚倒過來的。因爲消費者願意支付比Chianti葡萄酒更高的價格購買Burgundy葡萄酒，所以栽培葡萄、釀酒的酒農購買Burgundy的葡萄園時，願意支付比Chianti的葡萄園更高的價格。

利潤不是已支付所有生產成本後剩下的那份收入。在均勻輪轉的經濟裡，產品價格超過成本的剩餘絕不可能出現。在變動的經濟裡，產品售價和企業家爲購買各種互補生產要素所支付的價格總和、加上投入資本的利息，兩者之間的差額可能爲正數，也可能爲負數，亦即，可能出現利潤、也可能出現虧損。此等差額是產品價格在生產期間發生一些變化造成的。一個比別人更成功、能及時預料到這些變化、並且預先採取相應行動的人，會獲得利潤。一個未能及時調整商業冒險作爲、因應市場未來狀態的人，會遭到虧損的懲罰。

李嘉圖經濟學的主要缺陷在於：它是關於整個國家人民共同努力的總產出、怎樣在人民之間分配的理論。像其他古典經濟學的擁護者那樣，李嘉圖本人未能徹底擺脫重商主義者的「國家經濟」想像。在他的思想中，價格如何決定，重要性不如財富如何分配。論者通常把他的經濟哲學視爲「當代英國製造業中產階級的經濟哲學」[3]，那是文不對題的。十九世紀早期的英國商人，對全國勤勞的總產出和分配，不感興趣。引導他們行動的，是賺取利潤和規避損失的衝動。

古典經濟學錯在給土地安排了一個特殊的理論位置。就經濟意義而言，土地是一種生產要素，決定土地價格形成的法則，和決定其他生產要素價格形成的法則，是一體相同的。所有關於土地的經濟學論述，若有什麼特異之處，都僅指涉土地的某些具體情況特別和其他生產要素不同，亦即，都僅僅具有不影響價格形成法則的特殊意涵。

第二節　土地利用中的時間因素

在土地方面，經濟學論述的起點，是區別兩種原始生產要素，亦即，人力和非人力原始要素。利用非人力原始要素，通常會牽涉到利用某塊土地的權利，所以，當提起非人力要素時，我們就用土地一詞來講。[4]

在處理土地（亦即，非人力原始生產要素）的經濟問題時，必須清楚區分行爲學觀點和宇宙論觀點。對宇宙論來說，在研究宇宙變化時，講質量和能量永久不滅和守恆，可能是有道理的。如果拿人力對人生活所在自然環境可能造成影響的程度，和一些自然力量的作用相比，那麼，把自然力量稱爲不可毀滅的、永恆的或——更確切的說——人力無法破壞的，那是可允許的。因爲就宇宙論所指涉的那些極爲悠長的時期來說，人的干擾所能造成的那種程度的地力侵蝕（就此一名詞最廣泛的意義來說），一點都不重要。今天，沒有誰知道：宇宙的變化是否將在數百萬年後，把沙漠和貧瘠土地轉變成一些，依我們今天的知識來看，將必須稱爲最肥沃的土地；同樣，也沒有誰知道：宇宙的變化是否將在數百萬年後，把現在最鬱鬱蔥蔥的熱帶園林變成不毛之地。正因爲沒有誰能預料這種變化，也就沒有誰膽敢嘗試影響一些可能導致這種變化的宇宙事件，所以，在處理人的行爲相關問題時，思索這種變化，是踰越討論範圍的。[5]

自然科學可以主張：那些和某塊土地是否合適農、林、漁、牧或水利事業等等有關的潛力或地力，會定期自動再生。沒錯，人的努力，即使刻意要使地殼的生產能量遭到最大程度的破壞，充其量很可能只會成功破壞一小部分地殼的生產能量。但是，這個事實，對人的行爲來說，完全不重要。地力的定期再生，並非一個僵固的給定條件，所以，人面對的情況，並非一個已獨特給定的地力。人可能這樣或那樣使用土地，讓地力再生的過程減緩和延後，或讓土地的生產能力完全消失一段時間，或需要投入相當多資本和勞動才能復原。在處理土地的利用問題時，人必須在各種不同的利用方法之間做選擇，這些方法在地力的保存和再生方面的含義各不相同。和其他任何生產活動一樣，時間因素也出現在狩獵、捕魚、放牧、畜牧、種植、伐木和水利等方面的行爲中。在這裡，人也必須在近期的未來滿足和遠期的未來滿足之間做選擇。在這裡，凡是人的行爲就必然涉及的本源利息現象，也發揮重要影響。

有些土地制度促使人偏好比較近期的未來滿足，而完全或幾乎完全忽略比較遙遠的未來滿足。如果土地不是由個別地主所擁有，而另一方面，所有或某些享有特權的或享有實際地利之便的人，都可以隨意爲了自己的利益而暫時使用土地，那麼，就不會有人關心土地的未來。當地主預期土地所有權將在不遠的未來被剝奪時，情形也是一樣。在這兩種場合，行爲人完全只在意盡可能壓榨地力，以成全自己的立即利益。行爲人不關心土地利用方式會產生什麼遙遠的未來後果。對他們來說，明天並不重要。伐木、狩獵和捕魚的歷史裡，有許多例子很能說明這一切；在其他使用土地的生產部門，也有許多類似的例子。

從自然科學觀點來看，維持資本財和保存地力，是兩個截然不同的概念。生產出來的生產要素，遲早會在進一步的生產過程中完全消失；這些生產要素一點一滴轉變成各種消費財，然後被人消費掉。如果某人不希望他過去的儲蓄和所累積的資本消失，他就必須，除了消費財，也生產一定數量的資本財，以替補消耗掉的資本財。如果他忽略這一點，可以說，他終將消費掉他的資本財。他將爲了現在的消費而犧牲未來的消費；他今天過得很奢侈，而後來將很匱乏。

但是，往往有人說，地力的情況是不同的。地力不可能拿來**消費**。然而，只有從地質學觀點來說，這樣的陳述才有意義。但是，從地質學觀點，同樣能說，或同樣該說，工廠設備或鐵路絕不可能拿來「吃掉」。一條鐵路由碎石和石塊鋪成的路基，以及由鋼鐵製成的鐵軌、橋梁、車廂和火車頭，就宇宙論的意思而言，不會消失。只有從行爲學觀點才允許說，人消費或吃掉一件工具、一條鐵路或一座煉鋼廠。我們就同樣的經濟意義說，人在消費地力。在林業、農業和水利生產方面，人處理地力的方式，和處理其他生產要素沒有兩樣。對於如何利用地力，行爲人也必須在各種不同的生產過程之間做選擇：有些生產過程在近期內會有較高的產出，但是會犧牲土地未來的生產力，而另有些生產過程則不會傷害土地未來的實質生產力。有一些生產方法，能在近期內從土地提取如此多地力，以致後來利用土地將獲得比較少的收益（每單位資本與勞動投入量的收益），或實際上完全沒有收益。

沒錯，人的破壞力有一些物理極限（這些極限在伐木、狩獵和捕魚方面，比在耕種土地方面更快達到）。但是，這個事實只是使資本消費和地力侵蝕兩者之間存在數量方面的差異，並未使它們有本質上的不同。

李嘉圖稱地力爲「原始的和不可毀滅的」。[6]然而，現代經濟學必須強調，人在評估使用價值和市場價格時，不會差別對待原始的和生產出來的生產要素。宇宙論所謂質量和能量的不可毀滅性，不管是什麼意思，並未責令土地利用行業須顯現截然不同於其他生產行業的性質。

第三節　邊際以下的土地

一塊土地，在一定期間內能發揮的各種效能是有限的。如果土地具有無限效能，人將不會認爲土地是一種生產要素、一種經濟財。然而，可供使用的土地數量是如此龐大，大自然是如此慷慨，以致土地仍然是豐富的。所以，人只利用一些最具生產力的土地。其餘土地，人認爲——或者就它們的實質生產力而言，或者就它們的地理位置而言——太低劣了，不值得耕種。因此，邊際土地，亦即，耕種中最低劣的土地，不會產生李嘉圖意義的地租。[7]邊際以下的土地，只要沒人期待未來某一天將加以利用，而賦予它一個正值的估價，將毫無價值。[8]

市場經濟未能供應更豐富的農產品，這個事實是資本與勞動稀少造成的，而不是可耕地稀少造成的。即使土地面積增加，而其他情況相同，除非新增土地的肥沃度超過先前已耕種的邊際土地的肥沃度，穀物和肉類食品的供給也未必會增加。另一方面，只要消費者認爲新增資本與勞動沒有更合適的其他用途，或者說，沒有其他更爲迫切的需要尚待利用它們來滿足，農產品供給將因資本與勞動供給增加而增加。[9]

土地蘊藏的各種有用的礦物，數量是有限的。沒錯，有些礦物是持續進行中的一些自然過程的副產物，而且這些過程也不斷在增加它們的蘊藏量。然而，這些過程相當緩慢、費時，以致對於人的行爲來說，無足輕重。人必須考慮：現有的礦物蘊藏量有限。每一處礦藏或油源都會因開採而逐漸耗竭；有多處礦藏和油源也的確已經耗竭。我們可以期待陸續發現一些新礦藏，也可以期待發明新科技程序，將使我們得以開採一些今天完全不能開採，或成本太高不值得開採的礦藏。我們也可以假設，科技知識繼續進步，將使未來世代能夠利用一些今天還不能利用的礦物。但是，所有這些事情，今天對人在採礦和鑽油方面的行爲，不會有影響。各種礦物的蘊藏和開發利用，沒有什麼特殊之處，可以給這方面的人的行爲貼上特殊的標籤。對交換學來說，用於農業的土地和用於礦業的土地，兩者之間的區別，只是一個關於具體情況的區別。

雖然各種礦物的現存數量有限，雖然我們可以從學術觀點關心各種礦藏有朝一日可能將完全耗竭，行爲人卻認爲這些礦藏不是嚴格有限的。他們的行爲會考慮某幾處礦藏和油井將要枯竭，但是，他們不關心某些礦物的所有蘊藏，可能在將來某一未知的日子開採完畢。因爲對當下的行爲來說，這些礦物的供應看來是如此豐富，以致沒有人會冒險把所有礦藏處的礦藏開採到當下科技知識狀態允許的最大限度。各處的礦藏都只開採到，沒有更迫切的用途，等著使用採礦所需增加投入的資本和勞動；所以，有些邊際以下的礦藏完全沒開採。每一處開採中的礦藏，所開採的數量取決於：礦產品的價格，和所需投入的非特殊性生產要素的價格，兩者之間的關係。

第四節　作為立足空間的土地

行爲人使用土地作爲住宅、工作室和交通設施的地點，因此從其他用途拿走一些土地。

以前某些理論認爲都市地租特有的那些性質，在此毋須討論。某些人支付比較高的價格，購買他們認爲價值比較高的土地作爲住宅用地，卻沒支付比較低的價格，購買他們認爲價值比較低的土地作爲住宅用地，不是特別值得注意的事情。事實上，某些人偏愛選擇一些可以降低運輸成本的地點，作爲設置工作室、倉庫、鐵路機車場的地點，所以他們也願意按照預期省下的各種成本，支付比較高的價格來購買住宅地點。

某些人也將土地用作遊樂場和花園、用作公園、用作享受大自然的宏偉和美麗景觀的場所。隨著愛好大自然這個「資產階級」特色心態的發展，這方面的享受需求大大增加。高山峻嶺連綿的山脈土地，曾被視爲不過是一片貧瘠淒涼的岩石和冰河，現在卻被當作一些頂級快樂的泉源、而獲得高度讚賞。

從遠古時代開始，進入這些空間，對每個人來說，一直是免費、自由的。即使相關土地是某些私人所擁有的，這些地主通常也無權對遊客和登山客關閉他們的土地，或索取入場費。凡是有機會遊覽這些地方的遊客，都有權利享受這些地方所有的壯觀美麗，可以說，都有權利認爲該壯觀美麗屬於遊客自己。名義上的地主，並未從自己的財產所給予遊客的滿足得到任何利益；但這並沒改變該等土地有益於人的幸福，從而引人激賞的事實。該等土地受制於某一地役權的法律規定，每個人都有權利在它上面通過或露營。由於相關土地沒有其他可能的用途，這個地役權的規定，等於完全排除地主可能從相關土地所有權獲取任何好處。這些岩石和冰河能給予的那種特殊服務，實際上取之不盡、用之不竭，不會敗壞，不需要投入任何資本和勞動來保存它們。因此，這樣的法律規定不致於引起，一旦同樣的法律規定用在伐木、狩獵和捕魚的場所時，必然會出現的那些後果。

如果，在山脈附近可供建築山屋、旅館和運輸設施（譬如，齒軌鐵路）的空間有限，擁有這些稀有地塊的地主便能以比較有利的條件，出售或出租相關土地，從而自遊客身上取得自由進入山峰遊憩的一部分好處；如果情況不是這樣，則遊客便可免費享受在山峰遊憩的所有好處。

第五節　土地的價格

在假想的均勻輪轉經濟裡，買賣某幾塊土地的服務，和買賣其他生產要素的服務，就買賣行爲而言，兩者之間完全沒有差別。所有這些要素的估價，都根據它們在未來各個不同期間能提供的服務或效能，並適當考量時序偏好的因素。邊際土地，以及邊際以下的土地，價格當然爲零。產生地租的土地（亦即，和邊際土地相比，每單位資本與勞動投入產出較高的土地），按照它的生產力優越程度獲得估價。它的價格是所有未來地租的總和，其中每一筆地租都按本源利率折現。[10]

在變動的經濟裡，人在買賣土地時，會適當考量土地所提供服務的市場價格的預期變化。當然，人的預期可能錯誤，不過，那是另外一回事。人努力盡其所能，預料可能改變市場資料的事件，立刻採取行動、預爲因應。如果他們認爲某塊土地每年的淨收益將上升，則該塊地的價格將會高於沒有這樣預期時的價格。例如，人口成長的都市外圍土地，或壓力團體很可能成功透過進口關稅、提高木材和穀物價格的一些國家裡的森林地和可耕地，便是這種情形。另一方面，關於全部或一部分土地的淨收益將遭到沒收的憂慮，則傾向降低土地的價格。在平常的商界術語中，人們講地租的「資本化」（capitalization）或折現，並且說不同類土地，甚至同一類土地當中的不同地塊，適用不同的資本化率或折現率。這種術語完全不妥當，因爲它歪曲了土地價格形成過程的性質。

人在買賣土地時，對土地稅的處理方式，和他們處理一些預期將減少土地淨收益的未來事件相同。對土地課稅，會降低土地的市場價格，幅度等於未來稅負的現值。新增這種稅，如果將來不可能廢除，會導致相關土地市場價格的立即下跌。租稅理論所謂租稅**攤消**（amortization），指的就是這種現象。

在許多國家，地主或某些地產的主人，享有特殊的政治和法律特權或崇高的社會聲望。這種社會制度，對於土地價格的形成，也有一定的影響。

土地的神話

一些浪漫主義者譴責經濟學關於土地的理論，說反映功利主義者的狹隘心態。他們說，經濟學家從冷酷的投機者觀點看待土地，這種投機者將一切永恆的價值，貶低爲用金錢和利潤計較的東西。然而，他們說，土地遠遠不只是一種生產要素。它是人的能量和生命永不枯竭的泉源；農業不只是眾多生產部門當中的一個部門，而是人類唯一自然、可敬的活動，唯一有尊嚴、眞正人性存在的狀態。只有極端邪惡的人，才會完全從壓榨土地能取得多少淨收益的角度，來判斷土地的價值。土地不僅生育各種果實、滋養我們的身體；最重要的是，它產生文明所倚賴的一切道德和精神力量。城市、加工製造業和商業，是腐敗和墮落的現象；它們是寄生的存在；它們摧毀犁田的農夫必須一再創造出來的東西。

數千年前，當捕魚和打獵的部落開始耕種土地的時候，還沒有浪漫主義的幻想。不過，如果有一些浪漫主義者曾生活在那些年代，他們肯定會頌揚捕魚打獵生活的崇高道德價值，並且肯定會詆毀耕種土地是腐敗墮落的現象。他們肯定會譴責犁田的農夫玷汙了上天賜予人類作為獵場的土地，譴責農夫把土地貶低為一種生產手段。

在浪漫主義之前的年代，土地除了是人的物質幸福的一個來源，是增進物質幸福的一種手段，沒有誰透過實踐，承認土地是其他什麼東西。和土地相關的巫術儀式和慶典所祈求的，除了希望土地肥沃度得以改善，以及即將收穫的果實數量得以增加，沒什麼別的心願。當時的人未曾企盼，要和潛藏在土地裡的某種神祕能力來個神祕的融合；他們只想要有更多、更好的收成。他們所以訴諸巫術儀式和慶典祈求，只因為他們認為：這是達到所求目的最有效率的方法。但，他們的一些善於詭辯的後代子孫卻走上了歧途——從某個「理想主義」的觀點解釋這些儀式。真正的農民不會出神入迷，對土地和它的神祕能力，大肆胡言亂語。對他來說，土地是一種生產要素，不是多愁善感的情緒投射的對象。他覬覦更多土地，因為他渴望增加他的收入，渴望改善他的生活水準。農夫們買賣土地和抵押土地；他們出售土地的產物，而且如果各種產物價格沒有他們想要的那樣高，他們會變得非常憤怒。

愛好大自然和欣賞鄉村美麗的風景，對鄉村居民來說，是陌生的心情。城市居民把這類心情帶到鄉下地方。是城市居民開始把土地當作**大自然**來欣賞的，而鄉下人則只是就土地在狩獵、伐木、種植作物和畜養牲畜方面的生產力給予評價。自古以來，阿爾卑斯山上的岩石和冰河，在山地居民眼中，只是荒地；直到城市居民冒險攀登高峰，並且把金錢帶進山谷，他們才改變想法。一些登山和滑雪先驅曾遭到當地居民取笑，直到這些居民發現，居然能從這個奇怪的癖好獲得好處。

田園詩歌的創作者，不是牧羊人，而是老於世故的貴族和城市居民。Daphnis和Chloë是遠離俗事的一些幻想的創造物。同樣遠離土地的，是現代的土地政治神話。這種神話，不是從森林裡的苔蘚和田裡的沃土綻放出來的，而是從城市裡的鋪面道路和沙龍裡的地毯綻放出來的。農夫使用這種神話，因爲他們發現，那是獲得政治特權、提高農產品和農場價格的一個實用手段。

第二十三章　市場的資料

第一節　理論和資料

交換學或市場經濟理論，是一套定理；這套定理，並非只限定在一些理想的、不可能實現的情況下才有效，也並非一定要附加根本限制或經過裁剪更改之後，才能應用於眞實情況。事實上，對所有市場經濟現象而言，只要所預設的特定條件存在，所有交換學定理都毫無例外的嚴格有效。而要判定這些條件是否存在，則是很簡單的事。例如，有沒有直接交換或有沒有間接交換，只是簡單的事實問題。但只要是在有間接交換的地方，則間接交換理論所闡明的一般法則，對交換行爲和交換媒介而言，便都是有效的。正如前面已指出的，[1]行爲學的知識是精準（或精確）的、關於眞實情況的知識。所有參考自然科學的認識論觀點而得到的意見，以及所有類推比擬行爲學和自然科學這兩類截然不同的眞實與認知領域而得出的結論，都是誤導的。除了邏輯形式外，依靠因果觀的認知和依靠目的論的認知，沒有所謂一體適用的、同一套「方法論」規則。

行爲學以普遍、概括的方式處理人的行爲；它既不處理行爲所在環境的特別條件，也不處理內在引導行爲的價値判斷的具體內容。對行爲學來說，理論推演所根據的資料是：行爲人在身體和心理方面的一般性質，行爲人的慾望和價値判斷，以及行爲人爲了適應外在環境條件、達到想要的目的，所發展出來指導自我調整的各種理論、教條和意識型態。這些資料，儘管在結構上是永恆的、而且嚴格取決於支配宇宙秩序的法則，實際具體的內涵卻是不斷起伏、變化；它們時時刻刻不停變動。[2]

豐富而完整的眞實，唯有同時訴諸行爲學的想像理解（conception），以及歷史的了解（understanding），才可能爲我們的心智所掌握；而歷史的了解，還需要掌握自然科學的教誨。認知和預測，需要用到全部的知識。各個科學部門單獨提供的知識，永遠只是片斷、零碎的，需要所有其他科學部門成果的補充。從行爲人觀點來看，知識的專業化——知識分成許多不同科學部門，只是一個分工方法。行爲人的決定，就像消費者利用許多不同生產部門的產品那樣，也必須以各種思考分析和調查研究部門的成果爲依據。

處理歷史眞實，不允許忽略任何知識部門。歷史學派和制度學派希望廢除行爲學和經濟學研究，只專注於記錄一些外在的環境資料，亦即，記錄該等學派如今所謂的一些制度。但是，任何和這些環境資料有關的陳述，不特別參照某一套經濟定理，那是絕不可能的。當某個制度主義者將某一事件歸咎於某一原因時，譬如，將大規模失業歸咎於資本主義生產模式據稱的一些缺陷時，他就採納了某個經濟定理。對於那些隱含在他結論裡的定理，如果他反對仔細檢視，那無非是希望避免他自己論證中的一些謬誤，暴露在世人眼前。這世界上，沒有只是純粹事實的記錄、完全不涉及理論這回事。一旦某人將兩個事件記錄在一起或將它們納入某一類事件當中，他便是在應用某個理論。它們之間是否存在任何關係的問題，只能由某個理論來回答，亦即，在人的行爲領域，只能由行爲學來回答。如果沒有從某個事先學到的理論性見識出發，而直接去搜尋什麼相關係數，那是沒用的。統計相關係數的數值即使再高，也不表示兩組事件之間眞有什麼有意義的重要關係存在。[3]

第二節　權力的作用

歷史學派和制度學派譴責經濟學家，說他們忽略權力在眞實生活中的作用。這些批評者說，經濟學的基本概念，亦即，做選擇和能行爲的個人，是一個不切實際的概念。眞實的人，是不得自由選擇和行爲的；他受制於各種社會壓力，受到不可抵抗的權力支配。決定市場現象的，不是人人個別的價值判斷，而是各種強權力量的交互作用。

這些反對理由謬誤的程度，不亞於經濟學的批評者所有其他的論述。一般而言，行爲學，尤其是其中的經濟學和交換學，並未主張或假設：就**自由**一詞的任何玄學意義而言，人是自由的。人，絕對受制於生活環境的自然條件。就行爲而言，人，必須自我調整、以適應自然現象無法改變的規律。正是攸關他幸福的自然資源數量稀少，責令他必須有所行爲。[4]

人在行爲時受到各種意識型態的引導。他在各種意識型態的影響下，選擇目的和手段。意識型態的影響力，或者是直接的，或者是間接的。如果行爲人確信某一意識型態的內涵是正確的，確信依照該意識型態的指示可直接增進自己的利益，那麼，該意識型態的影響便是直接的。而如果行爲人拒絕相信該意識型態的內涵，但必須調整自己的行爲、以適應該意識型態獲得他人認可的事實，那麼影響就是間接的。社會習俗是行爲人不得不考慮的一股強大力量。有些人即使看出，一般人接受的意見和習慣，其實純屬虛假謬誤，他們也必須在每一個行爲場合，權衡採取某個比較有效率的行爲模式自己可獲得的好處，以及不理會流行的偏見、迷信和民俗可能給自己招致的害處。

對於暴力脅迫，也是一樣。人，在選擇時，必須考慮可能會有某一力量準備對他施加強制的事實。

交換學的所有定理，對於這些受社會壓力或身體暴力影響的行爲，也一樣有效。意識型態的直接或間接影響力，以及強制力的威脅，只是市場的資料。例如，究竟是哪些考慮促使某個人在購買某樣商品時，沒開出更高價格，而只開出他實際開出的那個價格以致未能取得相關商品，是一個無關宏旨的問題。對市場價格的形成來說，他究竟是自動自發的選擇把金錢花在別的用途上，還是他其實擔心同胞視他爲暴發戶或敗家子，還是害怕違反政府規定的最高限價，或害怕觸怒某個準備訴諸暴力報復的競爭者，那是無關緊要的。無論如何，他放棄開出更高的價格，而他這個決定放棄，不管原因爲何，對實際市場價格的影響都是一樣的。[5]

當今輿論習慣指稱：擁有財產者在市場上的地位，是一種經濟權力。這個術語的妥適性，很有問題。無論如何，如果用來影射，在這種經濟權力的影響下，實際決定市場現象的法則，不是交換學所闡明的那些法則，那麼，這個術語就不合適了。

第三節　戰爭與征服的歷史作用

許多撰述者頌揚戰爭與革命、流血與征服。列寧和史達林、希特勒和墨索里尼所實踐的那些理念，其先驅是卡萊爾（Thomas Carlyle, 1795–1881）和魯斯金（John Ruskin, 1819–1900）、尼采（Nietzsche, 1844–1900）、索雷爾（Georges Sorel, 1847–1922）和斯賓格勒（Oswald Spengler, 1880–1936）。

這些哲學家說，歷史的進程，不是由講究實利的販夫走卒和商人卑鄙的活動決定的，而是由戰士和征服者的英雄事蹟決定的。經濟學家錯在從短暫的自由主義時代經驗，萃取出一個他們自以爲普遍有效的理論。這個自由主義、個人主義和資本主義的時代；這個民主政治、宗教寬容和個人自由的時代；這個忽視所有「眞正」和「永恆」價值的時代；以及這個由下等群眾享有至高地位的時代，即將消逝，而且永不復返。即將開啓的男子漢時代，要求一套嶄新的、關於人的行爲的理論。

然而，從來沒有哪一個經濟學家曾經貿然否認，戰爭和征服在過去極端重要，或曾經否認：匈奴人和韃靼人、汪德爾人和維京人、諾曼人和征服拉丁美洲的西班牙人，在歷史上曾扮演非常重要的角色。決定人類現狀的一個重要因素，是人類經歷過數千年的武裝衝突。然而，歷史留下來的，以及人類文明的菁華，卻不是繼承自戰士的遺產。人類文明是「資產階級」精神的一項成就，不是征服精神的成就。那些未能以工作取代掠奪的野蠻民族，已從歷史舞臺消失。如果他們還留下什麼曾經存在的痕跡，那也全是在他們所征服的民族文明影響下，所完成的一些事蹟。拉丁文明在義大利、法蘭西和伊比利半島存活下來，無視所有野蠻民族的入侵。如果資本主義的企業家未曾接替Lord Clive和Warren Hastings，則英國在印度的統治很可能有一天會變成一段無足輕重的歷史回憶，就像土耳其統治匈牙利那一段一百五十年的歷史。

有些論述者力圖復活維京人的理想。詳細討論這種圖謀，不是經濟學的任務；經濟學只須駁斥：武裝衝突使經濟學的論述完全無效。關於這個問題，有必要再次強調下列幾點：

第一：交換學的論述不指涉任何歷史時期，它指涉的是：所有以生產手段私有財產權和分工爲前提條件的行爲。無論何時與何地，在私人擁有生產手段的社會裡，人不僅爲直接滿足自己的需要而生產，而且也消費別人所生產的財貨。對於這樣的社會，交換學的所有定理都嚴格有效。

第二：如果在市場之外還存在著強盜與掠奪，那麼，對市場來說，該等事實便是一個外在的環境資料。行爲人必須考慮：自己可能受到殺人犯和強盜的威脅。如果殺戮和強盜變得如此普遍，以致任何生產行爲都顯然徒勞無功，乃至所有生產工作可能停頓，人類便會陷入人人爲敵、彼此交戰的狀態。

第三：必須有某樣可以掠奪的東西存在，才會有戰利品好奪取。只有存在足夠多的「資產階級」可供掠奪，英雄才可能存活。生產者存在，是征服者得以存活的條件。但是，沒有掠奪者，生產者也能存活。

第四：除了私人擁有生產手段的資本主義體系，當然還有其他可以想像的社會分工體系。軍國主義的擁護者，在呼籲建立社會主義一事上，是邏輯一貫的。他們主張，整個國家應該成爲一個戰士集團，其中的非戰鬥人員，除了供應戰鬥力量所需的一切之外，沒有其他任務（社會主義的問題，將在本書第五篇予以處理）。

第四節　眞實的人是市場的一項資料

經濟學處理眞實的人的眞實行爲。經濟學的所有定理，既不指涉理想的人、也不指涉完美的人，既不指涉所謂經濟人（homo oeconomicus）這種傳說中的幽靈、也不指涉所謂平均人（homme moyen）這種統計概念。人，包括人的所有弱點和局限性，亦即，實際活著和行爲的每一個人，是交換學的題材。人的每一個行爲，都是行爲學的一個主題。

行爲學的主題，並非只是研究社會、社會關係和群眾現象，而是研究人的所有行爲。就這一點而言，「社會科學」一詞，以及所有它的含義，都是誤導的。

在科學研究中，除了「行爲人在行爲時想要達到的最終目的」這個標準，再沒有什麼別的標準能用來評斷人的行爲。最終目的本身是不能批評的；誰也沒有資格論斷，什麼會使另一個人幸福快樂。中立的旁觀者所能質疑的只是：行爲人選來達成最終目的的手段，是否合適行爲人自己所要追求的結果。只有在回答這個問題時，經濟學才允許對人個別的或集體的行爲，或對政黨、壓力團體，以及政府的政策行爲，表示意見。

有些議論者偏好攻擊他人的價值判斷，並且習於掩飾這種攻擊的主觀武斷性質；他們通常把這些主觀武斷的攻擊，包裝成針對資本主義體系或某些企業家行爲的批判。對於所有這些主觀武斷的批判，經濟學的立場是中立的。

對於「大家認爲，在資本主義下，各種財貨的生產有平衡的問題」[6]這種主觀的陳述，經濟學家不會反駁說：沒有這種平衡問題。經濟學家所主張的只是：在未受干擾的市場經濟裡，各種財貨的生產，符合消費者在花用收入時實際顯現的行爲。[7]責備同胞，說他們的行爲結果有問題，不是經濟學家的任務。

和眾人的價值判斷居於至高地位、引導生產過程的體系相對立的，是專制獨裁的生產體系。在這種體系下，獨裁者的價值判斷單獨決定一切，儘管他的價值判斷任意武斷的性質，不亞於他人的價值判斷。人，毫無疑問不是完美的生靈。人性的弱點玷汙了所有人間的制度，於是也玷汙了市場經濟。

第五節　調整期間

市場資料的每一變化，對市場都有一定的影響。在這一定的影響作用完畢之前，亦即，在市場完成調整、適應新的資料之前，須經過一定時間。

交換學必須處理所有行爲人，個別對市場資料變化，有意識和有目的的反應，而且當然不僅僅處理這些反應行爲的互動，最後所導致的市場結構。有時候可能出現這樣的情形：某一資料變化的影響，大致遭到另一同時發生、同一程度資料變化的影響所抵銷。那麼，市場的價格結構，最後不會有顯著的改變。統計學家完全專注於觀察群眾現象，和呈現爲市場價格的全體市場交易結果，而忽略了：市場價格沒有出現高低變化，可能只是一個偶然的事實，並非市場資料持續不變、沒有任何個別調整行動的結果。他其實沒看出任何變動，以及這些變動對社會的影響後果。然而，市場資料的每一變化，都有其個別的影響過程，都在受影響的人身上產生一定的反應行為，也都會攪亂市場體系中不同成員彼此之間的關係，即使最後結果顯示，各種財貨價格沒有顯著改變、整個市場體系的資本總量也沒有任何變化。[8]

關於調整期的長短，經濟史可以在事後提供一些模糊的資訊。獲得這種資訊的方法，當然不是通過測量，而是歷史的了解。實際上，各個不同的調整過程並非彼此孤立。同一時間，有數目不定的調整過程在各自進行，它們的路徑相交，彼此互相影響。對歷史學家的了解來說，要分解、理順這個錯綜複雜的脈絡，觀察一定的市場資料變化所啓動的一連串行為和反應，是一項困難的任務；而大多數時候所能得到的結果，不僅少得可憐，而且頗不可靠。

了解調整期的長短，也是那些渴望了解未來的人——企業家——必須承擔的一項最困難的工作。然而，企業家的行動若想成功，只預料到市場針對一定事件將會朝哪一個方向反應，那是沒什麼用處的，他還必須進一步充分預料到各個相關調整期間的長短。企業家在事業經營上所犯的那些錯誤，以及導致「預測專家」對未來經濟趨勢預測失效的那些錯誤，大多是對於調整期長短的認知錯誤所造成的。

在處理市場資料變動所引起的效果時，經濟學家通常區別比較近期和比較遠期的效果，亦即，區別短期效果和長期效果。事實上，這類區別，歷史相當悠久，比現在用來表示這種區別的術語古老許多。

要發現資料變動所引起的一些立即的——短期的——效果，通常不必透過詳盡徹底的研究。那些短期效果大多顯而易見，即使不熟悉搜索研究的素人觀察者，也很容易注意到它們。經濟學研究的起點，正是有些天才開始懷疑：一件事情的一些比較長遠的後果，可能不同於即使最純樸的素人也看得出的那些立即的後果。經濟學的主要成就，就在於揭露中立的觀察者之前未曾注意到，並且一直為政治家所忽略的長期效果。

古典經濟學家從他們那些驚人的發現，得出一個關於政治行為的準則。他們主張：政府、政治家和政黨的計畫和行為，不僅應該考慮政策措施的短期效果，而且也應該考慮長期效果。這個推論的正確性，不容置疑、無可爭議。行為的目的，是要以一個比較好的事態，取代另一個比較不好的事態。某一行為的結果，究竟將是比較好或比較不好，取決於對該行為的所有後果，包括短期的和長期的，有一正確的預料。

有些人批評經濟學，說它忽略短期效果、偏重研究長期效果。這樣的譴責，是荒謬的。經濟學沒有其他辦法研究市場資料變動的後果，除了從立即的反應開始，然後，一步、一步從最初的反應到比較長遠的反應，分析所有後來的反應，直到最終後果。分析長期效果，必然永遠包括分析短期效果。

我們很容易了解某些個人、政黨和壓力團體，為什麼熱中於宣揚短期原則是唯一的政策指導原則。他們說，政治絕不該考慮一個辦法的長期效果，絕不該只因長期效果是有害的，而放棄採取某項預期產生短期利益的措施。只有短期效果，才是重要的；「長期而言，我們都將作古。」對於這些滿腔熱血的批評者，經濟學只消回應：每一個決定都應該仔細權衡所有包括短期的和長期的後果。不管是就個人的行為或就公共政策的抉擇而言，無疑會有一些場合，行為人有很好的理由，去避免他們認為更加不好的短期情況，即使從而必須忍受非常不好的長期效果。某個人拿自家的家具為屋裡的暖爐添加薪火，有時候不失為一個適當的權宜決定。但是，如果他真的這麼做，他應該知道將有哪些比較長遠的後果。他不該騙自己，自以為發現了一個新的、極為美妙的暖屋方法。

以上是經濟學在面對短期原則的使徒宣傳狂熱的福音時，所須提出的所有異議。總有一天歷史必定有更多可以說。歷史研究必定會確立：短期原則所推薦的那些措施——這是Madame de Pompadour惡名昭著的格言「我死後，哪怕洪水滔天」的再次流行——在西方文明最嚴重的危機中，扮演了什麼角色。歷史研究必定會說明，對那些以消費從前世代遺留下來的精神與物質資本為目的而推行各種政策的政府和政黨來說，該句格言是多麼受歡迎。

第六節　財產權的界限，以及外部成本和外部經濟的一些問題

實際受法律限定、並受法院和警察機關保護的各種財產權，是無數年代演化的結果。這些年代的歷史，記錄了許多以廢除私有財產權爲目的的社會鬥爭。許多專制君主和民粹運動一再試圖限制或完全廢除私有財產權。沒錯，這些圖謀失敗了。但是，它們在一些對財產權的法律形式和定義有影響的觀念上留下了痕跡。財產權的法律概念未能充分考慮私有財產權的社會功能。財產權的法律存在一些缺陷和衝突，反映在某些市場現象上。

財產權如果正確貫徹到底，一方面將讓所有者有權利要求利用財產可能產生的一切好處，而另一方面也將使他承擔利用財產所引致的一切壞處。於是，財產所有者將單獨爲利用財產的結果負完全責任。在處理財產時，他將考慮預期產生的一切後果，包括那些他認爲有利的和不利的後果。但是，如果他的行爲的某些後果，不在他依法有權利主張的各種利益範圍內，也不在法律要求他承擔的各種弊端範圍內，那麼，他在計畫 時將不會考慮行爲的一切後果。他將忽略那些對他自身滿足沒有任何增益的好處，以及那些不用他承擔的成本。他的所作所爲將會偏離，如果法律規定比較符合私有財產權的經濟目的，他將遵循的途徑。他所以會進行某些計畫，只因法律免除他爲相關計畫所招致的某些成本負責；他所以會放棄其他一些計畫，只因法律阻止他收取相關計畫所產生的一些利益。

過去關於損害責任和賠償的法律規定，在某些方面是不足的，而現在也仍然不足。大體而言，有一個原則是大家都接受的，即：每個人都應該爲自己的行爲對他人造成的損害負責。但是，過去有些法律漏洞，因爲立法機關填補的速度緩慢，而留了下來。就某些漏洞而言，填補的速度緩慢是故意的，因爲那些漏洞符合有關當局的一些計畫。過去在許多國家，法律沒要求工廠和鐵路業主必須爲他們的企業營運，經

由排放煙霧、煤灰、噪音、水汙染，和有瑕疵或不適當的設備發生意外，對鄰居、顧客、雇員和其他人在財產和健康方面所造成的損害負責。當時的想法是，不該危害工業化進程和運輸設施發展。有些學說過去促使、而現在也依然促使許多政府，透過補貼、免稅優惠、關稅保護和低利貸款等等手段，鼓勵工廠和鐵路投資；這些學說也同樣影響相關法律的規定，在法律上或事實上，減輕或減免這些企業的損害賠償責任。後來，在許多國家開始盛行相反的潮流：製造業者和鐵路公司的損害賠償責任，相對於其他公民和企業而言，提高了。這也是有某些政治動機在發生作用，立法者這時希望保護窮人、賺取工資者和農民，以對抗富有的企業家和資本家。

財產所有者毋須對財產運用方式所引起的一些禍害負責，無論是因爲政府和立法者刻意實施的政策使然，或是傳統的法律措詞漏洞無意造成的結果；該免責的事實，都是行爲人必定考慮的一項資料。他們面對所謂外部成本的問題。於是，有些人選擇某些需求滿足模式，只因所招致的一部分成本，不是由他們自己承擔，而是歸諸別人。

一個極端的例子，是前面提到的無主財產。[9]如果某塊地不是任何個人所擁有的，儘管法律也許在形式上把它稱爲公有財產，但利用它的人，不會考慮他的利用方式會產生哪些不利後果。那些能夠將該塊地的收益——譬如，森林裡的木材和獵物，水域裡的魚兒，和土地裡的礦藏——據爲己有的人，不會關心他們所採取的利用方式到底有哪些後果。對他們來說，土壤侵蝕、可耗盡的資源枯竭，和其他對未來利用的傷害，都是外部成本，都不在他們的投入與產出計算範圍內。他們砍伐樹木，完全不顧忌新生嫩芽或森林更生問題。在打獵和捕魚時，他們不會避開一些妨礙獵場和漁場更生的方法。在人類文明發展早期，沒人耕種的土地數量還很豐富，而且品質不輸給耕種中的土地，人人不會覺得這些形同掠奪的土地利用方式有什麼不妥。當這些利用方式的效果顯現在土地淨受益下降時，農夫便放棄原來的農場，而移居到另一處地方。直到區域人口變得比較密集，不再有未被占用的優良土地可供新來者占用時，人人才開始覺得，這些形同掠奪的土地利用方式太浪費資源了。於是，他們著手鞏固土地私有財產權。他們從可耕地開始，然後逐步納入牧草地、林地和漁場。一些新開闢的海外殖民地，特別是美國那片廣大土地，當首批歐洲殖民者上岸時，土地驚人的農業潛力幾乎原封未動，後來也同樣歷經掠奪般的開發利用階段。直到十九世紀末葉，都還有尚待開發的區域——邊疆——接納新殖民者。然而，無論是邊疆的存在、還是邊疆的消失，都不是美國特有的現象。美國情況的特點，在於當邊疆消失時，一些意識型態和社會制度方面的因素，阻礙土地利用方法朝適應基本條件已經改變的方向調整。

在歐洲大陸的中、西部區域，私有財產權制度已經僵固確立了好幾個世紀，情形和美國不一樣。那裡沒有已耕種的土地常見的土壤侵蝕問題，也沒有森林毀壞的問題，儘管事實上當地的森林長久以來一直是當地建築和礦坑支架木材的唯一來源，而且也是當地人暖房，當地鑄造場、熔爐、燒窯和玻璃廠所用燃料的唯一來源。森林所有者，迫於自己的私利，不得不注意保護森林。在人口最密集和最工業化的一些區域，直到數年前，仍有介於五分之一到三分之一的地表覆蓋著上等森林，按照科學林業的方法經營。[10]細說哪些複雜因素導致美國現代土地所有制情況，不是交換學的任務。而不管是些什麼因素，反正已經導致這樣的一個事態，讓許許多多美國農夫和大多數伐木企業有理由認為，疏忽土壤和森林保護所引起的一些壞處，是和他們無關的外部成本。[11]

沒錯，如果當事人或相關企業把顯著的一部分實際發生的成本視為外部成本，他們所確立的經濟計算程序顯然是有瑕疵的，而計算結果無疑是欺騙性的。但是，這不是生產手段私有財產制據稱固有的一些缺陷所造成的結果；正好相反，這是私有財產制還有一些漏洞所造成的結果。這種結果是可移除的，只消改革一些關於損害賠償責任的法律，和廢除一些阻止私有財產制全面運作的制度性障礙。

外部經濟，並非只是外部成本的反面。外部經濟有它自己的領域和特性。

如果某個人行爲的結果，不僅有利於他自己，而且也有利於他人，那麼，便有兩種可能的情形：

一、正在考量某一計畫的行爲人，覺得他自己可望獲得的好處，對他自己是如此重要，以致他準備支付計畫執行所需的全部成本。他的計畫也對他人有利的事實，不會阻止他完成對自己幸福有益的計畫。當某家鐵路公司豎起一些堤防，保護軌道免於雪崩或山洪衝擊時，也保護了軌道附近一些居民的房舍。但是，它的鄰居將免費得到利益的事實，不會阻止鐵路公司進行它自己認爲合宜的某項支出。

二、某項計畫的成本是如此龐大，以致沒有哪一個將獲益的人願意支付全部的成本。只有在足夠多感興趣的人願意一起分擔成本的情況下，該項計畫才可能付諸實施。

關於外部經濟這種現象，這裡原本幾乎毋須再多說些什麼，若非目前的僞經濟文獻完全扭曲了這種現象。

如果消費者偏好——而且也只因消費者偏好——某些非P計畫實現時可望得到的滿足，甚於計畫P實現時預期得到的滿足，則計畫P將無利可圖。實現P，將拿走消費者需求比較迫切的一些計畫執行所需的資本和勞動。但是，外行人和僞經濟學家未能看出這個事實，他們頑固的拒絕注意生產要素有限的事實。在他們看來，P能夠實現，毋須耗費任何成本，亦即，毋須放棄其他任何滿足。全然只因資本主義逐利體制的荒唐無理，阻止全民免費享受預期從P得到的快樂。

於是，這些短視的批評者接著說：如果P的無利可圖只是因爲企業家的計算忽略了P的那些，在企業家看來，是外部的經濟利益，則逐利體制的荒謬變得尤其令人無法忍受。因爲，從社會整體觀點來看，企業家所忽略的這些利益不是外部的。它們至少有益於某些社會成員，因此將增加「社會整體福祉」。所以，P沒實現，對社會來講，是一項損失。由於追求利潤的企業，全然堅持自私自利，拒絕從事這些無利可圖的計畫，因此，塡補這種缺口，就是政府的責任。政府應該把這些計畫當成公營企業來經營，或者補貼它們，使它們對私人企業家和投資者具有吸引力。補貼方式，可以直接由國庫給予金錢補貼，或透過關稅措施將P的成本轉嫁給相關產品的買方負擔。

然而，政府為了虧損經營一座工廠，或為了補貼某項無利可圖的計畫，所需支用的那些手段，必須從納稅人的消費和投資能力那裡拿過來，或者從借貸市場拿過來。政府不會比個人更有能力無中生有。政府花得比較多，民眾就必須相對花得比較少。公共建設不是用魔術棒的神奇力量完成的，而是由取自公民的一些資金埋單的。如果政府未曾干預，公民就會把這些資金用在實現某些可望獲利的投資項目上，然而，公民現在必須刪除這些投資項目，因為政府拿走了投資所需的資金。只要政府的援助實現了一項無利可圖的計畫，便會有一項對應的計畫因政府的干預而未能實現。然而，這個未實現的計畫原本是有利可圖的，亦即，原本會運用某些稀少的生產要素、試圖滿足消費者最迫切的一些需要的。從消費者觀點來看，運用這些生產要素去實現一項無利可圖的計畫，是一種浪費。該項計畫剝奪了他們比較想要的那些滿足，而硬塞給他們一些比較不是想要的滿足。

容易受騙上當的民眾看不到肉眼所及以外的東西，因訝異統治者的一些非凡成就而大表讚嘆、目眩神迷。他們未能看出，是他們自己在為這些成就埋單；其實只要政府少在一些無利可圖的計畫項目上花錢，他們便毋須放棄許多他們原本會享受到的滿足。他們沒有足夠的想像力，想像不到有許多由於政府從中作梗、而不得見天日的潛在可能。[12]

如果政府的干預使某些邊際以下的生產者扛住比較有效率的工廠、商店或農場的競爭，從而得以繼續生產，這些政府全能的狂熱信徒還會更加目眩神迷。政府全能的狂熱信徒會說，這很明顯，總生產提高了，有些東西增加到社會財富裡了，而這些東西，若非政府當局幫忙，原本是不會生產出來的。事實上，發生的情況恰好相反；總生產和總財富減少了。一些高成本的生產單位，因政府干預而設立起來或保存下來，而一些低成本的生產單位則被迫減產或結束生產。消費者沒得到更多東西，反而更少。

例如，有一個很受歡迎的想法，認爲政府幫助國內自然條件很差的一些地區發展農業，是一件好事。這些地區的農業生產成本比別的地區高；正是這個事實，使該等地區的大部分土地，稱爲邊際以下的土地。如果未能獲得政府資金援助，耕種這些土地的農夫，便不可能抵抗比較肥沃的農場競爭。那裡的農業將會萎縮或未能發展起來，整個區域將變成國內一個落後的地方。追求利潤的企業界，充分認識、了解這種事態，因此避免投資興建鐵路，把這些不幸的地方和消費中心連結起來。該地農夫的困境，其實不是欠缺運輸設施的事實造成的。這裡的因果關係剛好顛倒過來；因爲企業界意識到這些農夫的前景不是很有利，所以避免投資興建，很可能因爲欠缺足夠的貨物運輸量，而變得無利可圖的鐵路。如果政府屈服於一些有利害關係的壓力團體要求，去興建相關鐵路、並且維持虧損經營，則相關鐵路無疑會讓那些在落後地區擁有農地的地主受益。由於當地產品運輸所需的一部分成本由國庫承擔，相關地主發現：現在比較容易和那些農地比較肥沃、卻沒得到類似援助的耕種者競爭了。但是，這些特權農夫享受的福利，是由納稅人埋單的，因爲納稅人必須提供維持鐵路虧損經營所需資金。相關鐵路既不影響農產品的市場價格，也不影響農產品的總供給量，而只是使某些之前邊際以下的農場經營變得有利可圖，同時使某些之前經營起來有利可圖的農場反而變成邊際以下；它把農業生產從成本較低的一些地方，轉移到成本較高的地方；總供給和總財富不增反減，因爲以高成本農地的耕種取代低成本農地的耕種，所需額外的資本與勞動投入，是從某些其他用途挪過來的；而在這些用途上，相關的資本與勞動原本可以生產出其他消費財。政府達到了目的，讓國內某些地方得到原本不會得到的設施（譬如，鐵路），讓這些地方受益，但是，政府同時也在別的一些地方引發了一些成本或犧牲；而這些成本和犧牲超過某一群特權人士所獲得的全部利益。

知識創作的外部經濟

極端的外部經濟實例，發生在各種加工業和營造業基礎知識原理的「生產」方面。各種配方或祕訣的特徵，亦即，指導生產程序的那些科技方法的特徵，在於它們能發揮的功效是無窮無盡的。相關的效能因此不是稀少的，沒有必要節約使用。導致經濟財私有制建立的那些理由，和它們無關。它們過去留在私有財產制的範圍之外，不是因爲它們是無實質的、無形的、摸不著的，而是因爲它們的效能是無窮無盡的。

人直到後來才開始意識到：這樣的事態也有其缺點；它讓這種配方的生產者——尤其是科技程序的發明者，創作家和作曲家——處在一個奇特位置。他們承擔生產成本，而別人卻能無償享受他們所創造出來的那些產品的效能。他們所生產出來的，對他們來說，或者完全是，或者幾乎完全是，屬於外部經濟的東西。

如果既沒有版權、也沒有專利權，發明家和創作家便處於企業家那樣的位置。他們相對於別人享有一個暫時的優勢。由於他們，不管是自己利用自己的發明或手稿，或是提供相關發明與手稿給別人（製造業者或出版商）利用，都起步較早，因此有機會，在別人也同樣能利用相關發明與手稿之前的一段時間內，賺取利潤。一旦相關發明或書本內容大家都知道，它們便成爲「自由財」，這時相關發明家或創作家便只能享受專屬的榮耀。

這裡所涉及的問題，完全和創造性天才的行爲無關。前所未聞的一些事物的先驅和原創者，也在生產與工作，不過，這「生產與工作」幾個字的意思，不是用在別人身上的那種意思。不管同代人對這些先驅和原創者的作品有什麼反應，他們都不會允許自己受到影響。他們從未盼望得到什麼鼓勵。[13]

至於所提供的服務對社會來說、不可或缺的那一大群職業知識分子，情形就不同了。我們可以忽略二流詩人、小說家和劇作家，毋須細究如果沒有他們努力創作的產品，對人類來說，是不是嚴重的損失。但是，很明顯，傳遞知識給成長中的下一代，以及讓從事實務者熟悉他們執行計畫時所需的那個數量的知識，都需要一些教科書、說明書、手冊和其他非小說作品。這些出版品，如果每個人都可隨意複製，就不太可能有人肯費力撰寫。在科技發明和發現的領域，這種情況尤其明顯。獲致這方面的成就所需的廣泛實驗，往往所費不貲。如果實驗所獲致的結果，對發明者和那些支付發明者實驗費用的人來說，只不過是外部經濟，科技進步將很可能遭到嚴重阻礙。

專利和版權是最近幾個世紀法律演進的結果。它們在傳統財產權體系裡的地位，仍然頗多爭議。一般人斜眼看待，認爲這兩者是不正常的特權；這是它們的初期演進狀況殘留的一個痕跡，當時只緣於有關當局例外授予特權，創作家和發明家才獲得法律保障。專利和版權的正當性頗有問題，它們之所以有利可圖，全因它們使賣方能按獨占性價格出售一些相關產品。[14]另外，有些專利權法律的公正性也受到挑戰，不少人認爲：該等專利權只獎賞那些總結許多前人的成就、僅僅添加最後一筆潤飾、而導致實際利用的人。眞正披荊斬棘的前輩，儘管對於最後結果的貢獻，往往遠比取得專利權者的貢獻更爲重大，反而一無所獲。

仔細檢討關於版權和專利權制度的正反意見，不是交換學的任務。交換學只消強調，這是財產權如何界定的問題，而如果專利權和版權遭到廢除，那麼，創作家和發明家將大多是外部經濟的生產者。

特權和準特權

法律和制度對選擇自由與行爲自決所施加的約束，並非始終不可逾越，無論在什麼情況下，都克服不了。某些社會寵兒可能豁免一些束縛其餘所有人的約束；這豁免可能是由法律當作一項明確的特權、明文授予的，或者是由受託執行法律的機關以某一（曖昧的）行政決策授予的。另外，有些人的心腸可能夠凶狠毒辣，儘管執法機關隨時保持警惕，他們依然蔑視法律；他們的膽大妄爲，使他們獲得某項準特權。

沒人遵守的法律，是無效的。不是對所有人都有效，或不是所有人都遵守的法律，可能授予那些豁免法律約束的人——不管這豁免是緣於法律本身，或緣於行爲人自己膽大妄爲——收取差額地租或獨占利益的機會。

對市場現象的形成而言，豁免法律約束，究竟是基於合法有效的特權，抑或是基於不合法的準特權，是無關緊要的。再則，豁免法律約束的個人或企業，爲取得該豁免特權或准特權所招致的成本，究竟是合法的（例如，獲得授權者被課徵的稅）、抑或是非法的（例如，付給腐敗官員的賄賂），那也無關緊要。如果某一進口禁令的效力被某一數量的進口減弱了，則影響市場價格的因素便是那進口數量，以及取得和利用相關特權所招致的具體成本。至於相關進口究竟是合法的（例如，在貿易數量管制下，發給某些特權人士進口許可）或是非法的走私品，對市場（價格）結構沒影響。

第二十四章　利益和諧與衝突

第一節　市場上利潤與虧損的最終來源

市場資料一再出現變化，阻止實際經濟體系變成均勻輪轉的經濟，同時一再產生企業家的利潤和虧損；這個事實，顯然對某些社會成員有利，而對其他一些成員不利。有些論述者據此推斷：某個人的獲益，是另一個人的損失；除非因爲他人蒙受虧損，沒人會獲得利潤。這種武斷的意見，某些古代論述者已經提出過。在現代論述者當中，蒙田（Montaigne）是第一個重申這種意見的人；我們完全可以把該意見稱作蒙田教條。它是重商主義的學說無論新舊的精髓。它是所有現代利益衝突學說的根本源頭；這些學說宣稱，在市場經濟框架裡，國內各社會階層彼此之間、乃至任何國家和所有其他國家彼此之間，都有不可調和的利益衝突趨勢。[1]

且說，就現金引起的貨幣購買力變化對延期付款的影響而言，蒙田教條是對的。但是，就任何企業家的利潤或虧損而言，不管是出現在停滯的經濟中（其中的利潤總和等於虧損總和），或是出現在進步的或退步的經濟中（在這兩種經濟中，利潤總和不等於虧損總和），蒙田教條卻是一無是處。

在一個未受干擾的市場社會運作過程中，某人所以獲得利潤，原因不在於其他同胞的困窘，而在於他減輕或完全去除某些使同胞覺得不適的原因。使病患痛苦的，不是治病的醫生，而是瘟疫。醫生獲得利益，不是瘟疫流行的結果，而是幫助染病者恢復健康的結果。利潤的最終來源，永遠是對未來情況的洞見。那些比別人更成功預料到未來市場變化，並且預先調整行動、成功因應未來市場狀態的人，因能滿足民眾當下最迫切的一些需要，會獲得利潤。那些生產出買方爭先搶購的一些財貨與服務的人所賺到的利潤，不是他人蒙受虧損的根源；那些蒙受虧損者提供給市場的，不是民眾願意支付全部生產成本去購買的商品。造成那些人虧損的原因，在於欠缺遠見、未能預料到消費者現在的需求。

一些影響需求與供給的市場外部事件，有時候可能如此突然、意外發生，以致人們說，沒有哪一個有理性的人能事先預料。這時，有嫉妒心理的人可能認爲，那些從這種變化獲得利益者其利潤是不正當的。然而，這種任意的價值判斷不會改變眞正的利害形勢。很明顯，支付高額診療費請某個醫生治好病，比欠缺醫療協助，對病人更爲有利。如果不是這樣，他將不會去找醫生治病。

在市場經濟裡，買方和賣方沒有眞正的利益衝突，只有因爲欠缺遠見而造成的一時不便。如果所有市場社會成員，每一個都始終正確、及時預見未來情況、並預爲因應，那對大家都將有利。如果情形眞是這樣，則歷史回顧將會確立：過去沒有絲毫的資本和勞動，浪費在滿足一些，現在認爲比某些尚未滿足的需求，較不迫切的需求上。然而，人，並非無所不知，對於未來，尤其如此。

從憎恨和嫉妒觀點看待這些問題，是不對的。只注意個人一時的利害，也同樣不對。這些是社會問題，我們下判斷時，必須著眼於整個市場體系的運作。要使每一個社會成員的各種需求盡可能獲得滿足，辦法正好就是，需要讓那些比別人更成功預料到未來情況的人賺得利潤。如果削減他們的利潤，用來補貼因市場外部條件改變而受到傷害的人，那麼，供給朝需求方向調整的效率，將不是改善、而是變差。就像醫生偶而賺取一些高額診療費，如果加以阻止，那麼選擇投身醫界的人數將不會增加，反而會減少。

每一筆交易總是對買賣雙方都有利。某個人即使虧本出售，也仍然比完全賣不出去或只能以更低的價格出售，要好得多。他虧本，是因爲他欠缺遠見；有機會出售，即使賣得的價格很低，還是停止他的損失。如果買賣雙方各自認爲，交易不是當前市況下所能選擇的，對自己最有利的行爲，他們彼此之間便不會達成交易。

某個人的利益是另一個人的損失，這個說法，對強盜、戰爭和掠奪而言，是正確的。盜賊的贓物，是受害者損失的財物。但是，戰爭和通商是兩回事。伏爾泰（Voltaire）犯了一個錯誤；一七六四年，他在所編撰的哲學辭典（Dictionnaire philosophique）「祖國」（Patrie）這個條目下寫道：「某個人若眞正愛國，便該希望他自己國家以貿易致富、以戰備變強大；很明顯，除非犧牲他國利益，一個國家不可能得利，而且除非傷害他國人民，否則不可能征服他們。」伏爾泰，和許多在他之前和之後的論述者一樣，認爲研習經濟思想是多餘的。如果他讀過同一世代大衛．休謨（David Hume）的一些論文，他便應當知道，一體看待戰爭和國際貿易，是多大的錯誤。伏爾泰，這個許多古老迷信和流行謬誤的偉大揭露者，自己意外陷在最嚴重可怕的謬誤中。

當麵包師傅提供麵包給牙醫，而牙醫治療麵包師傅牙痛時，不管是麵包師傅或牙醫都沒受到傷害。把這樣的服務交換和武裝匪徒搶劫麵包店，視爲同一回事的兩個樣貌，是不對的。國外貿易和國內貿易的差別，只在於前者交換的財貨與服務，跨越了分隔兩個主權國的邊界。極端荒謬的是，路易．拿破崙．波拿巴王子，後來的法國皇帝拿破崙三世，居然在休謨、亞當．史密斯和李嘉圖之後幾十年還寫道：「一個國家輸出的貨物數量，總是與該國的光榮與尊嚴每當需要維護時、能對敵人發射多少發砲彈成正比。」[2]經濟學所有關於國際分工和國際貿易的學說，迄今猶未能摧毀如下這個享有聲望的重商主義謬論，「對外貿易的目的，在於使外國人變貧窮」。[3]揭露這一個和其他類似錯覺與謬誤之所以流行的根源，是歷史研究的任務。就經濟學來說，是非對錯的問題早就已經解決了。

第二節　生育節制

大自然賜予的維生手段稀少，迫使每一個生物，在生存鬥爭中，把所有其他生物視爲致命的敵人，因而產生殘酷的生物學意義的競爭。但是，就人類來說，當、而且只當，各個人、各家庭、各部落和各國經濟自給自足爲分工所取代時，這種不可調和的、生物學意義的利益衝突便會消失。在分工的社會體系裡，只要人口尚未增至最適規模，[4]便不存在利益衝突。只要利用新增人力能取得大於人力增加比例的報酬，利益和諧便會取代利益衝突。人彼此不再只是針對某一嚴格有限的供給、進行鬥爭、搶奪分配的對手。他們變成合作者，一起爲某些共同目的而奮鬥。人口增加，不僅不會削減、反而會擴大人人一般分得的供給。

如果人只追求身體所需的營養和性滿足，人口便傾向增加，超過最適規模，直到維生手段的供給量所劃下的界線。然而，人其實不只希望活著和交配；他希望**像個人樣**活著。沒錯，生活情況改善，通常導致人口增加；但是，這增加比不上基本生存手段的增加。如果不是這樣，人就絕不可能成功建立牢靠的社會關係和發展文明。就各種老鼠和微生物而言，食物一旦增加，就會使它們的數目增加，直到食物供給所能維持基本存在的極限；不會剩下什麼食物，供它們追求其他目的。工資鐵則所隱含的根本錯誤，恰恰在於把人——或至少把賺取工資者——視爲僅受動物性衝動驅策的生物。工資鐵則的捍衛者未能意識到：只要人還追求某些特別屬於人的目的，人和獸類便不一樣；我們也許可以把這些目的稱爲比較高級或比較崇高的目的。

馬爾薩斯的人口律是一項偉大的思想成就。人口律與分工原理構成現代生物學和演化理論的基礎；對於人的行爲科學，這兩個基本定律的重要性，僅次於發現各種市場現象的交錯連結和發生順序當中的規律，以及市場現象必然取決於市場資料。那些反對馬爾薩斯人口律的意見，和反對報酬律的意見一樣，是沒用的、無足輕重的。這兩個定律不容置疑。但是，在人的行爲科學理論體系裡，這兩個定律扮演的角色，和馬爾薩斯當初所安排的角色不同。

非人類生物完全受制於馬爾薩斯所描述的生物學定律。[5]它們的數目傾向超出生存資源的極限，從而額外的成員會因缺乏食物而遭到淘汰；這個說法，對它們而言，是絕無例外、完全有效的。最低生存這個概念，對非人類動物而言，有一個毫不含糊、獨特確定的意義；但是，對人來說，情形就不同了。人，把所有動物具有的那些純動物性衝動的滿足，納入某個價值排序中；在這個價值排序中，還有其他特屬於人性的目的所占的位置。換言之，行爲人會把他的性慾滿足理性化。性慾的滿足，是利弊得失權衡的結果。人，不會像公牛那樣，盲目順從性刺激；人如果認爲成本——預期的弊端——太高，會克制交配的慾望。我們可以按這個意思應用馬爾薩斯所使用的道德約束一詞[6]，不帶任何價值判斷或倫理含義。

性行爲的理性化，已經隱含繁殖的理性化。後來，人更進一步，採用一些和節制性行爲無關的方法，譬如，棄嬰、殺嬰和墮胎等等過分且令人厭惡的手段，使子嗣的增加理性化。最後，人學到怎樣進行性行爲而不會導致懷孕的辦法。過去這一百多年間，各種避孕技術已臻完善，它們的使用頻率也顯著提高。然而，這些方法是人早已知道和使用的。

現代資本主義給資本主義國家的廣大民眾帶來財富，以及資本主義帶來的衛生條件改善，和預防與治療疾病方法進步，已經顯著降低死亡率，尤其是嬰兒死亡率，從而延長了平均壽命。目前在資本主義國家，只因人們比以往更加厲行節制生育，才成功限制住後代子嗣的產生。可見，過渡至資本主義——亦即，移除從前一些干擾私人主動創新和舉辦企業的障礙——已經深深影響到人的性習慣。節制生育並不是一個新現象，新的只是現在更普遍頻繁獲得採用。尤其新鮮的是，節制生育不再只是在上階層社會流行，而是普及全民。資本主義的一個最重大的社會效果，就是在所有社會階層中推動去無產階級化；從事體力勞動的廣大群眾生活水準提高，也變成「資產階級」，也像有錢的城市公民那樣思想和行為。他們也渴望維持自己和子女的生活水準，因而進行節育。隨著資本主義的擴散和進步，節育變成普遍的習慣。於是，過渡至資本主義，伴隨兩個現象：生育率和死亡率雙雙降低。平均壽命延長。

在馬爾薩斯的年代，還不可能觀察到資本主義的這些人口統計特徵。到了今天，它們已不容置疑。但是，許多人遭到浪漫主義偏見的蒙蔽，把它們描述為西方文明衰老腐朽的白種人獨有的衰敗和退化現象。這些浪漫主義者，對於亞洲人進行節育的程度不如西歐人、北美人和澳洲人，大感驚惶。現代防治疾病的方法也使這些東方民族的死亡率降低，從而他們的人口成長比西方國家迅速。印度、馬來亞、中國和日本等地的原始民族，他們本身過去對西方的科技和醫療成就並沒有貢獻，只是當作意外的禮物接受它們，但將來會不會終於憑藉人數上的絕對優勢，反而把歐洲血統的民族擠出世界舞臺呢？

這種恐懼是沒有道理的。歷史經驗顯示，所有白種人以生育率下降，回應資本主義所導致的死亡率下降。當然，從這樣的歷史經驗，不能推導出什麼一般化定律。但是，行為學的思考證明，在這兩個現象之間有一必然的連結。外在的物質幸福條件改善，使人口相應增加成為可能。然而，新增生存手段，如果完全用在養育新增的人口，便不會有什麼手段留下來，供應生活水準進一步提升。文明前進的步伐，就會遭到遏止；人類便會抵達某個停滯狀態。

如果我們假設某國人民運氣很好，湊巧發現了某個預防疾病的新辦法，而且它的實際應用既不需要可觀的固定資本投入，也不需要太大的變動支出，則前述情形就會變得更為明顯。當然，就現代醫學而言，光是研究，更不用說實際應用，就需要耗費鉅量的資本和勞動。現代醫學的發展和應用，由於所費不貲，其實是資本主義的產物；在非資本主義的環境裡，現代醫療體系絕不可能存在。但是，從前曾出現過一些性質不同的實例。接種天花疫苗的方法，並非源自昂貴的實驗室研究，而且就它初始的粗糙方式來說，應用成本也微不足道。那麼，在一個前資本主義、也不致力節育的國家裡，天花疫苗接種方法普遍應用，會產生什麼後果？它將徒然使人口增加，而食物數量並沒增加；於是會減損平均生活水準。它將不是什麼祝福，而是一個詛咒。

亞洲和非洲的情況，與此大致相同。這些落後民族從西方得到現成的疾病治療和預防方法，甚至往往不用支付藥物、醫院設備和醫生服務的費用。白種人支付了這些成本，有時候出於人道考慮，有時候基於自身利益。沒錯，有幾個這些落後國家，在引進西方醫療知識時，也輸入外國資本，並累積相對少量的、採用了外國科技方法的本國資本，傾向增加每單位勞動產出，從而導致平均生活水準傾向改善。然而，這個改善傾向，力道不夠，尚不足以抵銷死亡率下降未充分伴隨生育率下降，所導致的生活水準下降趨勢。顯然，和西方接觸尚未使這些人民獲益，因為他們的心靈還沒受到影響，還沒有使他們擺脫古老的迷信、偏見和誤解；只改變了他們的科技和醫療知識。

東方民族的改革者希望，他們的同胞可以獲得西方民族現在享有的物質幸福。但是，他們受到馬克思主義、民族主義、軍國主義觀念的矇騙，認為要達到這個目的，只須引進歐洲和美國的科技。不管是斯拉夫的布爾什維克主義者和民族主義者，或是他們在東、西印度，和在中國及日本的支持者，都沒意識到，他們的人民最需要的，不是西方科技，而是在其他各種成就之外，還能同時產生科技知識的社會秩序。他們主要欠缺經濟自由、個人主動創新精神、企業家和資本主義。但是，他們只希望得到工程師和各種機械。分隔東方和西方的，其實是社會與經濟制度。東方不認識那種創造出資本主義的西方精神；不接納資本主義本身，而只輸入資本主義一些形形色色的用具，是沒用的。資本主義文明的成就，沒有哪一項是在非資本主義的環境裡完成的，也沒有哪一項能在沒有市場經濟的世界裡保存下來。

亞洲人如果要眞正進入西方文明圈，就必須毫無保留的採取市場經濟。那時，他們的廣大群眾將脫離目前沒有恆產的可憐狀態，並且也會像每一個資本主義國家那樣實施節育；他們將不再有過度成長的人口阻礙生活水準改善。相反的，如果東方民族依然一成不變、僅接受西方一些有形的成就，而沒擁抱西方的哲學和社會意識型態，那麼，他們將永遠留在目前這種低人一等的貧窮狀態。他們的人口可能顯著增加，但他們將脫離不了貧困狀態。這些可憐的廣大貧民，對於西方諸民族的獨立地位，肯定沒有什麼嚴重的威脅。只要有武器的需求，市場社會的企業家將永遠不會停止生產更有效率的武器，從而確保他們的同胞，在武器裝備上，優於只會模仿的非資本主義東方人。兩次世界大戰的軍事經驗再次證明，資本主義國家在軍備生產方面還是居於領先地位的。沒有哪一個外來的侵略者能摧毀資本主義文明，除非它自我摧毀。凡是在允許資本主義的企業家精神自由發揮的地方，戰鬥部隊的裝備將永遠是如此精良，以致落後民族最龐大的軍隊根本不是對手。甚至所謂「祕密」武器的製造公式如果公諸於世，就會遭致危險，也只是一個過度誇大的說法。如果再次發生戰爭，資本主義世界勤於探索的心靈，將永遠領先那些只會抄襲和笨拙模仿的民族。

發展、並且堅持市場經濟體制的民族，在每方面都優於所有其他民族。他們渴望保持和平，但是，這個事實並不表示他們懦弱、沒有作戰能力。他們愛好和平，因爲他們知道武裝衝突有害，會瓦解社會分工體系。但是，如果戰爭變得不可避免，他們會證實他們在軍事操作效率方面也比較優越。他們會擊退那些野蠻落後的侵略者，不管後者的人數有多少。

有意的調整生育率，以適應幸福生活所倚賴的物質供給潛力，是人特有的生命與行爲不可或缺的條件，也是人類文明、財富與繁榮不可或缺的條件。唯一有益的節育方法，是不是節制性行爲？這是必須從身心衛生觀點決定的問題。拿過去情況不同的年代發展出來的道德戒律來混淆問題，是荒謬的。然而，行為學對這個問題所涉及的神學層面不感興趣。行為學只消確立這個事實：凡是在生育後代方面沒有節制的地方，絕不可能有文明和生活水準改善。

社會主義共和國將不得不以威權控制的辦法節制生育率。它將必須嚴格管制轄下人民的性生活，一如必須嚴格管制他們所有其他方面的行動。在市場經濟裡，每個人都自動自發決定，不想生育除非顯著降低自家生活水準、否則便無力撫養的子女。因此，人口成長，在超過資本供給和科技知識狀態所決定的最適規模之前，便會遭到抑制。每個人的利益和所有其他人的利益不謀而合。

反對節育，無異希望廢除維持和平的人類合作與社會分工不可或缺的方法。凡是在平均生活水準因人口過度增加而受損的地方，便會發生不可調和的利益衝突；每個人又會再度成為所有其他人生存競爭的對手；消滅競爭對手，仍是增進自己物質幸福的唯一手段。聲稱節育違反上帝和大自然法則的哲學家和神學家，拒絕就事論事討論問題。人類幸福和生存所需的物質手段，大自然的賜予是有限的。自然的情況既是如此，人類只得在人人彼此殘忍爭戰或社會合作之間做選擇。但是，如果人們放縱自然的繁衍衝動，社會合作是不可能的。在節制生育一事上，人選擇自我調整以適應賴以生存的自然環境。性衝動理性化，對文明與牢固的社會連結來說，是不可或缺的條件。如果放棄節育，則長期而言，存活下來的人數將不會增加、反而會減少，並且每個人的生活將像我們數千年前的祖先那樣貧窮可憐。

第三節　「正確了解的」利益和諧

自古以來，總是有人東拉西扯、閒談他們的祖先，在原始的「自然狀態」下享有的極樂生活。這個原始狀態的幸福景象，從古老的神話、傳說和詩篇，進入許多十七、十八世紀的流行哲學。在這些哲學的術語中，**自然的**這個形容詞代表好的和有益的人間世事，而**文明**一詞則有羞辱人的含義。這些哲學認爲，人類的墮落始於背離從前的原始狀態，當初人類和其他動物之間幾乎沒什麼差別。這些浪漫歌詠過去的哲學家聲稱，那時候，人與人彼此沒有衝突。在伊甸園裡，和平未曾受到打攪。

然而，大自然其實沒有締造和平與善意。「自然狀態」的特徵，是不可調和的衝突。每一個人都是所有其他人的競爭對手。生存資源稀少，並非所有人都自然可以存活；衝突絕不可能消失。如果某一夥人團結起來，以擊敗敵對的團夥爲目標，並成功殲滅了它的敵人，則關於戰利品的分配，在這些勝利者當中，便會產生新的敵意。衝突的根源，始終在於這個事實：每個人分得的部分，縮減了所有其他人分得的部分。這是一個沒有任何和平解決方案的困境。

分工帶來的較高生產力，使人與人可能維持友善關係。分工消除自然的利益衝突；因爲凡是在有分工的地方，便不再有什麼不能擴大的供給與分配所導致的衝突問題。由於勞動在分工下執行具有較高生產力，各種財貨的供給相應增加。一個突出的共同利益——保持和進一步加強社會合作——變成最重要的利益考量，使所有基本衝突消失。於是，交換學意義的競爭，取代了生物學意義的競爭，從而導致所有社會成員的利益和諧。在生物學意義的競爭下，那個會引起不可調和之利益衝突的條件——亦即，大體上，每個人都爭取一些相同的東西——現在反而變成是一個導致利益和諧的因素。因爲許多人，甚至所有的人，希望得到麵包、衣服、鞋子和汽車，所以大量生產這些東西便具有可行性，於是生產成本大幅降低，以致低價便可買到。同胞和我一樣想取得鞋子，不會使我更難、而是更容易得到鞋子。使鞋子的價格提高的因素，是大自然沒供應更豐富的皮革和其他製造鞋子所需的原料，以及爲了把這些原料轉變成鞋子，人必須忍受勞動負效用。至於那些像我這樣渴望獲得鞋子的人，和我進行交換學意義的競爭，使鞋子變得更便宜，而不是更貴。

這就是市場社會所有成員「正確了解的利益彼此和諧」這個定理的意義。[7]當古典經濟學家做此陳述時，他們是想強調下面這兩點：第一，保持使勞動生產力得以增加的社會分工體系，攸關每一個人的利益。第二，在市場社會裡，消費者的需求最終指導所有生產活動。人的所有慾望並非都能滿足，但是，導致此一事實的原因，不是一些不適當的社會制度或市場經濟體系的什麼缺失，而是人世間的自然條件。所謂大自然賜予人類無窮無盡的財富，而貧窮則是人類沒組織好社會的結果，這樣的想法是完全錯誤的。社會改革者和空想家所描繪的、那個宛如天堂的「自然狀態」，其實是一個極端貧窮困苦的狀態。邊沁說，「貧窮不是法律造成的，而是人類的原始狀態。」[8]甚至社會金字塔底層人民的處境，也比他們在沒有社會合作的情況下要改善很多。他們也受益於市場經濟的運作，也分享文明社會的各種好處。

十九世紀的社會改革者，沒拋棄「原始狀態是人間天堂」這個他們所珍愛的傳說；恩格斯把該傳說編入馬克思主義對人類社會演化的論述中。然而，他們不再將遠古極樂的黃金年代神話，樹立爲社會經濟重建的典範。他們拿資本主義據稱的腐敗情況，和人類據稱將在未來的社會主義極樂世界裡享有的理想幸福相對照。社會主義的生產模式，將廢除資本主義用來遏止生產力發展的各種干擾，並且將把勞動生產力和財富增加到無法估量的地步。保存自由企業和生產手段私有財產制，將僅僅使少數寄生的剝削者獲利，而傷害占社會絕大多數的工人。因此，在市場社會的架構中，「資本」和「勞動」之間存在不可調和的利益衝突。這個階級鬥爭，只有當某個公平的社會組織體系——或者是社會主義，或者是干預主義——取代了顯然不公平的資本主義生產模式時，才可能消失。

這就是我們這個時代幾乎普遍接受的社會哲學。它不是馬克思原創的，雖然它的流行主要得歸功於馬克思和馬克思主義者的著述。它現在不僅獲得馬克思主義者贊同，也同樣獲得大多數斷然聲明反對馬克思主義、並且在口頭上贊成自由企業的團體贊同。它是羅馬天主教，以及英國天主教，正式的社會哲學；它獲得新基督教各派，以及東正教許多傑出衛道者的支持。它是義大利法西斯主義，德國納粹主義，和各種干預主義學說教條的基本成分。它是德國霍亨索倫皇室的社會政策（Sozialpolitik）、志在恢復Bourbon-Orléans皇室的法國保皇黨、美國羅斯福總統的新政，以及亞洲和拉丁美洲各國民族主義者，所秉持的意識型態。這些團體和黨派彼此的對立，指涉一些無關本質的枝節議題——例如，信仰教條、憲政制度、外交政策——當然，最重要的，也指涉將用來取代資本主義的社會體制該有些什麼特色。但是，他們全都同意下面這個根本論點：資本主義制度傷害占社會絕大多數的工人、工匠和小農的切身利益。他們全都以社會正義爲名，要求廢除資本主義。[9]

所有社會主義和干預主義的論述者和政客，對市場經濟的分析與批評，都以兩個根本錯誤爲基礎。第一，他們未能意識到，所有供應未來需求滿足的努力，亦即，人的一切行爲，固有的投機性質。他們天眞的以爲，關於要採取哪些措施以便讓消費者獲得最佳可能的供應，絕不可能存在任何疑問。在社會主義共和國裡，主管生產的沙皇（或中央生產管理委員會）將不需要投機。他將「僅僅」必須採用那些對他轄下的人民有益的措施。那些主張計畫經濟的人從來沒想過，眞正的問題，就是供應未來某些可能和今天不同的需求，以及怎樣以最合宜的方式使用現有的各種生產要素，以便使這些不確定的未來需求得到最佳可能的滿足。他們沒想到，眞正的問題是：怎樣將各種稀少的生產要素配置到各生產部門，以免還有任何更爲迫切的需求尚待滿足，只因滿足它們所需的生產要素運用在，或者說，浪費在滿足一些比較不迫切的需求。這種經濟問題，絕不可和科技問題混爲一談。科技知識只可能告訴我們：在目前的科學見識狀態下，什麼目標能達成。但科技知識不可能回答，應該生產什麼、生產多少，以及在無數可供採用的科技程序中，該採取哪些程序等等問題。計畫社會的主張者，由於未能掌握這類基本問題，誤以爲主管生產的沙皇絕不會犯錯。相對的，在市場經濟裡，企業家和資本家免不了要犯下一些嚴重的錯誤，因爲他們既不知道消費者想要什麼，也不知道他們的生意競爭對手在做些什麼。而社會主義共和國主管生產的總經理，將是永遠正確的，因爲唯有他有權力決定該生產什麼和如何生產，同時也因爲沒有其他任何人的行爲會牴觸他的計畫。[10]

社會主義者對市場經濟的批評所涉及的另一個根本錯誤，源自錯誤的工資理論。他們沒意識到，工資是對賺取工資者的勞動成就所支付的價格，亦即，對勞動者的努力在相關財貨生產上的貢獻，或者按一般人平常所言，對勞動者的服務給材料增添的價值所支付的價格。不管是按時計酬或按件計酬，雇主購買的標的，永遠是工人的工作成果和效能，而非工人的時間。因此，在未受干擾的市場經濟裡，說工人在其所執行工作任務上沒有自己的利益，是不對的。社會主義者嚴重誤解這個事實，聲稱那些按時薪、按日薪、按週薪、按月薪或按年薪給付的工人，他們的工作效率，不是基於他們自己的私人利益考量。然而，促使某個按時計酬的工人不敢粗心大意、在工作間裡晃蕩的因素，其實不是什麼崇高的理念或責任感，而是實質利益的考量。工作成果較多、較好的人，獲得較高工資；想要賺得更多工資的人，必須增加工作完成的質量。老於世故的雇主不會這麼容易受騙上當，讓偷懶的雇員欺騙得逞；他們不會像許多政府那樣，毫不在乎支付薪水給眾多偷懶的官僚。另一方面，賺取工資者也不致如此愚蠢，不知道懶惰和無效率會遭到勞動市場的懲罰。[11]

社會主義者不僅誤解了工資的交換學意義，還進而在這誤解的脆弱基礎上，建構一些匪夷所思的神話，說什麼他們的計畫一旦實現，勞動生產力將可望大幅增加。他們說，在資本主義下，工人的熱情嚴重減損，因爲工人知道他本人得不到自己的勞動成果，他的辛勞只會使他的雇主，這個寄生蟲、無所事事的剝削者，變得更富有；而在社會主義下，每一個工人都將知道，他在爲社會利益工作，而他本人則是這社會的一分子。這個認識，將使他有最強大的誘因盡力工作；從而將導致勞動生產力，以及財富大幅提升。

然而，所謂每一個工人的利益和社會主義共和國的利益是一體的，純粹只是法條主義和形式主義虛構的一個概念，和眞實的情況沒有任何關係。譬如，某個工人自己加大努力，所付出的犧牲完全由他個人承擔，但這額外努力的產出只有極微小的一部分使自己獲益，只能增進一點點自己的幸福。而如果這個工人屈服於敷衍了事和懶散的誘惑，他便完全享有因此可能獲得的樂趣；至於所造成的社會收入減損，對他自己分得的那一份收入，只有極微小的影響。自私自利在資本主義下，所產生的那一切促使個人努力的激勵作用，在社會主義生產模式下，完全消失不見，甚至懶惰和敷衍了事的誘惑反而增強了。在資本主義社會裡，自私自利促使每個人盡可能勤勉工作，然而在社會主義社會裡，同樣的自私自利卻導致懶惰散漫。社會主義者可以繼續喋喋不休，論說社會主義的來臨將使人性發生神奇改變，崇高的利他主義將取代卑鄙的自我主義。但是，他們絕不該再沉醉於神話傳說，說什麼在社會主義下，每個人的自私自利將會產生令人驚艷的非凡效果。[12]

只要是明理的人，一定都會根據這些理由，推斷市場經濟的勞動生產力，遠比社會主義的勞動生產力高出許多。然而，從行爲學的觀點，亦即，從科學的觀點來說，這個推斷解決不了資本主義提倡者和社會主義提倡者之間的爭議。

眞誠提倡社會主義的人，即使一點也不頑固、不偏執、無惡意，也依然可以辯稱：「市場社會所產出的淨收入總額P，也許眞的大於社會主義社會所產出的淨收入總額p。但是，如果社會主義體系分給每一個成員相等的一份p（亦即，d = p ÷ z），則所有那些在市場社會裡收入低於d的人，將因社會主義取代了資本主義而受惠。這一群人很可能包括絕大多數的人。無論如何，很明顯的，市場社會所有成員『正確了解的利益』彼此和諧的說法，是站不住腳的。有一群人的利益，因爲存在市場經濟而受到傷害，在社會主義下，他們會過得比較好。」相反的，自由主義者則質疑這個推論的正確性；他們相信，p將遠小於P，乃至d將小於在市場社會裡賺取最低工資者的收入。自由主義者的反對意見，無疑是有事實根據的；然而，他們對社會主義者的反駁，不是根據行爲學的理論，因此缺乏行爲學固有的那種斷然不可反駁的論證力量。他們的反駁，是以某一影響分量的判斷爲依據，亦即，依據P和p這兩個數量的評估。在人的行爲領域，數量的評估是透過（歷史的特殊）了解進行的，而這種了解不可能達成各方一致的意見。對於解決數量問題的爭議，行爲學、經濟學和交換學幫不上忙。

社會主義的提倡者甚至可以進一步說：「在社會主義下，即使每個人生活將過得甚至不如資本主義下最窮的人；儘管在市場經濟下，每個人獲得的財貨供給比在社會主義下更多，我們依然要唾棄市場經濟。我們在道德基礎上反對不公平、不道德的資本主義。我們根據通常稱爲非經濟的理由，寧可選擇社會主義，忍受社會主義減損每個人的物質幸福。」[13]毫無疑問，對於物質幸福懷抱如此輕蔑冷淡的態度，是象牙塔裡和現實隔絕的知識分子，以及禁慾隱士專有的一項特權。相反的，就絕大多數社會主義的支持者來說，他們所以歡迎社會主義，只因誤以爲社會主義將比資本主義供給他們更多生活便利品。但無論如何，很明顯的，這個爲社會主義辯護的模式，和自由主義者訴諸勞動生產力的論證模式，兩者不可能有什麼交集。

如果行爲學除了指出社會主義降低所有或絕大部分民眾的生活水準之外，提不出其他理由反對社會主義，那麼，對於社會主義就不可能做出什麼最後、無可轉圜的結論。人將必須根據價値和影響分量的判斷，在資本主義和社會主義之間做出抉擇。人將必須在兩種制度之間做出選擇，就好像人在其他許多事物之間做選擇那樣。沒有什麼客觀標準可能存在，或者說，不可能用某種不容許反駁、每一個神智正常的人都必須接受的方式，解決這兩種制度的爭執；每個人的選擇和判斷自由，將不會因遇上無情的必然定律而遭到消滅。然而，眞正的情況，與此完全不同。人，不可能在這兩種制度之間做選擇。唯有在市場經濟裡，人與人才可能分工合作。社會主義不是可以實現的社會經濟組織，因爲它沒有任何方法進行經濟計算。處理這個根本的問題，是本書第五篇的任務。

確立這個事實，不等於貶低某些人根據社會主義損害生產力，所推演出來的反社會主義論證的正確性和說服力。這類反對各種社會主義的理由，分量是壓倒性的，凡是明智的人都會毫不猶豫的選擇資本主義。然而，這樣的論證依然只是在兩個社會經濟組織體系之間做選擇，接受其中一個、而捨棄另一個。然而，資本主義和社會主義其實不是兩個對等的備選制度，社會主義是不可能實現的；要建立社會主義成爲一個社會體系，是人力所不能及的事情。眞正的選擇，是資本主義與混亂之間的選擇。一個在選擇喝一杯牛奶或者喝一杯氰化鉀的人，不是在兩杯飲料之間做選擇，而是在選擇生或死。一個在資本主義和社會主義之間做選擇的社會，不是在兩個社會體系之間做選擇，而是在選擇社會合作或社會解體。社會主義不是一個可以替代資本主義的備選體系；社會主義其實是所有可以讓人**像個人樣**活著的社會體系之外的選項。強調這一點，是經濟學的任務，就好像教導人認清氰化鉀不是營養品、而是致命的毒藥，是生物學和化學的任務。

事實上，生產力論的說服力是如此不可抗拒，以致社會主義提倡者不得不放棄他們的舊宣傳手段，而採用新方法。他們現在急於凸顯獨占問題，以轉移一般人對生產力問題的注意。所有當代社會主義者的宣傳，都長篇闊論、闡述獨占權力。政治家和大學教授競相描述獨占的諸多禍害。我們這個時代，被他們稱爲獨占性資本主義時代。今天提出來贊成社會主義的一些主張，主要指涉獨占問題。

沒錯，獨占性價格（注意，這不是未導致獨占性價格的獨占本身）的出現，在獨占者利益和消費者利益之間創造出一個矛盾。獨占者沒按照消費大眾的願望，去利用他所獨占的財貨。只要出現獨占性價格，便表示獨占者自身利益優先於公眾利益、便表示市場民主受到壓制。就獨占性價格而言，沒有利益和諧、只有利益衝突。

就某些商品在專利權和版權保護下銷售、所取得的獨占性價格而言，我們可以反駁這些關於利益衝突的說法。我們可以申辯說，如果沒有專利權法和版權法，這些書籍、樂曲和科技創新將永遠不會出現。民眾為一些在競爭性價格下完全享受不到的東西，支付獨占性價格。然而，我們大可忽略這個議題；它和我們這個時代的獨占大辯論沒什麼關係。某些學者在談論獨占的禍害時，是在暗指：在未受干擾的市場經濟裡，有一普遍、必然的趨勢，傾向以獨占性價格取代競爭性價格。他們說，這是「成熟的」或「後期的」資本主義的特徵。不管在資本主義演進的早期階段曾經有過什麼樣的情況，也不管古典經濟學家關於個人「正確了解的利益」彼此和諧，說法是否曾經有效，現在都已沒有利益和諧的可能性了。

其實，正如前面已經指出的，[14]不存在這種傾向獨占的趨勢。沒錯，許多商品在許多國家取得獨占性價格；另外，也有許多商品在國際市場上以獨占性價格銷售。然而，所有這些獨占性價格的實例，幾乎都是政府干預商業買賣的結果，而不是在自由市場上操作的因素相互作用的結果。它們不是資本主義的產物，反而恰恰是政府努力，抵制決定市場價格高低的力量，所引致的結果。使用獨占性資本主義一詞，是對事實的扭曲。比較恰當的用語，應該是獨占性干預主義或獨占性國家至上主義。

至於即使在沒有遭到本國政府干預或若干國家集體密謀、干擾、破壞的市場上，也會出現的那些獨占性價格，都是一些比較次要的實例。它們涉及蘊藏量不多、而且地理分布相當集中的原料，以及地方性有限空間獨占。在這些情況下，即使政府沒採取某些政策直接或間接促成，獨占性價格的確可能實現。我們必須承認，消費者權力並不完美至上，而市場民主的運作也有一些限制。沒錯，在一些罕見例外、而且也比較次要的狀況下，即使在沒有遭到政府干擾與破壞的市場上，生產要素所有者的利益和其他人民的利益也會有彼此衝突、對立的問題。然而，存在這種利益衝突，一點也無損於人人在維護市場經濟上有共同利益。因爲市場經濟是社會唯一能運作、而且也實際一直在運作的經濟組織體系。社會主義是不可能實現的，因爲它發展不出任何經濟計算方法。而干預主義必然導致的情況，連干預主義提倡者也會認爲，比他們想改變的未受干擾的市場經濟情況更糟糕。另外，一旦干預主義推展到超出某個狹窄範圍，便會難以爲繼而自我了斷。[15]事實既然如此，則唯一能保持、並且進一步增強社會分工的社會秩序，便是市場經濟。所有那些不想瓦解社會合作、不想回到原始野蠻狀態的人，在維護市場經濟一事上，都有共同的利益。

關於「正確了解的利益」彼此和諧，古典經濟學家的學說是有瑕疵的；他們沒看出，市場民主過程是不完美的，因爲在某些次要的情況下，即使在未受干擾的市場經濟裡，也可能出現獨占性價格。但比這個瑕疵更明顯的是，他們沒看出、而且也不知道爲什麼，任何社會主義體系都不可視爲社會的經濟組織體系。他們把利益和諧說建立在錯誤的假設基礎上，亦即，他們誤以爲，各種生產要素的擁有者，毫無例外爲市場過程所迫，不得不按照消費者的願望，去利用他們的生產要素。今天，利益和諧的定理，必須建立在社會主義不可能進行經濟計算這個認識基礎上。

第四節　私有財產權

生產手段私人所有權制，是市場經濟的根本制度。這個制度是市場經濟本身的特徵；只要它不存在，市場經濟便不可能存在。

擁有某項財貨的意思，是完全控制所有可能從該財貨取得的服務或效能。這個交換學的所有權和財產權概念，不可和各國相關法律所陳述的所有權和財產權定義混爲一談。立法者和法院過去的理念，是要以某一方式定義合法的財產權概念，以便透過有權執行強制和脅迫的政府機關，給予財產主完整的保護，防止任何人侵害財產主的權利。只要這個理念充分實現，法律的財產權概念和交換學的概念便會一致。然而，當今有一些趨勢，傾向透過法律規定，限制財產主對所屬財產得以採取的處理行爲，以達到實質廢除私有財產權的目的。這些法律改革表面上雖然保留私有財產一詞，其實旨在以公有財產權取代私有財產權。這個趨勢，是各基督教社會主義學派，和各民族社會主義學派所提倡的種種計畫的特徵。但是，這些學派思想的捍衛者很少有人像納粹哲學家Othmar Spann這麼敏銳。Spann明確宣稱：他的計畫如果實現，將導致私有財產權「名存實亡，實際上將只存在公有財產權。」[16]這裡有必要提起這些事情，以避免一些流行的謬見和混淆。在處理私有財產權時，交換學處理的是實際的控制權，而不是法律的名詞、概念和定義。私有財產權意味財產主決定生產要素的使用方式，而公有財產權則意味政府控制生產要素的使用方式。

私有財產權，是世間凡人所採用的一個方法；它不是神聖的。在人類歷史早期，它就出現了，當時的人，憑著自己的力量和自己的權威，將先前不屬於任何人的財產據爲己有。另外，過去也一再發生財產主的財產被徵收、剝奪。任何私有財產的歷史，都能追溯到它確定不是從合法行爲開始的那一個時點。實際上，現在的每一個財產主都直接或間接是某些人的合法繼承者，而那些人過去取得財產權的方式，若不是專橫的將一些無主之物據爲己有，就是以暴力掠奪原來的財產主。

法律形式主義能將每一筆財產權追溯至專橫占據或暴力掠奪。然而，這個事實，對於市場社會的現實情況，沒有任何意義。市場經濟裡的所有權，和私有財產的遙遠起源，不再有什麼聯繫。在遙遠的過去發生的事件，隱沒在原始人類歷史的黑暗中，和我們現在不再有任何關係。因爲在未受干擾的市場社會裡，消費者天天重新決定，誰該擁有什麼，以及擁有多少財產。消費者把各種生產手段控制權，分派給那些知道怎樣使用它們、對消費者最迫切的一些需求滿足最爲有利的人。只有在某一法律形式意義上，才可將現在的財產主視爲擅自占用者和暴力剝奪者的繼承人。事實上，他們是消費者的受託人，天天迫於運作不懈的市場力量，勢必要給消費者提供最好的服務。資本主義是消費者自決的圓滿實踐。

私有財產權在市場社會裡，和它在每一個家庭都自給自足的情況下，意義截然不同。在每一個家庭經濟都自給自足的地方，私人擁有的生產手段專爲財產主個人服務。財產主一人獲得使用生產手段所產生的一切利益。在市場社會裡，資本主和地主，只有在使用他們的財產以滿足他人的需求時，才可能享受他們的財產。他們必須服務消費者，才可能從他們所擁有的財產得到好處。他們擁有生產手段這個事實，迫使他們服從公眾的願望。所有權，只有對那些知道怎樣以最有利於消費者的方式使用它的人來說，才是一項資產。簡言之，所有權是一項社會職能。

第五節　我們這個時代的衝突

流行的意見認爲，在我們這個時代，引起內戰和國際戰爭的那些衝突，根源於市場經濟固有的「經濟」利益碰撞。內戰是「被剝削的」群眾對「剝削」階級的造反。對外戰爭是一些「貧窮」國家反抗那些已經蠻橫占有不公平的一份地球自然資源的國家，因爲後者貪得無厭，還想攫取更多上天注定要供大家使用的財富。凡是在面對這些事實時，還在講什麼「正確了解的利益」彼此和諧的人，若不是白痴，就是惡名昭彰、爲明顯不公正的社會秩序做辯解的人。凡是明理和誠實的人都能意識到，今天存在許多不可調和的物質利益衝突，只能訴諸武力解決。

沒錯，我們這個時代的確充斥許多造成戰爭的衝突。然而，這些衝突並非源自未受干擾的市場社會運作。這些衝突可以稱爲經濟衝突，因爲它們牽涉到日常用語稱爲經濟活動的生活面。但是，如果根據這個日常用語就推論說，這些衝突的根源在於市場社會架構下發展出來的情況，那就是一個嚴重錯誤。產生這些衝突的原因，不是資本主義或市場經濟，反而恰恰是一些用意在於阻止市場經濟運作的反資本主義政策。這些衝突是各國政府干預工商業的結果，是各種貿易與移民障礙、歧視外國勞動、外國產品和外國資本的結果。

這些衝突，在未受干擾的市場經濟裡不可能出現。且想像這樣的世界：每個人都可以自由在他想要待的地方生活，並且都可以按照自己的意思，選擇作爲企業家或作爲受僱者，從事他的工作。試問在這樣的世界：這些衝突有哪一個還可能存在？想像這樣的世界：生產手段私有財產權充分落實；沒有任何制度阻礙資本、勞動和商品流動；法律、法院和行政官員不歧視任何個人或團體，不管是本國的或外國的。想像這樣的情況：政府只專注於保護個人的生命、健康和財產，免於暴力和詐欺侵害。在這樣的世界裡，國家之間的邊界雖然劃在地圖上，卻不阻礙任何人從事他認爲會使自己更繁榮的事業；沒有任何人會對本國領土的擴張感到興趣，因爲他不可能從這樣的擴張得到任何利益。征服他國不划算，戰爭變成過時的手段。

在自由主義興起和現代資本主義開始演進以前的年代，人人大多只消費住家附近可以取得的一些原料製成的物品。國際分工的發展，已經徹底改變了這種情況。從遙遠的外國進口的食物和原料，目前已成爲大眾消費的商品。歐洲一些最先進的國家，不可能將就過著沒有這些進口原料的日子，除非甘願忍受生活水準大幅降低。他們必須出口一些製造品，換取他們迫切需要購買的各種礦物、木材、石油、穀物、油脂、咖啡、茶、可可、水果、羊毛和棉花，而他們的出口品大多也是利用這些進口原料、加工製造出來的。他們的重要利益，受到這些初級商品生產國保護主義貿易政策的傷害。

兩百年前，對瑞典人或瑞士人來說，某個非歐洲國家怎樣利用自然資源、是否有效率，是無關緊要的問題。但是，今天某個自然資源稟賦豐富的外國如果經濟落後，對所有經濟先進國家的利益而言，都會是一個傷害；因爲如果經濟落後國採用比較適當的方式利用它的自然資源，先進國的生活水準就可以更爲提高。**在政府干預工商業的世界裡**，「每一個國家擁有無限國家主權」的原則，對所有其他國家而言，是一個挑戰。貧富之間的衝突，是一個眞正的衝突。但是，這種衝突，只存在於任何主權國都可以隨意出手干預，阻撓本國資源獲得較好的開發利用、剝奪消費者享受較好的資源開發將帶來的利益、傷害所有人民——包括本國人民——的世界裡。導致戰爭的原因，不是國家主權本身，而是沒完全忠於市場經濟原則的政府所把持的國家主權。

自由主義，過去和現在一樣，從未將希望寄託在廢除各國政府的主權，因爲那是一個會引起無窮戰爭的冒險；自由主義只希望人人普遍認識經濟自由的理念。如果所有人都變成自由主義者，都理解經濟自由最符合他們自己的利益，國家主權將不再引起衝突和戰爭。要讓和平永久持續，需要的既不是國際協議和盟約，也不是國際法庭和國際組織，像已經失效的國際聯盟和接替該聯盟的聯合國。如果人人普遍接受市場經濟原則，這些權宜辦法和機構就不是必須的；如果該原則沒被接受，則這些權宜辦法和機構就是沒用的。持久的和平，只可能是意識型態改變的結果。只要一般人堅持信奉「蒙田教條」，認爲除非犧牲別國的利益，他們本國的經濟不可能興盛，那麼，和平將不過是爲下一次戰爭累積能量的一段時間罷了。

經濟民族主義[17]和持久和平是不相容的。然而，凡是在工商業遭到政府干預的國家，經濟民族主義就必不可免。凡是在沒有國內自由貿易的國家，保護主義就不可或缺。凡是在政府干預工商業的國家，一旦開放國際自由貿易，則各種干預主義措施所追求的目的，甚至在短期內就會遭到挫折。[18]

只有陷入幻想的人，才會相信一個國家會長久忍受其他國家採取一些政策、傷害本國人民的重要利益。且讓我們假設，聯合國已經在一六〇〇年成立，而且北美洲的各印第安部落已經獲准成爲此一國際組織的會員國。那麼，這些印第安人的國家主權將已經獲得承認是不可侵犯的。表面上，他們將已經獲得權利，可以排除所有外國人進入他們的領土，以及排除所有外國人在北美洲開發他們自己也不知道怎樣利用的那些豐富的自然資源。有誰眞會相信，某個國際盟約或憲章在當年能阻止歐洲人侵入這些印第安國？

許多礦物蘊藏最豐富的地方，當地的居民，或者太無知，或者太懶惰，或者太遲鈍，以致沒好好利用大自然賦予的財富。這些地方的政府，如果阻止外國人開發這些礦藏，或者在公共事務的管理上太過蠻橫專斷，以致外國人的投資毫無安全可言，則某些外國人民全體的利益便遭到嚴重傷害。因爲如果相關礦藏得到更充分的利用，所有這些外國人民全體的物質幸福便能夠改善。這些地方政府的政策，是不是一般文化落後的結果，還是現在流行的一些干預主義和經濟民族主義的理念獲得採納的結果，那是無關緊要的。因爲無論是哪一種情形，結果都一樣。

以一廂情願的想法假裝消除這些衝突，是沒用的。要讓和平持久，需要改變意識型態。引起戰爭的，是幾乎獲得當今所有國家政府和政黨支持的那個經濟哲學。在這個哲學看來，在未受干擾的市場經濟裡，各個國家之間有不可調和的利益衝突；自由貿易傷害整個國家，它使人民變窮；政府的責任，是以貿易障礙防止自由貿易的禍害。爲了論證方便，我們可以忽略保護主義事實上也傷害採取保護主義國家本國的利益。但是，毫無疑問的，保護主義旨在傷害一些外國人的利益，而且也確實傷害了他們。只有陷入幻覺的人才會認爲，那些受傷害的外國人即使相信他們自己足夠強大，可以用武力征服、掃除他國的保護主義，仍然會甘心忍受他國的保護主義。保護主義哲學，是戰爭哲學。我們這個時代的戰爭，並不牴觸我們這個時代流行的經濟學說；相反的，戰爭正是一直奉行、實施這些學說的必然結果。

國際聯盟所以失敗，不是因爲組織上有什麼缺陷。國際聯盟所以失敗，是因爲缺乏眞正自由主義的精神。國際聯盟是一群滿腦子經濟民族主義、並且徹底堅持經濟戰原則的國家之間的一個公約。當各國代表大肆空談各國之間的善意時，他們所代表的政府卻給所有其他國家施加許多禍害。國際聯盟實際運作的那二十年，特徵就在於各國堅定不移的對所有他國進行經濟戰。一九一四年以前的關稅保護主義，若是和一九二〇和一九三〇年代發展出來的保護手段——亦即，禁運、貿易總量管制、外匯管制、貨幣貶值等等——相比，其實算是滿溫和的。[19]

聯合國的前景沒有更好，反倒更不樂觀。每一個國家都把進口，尤其是製造品進口，當成災難看待。盡可能阻止外國製造品進入本國市場，幾乎是所有國家公開承認的目標；幾乎所有國家都在反抗貿易逆差的幽靈。他們不希望合作，而是希望保護自己免於他們所謂合作的危險。

第五篇　沒有市場的社會合作

第二十五章　社會主義社會的構想

第一節　社會主義理念的歷史起源

十八世紀的一些社會哲學家在奠立行爲學和經濟學的基礎時，對上了一個幾乎普遍無異議接受的想法，那就是區分渺小而自私的個人，和代表社會全體利益的國家（或政府）。然而，最後會把政府官僚——有權施加強制與脅迫的社會機構管理者——高舉至與神同階的那個神化過程，當時尚未完成。當時在講到政府時，一般人想到的，還不是準神學概念的那個全能與全知的神——所有美德的化身；而是實際在政治場景中行動的、具體的政府。他們想到的，是各個擁有統治權的實體，它們管轄領土的大小，是一連串血腥戰爭、外交謀略和皇室間通婚與繼承的結果；他們想到的，是一些君主——在許多國家，這些君主的私人領域與收入尚未和國庫分離，以及一些寡頭統治的共和國，像威尼斯和瑞士的某些州郡——在那裡，經營公共事務的最終目的，是要使貴族統治階級變得更富裕。這些統治者的利益，一方面和其轄下「自私」人民一味追求自身幸福的私人利益相衝突，另方面也和境外憧憬戰利品和領土擴張的各國政府利益相衝突。討論這些對立衝突時，在公共事務領域著書立論的那些作家，傾向支持他們本國政府的主張。他們相當坦率的假設，統治階層是全體社會利益的捍衛者，而這全體利益和個人私利之間有不可調和的衝突。政府抑制轄下人民自私自利，就是在增進社會全體福利、對抗個人卑鄙的私利。

自由主義哲學拋棄前述想法。從自由主義觀點看來，在未受干擾的市場社會裡，所有「正確了解的利益」彼此沒有任何衝突。國民個別的利益和國家的利益並不對立，而任何國家利益和其他國家利益也不是對立的。

然而，在證明這個論點的過程中，自由主義哲學家給像神一樣的國家觀念貢獻了一個基本元素。他們在研究中以一個理想的國家形象，取代那個時代實際存在的國家。他們建構了一個模糊的政府形象，「使國民幸福」是這個政府的唯一目的。在舊秩序時期的歐洲，對應這個理想的政府當然不存在。這時期的歐洲，有一些日耳曼小君主把轄下子民當牲畜出售，投入外國人之間的戰爭；有一些國王抓住每一個機會，侵略比較弱小的鄰國；有法國，陸續由當時最放蕩揮霍的兩個人——奧爾良攝政王和路易十五——統治；有西班牙，被某個不貞皇后、教養不佳的情夫統治。然而，自由主義哲學家只討論一個和這些腐敗宮廷與貴族所組成的政府沒有任何共通點的國家。這個出現在他們著作裡的國家，由某一個完美的超人國王統治，他的唯一目的就在於增進子民的福祉。從這個假設出發，他們問：如果放任人民自由，不受任何政府的威權控制，個別人民的行爲，是否會往這個善良、睿智的國王不會贊同的一些方向發展？自由主義哲學家對這個問題的回答是否定的。他承認，沒錯，企業家確實是自私的，只追求他們自己的利潤。然而，在市場經濟裡，企業家唯有盡可能以最好的方式、滿足消費者最迫切的需求，才能賺到利潤。企業家的目標，和完美國王的目標並無不同；因爲這個仁慈國王想要達到的目標，也不過是像企業家一樣使用各種生產手段，使消費者獲得最大程度的滿足。

很明顯，這個推論給相關問題的處理，引進了價值判斷和政治偏見。[1]這個像父親那樣的統治者，只是某個經濟學家的別名，該經濟學家利用這個弄虛作假的化名把戲，把他個人價值判斷的分量無限抬高，彷彿成爲普世有效、絕對永恆的價值標準。他把自己和這個完美國王視爲一體；想像自己如果擁有這位國王的權力，將會選擇的那些目的，他稱爲社會福利、公益、國家經濟生產力，以有別於自私的人個別追求的目的。他是如此幼稚，以致看不出這個虛擬的國家元首只不過是他自己主觀價值判斷的化身，乃至興高采烈的自以爲發現了一個無可爭辯的善惡標準。他戴上面具、扮成像父親般仁慈的專制君主，於是自尊心沛然膨脹、自命爲絕對道德律的代言人。

這位虛擬的理想國王的統治體制，基本特徵在於：所有人民都絕對服從政府的威權控制。國王發號施令，萬眾服從。這不是一個市場經濟；不再有生產手段私有財產權。市場經濟的一些名詞被保留下來，但事實上，不再有任何生產手段的私有財產權，不再有眞實的買賣行爲，不再有市場價格。指揮生產活動的，不再是消費者在市場上展現的行爲，而是政府的威權命令。政府當局，給每個人指定社會分工體系裡的位置，決定他應該生產什麼，以及允許每個人可以消費什麼和怎樣消費。這就是當今能恰當稱爲「德國品種」的那種社會主義統制經濟。[2]

且說，經濟學家拿這個虛擬的經濟——他們視爲道德律的化身——和市場經濟比較。對於市場經濟，他們能給的最佳頌詞，是它所導致的情況，不會不同於完美的專制君主霸權統治所安排的情況。他們贊同市場經濟，只因它的運作，在他們看來，終究同樣會達到那位完美的國王想要達到的結果。於是，所有計畫經濟和社會主義捍衛者特有的天眞——將極權主義獨裁者的計畫，和道德良善且經濟合宜，劃上等號的想法——未曾遭到許多古典自由主義者的批駁。我們甚至必須斷言，這種混淆是從古典自由主義者開始的，起始的時間就在他們以完美國家的理念想像，取代眞實世界裡那些邪惡和無所顧忌的暴君和政客時。當然，對於自由主義思想家來說，這個完美國家的想像只不過是一個推理輔助工具，一個他拿來和市場經濟運作比較的模型。但是，這就怪不得別人最後會提出質疑；爲什麼不乾脆把這個理想國家從思想領域轉移到現實領域？

所有老一輩的社會改革者都希望，透過沒收所有私人財產、然後重新分配，實現他們所謂美好的社會；每個人分得的份額應該等於其他每個人分得的份額，而政府當局應該隨時保持警惕，確保這個平等體制永垂不朽。當製造業、礦業和運輸業出現大規模的企業時，維持社會平均分配，變成行不通的計畫。大規模企業單位根本不可能拆解開來，零零碎碎平均分給眾人。[3]於是，古老的重分配計畫被社會化的想法所取代；各種生產手段都要沒收，而不再重新分配。國家本身將經營所有工廠和農場。

一旦人開始認為，**國家**不僅在道德上、而且在見識上也是完美的實體，上述結論就變成是邏輯上必然如此的推斷。自由主義哲學家已經把心目中的理想國家描述為一個沒有私心的實體，只致力於盡可能增進人民的福祉。他已經發現，在市場社會架構下，人民自私自利的行為，必然同樣導致這個無私國家所尋求實現的那個狀況；在他眼中，正是這個事實證明維持市場經濟是正當的。但是，一旦人們開始認為**國家**不僅懷有最好的善意，而且無所不知，那麼，這事就不能像自由主義者那樣看待。這時，人們將不得不下結論說，在生產活動的管理上，永遠不會犯錯的國家，能夠比時常誤判的商人做得更成功；國家可以避免所有使企業家和資本家行動受挫的那些錯誤判斷。從此將不再有錯誤投資或稀少的生產要素遭到浪費的情事發生；社會財富將倍增。生產活動的「無政府」狀態，和**無所不知的**國家計畫相比，顯然是不經濟的。於是，社會主義的生產模式顯然是唯一合理的體制，而市場經濟似乎就是反理性的化身。在擁護社會主義的理性主義者看來，採取市場經濟，簡直是人類一個難以理解的失常行為。而在那些受歷史主義影響的人看來，市場經濟是人類演化過程中某個低等階段的社會秩序，必然將因人類演化不斷趨向完善而遭到淘汰，由更適當的社會主義體制所取代。社會主義和歷史主義這兩派思想一致認為，人的理性本身主張人類過渡到社會主義。

幼稚心靈稱作理性的東西，不過是自我價值判斷的絕對化罷了。這樣的人天真的把他自己的思索結果，和某個靠不住的絕對理性概念視為一體了。沒有哪一個社會主義者曾經想過：他希望賦予無限權力的那個抽象存在——不管這存在叫做人類，社會，人民，國家或政府——是否可能按照某個他自己不贊同的方式而行爲。社會主義者之所以支持社會主義，只因爲他完全相信：社會主義共和國的最高獨裁者，從他——該社會主義者個人——的觀點來看，將是一個合乎理性的人；獨裁者將追求他——該社會主義者個人——完全贊同的目的，而且獨裁者將選擇他——該社會主義者個人——也會選擇的手段，努力達成該目的。每一個社會主義者，都只會把所有前述這些條件都滿足的體制，稱作眞正的社會主義體制；所有別的自稱爲社會主義的品牌，在他看來，都是徹頭徹尾的冒牌貨。每一個社會主義者，本質上都是喬裝打扮的獨裁者。所有異議者悲哀了；他們都失去生存權，都必須「被清算」。

市場經濟讓人人可以和平合作，儘管不同意彼此的價值判斷。在社會主義者的計畫中，沒有不同意見容身的空間。他們的原則是Gleichschaltung——以警力強迫人人意見完全一致。

時常有論者稱社會主義爲一種宗教。社會主義也的確是自我崇拜的宗教。經濟計畫者口中的「國家和政府」，民族主義者口中的「人民」，馬克思主義者口中的「社會」，和實證主義者口中的「人類」，都是這些社會主義新宗教所崇拜的眾神的名字。但是，所有被崇拜的偶像，都只是社會改革者個人意志的化名罷了。社會改革者，在將所有神學家賦予上帝的那些屬性賦予他自己的偶像時，也膨脹了他本人的自我意識，給自己增添了無限的榮耀。這個膨脹的自我意識，自以爲無限善良、無所不能、無處不在、無所不知、永恆不滅，成爲這個不完美世界裡唯一完美的存在。

經濟學毋須研究盲從的信仰和偏執。忠實的信徒是聽不進任何批評的，在他們看來，批評就是毀謗，就是邪惡者對他們偶像的不朽光輝一種褻瀆神明般的反叛。經濟學只處理社會主義者的計畫，不處理究竟哪些心理因素促使某些人信仰崇拜邦國的宗教。

第二節　社會主義者的學說

馬克思並不是社會主義的創始者。當馬克思接納社會主義信仰時，已經有人將社會主義的理念徹底、詳盡說明過了。對社會主義體制，他的前輩已經做了詳盡的行爲學描述，沒有什麼好補充的；而馬克思也的確沒補充什麼。再者，對於前輩作家和一些同輩，就社會主義的可行性、可喜性和優越性，提出的一些反對意見，馬克思也沒反駁；他甚至從未提到要反駁這些批判意見，因爲他充分意識到，自己不具備成功反駁這些意見的能力。就對抗經濟學家對社會主義的批評而言，他所做的，只是孵化出多元邏輯說。

然而，馬克思爲社會主義宣傳大業所提供的幫助，並非僅限於發明多元邏輯說。他更爲重要的貢獻，是提出社會主義不可避免說。

馬克思生在一個人人普遍接受世界演化改良論的年代。看不見的上帝之手，引導人不經意的，一步一步從比較低級和比較不完美的歷史階段，進步到比較高級和比較完美的階段。在人類歷史演變的過程中，有一個不可避免的、傾向進步和改良的趨勢。每一段後來的人類歷史，由於是後續的階段，都是一個比較高級、也比較好的階段。人世間沒什麼是永恆的，除了這個不可抗拒的、朝向進步的動力。在馬克思登上歷史舞臺之前不久辭世的黑格爾，曾在他那迷人的歷史哲學中介紹這個學說；而恰好在馬克思退出歷史舞臺時出生的尼采，在他那些同樣迷人的著作中，也以這個學說作爲論述的焦點。這個不可避免的進步改良論（meliorism），是過去兩百年間最大的神話。

馬克思所做的，是把社會主義的信仰融入這個世界改良說。他說，社會主義的來臨是不可避免的，而這也自動證明了社會主義是一個比之前的資本主義狀態更高級、更完美的人間世事狀態。討論社會主義的利弊得失是沒用的；社會主義勢必「像自然法則是人力無法改變的那樣」來臨。[4]只有白痴，才會笨到要去質疑：勢必要來臨的狀況，是否比先前的狀況更有利？只有那些接受賄賂、爲剝削者的不正當主張辯護的人，才會如此傲慢張狂，敢於挑剔社會主義。

如果我們以「馬克思主義者」稱呼所有同意這個不可避免說的人，那麼當代絕大多數的人都必須稱作「馬克思主義者」。這些人都同意，社會主義的來臨，不僅絕對不可避免，而且也非常可喜；「未來的潮流」將驅動人類踏入社會主義。當然，對於「社會主義國」這艘船的船長職位究竟該託付給誰的問題，他們彼此意見不同。有許多人覬覦該職位。

馬克思嘗試用兩個方法證明他的預言，第一個是黑格爾的辯證法。資本主義私有財產權，是對傳統個人私有財產權的第一個否定，因此必然產生對它自己的再否定，亦即，必然導致生產手段公有財產權的建立。[5]對於無數像蜜蜂群那樣、在馬克思時代侵擾德國的黑格爾學派撰述者來說，事情就是這樣的簡單明瞭。

第二個方法，是披露資本主義所引起的各種令人髮指的情況。馬克思對資本主義生產模式的批評，完全是錯誤的。他的基本論點，所謂資本主義讓賺取工資者變得愈來愈窮，即使最正統的馬克思主義者，也沒有人臉皮厚到膽敢當眞出面聲援。即使我們爲了方便論證，姑且承認馬克思所有對資本主義的荒謬分析有效，他還是沒有贏得什麼籌碼，可以證明下面這兩點：一是，社會主義勢必來臨；二是，社會主義不僅是一個比資本主義更好的體制，甚至是最完美的體制，當最後實現時，將給人類帶來永恆極樂的塵世生活。所有馬克思、恩格斯和數以百計的馬克思主義撰述者，他們在所發表的那些大部頭著作裡再怎麼詭辯推論，都掩飾不了如下這個事實：馬克思預言的唯一和最終根源，是一個據稱的靈感；他根據這個靈感聲稱，他已經猜到那個決定人類歷史過程的神祕力量的計畫。像黑格爾那樣，馬克思也自詡是一個先知，要把某個內在聲音向他透露的啓示傳達給人類。

社會主義思想史，在一八四八年到一九二〇年間，最顯著的事實是：社會主義如何運作的根本問題，幾乎沒有人碰觸過。馬克思主義把所有想要檢視社會主義共和國經濟問題的嘗試視爲禁忌、汙名化爲「不科學」；沒人膽敢違抗這個禁令。不管是支持或是反對社會主義的論者，都一概默認：社會主義是一個可以實現的人類經濟組織體系。關於社會主義的文章，數量龐大，討論資本主義一些據稱的缺陷，也討論社會主義的一般文化意涵，卻從來沒討論社會主義本身的經濟學。

社會主義的信仰有三個基本教條：

第一：社會是一個無所不能和無所不知的存在，完全沒有人性的弱點和缺點。

第二：社會主義的來臨是不可避免的。

第三：由於歷史是不斷從比較不完美進步到比較完美的過程，社會主義的來臨是可喜的。

對行爲學和經濟學來說，關於社會主義，唯一要討論的問題就是：社會主義體系，能像一個分工體系那樣運作嗎？

第三節 社會主義的行為邏輯特色

社會主義體制的基本特徵，在於唯有一個意志在行爲。至於是誰的意志，無關宏旨。這個唯一的行爲者或監督者，可能是一個君權神授的國王或獨裁者，憑藉個人超凡的魅力統治人民；也可能是由人民票選任命的元首，或某一群首腦組成的委員會。關鍵在於：所有生產要素的用途，全由某個特定機關指揮、監督；唯有一個意志，在選擇、決定、指揮、行爲、發布命令；所有其餘的人僅僅遵守命令和指示。有組織和計畫統一的秩序，取代生產活動的「無政府狀態」，和人人個別主動的精神。社會的分工合作秩序，由某一霸權支配關係體制來操作、維護；在該體制裡，監督者不容分說的要求，所有被監督者必須服從命令和指示。

一般人由於習慣把這個監督者稱爲社會（馬克思主義者就是這麼做）、國家、政府或當局，從而往往會忘記，這個監督者永遠是某個人，不是某個抽象概念或某個神祕的集體。我們可以承認，這個監督者或若干監督者組成的委員會，都是一些能力優越、有智慧、滿懷善意的人。但是，除非是白痴，相信不會有人認爲他們無所不知、永不犯錯。

行爲學在分析社會主義問題時，不關心監督者的道德和倫理特性，也不討論他的價值判斷，以及他怎樣選擇最終目的。我們只處理這個問題：任何凡人，配備人心這樣的邏輯結構，是否擔當得起社會主義社會監督者必須承擔的任務？

我們假設，這個監督者能夠任意使用他所處時代的所有科技知識。另外，他有一份完整清單，載明所有可供使用的物質類生產要素，並且有一份名單，列舉所有可供使用的人力。在這些資訊方面，一大群集合在他辦公室的專家、高手，提供他完整的知識，並且正確回答他可能提出的任何問題。他們那些浩如煙海的報告、大疊大疊堆積在他辦公桌上。但是，他現在必須採取行動。他必須在數不清的各種計畫項目中做出這樣一個選擇，必須不會有某個他自己認爲比較迫切的需要，還必須等待滿足，只因爲滿足該需要所需的生產要素，已用在滿足某些他認爲比較不迫切的需要上。

讀者必須知道，這個問題，和最終目的的價值排序，完全沒有關係。它僅涉及用來達成所選定最終目的的手段。我們假設：對於最終目的的價值排序，這個監督者已經下定決心。我們不質疑他的決定；我們也不追究人民——受他管轄的被監護者——贊同或不贊同他的決定。爲了論證方便，我們可以假設，在最終目的的價值排序方面，有某個神祕力量，使人人彼此同意，而且也同意監督者所做的價值判斷。

我們的問題——社會主義這個至關重要、而且也是唯一的問題——是一個純粹的經濟問題，因此是一個僅涉及手段，而不涉及最終目的選擇的科學問題。

第二十六章　社會主義下不可能進行經濟計算

第一節　問　題

假設社會主義國的監督者希望建造一間房子。且說，現在有許方法可以採用。不同建造方法所蓋的房子品質不同，從該監督者觀點看來，它們的適用性各有利弊，而且耐久期也互有不同；不同的建造方法，需要支用的建築材料和勞動不同，需要的生產期也不同。這個監督者該選擇哪個建造方法呢？他沒辦法把必須支用的各項材料和各種勞動，轉化為具有某一共同指涉物的量。所以，他沒辦法比較不同建造方法；他沒辦法給等待期（生產期）或耐用期貼上一定的數值標籤。簡言之，他沒辦法訴諸任何算術演算，去比較需要支出的成本和預期可以獲得的利益。他的建築師所提出的那些計畫，列舉一大堆、形形色色的各種實物項目；指涉各種材料的物理和化學性質，指涉各種機器、工具和施工程序的實質生產力；但是，所有這些計畫說明依然互不相關。沒有辦法在它們之間建立任何聯繫或可比性。

試想這個監督者在面對某個計畫時遭遇到的困境。他需要知道：該計畫執行後，是否會增加物質幸福，亦即，是否會給現有財富增添些什麼，又不致於減損他認為比較迫切的一些需要的滿足。但是，所有他收到的報告，卻沒提供任何線索，可讓他據以解決這個問題。

為了論證方便，對於選擇究竟生產哪些消費財時可能遭遇到的窘境，我們可以暫且忽略，可以假設這個問題已經解決；但是，現在面臨無數令人眼花撩亂的生產財和無數能用來生產這些消費財的不同方法。每個產業設置在哪些地點最有利？每座工廠規模和每一部設備要多大才算最適當？在在必須有所決定，包括：必須決定每一座工廠和每一部設備應該使用哪一種機械動力；在生產該動力的各種方法當中，又該採用哪一種方法。所有這些問題，天天出現在成千上萬個具體生產的場合；每個場合都有一些特殊情況，各需某一適合個別特殊情況的解決方案。這個監督者做決定時，必須考慮的因素，數目遠大於物理和化學觀點，對可供使用的各種生產財，做純科技性說明時所涉及的因素。每一個生產財的所在地點，以及過去爲了利用各生產財而做過的資本投資目前的適用性，都必須納入考量。這個監督者不能將煤炭僅僅依照一般煤炭來考量，而是必須考慮成千上萬處、散布各地的已開挖煤礦井，還要考慮新礦井開挖的可能性、每處礦井可能採用的各種開採方法、各礦井所生產煤炭品質的可能差異，以及考慮各種利用煤炭以生產熱力、電力和眾多煤炭衍生物的方法。我們目前的科技知識狀態，可以說，允許我們從幾乎每一種東西，生產出幾乎任何一種東西。例如，我們祖先僅知道木材有限的幾個用途；現代科技已經增加了眾多可能的新用途，包括：能用來生產紙張、許多不同的紡織用纖維，以及食物、藥物和其他許多化學合成品。

現在，城市飲用水供應，採用兩種方法；或者用水管從遠地引淨水進城，這是早已使用的古老方法；或者以化學方法，淨化城市附近可取得的原水。然而，爲什麼不在工廠裡利用化學合成方法生產純水呢？現代科技已經可以輕易解決所涉及的生產技術問題。對於這樣的計畫，處於心理慣性狀態的常人應該馬上會取笑，說那純粹是精神失常。然而，這種合成生產飲用水的辦法，今天所以不予考慮——將來某一天也許就採用了——唯一的理由，就是指涉貨幣的經濟計算，表明它現在是一個比其他方法更貴的辦法。除掉經濟計算，沒有其他辦法能供行爲人在各種互可替代的方案之間做出選擇。

沒錯，社會主義者會反駁說，經濟計算並非絕對可靠。他們說，資本家有時候難免計算錯誤。當然，這種事情現在會發生，將來也總是會發生。因爲所有人的行爲都指涉未來，而未來永遠是不確定的。只要對未來的預期和事實發展不符，再怎麼詳盡考慮過的計畫也會遭到挫折。然而，這完全是另一個問題。今天，我們根據既有的知識，和現在對未來情況的預期，進行計算。對於社會主義國的監督者能否正確預料未來情況，這個問題我們現在不處理；我們現在說：該監督者根據他自己現在的價值判斷和他自己現在對未來情況的預期——不管這些判斷是什麼，也不管這些預期結果是否正確——不可能進行計算。如果他今天投資於罐頭產業，將來有一天可能因爲消費者口味改變，或者因爲大家對於罐頭食品是否健康、衛生的意見出現變化，而使他今天的投資變成錯誤的決定。但是，他今天怎能發現：怎樣建造和裝備一座罐頭工廠，才最具經濟效益呢？

有一些在二十世紀交替之際才建造完成的鐵路線，如果當時的人能預料到公路和航空運輸的迅猛發展即將來臨，肯定不會建造。但是，建造這些鐵路的人知道：根據當時的價格評估和預期，以及當時的市場價格所反映的消費者價值判斷，在各個可能實現鐵路計畫的互斥方案中，必須選擇哪一個方案。這個見識，恰恰是社會主義國監督者所欠缺的；這個監督者就像是茫茫大海中一個不熟悉航行方法的水手，也彷彿是受託操作鐵路機車頭技術任務的一個中古世紀學者。

我們前面假設：該監督者已經下定決心，要建造一定的工廠或房子。然而，要做出這樣的決定，便已經需要經濟計算了。如果他想建造一座水力發電廠，他就必須知道，就生產所需的電力而言，這是不是最經濟有效的辦法。如果他不能計算成本和產出價值，他怎麼能知道這座電廠該不該建設？

我們可以承認，在起始階段，社會主義體制在某一程度內，可以倚賴先前資本主義時期的經驗。但是，後來當情況變得愈來愈不同於以往時，該怎麼辦呢？對一九四九年的監督者來說，一九〇〇年的那些價格會有什麼用呢？而一九八〇年的監督者又能從一九四九年的價格知識引申出什麼含義呢？

「全面計畫」的弔詭，就在於「全面計畫」其實不能計畫，因爲欠缺必要的經濟計算。所謂計畫經濟，其實完全不是經濟，而只是一個在黑暗中摸索的體系，完全談不上什麼理性的手段選擇，也談不上以最佳可能方式、達到想要達到的最終目的。所謂有意識的全面計畫，恰恰是全面廢除有意識和有目的行爲與計畫。

第二節　過去未能理解這個問題

過去一百多年來，以社會主義計畫取代私有企業一直是主要的政治議題。贊成和反對共產主義計畫的出版著作，爲數成千上萬。在私人社交圈、新聞媒體、公眾集會、學術會議、選舉活動，以及國會議場上，沒有別的主題得到更熱烈的討論。以社會主義爲名的戰爭，打過了好幾場，都已血流成河。然而，這些年來，最基本的問題卻未曾有人提起。

沒錯，一些著名的經濟學家——譬如，Hermann Heinrich Gossen，Albert Schäffle，Vilfredo Pareto，Nikolass G. Pierson，Enrico Barone——碰觸過這個問題。但是，除了Pierson，其餘都沒深入問題核心，而且包括Pierson都未能意識到該問題的根本重要性。再者，他們也都從未嘗試把該問題融入人的行爲理論體系裡。正是這些缺失，使人未能正視他們的論述。於是，那些論述遭到忽略，很快就埋沒、消失了。

如果我們譴責歷史學派和制度學派忽視人類這個最重要的問題，那將是嚴重錯誤。這兩個學派，爲了宣傳所主張的干預主義和社會主義，狂熱貶抑經濟學，說經濟學是一門「鬱悶的科學」。然而，他們對經濟學研究的壓制並未完全成功。令人不解的，倒不是爲什麼那些貶抑經濟學的人未能意識到這個問題，而是爲什麼經濟學家也犯了同樣的過失。

必須受譴責的，是數理經濟學的兩個根本錯誤。

數理經濟學幾乎完全專注於研究所謂經濟均衡和靜態。「均匀輪轉的經濟」這個虛擬的構想，正如前面指出的，[1]是經濟學推理的一個必要的思想輔助工具。但是，如果認爲這個思想輔助工具不單只是虛擬的想像；如果忽略了不僅現實中沒有任何狀態和它對應，而且甚至不可能邏輯一貫的徹底想通它的種種含義，那就會犯下嚴重的錯誤。數理經濟學家受到一個成見的蒙蔽，誤以爲經濟學必須按照牛頓力學的模式建構起來，並且誤以爲可以用數學方法處理經濟問題，從而完全誤解了他所研究的主題。他不再處理人的行爲，而只處理某種沒有靈魂的機械；這種機械由某些謎樣的、不能進一步分析的力量驅動。在「均勻輪轉的經濟」這個虛擬的想像裡，當然沒有企業家功能容身的空間。於是，數理經濟學家的思想，完全排除企業家的角色；他不需要企業家作爲市場過程的原動力和振動器。正是因爲企業家永不消停的介入市場過程，阻止市場過程達到「均勻輪轉的經濟」這種虛擬的完全均衡和不變狀態，所以數理經濟學家厭惡企業家這種擾動因素。各種生產要素的價格，在數理經濟學家看來，是由兩條曲線相交決定的，而不是人的行爲決定的。

此外，數理經濟學家在劃他所珍愛的成本和價格曲線時，未能意識到：將各種成本和價格轉化成同一性質的量，隱含成本和價格的形成過程中，使用了某個共同的交換媒介。於是，他創造出一個幻覺，把自己繞了進去，誤以爲成本和價格的計算還是能進行，即使各種生產要素的交換率沒有某個共同指涉物。

結果是，數理經濟學家的著述，讓人誤以爲：社會主義國這種虛幻的構想是一種可以落實的社會分工合作體系，有充分資格取代以生產手段私有財產權爲基礎的經濟體系；誤以爲：社會主義國的監督者能夠按某一理性方式，亦即，根據計算，配置各種生產要素；誤以爲：人類既能在社會主義下分工合作，又能同時理性使用各種生產要素；誤以爲：人類可以隨意採納社會主義，毋須放棄手段選擇方面的經濟效率；誤以爲：社會主義並不要求人類必須放棄生產要素使用方面的理性；也誤以爲：社會主義是一種**理性的**社會行爲。

有些論述者以爲，蘇聯和納粹德國的社會主義施政經驗業已證實：上面指稱的那些錯誤，顯然不是錯誤。這些論述者未能意識到，蘇聯和納粹德國其實不是孤立的社會主義體系。蘇聯和納粹德國，在價格體系持續運作的世界環境中操作，所以能夠根據國外建立的一些價格進行經濟計算。如果沒有這些國外價格的引導，他們的行動將漫無目標和毫無系統。只因爲他們能引用這些國外價格，所以他們才能計算、記帳，也才能做出他們那些被大談特談的計畫。

第三節　近來對於解決社會主義經濟計算問題的一些建議

浩瀚的社會主義論著，處理社會主義的每個問題，就是沒處理社會主義基本、獨特的問題，亦即，經濟計算問題。直到最近幾年，社會主義的撰述者才不再能夠迴避這個根本重要的問題。他們開始懷疑，馬克思主義者給「資產階級」經濟學潑髒水的伎倆，不是一個完全足以實現社會主義烏托邦的方法。他們嘗試以某個社會主義理論，取代馬克思學說中粗俗低級的黑格爾玄學。他們著手爲社會主義的經濟計算設計一些方案。在這個任務上，當然，他們可悲的失敗了。如果不是可以凸顯市場社會，和一個非市場社會的虛幻構想，有些什麼不同的根本特徵，我們幾乎毋須討論他們那些似是而非的建議。

他們各種不同的方案建議，可以歸類如下：

一、以實物計算取代貨幣計算。這個方法一文不值。因爲不同種類的數值（不同性質的量），不能加減。[2]

二、根據勞動價值說，建議以勞動小時作爲計算單位。這個建議沒考慮到原始物質類生產要素，而且也忽略不同的人、乃至相同的人，在不同的勞動小時內所完成的工作，品質很可能不同。

三、建議以某一「數量」的效用作爲計算單位。然而，行爲人不測量效用，而僅將每樣物品的效用安排在某一等級順序上。市場價格，並非意謂什麼和什麼相等，而只表示：對於交換標的，交易雙方各自的價值排序不同。絕不可以忽略現代經濟學最根本的定理，亦即，每個人必然都會認爲：當某樣物品在他手上的供應量爲 n－1單位時，每單位的價值，大於供應量爲 n 單位時每單位的價值。

四、藉由建立某一人爲的準市場，經濟計算將變得可能。這個解決方案，在本章第五節討論。

五、借助於數理交換學的那些微分方程式，經濟計算將變得可能。這個提議，在本章第六節討論。

六、借助於反覆試驗法（或試誤法），經濟計算將變得沒必要。這個提議，在本章第四節討論。

第四節　反覆試驗法

企業家和資本家，對於所擬定的計畫是不是各種生產要素在各產業部門間的最佳配置方案，事先沒百分百的把握；只有後來的經驗才能證明，他們過去在企業經營和投資決策上是否妥當。他們應用的方法，是反覆試驗法。於是，有些社會主義者說，爲什麼社會主義國的監督者不允許應用這個方法呢？

反覆試驗法可以應用的場合，僅限於在反覆試驗法本身之外，有一些不會弄錯的標準，可據以判定反覆試驗找到的答案是否正確。如果某人忘了他的皮夾放在什麼地方，他可以到各個不同的地方尋找它。如果他找到了，他認得出那是他的皮夾；這時，對於他所採取的反覆試驗法是否成功，沒有任何疑義；他解決了他的問題。當Erlich在搜尋一種治療梅毒的藥物時，先後試驗過數百種藥物，直到找出他要搜尋的，亦即，一種可以殺死螺旋菌、但無害於人體的藥物。正確的解決方案——藥物編號606被判定爲正確，因爲它結合了上述這兩個可以根據實驗室實驗和臨床經驗確定的性質。

如果某個答案所以判定爲正確，只因爲它是應用某個事先認爲適合解決相關問題的方法而得到的，那情況就完全不同了。人可以認出兩個因數相乘的正確結果，只因正確的結果是：正確應用算術所指示的運算程序而得到的結果。你可以用反覆試驗法，去猜測正確的結果。但是，在這個場合，反覆試驗法是不可能取代正確的算術運算程序的。如果算術運算程序沒提供辨別對錯的標準，反覆試驗法是完全沒用的。

如果有人要把企業家的行爲稱爲反覆試驗法的一個應用，那麼，他絕不可忘記，在這個場合，很容易認出正確的答案是正確的；也就是出現收入大於成本的剩餘。利潤告訴企業家，消費者贊同他的冒險決策；而虧損則告訴他，消費者不贊同。

社會主義經濟計算的問題，恰恰是這個：在沒有生產要素價格的情況下，不可能計算利潤或虧損。我們可以假設，在社會主義共和國裡，有消費財市場。我們可以假設：監督者定期撥給共和國每個成員一定金額的貨幣，並且把消費財賣給出價最高者；或者我們可以假設：某一份額的各種消費財，定期以實物分配給每個成員，成員可以自由在市場上彼此交換這些消費財，而且是透過某一共同交換媒介——某種貨幣——進行交換。但是，社會主義體制的特徵是：所有生產要素皆由某個機構控制，監督者以這個機構的名義採取行爲，所有生產要素既沒人買、也沒人賣，它們是沒有價格的。因此，根本不可能以算術方法比較投入和產出。

我們並未主張：資本主義的經濟計算，保證生產要素有絕對最佳的配置方式。所謂絕對完美的解答，無論相關問題是什麼，都不是我們凡人所能達到的。一個沒遭到強制和脅迫力量干預、搗亂的市場，它的運作所能達成的，只不過是：在給定的科技知識狀態下，以及當代最精明的一些人的智能範圍內，人力所能企及的最佳生產要素配置方案罷了。而一旦有人發現，實際生產狀態和某個能夠實現的較好[3]狀態有所出入，賺取利潤的動機便會促使他傾盡全力，實現自己的牟利計畫。產品一旦應市銷售，就可顯示他的預料是否正確。市場天天重新考驗企業家、淘汰那些禁不起考驗的企業家；也因爲如此，獲得市場託付企業經營權的，大抵是那些已經成功滿足消費者最迫切需求的企業家。只有就這個重要的考驗意義而言，才能說市場經濟是一個應用反覆試驗法的體系。

第五節　準市場

社會主義的獨特標誌，就是整個社會範圍內，指揮所有生產活動的意志，具有單一性和不可分割性。當社會主義者宣稱：「秩序」和「組織」，將取代生產活動的「無政府狀態」；有意識的行爲，將取代資本主義據稱的無計畫狀態；眞正的合作將取代競爭，以及爲使用價值而生產，將取代爲利潤而生產時；他們心裡想的始終是：以唯一的、獨占一切的某個威權機構的計畫，取代無數消費者和按照消費者願望行事的企業家與資本家等眾多個別的計畫。社會主義的本質，就是完全廢除市場和市場競爭；社會主義體系是一個沒有生產要素市場和價格、也沒有市場競爭的體系。社會主義意味：所有事情的處理，無限集中、統一於某一威權機構的掌控中。當唯一的一份指導所有經濟活動的計畫開始草擬時，社會主義國的公民就算參與了計畫，那也僅限於選出社會主義國的監督者或監督委員會；除此之外，所有公民都只是絕對服從於監督者命令的下屬，也都只是一切物質幸福全部仰賴監督者照料、安排的被監護者。所有社會主義者認爲屬於社會主義的各種優點，以及所有社會主義者預期從實現社會主義獲致的幸福，據他們自己所言，都是這種絕對統一和集中的必然結果。

所以，目前知識界的社會主義領唱者簡直完全承認：經濟學家對社會主義計畫的分析和毀滅性批評，是正確的、無可辯駁的；要不然他們就不會忙著爲社會主義制度設計一些方案，設法要在社會主義體制中保留市場、生產要素的市場價格和市場競爭。在社會主義經濟計算的辯論中，證明社會主義體制不可能有經濟計算的那一方所取得的勝利，就得勝過程的迅速和結果的壓倒性而言，在人類思想史上眞可以說是空前的。社會主義者不得不承認徹底、粉碎性的失敗；他們不再聲稱：社會主義所以無可比擬的優於資本主義，就因爲社會主義掃除市場、價格和競爭。恰好相反。他們爲了繼續堅持社會主義的旗幟，現在急切想要證明：即使在社會主義下，資本主義的這些制度也可以設法保留下來。他們現在正忙著勾劃某種社會主義的綱要，其中會有價格和市場競爭。[4]

這些新社會主義者的提議實在很弔詭。他們希望廢除私人控制生產手段、市場交易、市場價格和競爭等等；但同時又希望以某種方式組織社會主義烏托邦，使人人能夠宛如上述這些他們希望予以掃除的條件仍然存在那樣行爲。他們希望人人能玩市場遊戲，就像孩子玩戰爭遊戲、火車遊戲或上學遊戲。但是他們不了解，這種孩童遊戲和遊戲想要模仿的眞實情況，究竟如何不同。

這些新社會主義者說，老一輩社會主義者（亦即，所有一九二〇年以前的社會主義者）犯了一個嚴重的錯誤，誤以爲社會主義必須廢除市場和市場交換，甚至誤認這既是社會主義經濟的基本要素，也是社會主義經濟的最大優點。這個想法，正如他們不太願意承認的，是荒謬的，而如果實現，必將導致一團混亂。但是，他們說，所幸有一個更好的社會主義模式。這個模式的社會主義可以命令各生產單位的管理者，同樣按管理者在資本主義下的作法，操持所任職單位的事務。在市場經濟裡，公司的管理者不是爲自己的盈虧利益而操作，而是爲公司，亦即，爲股東的利益而操作。在社會主義下，公司管理者將同樣盡心盡力、照舊操持公司業務；唯一差異，將是管理者努力的成果使整個社會富裕，而非使股東富裕。除此之外，管理者將一仍舊貫的買賣、聘僱和支付工人，以及努力獲致利潤。從成熟資本主義的管理體制過渡到社會主義國有計畫的管理體制，將順利流暢的完成。什麼都不會改變，除了已投資資本的所有權；社會將取代股東，此後股利由人民收取。如此而已。

上述這個辦法和所有其他類似提議一樣，所隱含的基本謬誤在於，從下屬助手的觀點看待經濟問題；這種級別的人，眼界不會超過他們所受指派的次要特定任務。[5]他們以為，產業結構，以及各生產部門所受配置的資本和總產量，僵固不變。他們不會考慮到，必須改變這個結構，才能適應情況變化。他們心裡想的，是一個不會有任何進一步變化、經濟史已達到最後階段的世界。他們未能意識到，公司高級職員的功能僅在於忠實執行公司老闆——股東——所託付的任務；在執行收到的命令時，公司職員不得不自我調整、以適應市場價格結構，而最終決定市場價格結構的因素，並不包括公司職員的各種管理操作。公司管理階層的各種操作和買賣，只是整個市場操作的一小部分；資本主義社會的市場，還執行所有將各種資本財配置到各個生產部門的操作。企業家和資本家建立各個公司和其他型態的企業，擴大或縮減它們的規模，解散或把它們併入其他企業；他們買進或賣出已經存在的或新成立的公司股票和債券；他們發放、撤走和收回貸款；簡言之，他們執行所有合起來稱作資本和貨幣市場的行為。正是企業家—首倡者和投機者的金融交易引導生產活動，進入可以讓消費者最迫切的需求獲得最佳可能滿足的途徑。各式各樣金融交易構成市場的核心；如果消滅了它們，市場的任何部分便不可能保存；如果消滅了它們，剩下來的，將只是一個碎片——一個不可能獨自存在、也不可能有市場作用的碎片。

忠於老闆的公司管理者，在企業經營上扮演的角色，其實遠比創作這些社會主義市場計畫的學者所假設的卑微了許多。公司管理者的作用，只不過是一個管理職能、一個輔助企業家和資本家的職能，僅涉及一些次要任務，絕不可能取代企業家職能。[6]投機者、首倡者、投資者，以及金錢放貸者，在決定證券與商品期貨交易市場和貨幣市場的價格結構之際，同時劃出能託付給公司管理者自由決定的那些次要任務範圍。在照料這些次要任務時，公司管理者必須調整作法，以便適應的那個市場價格結構，其形成因素遠在管理者職能範圍之外。

我們的問題，不指涉管理者的活動，而是涉及各不同產業部門的資本配置，包括：哪些生產部門應該擴大或縮減？哪些部門應該改變生產目標？應該開創哪些新生產部門？針對這些問題，提起忠實的公司管理者和他們久經驗證過的效率，是文不對題的。那些混淆企業家職能和管理效率的新社會主義者，不願意面對眞正的經濟問題。在勞資爭議中，對立的雙方不是管理階層和勞工，而是（代表資方的）企業家面對領薪水或領工資的雇員。資本主義體系不是由管理者主導的體系，而是由企業家主導的體系。必須聲明，我們並未鄙薄公司管理者的重要性，即使我們確立：管理者的作爲，不是決定生產要素在各產業部門之間如何配置的因素。

誰也未曾提議：社會主義共和國可以邀請企業家——首倡者和投機者繼續他們的投機，然後把他們的利潤交給國庫。那些建議社會主義體制設置某個準市場的人，從未想到要保留證券與商品期貨交易市場、期貨合約交易、銀行家與金錢放貸者等等作爲準市場機構。因爲絕不可能**玩**投機和投資的**遊戲**；投機者和投資者賭上的，是他們自己的財富和命運。正是此一事實，使他們對消費者——資本主義經濟的最終老闆——負責。如果解除這個責任，他們也就喪失了作爲投機者和投資者的本質。他們就不再是商人，而只是接受社會主義國監督者的委託、代理執行監督者——整個國家經濟事務的最高掌舵者——核心任務的一群人。於是，他們取代了名義上的監督者，變成實際的監督者，從而也就必須面對名義上的監督者一直未能解決的那個問題：經濟計算的問題。

那些主張準市場的人意識到上述這樣的想法太過荒謬，所以有時候會含糊的建議另一個突破困境的辦法。他們說，監督者應該像資本主義裡的銀行那樣，把可貸資金借給出價最高的競爭者。但是，這個辦法同樣行不通。在實施社會主義的社會裡，所有能出價競爭可貸資金的人，不用說，當然沒有自己的財產。他們在競爭這些資金時，即使答應支付的利率再怎麼高，一點都不擔心會遭遇什麼財務風險；他們絲毫沒減輕監督者所承擔的責任。借給這些人的資金，其不安全性絲毫不像資本主義裡的信貸交易，因為享有借款人本身財產所提供的部分保證，而能夠縮減。貸款不安全的風險，全著落在「社會」，這個一切資源的唯一擁有者身上。監督者如果毫不猶豫、把可貸資金分配給那些出價最高者，那他簡直是在鼓勵膽大妄為、粗心大意和荒唐樂觀，等同把自己的職權拱手讓給那些最無所顧忌的幻想家或惡棍來把持。他顯然必須自己保留該怎樣利用社會資金的最終決定權。但是這樣一來我們便又回到原點：監督者在努力指導生產活動時，得不到眾多企業家知性分工的幫助；在資本主義下，這種知性分工，提供了一個實用的經濟計算方法。[7]

生產手段的用途，可以由私人所有者控制，也可以由獨占強制力量的社會機構控制。在前一種情形下，會有一個市場，同時存在各種生產要素的市場價格，而經濟計算也是可能的。在後一種情形下，所有這些東西都不存在；若要自我安慰說，集體經濟的各種機構將是「無所不在的」與「無所不知的」，[8]那是沒用的。我們在行為學裡不處理無所不在與無所不知的神的行為，而只處理具有一顆人類心靈的凡人的行為。這樣的一顆心靈，沒有經濟計算，計畫工作便不可能進行。

具有市場和市場價格的社會主義體系，是一個自相矛盾的概念，就像三角的正方形那樣。生產活動若不是由追求利潤的商人指揮，就是由某個肩負至高獨斷權力的監督者決定。社會合作若不是生產企業家預期可以賣得好價錢、賺取最高利潤的東西，就是生產監督者決定要生產的東西。關鍵問題是：消費者或監督者，誰該是主人？對於某一具體的生產要素供給量，究竟該用來生產消費財 a 或該用來生產消費財 b，誰該具有最終決定權？這樣的問題不容許有任何閃爍其辭的回答。它必須得到直截了當、毫不含糊的回答。[9]

第六節　數理經濟學的微分方程式

有些社會主義者宣稱，數理經濟學的微分方程式可以充作社會主義的經濟計算。爲了適當評估這個想法，我們必須記住這些方程式眞正的意義。

在設想均勻輪轉的經濟時，我們假設：所有生產要素按某種方式使用，以致每單位要素都產生了可能產生的最有價值的效能。在這種情況下，任何生產要素使用方式的進一步改變，都不可能增進需求滿足的狀態。一組微分方程式所描述的，就是這樣的情況：人不再變更各種生產要素的用途配置。然而，關於人究竟採取了什麼行爲才達到這個假想的均衡狀態，這些方程式並未提供任何資訊。它們所陳述的只是：如果在這個靜態均衡狀態下，m單位的a用於生產p，而另外n單位的a用於生產q，則這個對a的可供使用單位數（m＋n）的用途配置方式已經是最好的了，任何進一步的變更都不可能增進需求的滿足（即使我們假設a是可以完美分割的，亦即，a的單位可以無限小，我們也不能說a在這兩種用途上的邊際效用是相等的。那樣的說法，是一個嚴重的錯誤）。

這個均衡狀態是一個純粹的想像；在一個變化中的世界，該想像絕不可能實現。該想像不同於今天的事態，也不同於其他任何可能實現的事態。

在市場經濟裡，企業家的行爲一再改變各種交換率，和各種生產要素的用途配置。一個有企圖心的人，一旦發現某些互補生產要素的價格和他所預期的未來產品價格之間有一差距，就會嘗試利用此一差距爲自己牟利。他心裡想到的這個未來價格，無疑不是什麼假想的均衡價格。沒有哪一個行爲人，和均衡或均衡價格有什麼關係；均衡或均衡價格的概念，和眞實的生活與行爲無關；它們是行爲學推理的輔助工具，行爲學除了拿行爲和完全靜止的狀態相對照，沒有別的辦法可以理解永不消停的行爲性質。就理論家的推理來說，每一個變化都是在某一條路上，向前推進的一個步驟；如果沒有出現新的市場資料，這條路最後會到達某一均衡狀態。不管是理論家，還是資本家、企業家或消費者，都不可能根據他們所熟悉的現在情況，對最後出現的均衡價格高低做出什麼評估；他們也不需要這種評估、判斷。促使某個人趨向改變和創新的因素，不是什麼均衡價格的遠景想像，而是他現在對所籌劃生產的有限幾樣商品出售時、當天市場價格高低的預期。當某個企業家著手實施某個特定計畫時，他心裡想到的，只是某一轉變過程的最初幾個步驟；儘管這個轉變過程，如果在他的計畫所引起的那些變化之外，市場再也沒有其他資料變化，最後將導致某個均衡狀態的確立。

且說，如果有人想利用某一組描述均衡狀態的方程式，他就必須知道消費者在該均衡狀態下的價值排序。該價值排序，是這些方程式假定爲已知的因素。然而，社會主義國的監督者只知道他目前的價值排序，而不知道他在假想的均衡狀態下的價值排序。他認爲，相對於他目前的價值排序，生產要素目前的配置方式不能令他滿意；他希望改變目前的配置方式。但是，他對自己在均衡來臨的那一天將會有怎樣的價值排序，卻一無所悉。那個價值排序，將反映他自己現在開啓的一連串生產活動變化、最終導致的情況。

且讓我們把今天稱作D_1，把均衡將達到的那一天稱作D_n。我們據此爲下列這些對應於這兩個日子的變數命名：第一順位財貨（即，消費財）的價值排序分別爲V_1和V_n；所有原始生產要素的總供給[10]分別爲O_1和O_n，所有生產出來的生產要素總供給分別爲P_1和P_n，$O_1＋P_1$合起來稱作M_1，$O_n＋P_n$合起來稱作M_n。最後，我們稱科技知識狀態爲T_1和T_n。要得出方程式的解，就必須知道V_n、$O_n＋P_n＝M_n$，和T_n。但是，我們現在只知道V_1、$O_1＋P_1＝M_1$和T_1。

以「資料如果出現進一步變化，則均衡狀態便不能達到」爲由，而假設D_1的V、O、P和T等於D_n的V、O、P和T，是不允許的。均衡確立所需的「資料沒發生進一步變化」的條件，僅指涉那些能打亂調整過程的外來資料變化，至於在調整過程內，因應已經產生作用的那些因素而產生的一些資料變化則不包含在均衡確立所需維持不變的條件內。沒錯，如果新的資料因素從體系外侵入，使體系的移動偏離傾向均衡的步驟，體系就不會達到均衡狀態。[11]但是，只要均衡狀態尚未達到，則體系還處在某些資料不斷改變的變動過程中。即使沒有遭到來自體系外的資料變化打擾，傾向均衡狀態的體系移動過程，本身就是一連串資料變動的過程。

P_1是一組和今天的價值排序並不相配的數量。它是過去一些行爲的結果，而這些行爲接受過去的價值排序引導，當時所面對的科技知識狀態，以及可供使用的原始生產要素資源訊息，都和現在不同。經濟體系目前之所以不處於均衡狀態，其中一個理由，正是P_1不適合目前的情況。譬如，目前有一些工廠、工具和其他生產要素供給，在均衡狀態下將不會存在；另外有一些工廠、工具和生產要素供給則必須備妥，以便確立均衡狀態。只有當P_1當中那些可用但惱人的部分繼續用到不堪使用而報廢，終於由一些和其他同時存在的資料（亦即，V，O和T）相匹配的品目替補完畢時，均衡狀態才會出現。但是，行爲人需要知道的，不是均衡狀態下的P_n是一組什麼樣的數量，而是：採用哪種方法逐步把P_1轉變成P_n最爲妥當？對於這個任務，只描述均衡狀態的微分方程式毫無用處。

不考慮P，只考慮O，也解決不了問題。沒錯，原始生產要素的利用模式，獨特決定生產出來的生產要素（亦即，中間財）質量。但是，依此方式取得的訊息，僅指涉均衡狀態。它不會告訴我們：該採取什麼方法和程序，實現均衡狀態。我們今天面對一個和均衡狀態不同的P_1供給。我們必須考慮眞實的情況，亦即，P_1，而不是P_n這個假想的情況。

當所有生產方法都已經加以調整，完全適應行爲人的價值排序和科技知識狀態時，假想的未來均衡狀態將會出現。那時，所有工作將在最合適的地點，依照最合適的科技方法進行。今天的經濟，情況不是這樣。它使用一些和均衡狀態不符的手段，而且這些手段不可能反映在以數學符號描述均衡狀態的那一組方程式中。知道均衡狀態下會有哪些情況，對於監督者來說，一點用處也沒有，因爲他的任務是要在今天的情況下採取行動。他必須知道的是，怎樣以最具經濟效率的方式利用今天可供使用的那些手段；而這些手段卻是價值排序、科技知識、產業區位判斷等等，都和現在不同的過去年代所留下來的遺產。他必須知道，哪一步是他必須採取的下一步。在這個困境中，數理經濟學的微分方程式完全使不上力。

且讓我們假設，現在有某個孑然孤立的國家，它的經濟情況是十九世紀中葉的中歐那種情況，由某個監督者統治，該監督者完全熟悉現在的美國科技。這監督者大致知道，該把他自己受託照顧的國家經濟導向什麼目標。然而，即使他對美國今天的情況瞭如指掌，對於該怎樣把他的國家眼前的經濟情況、逐步轉變成他希望達到的情況，該關於美國的知識卻是一點用處也沒。

爲了方便論證，我們可以假設：某個奇蹟式的靈感，使這個監督者毋須經濟計算，也能解答所有關於什麼樣的生產活動安排最爲有利的問題，而且對於他必須追求什麼最終目標，他心裡也一清二楚；但即使如此，仍然存在一些沒有經濟計算便無法處理的基本問題。因爲這個監督者的任務不是從文明的最底層開始、不是從頭開始發展經濟。那些他必須設法利用的生產要素，並非只是一些從未使用過的自然資源。還有一些過去生產出來的資本財，它們或者完全不能或者不完全能轉換到新的用途。正是這些人造物，這些在和我們今天的價值排序、科技知識，以及其他許多層面都不一樣的情況下生產出來的東西，構成我們今天的財富。它們的結構、品質、數量和所在區位，在所有進一步的經濟操作選擇中，是頭等重要的考慮因素。它們有些也許絕對沒有任何繼續利用的價值，因此必須保持列入「閒置的產能」；但是，如果我們不希望從原始人類那種極端貧困的狀態重新起步，或者說，如果我們希望活著看到生產裝備按照新的計畫完成重建的那一天，絕大部分過去生產出來的東西必須設法加以利用。監督者不能只想完成新建設，而完全不顧受監護者在等待期間的死活。他必須努力以盡可能最好的方式，利用每一件現在可供使用的資本財。

不僅技術官僚、所有形形色色的社會主義者也都一再強調，他們所計畫的那些偉大目標之所以能實現，就是因爲社會迄今已累積了鉅量財富。但是，他們同時卻又輕蔑這個事實，即：社會所累積的財富大部分是過去生產出來的一些資本財，而就我們現在的價值排序和科技知識觀點來說，它們又多少是有些老舊過時的。在他們看來，生產活動的唯一目標，是將生產裝備現代化，以便讓未來的世代生活更富足。在他們眼中，當代人只不過是一個失落的世代，這些人活著的唯一目的，就是爲下一世代的幸福而奔波忙碌。然而，眞實的人不是這樣的。眞實的人不僅希望爲子孫創造一個更好生活的世界，也希望自己能過好日子。他們希望以最有效率的方式，利用那些現在可供使用的資本財。他們希望將來生活更好，但是要以最經濟的方式達成這個目標。要實現這個願望，他們不能沒有經濟計算的方法。

有些學者相信，根據某一非均衡狀態的情報，利用數學演算，可以計算出均衡狀態；這是一個嚴重錯誤的想法。同樣錯誤的，是認爲：這種關於某個假想的均衡狀態下，情況將會是怎樣的知識，對於天天必須選擇和採取行動的行爲人在搜尋相關問題的最佳解答時，也會有些用處。所以毋須強調[12]，即使理論上數理經濟學的那組微分方程式眞是市場經濟計算的一個合理替代物，但是要實際應用該替代方法，就必須每天重新給像神話般龐大的那組方程式求解，而這個無法想像的龐大工作負荷，將使這個替代市場經濟計算的想法顯得荒謬。[13]

第六篇　受到干擾的市場經濟

第二十七章　政府和市場

第一節　第三種體制構想

生產手段私有制（市場經濟或資本主義）和生產手段公有制（社會主義、共產主義或「計畫經濟」）可以清楚區分。人類社會的這兩種經濟組織體制，每一種都很容易給予精確、清晰的說明和定義。它們絕不可能彼此混淆，也不可能加以混合或結合；它們是互斥的、彼此不相容的，不可能存在從其中一種、逐步轉變成另外一種的過渡階段。就同一生產要素而言，若不是由私人控制，就是由公部門控制，絕不會有第三種控制方式。在某個社會合作框架下，如果只有某些生產手段屬於公有、而其餘生產手段則由私人控制，這並不意味該社會合作體制，是一個結合社會主義和私有制的混合體制。該體制仍然是一個市場社會，只要公有部門未完全和非公有部門隔開，亦即，只要公有部門未完全自給自足的存在（如果公有部門完全自給自足，則有兩個體制並肩獨立存在──一是資本主義制，另一是社會主義制）。公有企業（如果在具有私人企業和市場的體系裡營運）和社會主義國家（只要還和非社會主義國家交換財貨與服務），都整合在同一個市場經濟體系裡，一樣受制於市場法則，也一樣有機會採用經濟計算。[1]

如果有人嘗試考慮，是否可能在這兩種體制的旁邊或在它們中間，擺上第三種社會分工合作體制，那他永遠只能從市場經濟這一邊開始動腦筋，而絕不可能從社會主義那一邊想起。社會主義具有嚴格的一元性和中央集權性，把選擇和行爲的權力全部賦予某個**唯一的**意志，所以，社會主義這個概念不容許有任何折衷、讓步；社會主義這個構想也絲毫不可能加以調整或改變。但是，市場經濟這個構想，情況不一樣；

在這個構想裡，市場和政府強制力並存；這個權力雙元性，對許多不同的想法具有啓發作用。有人問：政府嚴守「避開市場」的原則，不容許打折嗎？或者，合宜嗎？干預市場和改正市場的運作，不該是政府的任務嗎？一定要忍受資本主義**或者**社會主義，沒有別的選擇嗎？難道沒有其他也許能實現的社會組織體制，既不是共產主義制，也不是純粹的、沒有外力干擾的市場經濟制？

於是，一些人費勁設想出許多不同的第三種解答、第三種體制，據稱和社會主義制不同的程度，不亞於和資本主義制不同。這些構想的創作者聲稱，這些體制是非社會主義的，因爲它們旨在保存生產手段私有制，而它們也不是資本主義的，因爲它們排除市場經濟的一些「缺陷」。就相關問題的科學處理來說，因爲必須對所有價值判斷保持中立，就不該使用錯誤的、有害的、不公正的、有「缺陷」的等形容詞，去譴責資本主義的任何特徵，所以前述**干預主義**這種興奮過頭的自薦，是無濟於事的。經濟學的任務，是分析和追求眞理。它毋須根據什麼預設的主張或成見，作爲標準去讚揚或譴責什麼。對於干預主義，經濟學只須提出一個問題，並給予答案：干預主義的運作效果爲何？

第二節　干　預

有兩種實現社會主義的模式。

第一種模式（可以稱之爲列寧模式或俄國模式）是純官僚模式。所有工廠、商鋪和農場都正式收歸國有（verstaätlicht），成爲公務員操作的政府部門。每一個生產單位相對於上級中央機關的關係，就像一個地方郵局相對於郵政總局那樣。

第二種模式（可以稱之爲興登堡模式或德國模式）名義上和表面上保持生產手段私有制，而且維持一些尋常市場、價格、工資和利率的外觀。然而，不再有企業家，只有工作間或商號的管理者（納粹法律術語稱之爲Betriebsführer）。這些管理者形同傀儡操持一些委託他們管理的企業；他們買進、賣出東西，聘僱、解僱工人，支付酬勞給工人，簽訂借貸契約，支付利息和分期償還本金。但是，他們所有的管理作爲，都必須無條件遵守政府最高生產管理機關發出的命令。這個機關（在納粹德國稱爲Reichswirtschaftsministerium）命令那些管理者，生產什麼、如何生產、按什麼價格向誰購買，以及按什麼價格賣給誰。該機關給每一個工人指派工作和訂定工資；它命令資本家必須把資金、按什麼條件託付給誰。市場交換只不過是個幌子。所有工資、價格和利率，都由政府決定；它們只在外觀上是工資、價格和利率，而事實上只是政府下命令時用到的數量名詞，這些命令決定每一個公民的工作、收入、消費和生活水準。政府指揮所有生產活動；車間或商號管理者聽命於政府，並不聽命於消費者的需求和市場的價格結構。這是社會主義制，披上印滿資本主義用語的外衣。資本主義市場經濟的一些標籤被保留下來，但是，它們所代表的東西，完全不同於它們在市場經濟裡所指稱的東西。

這裡必須指出這個事實，以免社會主義和干預主義遭到混淆。干預主義體制，或者說，受到干擾的市場經濟體制，和德國模式的社會主義不同的地方，就在於干預主義仍然是一個市場經濟。政府當局干預市場經濟運作，但不想完全廢除市場，而只希望生產和消費發展的路線，不同於沒受到干擾的市場所決定的路線；政府希望，藉由在市場運作中加入一些它準備用警察權和相關暴力機構，強制執行的規定、命令和禁令，來達成它的目的。但是，這些規定、命令和禁令，只是一些**孤立的**干預行爲。政府的用意，不是要把所有干預整合成一套制度，用來決定所有價格、工資和利率，亦即，不是要將生產和消費完全置於政府當局掌控之下。

受到干擾的市場經濟或干預主義體制，想要保存政府和市場的權力雙元性，亦即，一方面，政府有確切的職權範圍，而另方面，個人享有市場體制下的經濟自由。干預主義制的特徵，就在於政府的職權並未限制在維持生產手段私有制和保護私有財產權免於暴力侵害。政府透過命令和禁令，干預工商業運作。

干預，是強制與脅迫機構的行政主管當局直接或間接發出命令，強迫企業家和資本家以某一方式——不同於企業家和資本家只聽從市場要求時會採用的方式，使用某些生產要素。這樣的命令，可能是一道要求做什麼的命令，也可能是一道要求不做什麼的命令。這道命令毋須由公認的權威當局直接發出；有時候其他機構擅自攬權，也會發出這樣的命令或禁令，並且用它自己的暴力強制手段執行這些命令或禁令。如果公認的政府當局容忍這樣的作法，或甚至啓用政府所統治的警察機關支持這樣的作法，那麼，相關命令或禁令就宛如由政府當局本身發出。如果政府當局反對其他機構的這種暴行，也很想壓制這種暴行，但沒成功以政府武裝力量壓制這種暴行，那麼，後果就會是無政府狀態。

有一點很重要，必須記住，即：政府干預永遠意謂暴行或暴行威脅。政府統治的最終憑藉是使用武裝人員，使用警察、憲兵、士兵、獄卒和劊子手。政府的基本特徵，是靠打、殺和關押，來執行它的命令。那些要求更多政府干預的人，最終無異是在要求更多強制和更少自由。

這裡促使讀者注意這個事實，並沒有任何指責政府種種作爲的意思。如果對於一些乖張執拗的個人或團夥的反社會行爲，沒有任何暴力阻止和壓制的準備，和平的社會合作不可能維持；這是嚴酷的事實。時常有人說：政府是一個禍害，儘管是一個必要的、不可或缺的禍害。對於這個老生常談，我們必須提出異議。爲了達成某個想要達成的目的、而必須做的那些事情，本質上是一個手段，也就是爲了成功實現該目的所需支付的成本。把該手段稱爲一個有道德褒貶含義的禍害，是任意的價值判斷。然而，面對現代傾向將政府和國家神化的趨勢，我們最好提醒自己注意一下：古羅馬人以一束棍棒包裹住一把斧頭象徵國家，比我們當代人認爲國家具有所有上帝的屬性，更爲實事求是一些。

第三節　政府職能的界定

許多以冠冕堂皇的法哲學和政治科學為名，行走學術界的學派，沉溺於沒用、空洞的沉思默想，企圖憑空界定政府的職能。對於什麼是據稱永恆、絕對的價值，以及永遠的正義，他們做了一些純粹任意、武斷的假設，然後擅自以為他們是人間世事的最高裁判者。他們把出於直覺的、任意的一些價值判斷，誤解為上帝的聲音或一切事物的本質。

然而，事實上，沒有自然法這種東西，沒有什麼永恆標準可以區別正義與非正義。大自然沒有對錯的觀念；「汝不可殺人」無疑不屬於自然法。自然界的特徵，是某隻動物恣意殺害其他動物，還有許多物種，如果不殺害別的物種，就不可能維持生命。對錯的觀念，是人的一個手段，一個功利主義的戒律，旨在使社會的分工合作成為可能。所有道德規則和人的法律，都是實現某些明確目的的手段。除了檢視它們是否有助於達成人所選擇的和想要達成的目的，沒有其他方法去評估它們的好壞。

有些人根據自然法的觀念，推斷生產手段私有制合乎正義。另有一些人則訴諸自然法，聲援廢除生產手段私有制的提議。由於自然法的觀念是完全任意武斷的，這種討論不可能會有什麼結果。

國家和政府不是目的，而是手段。加害他人，只有對施虐狂而言，才是快樂的一個直接來源。公認的權威當局採取強制與脅迫手段，是為了保障某個明確的社會組織體系順暢運作。施用強制與脅迫的範圍，以及警察機關該執行的法律內容，取決於人民採納了什麼樣的社會秩序。由於國家和政府旨在使這個社會秩序安全運作，政府職能的界定，必須適應社會秩序的需要。評估法律和執法方法的唯一標準，就是它們是否有效保障人民希望保持的社會秩序。

正義的觀念，若要有意義，就必須有某套明確的行為規範體系作為參照，並且大家須公認該套體系本身沒有爭議、禁得起任何批評。許多人曾經堅持這樣的學說，主張：對錯的標準，從最古老的年代開始便已永遠確立了。立法者和法庭的任務，不是制定法律，而是依據永恆不變的正義觀念，去發現什麼是對的。這個學說，導致頑固的保守主義和舊習慣與舊制度僵化，以致遭到自然權利（或天賦人權）學說的挑戰。自然權利說或自然法，自認爲是「位階較高的」法律，不贊成國家現行的法律。根據自然法的武斷標準，有效的成文法和慣例，有一些可稱爲公正的，另有一些則可能是不公正的。好的立法者的任務，據稱是要使現行法符合自然法。

這兩個學說所涉及的一些根本錯誤，早已被揭露。對於沒受到它們蠱惑的人來說，很明顯的，在擬議新法律的辯論過程中，訴諸正義是一個惡性循環論證的例子。在擬議新法的過程中（de lege ferenda），沒有正義這種東西。正義的觀念，就邏輯而言，只能在現行法的架構裡（de lege lata）講。只有在根據國家現行有效的法律觀點，對具體的行爲表示贊同或反對時，正義的觀念才有意義。在考慮改變國家的法律體系時，在修改或廢除現行法律，以及制定新法律時，問題的癥結不是正義或非正義，而是社會運作的方便性和社會福祉。沒有絕對的、完全不考慮任何明確社會組織體系的正義觀念這種東西。決定是否贊同某個社會組織體系時，考量的不是正義或非正義。反倒是，社會組織體系決定什麼該視爲對，以及什麼該視爲錯。在社會關係架構之外，沒有是非對錯。對假想中孑然孤立、自給自足的某個人來說，正義和非正義是空洞的觀念。這樣的一個人只會區分，對他自己而言，什麼是比較方便合適，和什麼是比較不方便合適。正義的觀念，永遠指涉社會合作。

任意虛構某個絕對正義的觀念，然後根據該正義觀點，擁護或拒絕干預主義，是沒意義的。從任何預設的永恆價值標準，思考政府正當的任務該怎樣界定，是沒用的。同樣不允許的，是企圖從政府、國家、法律和正義這些概念，推斷政府該有哪些正當的任務。（歐洲）中古世紀的繁瑣哲學或經院哲學、費希特

（Fichte）、謝林（Schelling）、黑格爾，以及德國概念法學（Begriffsjurisprudenz）等等的理論思索，荒謬之處就在於此。所有概念都是推理工具，絕不可以當作規定行爲模式的指導原則。

有些哲學家強調，就邏輯而言，國家和主權的觀念，隱含國家絕對是至高無上的，從而排除國家職權會有任何限制的觀念。這只是多餘的頭腦體操演練；沒有人質疑國家有權力在統治領域內建立極權主義政府。眞正的問題是：這樣的政府，就社會合作的保持和運作而言，是否方便、有利。對於這個問題，再多深奧微妙的概念和觀念注釋，都不會有什麼用處。它必須由行爲學決定，而不是由似是而非的關於國家與權利的玄學決定。

對於政府爲什麼不該管制物價，或者不該像懲罰殺人犯和小偷那樣，懲罰公然反抗價格上限命令的人，法哲學和政治科學找不出任何理由。在它們看來，私有財產權，只不過是全能而仁慈的最高統治者授予某些卑鄙人民的、一項可以撤銷的恩惠。把授予這種恩惠的法律全部或部分廢除，絕不可能有什麼過錯；沒有什麼道理，可用來反對沒收或徵用私人財產。立法者可隨意用任何社會體制取代生產手段私有制，就像立法者可隨意用另一首國歌取代過去採用的任何一首。此即朕意（car tel notre bon plaisir）這個格式用語，是至高無上的立法者唯一的行事箴言。

針對所有這些法律形式主義和教條主義，這裡有必要再次強調：法律，以及社會強制與脅迫機構，存在的唯一意義，是保障社會合作秩序順暢運作。很明顯的，政府有權力規定價格上限，有權力關押或處決以較高價格銷售或購買的人。但問題是：拿這樣的政策作爲手段，能不能達成政府想要達成的目的。這是一個純粹行爲學與經濟學的問題。不管是法哲學或政治科學，對於這個問題的解答，都不可能有任何貢獻。

干預主義的問題，不是關於國家與政府「自然的」、「正當的」和「恰當的」任務如何正確界定的問題。眞正的問題是：干預主義制度如何運作？能否達到我們凡人想靠它達到的那些目的？

有些人在處理干預主義問題時，所顯露的思想幼稚和缺乏見識，著實令人吃驚。例如，有人這麼說：很明顯，公路的交通規則是必要的；誰都不反對政府干預車輛駕駛人的行爲；所以，那些主張自由放任的人自相矛盾，一方面反對政府干預市場價格，另方面卻不反對政府管理交通。

這個論證的謬誤很明顯。管理道路交通，是經營道路的機構必須承擔的一個任務。如果這個機構是政府或市政當局，那麼，它就一定要處理好這個任務。制定火車時刻表，是鐵路管理者的任務；而決定餐廳是否該播放音樂，則是旅館管理者的任務。如果政府經營一條鐵路或一間旅館，規定這些事情便是政府的任務。郵政總局長決定郵票的式樣和顏色，不能作爲政府干預市場運作的一個例子。就國家歌劇院的營運而言，政府決定哪幾齣歌劇該製作，以及哪幾齣不該製作，這是事實；但如果根據這個事實，便進而推斷，爲某個非政府經營的歌劇院決定這些事項，也是政府的一個任務，那就不合邏輯了。

第四節 「正直」作為個人行為的最終標準

有一個相當普遍的意見認爲：即使沒透過政府干預工商業，人也能使市場經濟的運作轉向，使市場不再沿著任憑利潤動機控制的路線發展。一些主張以遵從基督教原則或「眞正的」道德要求、實現某種社會改革的人士，認爲良心也應該引導善良的人處理市場裡的交易。如果所有的人不僅只關心自己的私利，也同樣關心自己在宗教和道德方面的義務，那麼，要把世事撥亂反正，便毋須政府的強制與脅迫。需要的，不是改革政府和國家的法律，而是淨化人心道德，回歸上帝的誡條和道德的戒律，遠離自私與貪婪的惡習。果能如此，便很容易調和生產手段私有制和正義、正直與公平的要求。資本主義的惡果將遭到排除，而個人的自由與主動性也不會受到損害。人將罷黜資本主義這一隻惡靈，但用不著轉而崇拜邦國那一隻惡靈。

這類意見所根據的一些任意的價值判斷，這裡毋須討論。這些批評者爲什麼會指責資本主義，是一個不相干的問題；他們的批評所犯的錯誤與謬論，無關緊要。眞正要緊的，是他們企圖在雙重基礎上，亦即，在私有財產制和限制利用私有財產的道德原則上，建立某個社會體系的想法。他們所推薦的體系，據說，將不是社會主義制，也不是資本主義制或干預主義制。該體系不是社會主義制，因爲它將保有生產手段私有制；不是資本主義制，因爲至高的動機將是良心，而不是追求利潤的衝動；不是干預主義制，因爲將不需要政府干預市場。

在市場經濟裡，個人在私有財產權和市場範圍內自由行爲。他的選擇，是最後的裁定。對他的同胞來說，他的行爲是他們自己在行爲時必須考慮的外在條件。所有人都自主行爲，他們之間的協調由市場的運作來達成。社會沒命令任何人該做什麼或不該做什麼；用不著以特別命令或禁令來執行合作。不合作的行爲，受到相應的自我懲罰。適應社會生產過程的要求，和個人追求自己的利益，兩者之間並沒有衝突。因此，不需要有什麼權威機構解決衝突。這個社會體系能自動運作，完成種種任務，毋須任何權威機構干預，毋須權威機構發布特別命令和禁令、並懲罰那些不服從的人。

在私有財產權和市場範圍之外，是強制與脅迫的範圍。該範圍內有一些障礙，是有組織的社會爲了保護私有財產，並避免市場受到暴力、惡意與欺詐傷害而設置的；這是有別於自由領域的限制領域。那裡有一些規則，區別什麼是合法的、什麼是非法的、什麼是允許的，以及什麼是禁止的。而且那裡有一部由武器、監獄和絞刑架組成的機器，以及操作這部機器的一些人，準備鎮壓那些膽敢違抗規則的人。

且說，這裡所關切的那些社會改革者建議，除了以保護和保存私有財產爲宗旨的法律規範之外，還應該進一步規定人人必須遵守某些道德規則。這些社會改革者希望在生產和消費方面實現的一些事情，不是人人，除了不得侵害他人人身安全和私有財產權外、沒有其他任何義務約束時，將會作成的那些事情。他們希望禁止市場經濟裡引導個人行爲的那些動機（他們稱這些動機爲自私自利、貪婪、牟利），希望以其他一些動機取代它們（他們稱這些其他動機爲良心、正直、利他主義、敬畏上帝、慈善）。他們深信，這樣的道德改革，本身便足以確保經濟體系具有某種他們所期盼的運作模式，毋須採取任何干預主義和社會主義所要求的那些特別的統治措施；在他們看來，這種模式，要比沒受到干擾的資本主義運作模式，更令人滿意。

這些社會改革者未能意識到，他們斥責爲邪惡的那些行爲動機，在市場經濟運作中所扮演的角色。市場經濟所以能運作，毋須政府指令精確告訴每個人該做什麼和該怎麼做，唯一的理由是：市場經濟並未要求任何人背離對自己最爲有利的行爲路線。使個人行爲融入整個社會生產體系的，是個人自己的目的追求。每一個行爲人在縱容自己「貪婪」之際，對社會生產活動的最佳安排，都貢獻了他自己的一份力量。於是，在私有財產權，以及保護私有財產權免於暴力或欺詐行爲侵害的法律範圍內，個人利益和社會利益沒有任何對立衝突。

如果這些改革者貶抑爲自私自利的私有財產權原來的主導作用遭到廢除，市場經濟勢將變成一團混亂。規勸大眾傾聽良心的聲音、規勸他們以公共利益取代私利考量，創造不出有效運作和令人滿意的社會秩序；告訴某個人**不要**在最便宜的市場購買、**不要**在最貴的市場銷售，是不夠的；告訴他**不要**追逐利潤、不要避免虧損，也是不夠的。社會必須確立清晰的規則，使每個人在每一具體行爲場合知所依循。

社會改革者說：企業家冷血、自私自利，會利用自己的優勢，索取某一低於比較無效率的競爭者所要求的價格，從而迫使該競爭者倒閉。但是，「利他主義的」企業家該怎麼做呢？他在任何情況下，都不該按低於任何競爭者的價格銷售自己的產品嗎？或者在某些情況下，可以允許他索取比競爭者爲低的價格？

這個改革者又說：企業家冷血、自私自利，會利用市場結構所給予的機會，索取超高的價格，以致窮人都買不起他的商品。但是，「善良的」企業家該怎麼做呢？他應該免費送出他的商品嗎？只要他索取價格，不管多麼低，總是會有一些人完全無力購買或買不到他們在價格更低時想買的數量。這時，該企業家可以自由排除哪一群渴望的需求者購買他的商品呢？

討論到這裡，關於價格偏離沒受到干擾的市場所決定的水準時，會導致哪些後果，我們現在還不必處理。譬如，某個賣者如果拒絕開價低於比較沒效率的競爭者，那麼，他的供給至少會有一部分賣不出去；如果這個賣者以某一低於未受干擾的市場所決定的價格供應商品，他的供給，將不足以使所有能支付該價格的人買到他們想買的數量。我們稍後再來分析這些問題，以及其他因為偏離市場價格而產生的後果。[2]但是，我們在這裡無論如何必須認清：改革者不能自滿的僅僅告訴企業家不該接受市場狀態的引導，而是必須告訴企業家應該索求多低和支付多高的價格。如果不想再藉由追逐利潤的動機引導企業家行為，來決定生產什麼和生產多少；如果要企業家不再受制於利潤動機的驅策、竭盡所能去服侍消費者，那就必須給企業家下達明確的指示。這不可避免就要用詳細的命令和禁令去引導企業家行為。而這些指令，正是政府干預企業的標誌。任何企圖透過良心的聲音、透過慈善和同胞愛，作為主導行為的動機，以排除政府干預的改革計畫，終歸是無效的。

基督教社會改革計畫的提倡者宣稱：過去，人的貪婪與牟利為良心所馴服，順從道德律的約束；這種馴化的貪婪與牟利動機，曾經運作得相當良好。而所有我們今天的禍害，都是背叛基督教規戒所造成的。如果人未曾拋棄教規戒條，未曾貪求不正當的利潤，人類仍將享有中古世紀那樣美滿的幸福；在當時，至少社會精英是履行聖經福音書所說的那些做人原則的。目前需要的，正是恢復從前的美好生活，然後小心提防，確保不會有新的離經叛道，再度引誘人拋棄從前做人原則的正面效果。

這些改革者所推崇、稱許為人類最偉大的歷史時期——十三世紀的歐洲社會與經濟情況，這裡毋須詳細予以分析。我們在這裡只關心他們所謂**公平的**價格與工資率觀念。這個**公平的**觀念，是基督教初期長老淑世教誨中的基本觀念；改革者現在希望把它提升爲經濟行爲的最終標準。

很明顯，對相關理論家來說，所謂公平的價格與工資率觀念，過去和現在一樣，總是用來指稱某一特定的社會秩序；在這些理論家眼中，該秩序是最佳可能的秩序。他們建議人採納此一理想的社會秩序，並且永遠保存該秩序。任何進一步的改變，都不該容忍。最佳可能的社會狀態，若有任何改變，都只能意味變壞。這些哲學家抱持的世界觀，並未考慮人會不停努力改善物質生活幸福。歷史變化和物質生活水準普遍上升，對這些哲學家來說，都是陌生的觀念。他們稱爲「公平的」，是那種可以確保他們的烏托邦波紋不興、永垂不朽的行爲模式，至於其他一切行爲，都不公平。

然而，公平的價格與工資率，對於非哲學家的平常人來說，卻是一個非常不同的觀念。當某個非哲學家說某個價格公平時，他的意思是：保持該價格，會增進或至少不會損害他自己的收入和社會地位。任何價格，若損害他自己的財富和地位，他都稱爲不公平。如果他所銷售的財貨價格上漲、愈來愈高，而他所購買的財貨價格下跌、愈來愈低，那是「公平的」。對農夫來說，小麥價格，不管多高，顯然都是公平的。對賺取工資者來說，任何工資率，不管多高，顯然都不是不公平的。但是，小麥價格一旦下跌，農夫馬上會指控說，這不僅違背神聖法、也牴觸世間法；而工資如果下降，工人則會造反。然而，市場社會除了透過市場運作，沒有其他方法調整生產、適應情況的改變。市場透過價格變化，迫使人縮減生產那些比較不迫切需要的商品、而擴大生產消費者需求比較迫切的其他商品。所有穩定價格的努力，它的荒謬性就在於：價格穩定，會阻止任何進一步的改善，導致僵固和停滯。商品價格和工資率的機動性，是調整、改善和進步的媒介。那些譴責價格與工資率變化造成不公平的人，以及那些要求保持他們所謂公平價格的人，其實是在打擊經濟進步，阻礙人們努力使情況變得更令人愜意。

市場決定的農產品價格，有一長期趨勢，傾向使大部分人口放棄農業、投向加工製造業；這樣的趨勢，並不是不公平的。如果沒有該趨勢，百分之九十或更多的人口仍將從事農業，各種加工製造業的成長將受到阻礙；所有階層的人民，包括農夫，處境將比現在惡劣。如果多瑪斯阿奎納（Thomas Aquinas）的公平價格教條確實執行，則十三世紀的經濟情況將延續到現在；人口會比現在少很多、而生活水準也會低很多。

上面這兩種公平價格說，不管是哲學的，還是世俗的，都一致譴責未受干擾的市場所決定的價格和工資率。但是，這兩種採取消極否定觀點的公平價格說，對於公平的價格和工資率究竟該多高或多低的問題，卻提不出任何答案。如果決定把良心「正直」提升爲經濟行爲的最終標準，那就必須明確命令每一個行爲人，在每一個具體場合，該做什麼、該索取什麼價格，以及該支付什麼價格，並且必須——依靠某個強制與脅迫機構——迫使所有膽敢不從的人服從這些命令。換言之，必須確立某個最高權威機構，發布各種準則、管制行爲的每一面向，必要時改變這些準則，權威的解釋這些準則，和執行這些準則。於是，以社會正義和良心正直取代自私牟利的改革計畫，若要實現，需要的正是人類道德淨化論者想要排除的政府干預。沒有威權嚴密的組織控制，要偏離沒受到干擾的市場經濟狀態，是不可能想像的。至於被賦予這種控制權力的威權機構，究竟稱爲世俗的政府或替神辦事的祭司團，無關緊要。

這些改革者，在規勸世人要從心底厭惡自私自利時，主要是針對資本家和企業家來講的；他們有時候，當然小心翼翼的，也對賺取工資者這麼說。然而，市場經濟是一個消費者至上的體系；布道者呼籲改革的對象，應該是消費者，而不是生產者。布道者其實應該說服消費者放棄選擇比較好、比較便宜的商品，反而該選擇比較差、比較貴的商品，以免傷害比較沒效率的生產者；其實應該說服消費者少買一些，好讓比較貧窮的人有機會多買一些。於是，如果想讓消費者這樣行爲，那就必須明白告訴消費者該買什麼、買多少、向誰買，以及按什麼價格買；並且必須準備好，必要時以強制和脅迫的手段執行這些命令。但是，這麼一來，就等同採取了道德改革計畫想要排除的那一套威權控制體系。

每個人在社會合作的框架內可以享有的自由，都是以私利和公益和諧爲前提的。在個人追求自己的福利、也同時增進——或至少並未妨害——他人福利這樣的範圍內，行爲人自行其是，既不會損害社會安全，也不會損害他人利益。於是，出現一個自由和個人主動的領域，一個允許人人自主選擇和自主行爲的領域。這個經濟自由的領域，是所有和社會分工合作相容的其他自由的基礎。隨著市場經濟或資本主義的演進，出現市場經濟在政治方面的必然結果（馬克思主義者必定會說：出現資本主義經濟的「上層結構」），就是代議政府。

那些聲稱在人人的貪婪之間或在人人的貪婪與公益之間存在衝突的人士，免不了要主張壓制個人自由選擇、剝奪個人自主行爲的權利。他們必然主張，要以某個中央生產管理機構至高無上的權力，取代人人自由選擇的權利。在他們想像的良好社會架構裡，沒有私人主動的空間；權威當局發布命令，任何人都要被迫服從。

第五節　自由放任的意義

在十八世紀的法國，laissez faire, laissez passer（自由放任）這句話，是某些自由主義捍衛者慣用的一個口號，用來精簡表示他們的主張。他們的目的，是要建立沒有外力干擾的市場社會。爲了達到這個目的，他們主張：廢除所有妨礙比較勤勉、比較有效率的人勝過比較不勤勉、比較沒效率的競爭者，以及限制商品和人員流動的法律。這句著名格言想要表達的，就是這個意思：讓人人自由工作，讓人人自由交易。

在我們這個熱烈渴望政府全能的時代，自由放任這句口號，很不受歡迎。輿論現在認爲，自由放任同時意味道德敗壞和徹底無知。

在某位干預主義者看來，人要麼選擇依靠「自動的力量」，要麼選擇依靠「有意識的計畫」，沒有其他選項。[3]他暗示說，依靠自動的過程，很明顯是愚蠢至極的選擇。沒有哪一個明白事理的人，會當眞建議，什麼事都不做，讓情勢在沒有任何有意行爲的干預下、順其自然的發展。一項計畫，就憑它是有意識行爲的表現，無可比擬的優於沒有任何計畫。自由放任，在這位干預主義者看來，只表示：放任禍害持續、放棄嘗試以合理的行爲改善人類的命運。

這是完全錯誤的說法！這個主張計畫的論點，完全源自對某一比喻的不當解釋。除了「自動的」一詞所隱含的一些意思，該論點沒有任何別的根據；有些人在形容市場過程時，通常以某個比喻的意思使用「自動的」一詞。[4]Concise Oxford Dictionary說[5]，「自動的」意思，是「無意識的，非智能的，全然機械性的」。Webster's Collegiate Dictionary說[6]，「自動的」意思，是「不受意志控制的……在沒有積極思想或欠缺意圖的引導下執行」。在計畫經濟的捍衛者看來，打出權威字典這張王牌，是多大的勝利呀！

其實，問題不是：要麼選擇某個死板的機能或某個僵固的自動機制，不然就選擇有意識的計畫；問題也不是：要或不要計畫。眞正的問題是：誰來計畫？究竟該讓每一個社會成員爲他自己計畫，或者該單獨讓仁慈政府爲所有社會成員計畫？易言之，問題不是：自動的機制相對於有意識的行爲。問題是：每個人都能自主行爲相對於唯有政府能行爲；問題是個人自由相對於政府全能。

自由放任的意思不是：任憑沒有靈魂的力量運作。自由放任的意思是：任憑每個人選擇自己希望的方式、參與社會的分工合作秩序；任憑消費者決定企業家該生產什麼。計畫的意思則是：任憑政府單獨選擇，任憑政府以強制和脅迫手段執行政府的裁定。

主張計畫者說，在自由放任下，所生產出來的商品，不是人「眞正」需要的商品，而是預期能賣得好價錢、牟取最高利潤的商品。計畫的目的，就是要把生產導向滿足「眞正的」需要。但是，「眞正的」需要是什麼，該由誰決定呢？

如果是由英國工黨前黨魁Harold Laski教授來決定，則計畫的投資方向，將是「投資者的儲蓄將用在蓋住屋，而不是用在蓋電影院」。[7]是否有人同意這位教授的看法，認爲較好的住屋比看電影更重要，那無關緊要；無論如何，當消費者花用一部分錢買票、看電影時，事實上便已經做出了另一種選擇。如果英國廣大的民眾，亦即，以選票使工黨獲得壓倒性勝利而掌權執政的同一群人，停止光顧電影院，以便有更多錢花在更舒服的獨棟住家和公寓上，追求利潤的企業界將不得不投入更多資金，建造住家和公寓，同時減少投資於生產昂貴的電影。但是，Laski先生很想甩開消費者的願望，很想以他自己的意志取代消費者的意志。他希望廢除市場的民主程序，希望建立某個專制獨裁機構決定生產活動。他可以相信，從某個「較高的」觀點來說，他自己是正確的；他可以相信，作爲一個超人，他自己有責任強迫低等的廣大民眾接受他個人的價值排序和判斷。不過，他也應該足夠坦率，把他的這些想法對外說清楚講明白。

所有熱血讚美政府行爲的頌詞，都只不過是某個干預主義者自我神化的拙劣掩飾。偉大的邦國之所以是偉大的神，只因爲該邦國想必專做該干預主義者希望實現的事情。只有干預主義者個人完全贊同的計畫，才是眞正的計畫，所有其他計畫都是冒牌貨。任何一本宣揚政府計畫好處多多的書，講到「計畫」時，作者心裡想到的，當然，唯獨是他自己的計畫。他沒考慮到，政府實際執行的計畫，很可能不同於他自己的計畫。眾多不同的計畫者，只在拒絕自由放任，亦即，只在拒絕讓人人自由選擇和自主行爲這一點，意見一致。至於選擇哪一個唯一的計畫要政府採納，他們的意見完全不同。一旦有人揭發種種干預主義政策一些明顯和不可否認的缺陷時，干預主義捍衛者每次的反應方式都一樣。他們會說：這些過失是僞劣的干預主義的結果；而我們主張的，是好的干預主義，不是壞的干預主義。當然，好的干預主義是這位教授自己主張的那個。

自由放任的意思是：讓每一個普通人選擇和行為，不要強迫任何人服從某個獨裁者。

第六節　政府對消費的直接干預

在探討干預主義的經濟問題時，我們不處理旨在直接影響消費者選擇消費財的政府行爲。政府每一個干預經濟的動作，必定會間接影響到消費。由於政府干預會改變市場資料，所以必定也會改變消費者的價值排序和行爲。但是，如果政府的目的，只是直接迫使消費者消費某些沒有政府命令就不消費的財貨，那就不會出現經濟學必須特別研究的問題。無可置疑的，一個強大、不講情面的警察機構，有能力執行這種命令。

在處理消費者的選擇時，我們不問：究竟什麼動機促使某人購買 a 而不購買 b。我們只探究：消費者的具體行爲對市場價格的形成，從而對生產，有些什麼影響。這些影響，和究竟是什麼考量導致消費者購買 a 而不購買 b，沒有關係；對市場價格有影響的，只是實際購買或不購買的行爲。譬如，對防毒面具的價格形成來說，人所以購買，究竟是出於他們自己的意願，還是因爲政府強迫每個人都該有一件防毒面具，那無關緊要；唯一要緊的是，對防毒面具的需求大小。

有些政府希望維持自由的表相，所以在剝奪自由的時候，會以干預企業的外衣掩飾它們對消費的直接干預。美國的禁酒令，目的是要防止該國居民飲用含酒精的飲料。但是，相關的法律卻假惺惺並未宣布飲酒行爲本身爲非法，也並未懲罰飲酒行爲，而只禁止製造、販售和運送蒸餾酒類，亦即，禁止飲酒行爲之前的商業交易。它所隱含的理念是：人民耽溺於飲酒惡習，完全是因爲受到肆無忌憚的商人蠱惑所致。然而，很明顯，禁酒令的目標，在於侵犯人民自由花用自己的收入，不准他們按照自主選擇的方式享受生活。對企業施加種種限制，只不過是項莊舞劍、意在限制個人消費自由。

政府直接干預消費所涉及的諸多問題，遠遠超出交換學的範圍，不是交換學所必須處理的，而是涉及人生和社會組織的一些根本議題。如果政府的權威眞的源自於上帝，如果政府眞的受到上蒼託付，代理監護無知、愚蠢的百姓，那麼，嚴密控制受監護者每一方面的行動，便無疑是政府的任務。上帝派來的統治者，比他受託監管的老百姓本身，更清楚知道什麼對他們有益。統治者的責任，是守護老百姓、使他們免於自行其是時，可能對自己施加的傷害。

自我標榜「注重實務」的人，未能意識到這裡所隱含的一些原則的重大意義；他們聲稱不想從哲學和學究的觀點討論這些問題；辯稱他們的態度完全是基於實際考量。他們說，有些人確實以消費麻醉藥物傷害自己、也連累無辜的家人，只有教條主義者才會固執於教條、乃至反對政府管制非法的毒品交易。這種管制能發揮正面效果，是無可置疑的。

然而，事情沒這麼簡單。鴉片和嗎啡無疑是危險的、會成癮的藥物。但是，一旦「保護個人免遭自己的愚蠢傷害是政府的責任」這個原則獲得確認，那麼，面對任何進一步對自由的侵蝕，便不可能提出什麼眞心反對的理由。如果有很好的理由贊成政府禁酒和禁菸，試問，爲什麼要把政府的仁慈眷顧，限制在僅僅守護個人的身體健康呢？個人對自己的思想和靈魂可能施加的傷害，不是比任何身體的傷害後果更爲嚴重嗎？爲什麼不阻止他閱讀不良書籍和觀看不良戲劇？爲什麼不阻止他觀看不良繪畫和聆聽不良音樂？不好的意識型態所造成的不幸，不管是對個人或對整個社會來說，無疑都遠比麻醉藥物更爲有害許多。

這些憂慮，並非只是一些象牙塔裡的教條主義者，自己想像出來嚇自己的幽靈。沒有哪一個威權政府，不管是古代的或現代的，曾經忌憚嚴密控制人民的思想、信仰和意見。如果廢除個人自由決定他自己的消費品質，那便剝奪了他的一切自由。贊成政府直接干預消費的天眞人士，當他們忽略、輕蔑稱爲哲學面的問題時，無異是自我矇騙。他們不經意的支持出版審查、思想審訊、宗教不寬容和迫害異議者。

在處理干預主義的經濟問題時，我們不討論政府直接干預人民消費所引起的這些政治後果。我們討論的政府干預措施，都是旨在迫使企業家和資本家，不再聽從市場指示採取行動，而改以其他某個方式使用生產要素。在進行這方面的討論時，我們不問干預是好或是壞，不管是從什麼預設觀點。我們只問：干預能否達成主張或採取干預的人想要達成的目的？

第二十八章　以課稅干預市場

第一節　中性稅

執行強制與脅迫任務的社會機構，需要花費勞動和商品來維持運轉。在秉持自由主義的政府統治下，這些花費只占人民收入總額的一小部分；政府的活動範圍愈擴大，所需的經費就愈增多。

政府本身如果擁有或經營一些工廠、農場、林場和礦場，或許會考慮用利息收入和利潤支應部分或全部的財政需要。但是，政府經營的工商企業通常不具效率，乃至虧損、產生不了利潤。結果，政府就必須課稅，亦即，爲了籌集財政收入而強迫人民交出部分財富或收入。

中性的課稅模式，是可以想像的；這種課稅模式不會使市場偏離未課稅時的發展路徑。然而，歷來討論課稅問題，以及種種政府政策的浩瀚文獻，幾乎從未想到**中性的**稅，反而比較熱心於尋找**公平的**稅。

中性的稅，僅在維持政府機構運轉所須吸納一部分勞動和物質類財貨的程度內，影響人民的處境。在假想的均勻輪轉經濟裡，國庫不斷課稅，然後把籌集到的金額全部，不多也不少，花在支付公職人員的任務所招致的各種成本上。易言之，每個人的收入，都有一部分花在公共支出上。如果我們假設，在這樣一個均勻輪轉的經濟裡，收入完全平均，亦即，每一家庭的收入和家庭成員的人數成等比，則不管是某種人頭稅，或是某種等比例的所得稅，都將是中性的稅。在這些假設下，這兩種稅沒有什麼不同。每個人會將一部分收入花在公共支出上，但是，不會出現任何課稅的附帶效果。

不過，變動的經濟完全不同於這個假想的均勻輪轉且收入平均的經濟。市場資料不斷變化和財富與收入不平均，是變動的市場經濟基本且必然的特徵；凡是眞實存在的市場經濟，都是變動的體系。在這樣的體系內，任何稅都不可能是中性的。中性的稅，這個觀念本身，就像中性的貨幣那樣，是不可能實現的。但是，當然，這個不可避免的非中性，在稅和在貨幣的場合，理由不同。

政府如果向每個人，不管他的收入和財富多寡，一律課徵同一金額的人頭稅，則落在資力微薄者身上的負擔，會比落在資力雄厚者身上的負擔沉重許多；大眾消費品生產縮減的幅度，於是大於奢侈品生產縮減的幅度。另一方面，人頭稅削減儲蓄和資本累積的幅度，小於讓富有者負擔比較沉重的稅；因此，人頭稅不會，像對高收入和高財富者歧視課稅那樣，減緩資本財邊際生產力（相對於勞動邊際生產力）傾向下降的趨勢，因而也不會相應減緩工資率傾向上升的趨勢。

當今所有國家實際的財政政策，都只遵循一個指導理念，那就是：認爲稅賦應該按照每個人的「支付能力」來分攤。在最後導致大家普遍接受「量能課稅」原則的討論過程中，有些人曾模模糊糊的想到，對有錢人課徵比較重的稅，會使該稅變得比較中性。無論如何，毫無疑問的，任何涉及中性課稅的考量，很快就完全拋棄、遺忘了。如今，「量能課稅」原則已經被高舉爲社會正義的公理，只能仰望，無可置疑。一般人現在認爲，課稅的財政和預算目標只是次要的；課稅的主要目標，是按照正義的要求，改革社會的各種情況。課稅是政府干預工商業的一個方法。一種稅，愈不中性，愈有助於把生產和消費轉向、脫離未受干擾的市場原本會引導生產和消費發展的路徑，也就愈令人滿意。

第二節　完全課稅

「量能課稅」原則所隱含的那種社會正義的概念，要求所有人的財力完全相等。如果主張「任何現有收入與財富不平等、即表示稅負能力不相等」是有道理的，那麼，只要還有任何收入與財富不平等殘存，則主張「較多的收入與財富，不管絕對金額多麼小，都意味擁有該接受課稅的較大稅負能力」，便同樣可以認爲是有道理的。「量能課稅」教條邏輯推演的唯一終點，要求把任何人手中超過某一最低金額的一切收入與財富一律沒收，以達到收入與財富完全平等。[1]

完全課稅和中性課稅，是兩個對立的概念。完全課稅完全徵收——沒收——個人所有的收入和財產。然後，政府從如此塡滿的國庫裡，給每個人分發一筆支付生活成本的津貼。或者，意思和結果都一樣，政府在課稅時，留下認爲每個人都該有的那一份合理收入，同時將實際收入少於該合理收入者補足到該合理標準。

誰也無法徹底想透「完全課稅」概念的所有邏輯後果。如果企業家和資本家在生產手段的利用當中，沒有任何個人的好處或壞處，他們對於如何選擇不同的利用模式就會變得漠不關心。他們的社會功能消失，變成是沒有利害關係、不負責任的公共財產管理者；他們不再必然調整生產，以滿足消費者的願望。如果只有收入完全課稅，而資本金則留下來讓資本主自由處理，那便給資本主提供一個誘因，激勵他們消費一部分財富，於是傷害到每個人的利益。因此，如果要實現社會主義，完全課稅將是一個很不恰當的方法。如果完全課稅不僅對收入課徵，也同樣對財富課徵，那麼，它就不再是一種稅，亦即，不再是一個在市場經濟裡籌集政府收入的方法。它變成是過渡到社會主義的一個措施。一旦圓滿完成，社會主義便取代了資本主義。

即使當作實現社會主義的一個方法來看，完全課稅也是有爭議的。有些社會主義者提出一些傾向社會主義的稅制改革計畫。他們或者建議課徵百分之一百的遺產稅和贈與稅，或者建議以完全課稅沒收土地租金或所有非賺得的收入——亦即，在社會主義的術語中，所有不是從執行勞動所獲得的收入。檢討這些計畫，是多餘的。我們只須知道，它們和市場經濟是完全不相容的。

第三節　課稅的財政和非財政目的

課稅的財政目的和非財政目的並不相同。

例如，就拿各種酒稅來說。如果把它們當作政府收入的來源，那麼，所產生的稅收愈多，便是愈好的稅。當然，由於酒稅必然提高酒類價格，導致酒類銷售與消費傾向減少。必須經過測試，才能找到在什麼稅率下，稅收最高。但是，如果把酒稅當作一個要盡可能減少酒類消費的手段來看，則稅率便愈高愈好。稅率若提高到某個程度以上，酒稅會使酒類消費顯著減少，同時也使酒稅收入減少。如果酒稅達成非財政目的，亦即，使人民戒絕飲酒，則酒稅收入爲零；這時，它不再爲任何財政目的服務；它的效果，純粹是抑制消費。同樣的論述，不僅適用於所有種類的間接稅，對直接稅也一樣有效。對公司和大企業歧視課徵比較重的稅，如果提高到某個程度以上，會導致公司和大企業完全消失。資本稅、繼承和遺產稅，以及所得稅，如果推向極端，效果也同樣適得其反。

課稅的財政與非財政目的，兩者之間不可調和的衝突，是無解的。課稅的權力，恰如大法官Marshall所見，是摧毀的權力。這項權力可用來摧毀市場經濟，而許多政府和政黨也堅決想把它用來達成這個目的。當政府吞沒人民個別自主行爲的全部領域，它自己就變成一個極權主義的政府。它的財務操作，就不再倚賴從公民身上徵收過來的收入。不再有公共財源和私人財源的分別。

課稅是市場經濟的一個現象。市場經濟的一個特徵，是政府不干預市場現象，而且政府所操作的機構規模是很小的，維持政府的運作只須吸納人民個人收入總額當中很小的一部分。於是，要提供政府所需的資金，各種稅的徵收是一個適當的手段。說它們適當，是因為稅率很低，不至於有感的擾亂生產和消費。如果稅率上升到某個適度的水準以上，它們將不再是稅，而變成摧毀市場經濟的手段。

各種稅蛻變成各種毀滅性武器，是當今公共財政的標誌。關於重稅是詛咒、抑或是福利？用稅收供應經費所執行的支出項目是不是划算的、有益的？等等[2]涉及完全任意價值判斷的問題，我們這裡不處理。眞正要緊的是，稅負愈加重，稅與市場經濟愈不相容。毋須問是否眞的「迄今沒有哪一個國家，毀於人民大眾的政府為人民大眾支出龐大的金錢。」[3]不可否認的是，市場經濟可能被龐大的公共支出毀滅，而許多人的意向就是：用此一方式毀滅它。

商人抱怨高稅負壓力沉重。政治家對「吃掉穀種」的危險感到驚慌。然而，課稅問題的眞正癥結，在於這個弔詭：稅負愈加重，市場經濟、連同稅制本身，便愈削弱。因此，很明顯，私有財產制的保持和沒收性稅制，終究是不相容的。每一種稅，以及整個國家的稅制，在稅率高到某個程度以上時，效果將適得其反。

第四節　課稅干預的三種類別

能用來控制經濟——亦即，能作為干預主義政策工具——的課稅方法，可以劃分為下列三種類別：

一、某些稅旨在完全壓制或限制某些特定商品的生產。它們因此也間接干預消費。至於企圖達成這種目的的方式，究竟是採取課徵特別稅，還是免除某些商品被課徵某種稅，而該種稅或者普遍對所有其他商品課徵，或者只對消費者在沒有差別課稅的情況下、將比較喜歡選購的商品課徵，則是一個無關緊要的問題。在關稅場合，免稅被用作干預市場的工具。國內產品沒有關稅負擔，關稅只影響從國外進口的商品。許多國家採取差別課稅的方式控制國內生產活動。例如，對啤酒課徵比葡萄酒更重的貨物稅，以此嘗試鼓勵生產葡萄酒、並抑制生產啤酒；葡萄酒是中、小型葡萄園農夫的產品，而啤酒通常是大規模釀酒廠的產品。

二、某些稅沒收一部分收入或財富。

三、某些稅沒收全部的收入和財富。

我們毋須處理第三類的稅，因爲它純粹是實現社會主義的手段，因此不屬於干預主義討論的範圍。第一類的稅，就其效果而言，和下一章所討論的那些限制性措施沒什麼不同。第二類的稅包含在第三十二章所討論的那些沒收措施當中。

第二十九章　限制生產

第一節　限制生產的本質

這一章所要討論的政策措施，旨在直接干預生產（按生產一詞最廣泛的意義，包括商業和運輸），使生產活動轉向，偏離市場經濟未受干擾時將會遵循的途徑。當然，威權機構對工商業的每項干預，都會使生產活動轉向、偏離企業家只聽命於市場上展現的消費者需求時所採取的生產途徑。對生產活動施加的限制，特徵在於：生產活動轉向並不只是一個非故意，但無可避免的效果，反而恰恰是當局想要引起的干預結果。像其他任何干預那樣，限制生產的干預措施也會影響消費。但是，影響消費，再強調一次，就本章所要討論的限制措施而言，不是當局希望達到的主要目的。政府當局希望的是干預生產。沒錯，政府的限制措施也影響消費，但是，這個事實，就政府觀點而言，或者完全違悖政府的意向，或者至少是一個不受歡迎、但必須忍受的後果；當局認為影響消費是不可避免的，但相對於不干預的後果，是一個較小的禍害。

限制生產的意思，係指政府禁止某些商品的生產或某些生產、運輸或行銷模式的應用；或者使該等商品的生產、運輸或行銷，或該等生產、運輸或行銷模式的應用，更困難、更昂貴。政府當局因此廢除某些可供滿足人民需求的手段。這種干預的效果，是阻止人民以能夠產生最高收益和盡可能滿足需要的方式，去利用他們的知識和能力、他們的勞動和生產手段。這種干預，使人民變得比較窮、比較不幸福。

這就是問題的癥結。某些人為了駁倒上述這個根本論點，而努力提出的諸多精妙和吹毛求疵的論述，都是白費工夫的。在未受干擾的市場中，有一個不可阻擋的趨勢，傾向把每一生產要素都用在使消費者最迫切的需求、獲得最佳可能滿足的途徑上。如果政府干預市場，那就只會損害消費者的滿足，絕不可能增加他們的滿足。

就歷史上政府對生產活動的各種干預當中、最重要的類別——國際貿易障礙——而言，這個論點的正確性已得到傑出和無可辯駁的證明。在國際貿易方面，古典經濟學家的學說，尤其是李嘉圖的學說，是決定性的，已經蓋棺論定解決了所有爭議。關稅所能達成的，只是使生產地點從每單位投入產出比較高的地方，移往每單位投入產出比較低的地方。它不會增加生產；它只削減生產。

有些人詳細論述政府對生產活動據稱的激勵。然而，政府沒有辦法激勵某一生產部門，除非打擊其他生產部門。政府從某些在市場未受干擾時會使用某種生產要素的部門，挪出該種生產要素、導向別的生產部門。爲了實現這個效果，政府究竟採取了哪些行政措施，是無關緊要的。政府也許採取公開補貼的作法，或者以課徵關稅、迫使人民支付補貼成本的方式去掩飾補貼。唯一要緊的是這個事實：人民被迫放棄他們認爲比較有價值的滿足，而僅得到他們認爲比較沒有價值的滿足作爲彌補。干預主義的論證基礎，永遠包含這樣的念頭：認爲政府或國家是某種超然於社會生產過程之外的實體，認爲政府或國家擁有某種不是向人民課稅徵來的東西，認爲政府或國家能支用這種神祕的東西，以實現某些特定目的。凱因斯勳爵就是把這種「聖誕老公公」的神話，抬高成爲一個體面的經濟學說，而受到所有期待從政府支出、獲得私人利益的人熱情擁抱。針對這些流行的謬誤，這裡有必要強調一個不言可喻的道理：凡是政府能支用或投資的，都是從人民手中拿走的，政府的支用和投資每增加一分一毫，人民的支用和投資就相應減少一分一毫。

第二節　限制生產所追求的目標

限制生產必然導致某些公民個人滿足下降。這樣的事實並不意味：限制生產必然是有害的。政府不會荒唐的採取限制措施；它想要達成某些目的，而且認爲相關的限制措施是達成該等目的的適當手段。所以，限制措施的評估，取決於兩個問題的解答：政府所選用的手段能否達成所追求的目的？該目的的達成，可否彌補某些公民個人的犧牲？提出這些問題，表示我們是以處理課稅問題的態度，來看待限制生產的措施。納稅，同樣直接降低納稅人的滿足。但這是納稅人爲了使政府能服務社會和每一社會成員而支付的價格。只要政府履行它的社會功能，而且稅收也沒超過確保政府機構順暢運作所必須的金額，則繳納的稅款便是必要的成本，是自動回本的支出。

在所有以限制措施取代課稅去達成政策目標的場合，這個討論生產限制措施的方式，顯然是很適當的。譬如，國防經費大部分是國庫用課稅收入支應的。但是，政府偶而會採取另一種方法。有時候爲了充實國家抵禦侵略的戰備，國內需要維持某些在市場未受干擾下不可能存在的產業部門。這些產業必須加以補貼，而這種補貼支出應該和其他任何軍備支出項目一體看待。即使政府以課徵相關產品進口關稅的方式，對這些產業進行間接補貼，補貼的性質仍然是不變的。唯一的差別在於，這時消費者直接承擔關稅所引起的較高成本，而在政府直接補貼產業的場合，消費者則是透過繳納較高的稅賦，間接支付補貼成本。

在頒布限制措施時，許多政府和國會幾乎從未意識到這種措施擾亂工商業的後果。例如，他們輕率認爲，保護性關稅能提高國民的生活水準；頑固的拒絕承認經濟學關於保護主義效果的學說正確。經濟學家對保護主義的斥責，其實是無可辯駁的，也是沒有任何黨派偏見的。經濟學家並不是從任何預設觀點，說關稅保護不好；他們證明：關稅保護不能達成政府通常希望藉由關稅保護來達成的目的。他們不質疑政府行爲的最終目的，他們只是認爲，政府所採取的手段不可能實現想要達到的目的。

在所有限制措施當中，最受歡迎的，當屬所謂同情勞工的立法。在這方面，許多政府和輿論也嚴重誤判此等措施的效果。他們相信，限制工時和禁止童工只會加重雇主的負擔，而對於賺取工資者來說，此等限制純粹是「社會紅利」。然而，只有在此等法律減少勞動供給，從而使勞動相對於資本財的邊際生產力上升的程度內，這樣的想法才是正確的。但是，勞動供給減少，也會導致所生產財貨總量下降，從而導致每人平均消費下降。整塊餅都縮小了，只是較小的這塊餅中，分給賺取工資者的比例，高於他們原先從較大的那塊餅分到的比例；同時，資本家分到的比例下降。[1]至於各不同種類工人的實質工資，結果究竟是增加，還是減少，就要看每一場合的具體情況而定。

對於同情勞工的立法，流行的評估意見其實建立在錯誤的基礎上，即：誤以爲工資率和工人的勞動給加工材料添加的價值，兩者沒有任何因果關係。「工資鐵則」說，各種工資率取決於最低、不可或缺的生活必需品數量；工資率絕不可能高於維持最低生存所需的水準。工人所生產的價值和所受支付的工資，兩者之間的差額，全部進入剝削階級雇主的口袋。如果該差額因限制工時而縮減，賺取工資者只是減免了一部分辛勞和麻煩，工資保持不變，而雇主則被剝奪了一部分不公不義的利潤。總產出縮減，只縮減資產階級剝削的收入。

我們在前面已經指出，在西方資本主義演進過程中，同情勞工立法的實際作用，直到近幾年前，遠遠不如相關問題在公開場合討論的激烈程度所暗示的那樣重要。大多數時候，勞動立法只是在事後爲已經因工商業快速進步而圓滿促成的勞動市場變革，追加法律承認罷了。[2]但是，在遲遲未採納資本主義生產模式、以致在現代加工製造方法上發展落後的國家，勞動立法卻是一個關鍵性問題。這些國家的政客，受到一些似是而非的干預主義學說矇騙，相信能藉由抄襲先進資本主義國家的勞動立法，來改善本國極度貧窮的廣大群眾的命運。他們看待勞工問題，彷彿認爲只須從所謂「人道角度」予以處理即可似的，以致未能看出問題的癥結。

在亞洲，現在有數百萬纖弱的貧困兒童處於餓死邊緣，那裡的工資，相比於美國或歐洲的標準，極其微薄；那裡的工時很長，而且工作場所的衛生條件糟透了；這樣的景況著實令人心酸。但是，要消除這些不幸，除了加緊工作、生產和儲蓄更多，從而累積更多資本，沒有別的辦法。這是任何持久的改善不可迴避的途徑。自命的慈善家和人道主義者所主張的限制生產措施，肯定是無效的；此等措施不僅不能改善情況，還會使情況變得更加糟糕。如果父母太貧窮，以致無力適當撫養子女，那麼禁止童工無異於判決子女餓死。如果勞動邊際生產力是如此低下，以致一個工人需要工作十小時才能賺到一份遠低於美國工資水準的工資，則法令規定每一工人每天最多只能工作八小時，那是不會造福工人的。

我們所討論的問題，不是該不該或希不希望改善賺取工資者的物質幸福。對於誤稱爲同情勞工的法律，堅持推動立法的一方故意混淆問題；他們一再強調，更多的休閒、更高的實質工資，以及使小孩和已婚婦女不必尋找工作，將會使工人的家庭更快樂。他們訴諸謊言和卑鄙的毀謗，對基於這種法律嚴重傷害賺取工資者的利益、而提出反對意見的另一方橫加謾罵，指責對方是「勞工的構陷者」和「勞工的敵人」。這裡所涉及的歧見，無關雙方想要追求的目的，而僅涉及應該採取什麼手段去實現該目的。問題不是：該不該改善廣大群眾的物質幸福；問題完全是：以政府法令限制工時和禁止僱用婦女與孩童，是不是正確的手段？是不是眞的可以提高工人的生活水準？這純粹是一個必須由經濟分析解決的交換學問題。情緒性的言語，是離題的，是惡意的障眼法，掩飾不了這個事實，即：這些自以爲是、主張干預和限制的人，沒辦法提出任何站得住腳的理由，反駁經濟學家有理有據的論證。

美國普通工人的生活水準，遠比中國普通工人的生活水準更令人滿意；美國的工時比較短，美國的孩童被送進學校、而不是被送進工廠。這些事實不是美國政府和美國的法律造成的，它們是這個事實的結果，即：每一美國工人平均使用的資本財數量，遠大於中國工人，因此美國的勞動邊際生產力遠高於中國。這不是什麼「社會政策」的功勞；這是過去克制破壞資本主義演進的時代，美國人採取了自由放任的方法所造成的結果。亞洲人如果想改善他們自己的命運，必須採納的正是這個自由放任的方法。

亞洲和其他落後國家現在所以貧窮，和西方資本主義早期情況所以令人不滿意，原因完全一樣：一方面是人口迅速增加，而另方面則是各種限制措施耽誤了生產方法調整，使生產趕不上人口快速增加的生存需要。主張自由放任的古典經濟學家，在我們當今大學所採用的典型教科書裡，被輕蔑的當成悲觀主義者，甚至是爲資產剝削階級不公不義的貪婪辯護的人，很快就被打發、趕出學界。然而，爲經濟自由鋪平道路，使普通人的生活水準得以提升到空前高度，正是他們不朽的榮耀。

經濟學並非任意武斷的教條，儘管主張政府全能和極權專制，並以「非正統的」思想自傲的倡議者硬說：經濟學是武斷的教條。經濟學既不贊同，也不否定限制生產和縮減產出的政府措施。經濟學只是認爲：說明這種措施的後果，是經濟學的任務。選擇採納什麼政策，最終取決於人民。但是，人民在選擇時，如果希望實現想要的目的，絕不可忽略經濟學的教誨。

當然，在某些場合，人民可能認爲一定的限制措施是有道理的。某些防範火災的規定，會限制生產，會提高生產成本。但是，它們所引起的總產出縮減，是爲了避免更大的災難，而必須付出的代價。採行每一限制措施時，都應該根據仔細的權衡，考量會招致哪些成本和產生什麼報償。只要是明理的人，都不可能質疑這個行爲準則。

第三節　作為特權的限制

市場資料每一變動，對不同的人和群體，會產生不同影響。對某些人，變動是恩賜；對其他人，則是打擊。直到過了一段時間，當生產活動經過調整，適應了新出現的資料，這些影響的作用才會耗盡。例如，某項限制措施，雖然使絕大多數人處於不利地位，可能暫時會改善某些人的處境。對這些受惠者來說，該措施就好像讓他們暫時享有某項特權一般。他們時時刻刻要求這種措施，因爲他們時時刻刻都希望享受特權。

在這方面，關稅保護又是最顯著的例子。對某項進口商品課徵關稅，會加重消費者的負擔；但是，對國內生產者而言，則是一項恩賜。從國內生產者的觀點來看，政府頒布新關稅和提高舊有關稅，是一樁不得了的好事。

這個分析對於許多其他限制措施也同樣有效。如果政府——或者以直接手段，或者透過財政歧視——限制大企業和大公司，小規模企業的競爭地位就獲得增強。如果政府限制大賣場和連鎖商店，小規模的店家當然歡欣鼓舞。

有一點很重要，必須知道，即：這些措施的受惠者視爲有利的優勢，只會持續一段有限時間。長期而言，任何授予某些生產者的特權，都會逐漸喪失效力，終於不再能創造特殊利益。享有特權的生產部門會吸引一些新來者加入，而這些新來者的競爭，則傾向消除相關特權所帶來的特殊利益。因此，法律的寵兒渴求特權的慾望，是永不饜足的。他們不斷要求一些新特權，因爲舊特權逐漸喪失效力。

另一方面，舊的限制措施，如果生產結構已經調整到完全適應它了，然後遭到撤銷，那就意味市場資料發生一次新的變動。短期內，這對某些人有利，對另一些人有害。且讓我們以進口關稅爲例，說明這種情形。假設某個R國在好多年前，譬如說在一九二〇年，頒布一項對皮革進口課徵的新關稅。對當時湊巧從事皮革製造的一些R國企業來說，這是恩賜。但是，後來該國的製革業擴大，製革業者在一九二〇年和隨後幾年間享有的意外利益消失不見了。留下來的，僅是這個事實，即：全球皮革的生產有一部分，從每單位投入產出比較高的地點，轉移到R國的一些地點；在那裡，生產皮革需要比較高的成本。R國的居民購買皮革所支付的價格，高於他們在該項關稅課徵前所支付的價格。和皮革自由貿易時的情況相比，由於有比較大的一部分R國資本和勞動投入製革業，所以，其他某些產業萎縮或者至少成長受阻。從國外進口的皮革變得比較少，而為了支付皮革進口所輸出的R國產品數量也變得比較少。R國的國際貿易總量減少了。現在世界上沒有任何一個人，從保持這項舊關稅，得到任何利益。相反的，每個人的利益都因人民勤勉努力的總產出下降而遭到傷害。如果R國針對皮革所採取的政策，由所有國家針對每一種商品，以最嚴格的方式採行，以致完全廢除了國際貿易，每個國家都變成完全自給自足，則國際分工所賜予的好處，全世界所有人民將不得不完全放棄。

很明顯，如果R國撤銷皮革進口關稅，長期而言，必定對每個人都有利。然而，短期內，它將傷害已經投資於R國製革業的資本家利益。它同樣也會傷害R國專長於製革的工人短期利益。這種工人有一部分，或者必須移民國外，或者必須改變職業。這些資本家和工人，會激烈反抗一切企圖降低或完全廢除皮革關稅的嘗試。

這清楚表明，為什麼限制生產的措施，一旦產業結構已經適應了，要再予以撤銷，政治上極其困難。雖然它們的效果有害於每一個人，但撤銷它們在短期內不利於某些特殊團體。這些在保持限制措施上享有特殊利益的團體，當然，只是人口中的少數。在R國，只有少數從事製革業的人，將因撤銷皮革關稅而受害；絕大多數人作為皮革和皮革製品的購買者，則將因這些產品價格下降而受惠。在R國的領土範圍外，只有某些人會受害，這些人從事的產業將因製革業的擴張而趨於萎縮。

反對自由貿易的人士所提出的最後一個反對理由，是這麼說的：就算只有那些從事製革業的R國人在保持皮革關稅上有直接利益，然而，每一個R國人都屬於許多產業部門中的某個部門，如果每種國內產品都受到關稅保護，則過渡到自由貿易，將傷害每一個產業的利益，從而將傷害加總起來就是整個國家的所有專業資本和勞動團體的利益。因此，撤銷關稅，短期內將傷害所有公民的利益。而唯一要緊的，就是人民的短期利益。

這個理由包含三重錯誤。第一，並非所有產業部門都將因過渡到自由貿易而受害。恰恰相反。在自由貿易下，生產成本相對最低的R國產業將會擴張；這些產業的短期利益將受惠於撤銷關稅；它們的產品適用的關稅保護，對它們本身絲毫沒有好處，因爲在自由貿易下，它們不僅能生存，甚至還能擴張；至於R國國內生產成本相對高於國外的產品適用的關稅保護，則是不利於它們的，因爲這些關稅保護把原本將使它們更加成長茁壯的資本和勞動轉向，導入受關稅保護的生產部門。

第二，所謂短期利益原則，完全是謬論。市場資料每一變動，短期內，都會使那些未能及時預先安排因應的人受害。短期原則的捍衛者，如果邏輯一貫，必定主張市場所有資料完全僵固不變，必定反對任何改變，包括任何醫療和科技方面的進步。[3]如果時時刻刻在行爲的人，眞的總是寧可避免較近未來的不幸，而不願意避免較遠未來的不幸，那他便已墮落到動物的層次。人的行爲所以有別於動物的表現，精髓就在於：人，有意識的爲了獲得某些較大、但時序上較遙遠的滿足，而放棄一些時序上較近的滿足。人的時序偏好不是絕對的，而是權衡各種利弊得失時會考慮到的一個面向。人，爲了在未來某一天獲得有益的效果，而於現在服用苦口良藥。人，絕不可能**無條件的**選擇短期內的幸福，而放棄長期的幸福；他對於每一個備選方案所預期帶來的滿足強度，必定也會加以斟酌考量。

最後，如果考慮的是R國整個關稅制度的存廢，那就必須記住這個事實，即：R國從事製革業的那些人的短期利益，僅受到一項關稅廢除的傷害，但另一方面，所有（相對於國外）生產成本比較高的那些產品的關稅廢除則對他們有利。沒錯，相對於其他產業部門的工資率，製革業的工資率在一段時間內將會下降；而這一段時間將持續，直到R國各生產部門的工資率重新建立長期、適當的相對比例爲止。但是，在製革業工人的工資收入只短暫下降的同一時間，他們購買的許多消費品價格也在下降。而這個使他們的處境傾向改善的趨勢，並不是只在過渡期間才存在。該改善趨勢，是自由貿易引導每一個產業部門轉移至比較成本最低的地點、使勞動生產力提高、使各種產品總產出量增加、等等持久好事的最終結果。換言之，該改善趨勢，正是自由貿易保證讓市場社會每一個成員享有的長期持久福利。

從製革業者個人觀點來看，如果皮革進口關稅是唯一的關稅，則他們反對廢除關稅保護的立場，是可以理解的。我們可以把他們的反對態度視爲源於特殊身分的利益；這是一種類似種姓階級的利益，享有這種特權利益者，短時間內會因所享特權遭到撤銷而受傷，雖然僅僅維持該項特權，不可能再給這些特權利益者帶來什麼好處。但是，在這個假想情況下，製革業者的反對，將是沒用的；因爲R國的多數民眾會推翻製革業者的反對。保護主義者的隊伍之所以會增強，原因就在於皮革關稅不是例外，許多產業部門也處於類似位置，也反對廢除他們所屬部門享有的關稅保護。這種支持保護的隊伍，當然不是一個以各團體的特殊利益爲基礎的同盟關係。如果每個人都被關稅保護到相同程度，則每個人作爲消費者所損失的，不僅和他作爲生產者所獲得的一樣多；而且每個人也都將因許多產業從比較有利生產的地點移到比較不利生產的地點、所導致的勞動生產力普遍下降而受害。相反的，廢除所有關稅，長期而言，將使每個人受惠；而且特定關稅項目的廢除，對相關團體成員的特殊利益所造成的短期傷害，至少會因爲所有關稅的廢除，導致該等團體成員所購買和消費的商品價格下降，而在短期內獲得部分補償。

許多人將關稅保護視同賦予本國工人特權，讓本國工人在關稅保護存續期間內，得以享有比他們在自由貿易下享有的更高的生活水準。這個論點不僅在美國有人提出，而且在世界上任何國家，只要該國的平均實質工資率高於其他某個國家，也會有人提出。

且說，沒錯，在資本和勞動完全自由移動的情況下，同一種類、相同品質的勞動受給付的價格，在全世界範圍內，將趨於相等。[4]然而，即使在產品方面有自由貿易，在我們這個有各種移民障礙，和各種制度阻撓外國人資本投資的實際世界裡，工資率傾向相等的趨勢並不存在。勞動邊際生產力在美國比在中國高，不僅因為在美國每個人平均的資本投入比較大，也因為存在移民障礙，阻止中國人移民到美國、不能在美國勞動市場上競爭。在解釋這個邊際生產力差異時，毋須探討美國的自然資源是否比中國豐富，也毋須研究中國黃種工人的能力是否比美國白種工人低劣。無論如何，這些事實，亦即，各種限制資本和勞動移動的制度障礙，便足以解釋工資率不會傾向相等。由於廢除美國關稅不影響這些限制資本和勞工移動的障礙，所以，不會傷害美國工人的生活水準。

恰恰相反，在資本和勞工移動受到限制的情況下，若過渡到產品自由貿易，則美國人的生活水準必定會提高。一些在美國生產成本相對較高（生產力較低）的產業將會萎縮，而成本相對較低（生產力較高）的產業將會擴張。

沒錯，瑞士鐘錶業和中國刺繡業的工資率，確實低於美國鐘錶業和刺繡業的工資率。自由貿易下，瑞士人和中國人在美國市場的銷售量將會擴大，而他們的競爭對手——美國同業的銷售量將會萎縮。但是，這只是自由貿易的一部分後果罷了。瑞士人和中國人，由於賣出更多、也生產更多，於是可以賺得更多、也買得更多。至於他們是否買更多美國其他產業的產品，或者買更多他們國內的產品或別國，譬如，法國的產品，那是無關緊要的。無論如何，他們多賺到的那些美元最後必定全數流入美國，增加美國某些產業的銷售量。如果瑞士人和中國人不是聖誕老公公、不會把他們的產品當贈品送出去，就必定會把多賺到的美元用來購買某些東西。

流行的意見和前面的分析所以相反，是由於一個錯覺，誤以爲美國能透過減少美國人的總現金握存來增加進口品購買量。這是一個惡名昭彰的迷思謬見。依這個謬見看來，人在購買東西的時候，是不管自己的現金握存大小的；所以，現金握存的存在，只是湊巧沒有更多的東西要買而剩餘下來的結果。這個重商主義的教條爲什麼是完全錯誤的，我們已在前面加以證明了。[5]

在工資率和賺取工資者的生活水準方面，關稅眞正的效果，完全不是流行的見解以爲的那回事。

在商品可自由貿易、但工人移動和外國人投資受限的世界裡，不同國家同一種類、相同品質的勞動所受給付的價格，會趨向某一確定的差距關係。不同國家的工資率，絕不會有傾向相等的趨勢。但是，勞動在不同國家「最後」所受給付的價格之間，有一定的數值差距關係。所謂最後價格，出現在「充分就業」的情況下，亦即，出現在當所有渴望賺取工資者都得到一份工作、而所有渴望僱用工人者都能如數僱到希望僱用的工人時。

且讓我們假設只有兩個國家——R國和M國。在R國，最後工資率是M國的兩倍。R國政府現在採取一個誤稱爲「同情勞工」的措施，讓雇主承擔一筆額外支出，大小和所僱用的工人人數成正比；譬如，R國減少每週工時，但不允許每週工資率相應下降。結果是，所生產的財貨數量下降，同時各種財貨每單位價格上升；每一個工人現在享有較多休閒，但是，他的生活水準下降了。在各種財貨供應數量普遍減少下，除了生活水準下降，還能有什麼別的後果呢？

這個後果是R國的一個國內事件。即使沒有任何國際貿易，它也將發生。但R國不是自給自足的，而是一個和M國有買有賣的國家，這個事實不影響前述事件的本質。但是，它牽涉到M國。由於R國人民現在生產和消費比較少，他們將減少購買M國的產品。在M國，生產將出現普遍下降的情形。但是，M國某些過去將產品外銷到R國的產業，此後將不得不在國內市場銷售產品。M國將發現，它的國外貿易量下降；它將無可奈何變得比較自給自足。在保護主義者的眼中，這是一件好事。實際上，它意謂生活水準變差；因爲較高成本的生產活動，取代了較低成本的生產活動。這時M國人民所經歷的，和一個孑然孤立、自給自足國家C的居民，在某次天災降低了C國某個產業部門的生產力後，將會經歷的，沒什麼兩樣。只要存在分工，每個人多少會因別人對市場供給所貢獻的數量減少而遭殃。

然而，R國同情勞工的新法律，在國際上，所引起的這些不可阻擋的最終後果，對M國的不同產業將有不同影響。不管是在R國或M國，生產結構要調整到終於完全適應新的市場資料，需要經過一序列的步驟。這些調整過程中的短期效果，與調整終止時的長期效果不同，它們比長期效果更引人注意。短期效果幾乎每個人都會注意到，而長期效果則只有經濟學家才看得出來。要隱瞞長期效果不讓一般民眾知道，不是一件難事；然而對於很容易看出的短期效果，那就必須費心做一些安排，以免民眾的熱情消退，不再支持這種據稱同情勞工的立法。

第一個出現的短期效果，就是R國某些生產部門相對於M國同業的競爭力減弱。由於R國國內價格上升，某些M國人便可能在R國擴大他們的銷售量。這只是暫時的效果；最後，所有M國產業在R國的總銷售量勢將下降。儘管M國對R國出口整體數量終將下降，某些M國產業卻有可能長期擴大它們在R國的銷售量（這取決於各種產業新的比較成本形勢）。但是，在這些短期效果和長期效果之間，沒有必然的關聯。過渡期間的一序列調整步驟，瞬間情況的變化猶如萬花筒一般，可能完全不同於最後的調整結果。然而，短視的R國一般民眾，注意力卻完全被這些短期效果吸引住。他們聽到受影響的商人抱怨，R國的新法律讓M國得以在R國和M國削價競爭；他們看到某些R國商人不得不縮減生產規模，不得不解僱員工。

於是，他們開始懷疑：那些自命為「非正統的勞工朋友」的說詞，也許有些不對勁的地方。

但是，如果R國築起一道夠高的關稅壁壘，甚至足以防止M國人於短期內擴大在R國市場的銷售量，那麼，情況便完全改觀。這時，新「同情勞工」措施最引人注意的短期效果，就會遭到遮掩，以致一般民眾不會感覺到它們。當然，那些長期效果是避免不了的；但它們是由另一序列短期效果造成的。而這一序列短期效果，因為比較不容易察覺，所以比較不惹人厭。於是，那一套關於縮短工時可以產生所謂「社會紅利」的空話，就不會因為立即出現一些每個人都認為不好，尤其是大部分遭到解僱的工人認為不好的效果，而遭到推翻。

關稅和其他保護主義措施當今的主要功能，就是掩蓋各種據說旨在提高廣大民眾生活水準的干預主義政策的眞實效果。這些流行的干預政策，自稱可以改善賺取工資者的物質幸福；然而，它們其實是在損害賺取工資者的物質幸福。所以，經濟民族主義[6]是這些流行的干預政策必要的搭檔。[7]

第四節　作為經濟體制的生產限制

正如前面所言，在某些情況下採取某個限制措施，可以實現想要達到的目的。如果採取該限制措施的人認為：達到這個目的，比該限制措施所引起的諸多不利——亦即，可供消費的各種物質財貨減少——更為重要，則根據他們的價值排序觀點，採取該限制措施可以說是正當的。他們招致一些成本、付出代價，以便獲得某個他們認為比必須花費或必須放棄的更有價值的東西。他們的價值判斷是否正當，誰也不能和他們辯論，更不用說我們這樣的理論家。

處理各種生產限制措施，唯一合適的方式，就是把它們當作為了達到一定目的而付出的犧牲。它們是準支出和準消費。它們以另一方式使用了那些原本可以生產出來供應消費的財貨，以實現其他某些目的。某些財貨的生產受阻，但這個準消費，正是比不實施限制時將會生產出來的財貨，更令限制措施的發起人覺得滿足的東西。

就某些限制措施而言，這是相關人等普遍採納的觀點。如果政府命令某塊地應該保持自然狀態、作爲國家公園，不得挪做其他任何用途，任何人都不會把這樣的舉措視爲消費支出以外的措施。該政府使人民失去耕種這塊地可能提供的各種產品，以便給人民提供另外一種滿足。

由此可知，限制生產，除了是附屬於某個生產體制的一個補充措施，絕不可能扮演其他任何角色。單憑這種限制措施，絕不可能建構出什麼經濟體制；不會有哪一套這種措施能統合起來，成爲完整的經濟體制。它們不可能形成一個生產體制；它們屬於消費範疇，不屬於生產範疇。

在考察干預主義問題時，我們刻意要檢視的一個論點，是那些提倡政府干預企業的人士的一個主張；他們說，他們所建議的體制可以取代其他經濟體制。就限制生產的措施而言，提出這樣的論點，絕不可能是合理的。那些措施所能達成的，充其量只是縮減產出和滿足。財貨是藉由花費一定數量的生產要素生產出來的；縮減該數量，不會增加、只會減少所生產出來的財貨數量。「縮短工時」想要達到的那些目的，即使可以藉由「縮短工時」來達到，「縮短工時」也依然不是一個生產措施；它永遠只是一個削減產出的方法。

資本主義是一個社會的（亦即，不是個人獨自的）生產體制。社會主義者說，社會主義也是一個社會的生產體制。但是，對於限制生產的措施，即使是干預主義者也不能提出同等的說法。他們只能說，在資本主義下，太多東西被生產出來了，而他們希望阻止生產這些多餘的東西，以便實現其他一些目的。他們本身必須承認：限制生產的措施必然是有應用界限的。

經濟學沒說：限制生產是一個不好的生產體制。經濟學說：限制生產完全不是一個生產體制，而是一個準消費體制。干預主義者想要藉由限制生產達到的那些目的，大多不可能藉由限制生產來達到。但是，即使在某些情況下，某些限制措施可以達到想要的目的，它們也只是限制性的（亦即，不是生產性的）。[8]

我們這個時代，限制生產所以受到巨大歡迎，乃是由於一般人未能意識到限制生產的後果。在處理以政府命令縮短工時的問題時，一般民眾未能意識到總產出必定下降的事實，而且也未能意識到賺取工資者的生活水準也很可能隨之下降。當今「非正統陣營」的一則教條斷言，「同情勞工」的措施，讓工人享受了一項「社會紅利」，其成本完全由雇主承擔。誰要是敢對該教條提出質疑，都會遭到汙辱，遭到指控在對冷血的剝削者阿諛奉承、在為剝削者的不公不義擦脂抹粉，甚至還會遭到無情的騷擾迫害。輿論含沙射影、暗指質疑者，希望把賺取工資者的處境，逼回到現代工業制度早期那種又窮、工時又長的狀態。

針對所有這樣的謾罵汙衊，這裡有必要再次強調一個事實，即：帶來財富和物質幸福的，是生產，而不是限制生產。在資本主義國家，現在普通賺取工資者，比他的祖先消費更多財貨，也更有財力享受更多休閒，能贍養妻兒，不必遣送她們去工作；所有這些事實，都不是各國政府和工會的成就。它們是追求利潤的工商界已經累積和投資更多資本，從而使勞動生產力提高千百倍的結果。

第三十章　干預價格結構

第一節　政府和市場自律

干預市場結構的意思，係指有關當局決心調動商品與服務的價格和利率，訂在不同於未受干擾的市場將決定的高度。有關當局下達命令，或授權——不管是默許，或是公開——某些特定團體發布命令，哪些價格和利率將視爲最高或最低，並且準備以強制和脅迫手段執行這樣的命令。

在採取這種措施時，政府或者希望嘉惠買者——所以規定最高價格，或者希望嘉惠賣者——所以規定最低價格。規定最高價格，旨在使買者得以按低於未受干擾的市場價格，買到他希望買到的東西。規定最低價格，旨在讓賣者得以按高於未受干擾的市場價格，賣出他的商品或服務。政治力的天平，決定有關當局希望嘉惠哪些團體。針對不同商品，政府有時採取最高價格干預，有時採取最低價格干預；政府有時候規定最高工資率，有時候規定最低工資率。只是對於利率，政府從來未曾規定最低利率；當政府干預利率時，總是規定最高利率。政府總是側目斜視儲蓄、投資、放債等行爲。

如果對商品價格、工資率和利率的干預包括所有價格、工資率和利率，那就等於以納粹模式的社會主義全面取代市場經濟。這時，市場、人際交易、生產手段私有制、企業家冒險和私人主動創新，實際上完全消失。誰也不再有機會照自己的意思影響生產過程；每個人都必須服從最高生產管理當局的命令。在這些密密麻麻的命令中，稱作價格、工資率和利率的那些東西，不再是交換學意義的價格、工資率和利率，而只是生產指揮當局訂定的量化活動指標，和市場過程毫無關係。採取價格管制的政府和提倡價格管制的社會改革者，如果總是決心要建立納粹模式的社會主義制，經濟學就用不著個別處理價格管制問題。關於這種價格管制，所有必須說的，都已經包含在社會主義的分析裡了。

對於這一點，許多提倡政府干預價格的人士，過去一直、而現在還是思想一片迷惘。他們未能看出市場經濟和非市場經濟的根本差異。他們那些迷惘的想法，反映在含混模糊的用字遣詞和混亂的術語上。他們嘗試融合一些彼此完全不相容的東西；他們的一些主要概念，正是邏輯學家稱作術語上的矛盾（contradictio in adjecto），而一般人則稱作自相矛盾的例子。

無論如何，過去和現在都有一些提倡價格管制的人士公開宣稱：他們希望保存市場經濟。他們坦率斷言，政府訂定價格、工資率和利率，可以達成政府希望達成的一些目的，毋須完全廢除市場和生產手段私有制。他們甚至宣稱，要保存私有企業制和阻止社會主義來臨，價格管制是最佳或唯一的手段。如果有人質疑他們的教條，指出：價格管制，如果不想讓事態變得比政府和干預教條主義者所能容忍的還要來得惡劣，最後必定演變成社會主義制，他們立即會變得非常憤慨。他們會抗議，說他們既不是社會主義者、也不是共產主義者，他們矢志追求經濟自由，而不是追求極權體制。

我們必須檢視的，正是這些干預主義者的教條。問題的癥結在於：警察權，藉由把價格、工資率和利率訂定在不同於未受干擾的市場將會決定的高度，能否達成干預主義者希望達成的目的。毫無疑問，一個強大和堅定的政府，有權力命令這種最高或最低費率，並且打擊不服從命令者。但問題是：有關當局藉由頒布這種命令，能否達成它希望達成的目的？

歷史上，有一長串價格上限規定和反高利貸法的記錄；不時有皇帝、國王和革命獨裁者嘗試干涉市場現象。執拗不從的商人和農夫被處以嚴厲的懲罰，許多人成爲各種迫害的犧牲品；而這些迫害，則迎來廣大群眾的熱烈贊同。儘管如此，所有這些干預企圖都以失敗收場。而律師、神學家和哲學家的著作，對這種失敗提出的解釋，則完全吻合統治者和廣大群眾一貫的想法。他們說，人，本質上，是自私的、罪孽深重的，而有關當局，很不幸，執法太過寬鬆。欠缺的，只是當權者必須更堅決、更專橫。

經濟學界對於相關問題癥結的認識，首先是就一個比較特殊的問題達到的。許多政府早就幹起通貨貶值的勾當。它們以一些比較卑賤的金屬，代替錢幣原先含有的一部分黃金或白銀，或者直接減少錢幣的重量和大小。但是，它們仍繼續在那些質量變差的錢幣上，鑄刻舊錢幣常用的名稱，並且命令人民必須按錢幣名義上的價值，收受質量變差的錢幣。後來，在金銀之間的交換率，以及金屬錢幣與信用貨幣或不可兌換的法償貨幣之間的交換率方面，政府也嘗試責令轄下臣民遵守類似的限制規定。經濟思想的先驅一再探索，究竟是什麼原因使所有這種命令淪於失敗？在中古時代最後幾個世紀，終於逐步發現後來稱作「格萊欣法則」的規律。然而，從發現這個孤立的見識，到十八世紀一些哲學家開始意識到所有市場現象的相互關聯性，中間還是經過了好長一段時間。

古典經濟學家，以及他們的傳承者，在陳述其推理的結論時，有時候使用了一些庶民習慣用語，因此很容易遭到存心曲解他們的人曲解。例如，他們有時候講到「不可能」實施價格管制，眞正的意思並非這種命令不可能執行，而是指不可能達到執行它們的政府所希望達到的目的；甚至還會使事態更加惡化，而不是變得更好。他們斷言，這種命令違背目的、緣木求魚、不合宜。

讀者必須明白，價格管制問題不僅僅是經濟學需要處理的一**個**問題，亦即，不僅僅是一個不同經濟學家可以有不同見解的問題。這個問題毋寧是：有沒有經濟學這樣的知識呢？在市場現象發生的順序和互相連結當中，有沒有任何規律呢？一個以否定式回答這兩個問題的人，拒絕承認經濟學作爲一門知識的可能性、合理性和存在。他退回到經濟學發展以前的年代所秉持的信念。他宣稱，其實不存在任何經濟法則；他斷言，價格、工資率和利率，其實不是由市場資料獨特決定的。他聲稱，警察有權力任意決定這些市場現象。一個提倡社會主義的人，未必否定經濟學存在；他視爲理所當然的那些假定，不必然隱含市場現象未定論（indeterminateness）。但是，干預主義者，在提倡價格管制之際，不能不否定經濟學存在，因爲只要拒絕承認市場法則，那經濟學就什麼內涵都沒了。

德國歷史學派的邏輯是一貫的；它極端反對經濟學，並努力以政治科學的經濟面（wirtschaftliche staatswissenschaften）取代經濟學。英國費邊主義和美國制度學派的一些名人，邏輯也同樣是一貫的。但是，有些作者不完全拋棄經濟學，卻又斷言價格管制可以達成所要追求的目的，那可就自相矛盾到可嘆的地步了。經濟學家的見解和干預主義者的見解，邏輯上是不可能調和的。如果各項價格是由市場資料獨特決定的，它們便不可能任由政府強制力量隨意操縱。政府的命令，只是一個新市場資料，它的效果取決於市場運作，所以未必產生政府藉由命令希望實現的結果。干預的最後結果，從政府意向的觀點來看，甚至可能比政府希望改變的那個先前存在的事態，更加惡劣。

給經濟法則一詞加上引號，或者挑剔「法則」這個名詞的意思，不等於證明前述命題是錯的。在講到自然法則時，我們心裡想的是這個事實，即：諸物理或生理現象之間，存在不可變更的相互關聯性或規律，而行爲人如果希望成功，就必須服從這種規律。在講到人的行爲法則時，我們指的是這個事實，即：不可變更的現象相互關聯性，同樣也存在於人的行爲領域，而行爲人如果希望成功，也必須承認這個規律性。對人來說，行爲法則存在的事實，和自然法則存在的事實一樣，都是藉由相同的跡象顯露出來的，亦即，讓人知道它們眞實存在的，是這個事實：行爲人得遂所願的力量，受到限制與約束。如果沒有這些法則，人，或者將無所不能，所以他永遠不會感覺到任何不能立即去除的不適；或者他完全不具有行爲能力。

這些宇宙法則，絕不可和人造的國家法律，以及人造的道德戒律混爲一談。物理學、生物學和行爲學所研究的這些宇宙法則，獨立於人的意志之外，它們是基本存在的事實，嚴格限制人的行爲能力。道德戒律和國家法律，則是人用來追求一定目的的手段；實際上，這些目的能否用這樣的手段達到，端視宇宙法則而定。人造法則如果合適達到所欲追求的目的，是適當的；如果和目的相違悖，就不適當。人可以從適不適當的觀點，檢討和改變它們。至於宇宙法則，質疑它們適當與否，是沒用的、多餘的。它們自在自足，自行其是，誰也撼動不了；違反它們者，自己懲罰自己。但是，執行人造法則，需要使用特別制裁手段。

只有瘋子膽敢忽視物理和生物法則。但是，蔑視經濟法則，卻相當常見。除了物理和生物法則，統治者不喜歡承認他們的權力會受到任何法則限制。他們從未把所遭遇到的失敗和挫折，歸因於他們自己違反了經濟法則。

拒斥經濟學知識最不遺餘力的，當數德國歷史學派。對這些教授來說，提到他們的崇高偶像——布蘭登堡的霍亨佐倫氏諸侯和普魯士國王——可能並非全能的念頭，他們絕不能忍受。爲了駁斥經濟學家的學說，他們埋首於成堆的古老文件，爬梳、編纂連篇累牘的大部頭文集，論述這些光榮君主治理國家的歷史。他們寫道，這是一個實實在在處理國家和統治問題的方法；在這裡，你會發現純粹的事實和眞實的生命，沒有英國教條主義者胡謅的那些沒生命的抽象論述和錯誤的概化推論。事實上，所有這些笨重的大部頭書冊記載的，正是一長串各種因爲漠視經濟法則，而淪於失敗的政策和措施。不可能有人寫得出比這些普魯士政府檔案（Acta Borussica）更具教育意味的個案歷史了。

然而，經濟學不能滿足於這樣的歷史例證。它必須精確的仔細考察，理論上，對政府干擾價格結構，市場必定會做出何等模式的反應。

第二節　市場對政府干擾價格結構的反應

市場價格的特徵，就是使供給和需求相等。需求量和供給量不僅在假想的均匀輪轉經濟裡相等。基本的價格理論所陳述的那個單純靜止狀態，是市場上時時刻刻實際情況的一個忠實描述。在未受干擾的市場上，某個市場價格，如果偏離供給和需求相等的那個高度，會自動消失。

但是，如果政府將價格訂定在某個不同於放任自由的市場將決定的高度，那就會打亂需求和供給相等的狀態。如果政府訂定最高價格，便會有一些潛在買者買不到他們想買的數量，雖然他們願意支付政府訂定的最高價格或甚至更高價格；如果政府訂定最低價格，便會有一些潛在賣者賣不出他們想賣的數量，雖然他們願意按當局訂定的最低價格或甚至更低價格賣出。在潛在買者和賣者當中，價格不再能分出誰能買到或賣出，以及誰不能買到或賣出。這時必然會有不同於市場價格的原則發揮作用，決定相關財貨與服務的配置，亦即，挑選哪些人、獲得現有供給的哪些部分。這個原則，也許是只有先來的人才能買到；或是只有緣於特別情況（譬如，人脈關係）而居於特權地位的人才能買到；或是只有凶殘的傢伙，敢以暴力或威脅趕走競爭者才能買到。如果當局不希望看到由運氣或暴力來決定現有供給如何配置，不希望看到情況因此變得很混亂，那就必須親自控制每個人允許購買的數量。換言之，當局必須採取配給的手段。[1]

但是，配給辦法並未觸及問題的核心。將已經生產出來的某種財貨現存供給，分配給許多渴望獲得該種財貨的人，只是市場的一個次要功能。市場的主要功能，是指示生產方向；市場指示各種生產要素進入最能發揮它們的效能、以滿足消費者最迫切需要的用途。如果政府規定的價格上限僅涉及某種消費財，或僅涉及數目有限的消費財，而生產這些消費財所需的互補生產要素價格卻放任自由，則相關消費財的生產將會下降。因爲一些邊際生產者將會停止生產，以避免蒙受虧損；一些並非絕對不能轉換用途的生產要素，會有較大一部分用來生產其他沒有價格上限的財貨；而那些絕對不能轉換用途的生產要素中，閒置、未利用的部分會比沒有價格上限時更大。市場上會出現一個趨勢，傾向把生產活動從那些受價格上限影響的生產部門轉移至其他生產部門。然而，這個結果顯然違悖政府的意向。在頒布價格上限時，當局希望消費者更容易買到相關商品。當局就是認爲那些商品如此重要，以致特別把它們挑出來設定價格上限，好讓窮人也能充分買到這些商品。但是，政府干預的實際結果，卻是這些商品的生產下降或完全停產。干預徹底失敗！

即使政府爲了嘗試移除這些不想要的後果，而對那些已經訂定價格上限的消費財生產所需的生產要素，也同樣訂定價格上限，結果也將是徒勞無益的。這樣的措施如果要成功，所需的生產要素全都必須是絕對不能轉換用途的。由於實際情況絕不可能是這樣，所以，政府必定要在採取第一個措施——將某種消費財價格上限訂定在潛在的市場價格以下——之後，追加訂定愈來愈多的價格上限。最後，不僅將會納入所有其他消費財和所有物質類生產要素，而且也將包含勞動。政府必須強迫每一個企業家、資本家和受僱者按政府訂定的價格、工資率和利率繼續生產，並且生產出政府命令他們生產的數量，然後把產品賣給政府指定的生產者或消費者。如果有某個生產部門不受這樣嚴密控管，資本和勞動便會流入該部門。生產將會縮減的，正是那些被嚴密控管的部門，而這些恰恰就是政府認爲特別重要、以致特別需要干預的部門。

經濟學沒說：政府特別干預單獨某一種或少數幾種商品的價格，不公平、不好或不能實行。經濟學只說：從政府和支持政府干預者的觀點來看，干預產生的結果和預期的目的相違悖，干預使情況變得更加惡化、而不是更好。在政府干預之前，相關的一些財貨，在政府看來，太貴了。而頒布價格上限的結果，則是這些財貨的供給減少或完全消失。政府出手干預，因爲它認爲這些商品特別重要、必要和不可或缺。但是，它的干預使實際供給量減少。因此，從政府的觀點來看，政府干預是荒謬的、愚蠢的。

如果政府不願意默許這個不受歡迎、並且討厭的結果持續存在，進而不斷追加干預；一旦政府爲所有順位的商品與服務訂定了價格，強迫所有人繼續按訂定的價格與工資率生產和工作，那麼政府就等同完全廢除了市場。這時，計畫經濟——德國統制經濟（Zwangswirtschaft）模式的社會主義——便取代了市場經濟。消費者不再以他們的買或不買指示生產方向；唯獨政府指示生產。

一般來說，訂定價格上限會縮減供給量，導致和實施價格上限所要追求的目的相反的事態。這個一般規則只有兩個例外：其一涉及絕對租；另一涉及獨占性價格。

價格上限導致供給減少，因爲邊際生產者蒙受虧損，必然停止生產。非特殊用途的生產要素，會有更多用在生產其他一些沒有價格上限的產品。至於用途絕對特殊的生產要素，實際利用率則會下降。在市場未受干擾的情況下，互補生產要素當中，只要非特殊用途的要素沒有機會用來滿足更迫切的消費者需求，用途絕對特殊的生產要素就會被利用。而現在，在用途絕對特殊的生產要素現有供給中，只有較小一部分被利用，閒置未用的那一部分供給則增加了。但是，如果用途絕對特殊的生產要素供給是如此有限，以致在未受干擾的市場價格下，它們的全部供給都充分利用了，這時就會出現某一差距空間，在這空間內的政府干預不會減少有關產品的供給。只要用途絕對特殊的生產要素邊際供給者原來獲得的絕對租，未被價格上限完全呑沒，價格上限並不會縮減生產。不過，無論如何，價格上限總是會導致有關產品的供給和需求不相等。

譬如，某塊土地的都市用途租金超過作爲農業用途的租金，超出的金額提供一個邊際範圍；在這個範圍內，實施租金管制並不會縮減供出租的都市樓地板面積。如果土地的租金管制上限適當分成若干等級，以致租金管制雖然使相關地主的租金收入減少，但減少的程度沒大到會使任何地主寧可把他的土地留作農業用途、而不願意提供作爲建築用地，那麼，這種分級的地租管制便不會影響公寓和商用樓房的供給。然而，這種租金管制會增加公寓和商用樓房的需求，因此反而造成政府宣稱要以租金管制、予以解決的都市樓地板面積短缺現象。就交換學觀點而言，當局是否針對現有都市樓地板面積採取配給制，是次要問題。無論如何，價格上限並未革除都市土地租金這個市場現象，而只是把租金從地主的地租收入，移轉爲租用土地者的收入。

實際上，當然，採取租金管制的政府從來沒想要根據這些考量，來分級調整租金管制上限。政府或者將樓地板的毛租金僵固凍結在租金干預前夕的水準，或者只允許這些毛租金微幅增加。由於包含在毛租金的兩個項目——都市用土地的租金本身和取得地上建物使用權所支付的價格——它們的相對比例，會依每棟建築物的特殊情況而有所不同，所以，租金管制的影響也很不相同。在某些場合，沒收地主而轉移給承租者的利益，只占都市用土地租金和農業用土地租金之間差額的一小部分；在其他場合，該遭沒收的利益會遠遠超過這個差額。但是，無論如何，租金管制會造成住宅供給短缺；因爲它增加需求，卻沒增加供給。

如果租金上限不僅對既有的樓地板面積頒布，而且也納入尙待起造的建物樓地板面積，則新建物的起造便不再划算；它或者完全停頓或者陷入低潮；於是房地產短缺的情況長久持續。但是，即使政府現在放任新建物租金自由，新建物的起造也會減少。現有樓地板面積的租金上限規定，難免嚇阻潛在投資者投資興建新樓房，因爲他們會把下面這樣的風險納入考慮，即：將來某一天，政府可能像現在對待舊有建築物那樣，又發布一項新的緊急命令，沒收他們的一部分收入。

第二種例外指涉獨占性價格。相關商品的某個獨占性價格和競爭性價格之間的差距，也提供某一空間，價格上限如果訂定在這個空間內，政府所追求的目的，理論上便無挫敗之虞。假設競爭性價格爲 p，可能的獨占性價格當中最低的價格爲 m，則將價格上限訂爲 c，c 稍低於 m，會促使有關賣者放棄把價格抬高到 p 以上，因爲抬價對他不利。[2]這樣的價格上限將重新確立競爭性價格，增加需求、生產和上市銷售的供給。也許是因爲對這一系列事項的相互關聯性有一模糊的認識，所以出現一些提議，要求政府干預市場以維護競爭，使市場競爭盡可能有益。

爲了方便論證，我們也許可以略而不提：對於所有因爲政府干預而造成的獨占性價格來說，前述提議不切實際。如果政府反對新發明造成的獨占性價格，它便應該停止頒發專利權。如果一面頒發專利權，一面又強迫獲頒專利權者按競爭性價格銷售專利產品，使專利權喪失一切價值，那將是很荒謬的事情。再則，如果政府不贊成卡特爾，那就應該戒絕實施任何會讓企業界藉機成立托拉斯的措施（例如，進口關稅）。

至於在未獲政府協助下發展出來的獨占性價格，情況不同。在這種情況下，政府規定的最高價格，只要有人能根據學理，算出某個實際不存在的競爭性市場將會把價格確立在何等高度，理論上可以重新確立競爭性市場運作的結果。這當然是不可能的事。前面已經指出，所有企圖建構非市場價格的努力都徒勞無用。[3]在公用事業服務方面，所有嘗試決定公平的或正確的價格應如何訂定的努力，結果都乏善可陳，這是所有專家都知之甚詳的事。

提到這兩種例外，只是爲了說明，在某些很罕見的場合，價格上限如果極其審愼訂在某一狹窄的差距範圍內，爲什麼不會縮減相關商品或服務的供給。但是，這並不會影響前述那個一般原則的正確性，也就是：一般來說，從頒布價格上限的政府觀點來看，價格上限會導致比沒有價格管制時更不可喜的情況。

淺論古代文明衰落的原因

知道政府干預市場價格的結果，使我們得以從經濟面理解一個重大的歷史事件——古代文明衰落——

的原因。

將羅馬帝國的經濟組織稱爲資本主義，是否正確，可以擱置不理。無論如何，羅馬帝國在（西元）第二世紀——七個安東尼「好」皇帝的時代——社會分工和區域間貿易無疑已經達到很高的程度。好幾個大都會中心、爲數不少的中型城鎮和許多小鄉鎮，都是某種高度文明的所在地。這些都會區居民的食物和工作材料供給，不僅來自鄰近的農業地區，也來自一些遙遠的省分。流入都市的糧食和材料供應，有一部分是某些富有都市居民的實物收入，這些人在農村地區擁有田產；但是，也有相當大一部分，是城市居民用自己加工製成的產品，和農村人民交換產品購買進來的。這個龐大帝國各區域之間，存在廣泛的貿易。不僅在一些加工製造業，而且在農業，都有傾向進一步專業化的趨勢。帝國各個部分，經濟上不再是自給自足，而是相互依賴的。

導致羅馬帝國衰落和羅馬文明腐朽的原因，是這個經濟相互關聯網的崩潰，而不是野蠻民族的入侵；外來侵略者只不過利用帝國內部衰弱所提供的機會罷了。從軍事觀點來看，在第四、五世紀入侵帝國的部落民族，並不會比羅馬兵團稍早輕易擊敗的那些軍隊更難對付。但是，帝國已經變了！它的經濟和社會結構，已經是歐洲中古世紀那種結構了。

羅馬帝國准許商業和貿易享有的自由，始終是有限的。在穀類和其他生活必需品的銷售方面，商貿自由甚至比其他商品更受限制。在穀類、食用油和葡萄酒等當時大宗消費物資方面，商人索要的價格如果高於通常的水準，會被視爲不公平、不道德，而各個市政當局會很快制止所謂不當的牟利行爲。因此，這些商品的批發貿易業發展受阻，很沒效率。當時所謂annona（糧食配給）政策，等於把穀類貿易國營化或市營化，旨在填補民營業者的無效率所造成的供需缺口。但是，它的效果卻引人反感。一方面，穀類在都會區供給匱乏，而另方面，農夫則抱怨種植穀物無利可圖。[4]當局的干預打亂了供給因應需求上升的調整步驟。

攤牌的時刻於第三和第四世紀到來。當時好幾任皇帝，為了解決一些麻煩的政治問題，採取通貨貶值的辦法。在最高價格管制下，通貨貶值完全癱瘓必要的糧食生產和銷售，瓦解整個社會的經濟組織。當局愈是認眞執行最高價格管制，那些必須購買糧食過活的廣大都市民眾愈是絕望；穀類和其他生活必需品的買賣，完全消失不見。爲了避免餓死，人民離棄城市，定居在鄉村，並且嘗試生產穀物、食用油、葡萄酒和其他生活必需品供應自己。另一方面，大規模地產的所有者縮減生產過多的穀物，並且開始在他們的農場住宅——他們的別墅——生產自家需要的一些手工藝產品。因爲他們的大規模農場經營模式，原本就因爲使用無效率的奴隸勞動、而嚴重陷入險境，現在又沒機會按有利可圖的價格銷售產品，於是完全失去維持下去的理由。擁有地產者既不再能在城市裡銷售他的穀物，也就不再光顧城市裡的工匠店鋪。他被迫尋找某個替代方法來滿足自己的需要，於是就僱用一些手工藝人員，在他的別墅裡生產原本從城市裡購買的手工藝品。他同時也結束大規模農場經營，變成一個地主，按時從佃農或承租農收取地租。這些佃農或承租農，要不是釋放的奴隸、就是從城市移出的平民，定居在鄉村地區，重新或起步嘗試耕種土地。於是出現一個趨勢：每一個地主的大規模地產上都傾向建立一個自給自足的生產體系。城市的經濟功能，亦即，商業、貿易和城市的手工藝業萎縮；義大利和帝國的一些省分，退回到社會分工發展比較落後的階段。古代文明高度發展的經濟結構，退化變成我們現在稱爲中古時代莊園組織的那種經濟結構。

這樣的發展，逐漸侵蝕破壞帝國的財政和軍事力量。對此，羅馬帝國的歷任皇帝感到驚惶，也採取了對策，但是沒有成效，因爲沒觸及問題的癥結。他們所採取的強制和脅迫手段，不但未能翻轉社會瓦解的趨勢，甚至適得其反；因爲該趨勢正是太多強制和脅迫所導致的。沒有哪一個羅馬人意識到，這個社會瓦解的過程，是政府干預價格和通貨貶值所引發的！歷任皇帝都頒布法令，懲罰「離棄都市到鄉村定居

（relicta civitate rus habitare maluerit）」[5]的都市居民，結果根本沒用。稱作leiturgia的制度——富有的城市公民必須奉獻一定的公共服務，只加速社會分工退步。還有，私有船主（navicularii）必須承擔一些特別責任的法律規定，對於遏止航運業的衰退，比起旨在遏止城市農產品供給萎縮的穀物交易法律，成效也沒更好。

這個了不起的古代文明之所以淪亡，原因在於它沒有調整道德和法律體系，以適應市場經濟的要求。一個社會秩序注定消亡，如果它正常運作所要求的那些行爲遭到道德標準排斥，被當地法律宣布爲非法，並且遭到法庭和警察機關當作罪犯起訴和拘捕。羅馬帝國之所以瓦解、粉碎，只因爲它欠缺自由主義和自由企業的精神！干預主義政策，和干預主義在政治上的必然結果——領袖原則——瓦解了這個強大的帝國，正如它們——干預主義和領袖原則——也必然會瓦解和摧毀任何社會實體一般。

第三節　最低工資率

干預主義政客特有的智慧，精髓就在於藉由政府命令或工會暴行提高勞動價格。他們認爲，把各種工資率提高到未受干擾的市場決定的水準之上，是永恆的道德律一個理所當然的要求，而且從經濟觀點來看，也是必要的。任何人若是膽敢挑戰這個道德的和經濟的教條，都應鄙視爲邪惡無知的人。許多我們當代人看待那些莽撞到「穿越罷工糾察隊人牆」的人，宛如原始部落的人看待違反禁忌戒律而懷孕的人。如果這些罷工行動的破壞者，在罷工者的拳頭下得到該得的懲罰，數百萬人眾皆歡騰雀躍；而警察機關、檢察官和刑事法庭，則袖手保持高高在上的中立態度。

市場工資率傾向確立在某個水準；在這個水準下，所有渴望賺取工資者都得到工作，而所有雇主也都能僱到希望僱用的工人。這個工資水準，傾向確立當今稱作充分就業的狀態。只要勞動市場既沒有政府干預、也沒有工會干預，便只會有自願的或交換性失業。但是，一旦出現外來壓力和強制，不管是來自政府或來自工會，嘗試把工資率訂定在某個較高水準，制度性失業便會出現。雖然交換性失業在未受干擾的勞動市場裡傾向消失，但只要政府或工會成功執行他們發出的命令，制度性失業便不會消失。如果最低工資率的規定僅涉及一部分職業別，勞動市場的其他部門仍然被放任自由，則那些因為這種規定而丟掉原來工作的人，便會進入自由的勞動市場部門，從而增加這些部門的勞動供給。從前當主要是技術勞動才有工會組織時，工會所達成的工資率並未導致制度性失業，而只是降低某些勞動部門的工資率；這些部門或者沒有工會，或者它們的工會不夠能幹。有工會組織的工人工資上漲，必然的結果就是沒有工會組織的工人工資下降。但是，隨著政府擴大干預工資和擴大支持工會組織，情況已經改變。制度性失業已變成長期、永久的大眾現象。

Beveridge勳爵現在狂熱鼓吹政府和工會干預勞動市場，不過，他在一九三〇年曾為文指出，「高工資政策」導致失業的潛在效果「沒遭到任何稱職的權威否認」。[6]事實上，否認這個效果，等於完全不承認市場現象的發生順序和相互關聯會有什麼規律可言。早期同情工會的經濟學家充分知道，只有在組織工會的工人僅限於少數時，工會組織才能達成目的。這些經濟學家同意，工會是有利於某個特權勞動貴族階級集體利益的工具，至於該工具對其餘賺取工資者有什麼影響，則不在他們關心之列。[7]從來沒有人成功證明過：工會組織能改善**所有**渴望賺取工資者的處境，提高**所有**他們的生活水準。

有一點也很重要，值得記住，即：馬克思並未聲稱工會能提高平均工資水準。在他看來，「資本主義生產制的一般趨勢，不是提高，而是降低平均工資水準。」趨勢既然如此，工會在工資方面所能達成的，頂多是「盡可能利用一些偶然的機會，暫時改善工資。」[8]對馬克思來說，各種勞動工會的重要性，僅在於攻擊「工資奴隸制本身和當今的生產方法。」[9]工會應該了解，「他們應該在他們的旗幟上題寫革命的口號，廢除工資制度，而不是保守的格言，公平的工資一天，換公平的工作一天！」[10]邏輯一貫的馬克思主義者始終反對強制實施最低工資率，認爲那會傷害整個勞動階級的利益。從開始有現代工會運動以來，工會和革命的社會主義者之間，便一直存在著對立。那些較早成立的英國和美國工會完全專注於爭取和強迫實施較高的工資率；社會主義，不管是「烏托邦的」或是「科學的」，令他們側目斜視。在德國，馬克思信條的專家和工會領袖彼此敵對鬥爭。一直到第一次世界大戰爆發前最後的幾十年，工會才終於獲得勝利。工會運動實質上使德國社會民主黨改變信仰，皈依干預主義和工會主義的原則。在法國，喬治・索雷爾（Georges Sorel）立志給各工會灌輸狠辣攻擊和革命好戰的精神，也就是馬克思希望傳授給工人的那種精神。今天，在每一個非社會主義國家裡，很明顯，工會運動內部有兩個不可調和的派系彼此衝突。其中一派認爲，工會是在資本主義的框架內改善工人處境的一個工具；另一派則希望驅使工會進入好戰的共產主義隊伍；只在工會是暴力推翻資本主義制的先鋒這個限度內，此一派系才贊同工會。

工會問題，一向因僞人道主義的謬論而模糊了焦點、甚至完全混淆了。主張不管是透過政府命令或透過工會暴力，落實最低工資率規定的人士聲稱，他們的奮鬥是爲了改善廣大勞動群眾的處境。他們不允許任何人質疑他們的教條，即：要爲所有渴望賺取工資者不斷提高工資率，唯一適當的手段就是強制實施最低工資率。他們自詡是「勞工」、「普通人」、「進步」和永恆的「社會正義」原則唯一眞正的朋友，並且以此自豪。

然而，問題正是：除了加速資本相對於人口的增加、以提高勞動邊際生產力之外，是否還有其他辦法，能提高所有渴望工作者的生活水準？工會教條主義者決心要模糊這個基本問題。他們從來不提相關問題的唯一重點，亦即，勞工人數和可供使用的資本財數量兩者之間的關係。但是，工會的某些政策隱含他們默認：交換學關於工資率如何決定的定理，是正確的。每一個工會都渴望減少勞動供給；他們都渴望透過反對移民的法律，渴望阻止圈外人和新來者，在已成立工會的勞動部門競爭；他們也反對資本輸出。如果他們認爲：每一個工人平均可以使用的資本數量，對於工資率的決定無足輕重，那麼這些渴望就毫無道理可言。

工會教條的精髓，隱含在**剝削**這句口號當中。根據工會主義的剝削教條——在某些論點上，這教條和馬克思主義的剝削教條不同——勞動是財富的唯一來源，而勞動的付出是唯一眞正的成本；公正的說，產品銷售的全部收入應該歸屬於工人。工人有公平合理的權利主張，應該獲得勞動的全部產出。資本主義生產模式對工人階級犯下的過錯，就在於允許地主、資本家和企業家扣留工人的一部分產出。這些寄生食客所拿走的那部分產出，是不勞而獲的收入；該收入顯然是掠奪或竊盜而來的收入。工人的作法是對的，他們爭取逐步提高工資，直到最後沒有任何剩餘，去維持一群懶惰的和沒有社會用處的剝削者生存。工人的追求，就是在延續從前無數世代的前輩曾投入的那個戰鬥；該戰鬥過去解放了奴隸、農奴，也廢除各種爲了貴族與地主階級的享受、而強迫農民階級負擔的苛捐、雜稅、什一稅和義務勞動。工會運動，是爲了實現自由與平等的鬥爭，是以維護不可剝奪的人權爲目的的鬥爭；最終勝利無可置疑，因爲歷史演進的必然趨勢，是掃除一切階級特權，穩固建立自由平等的國度。反動的雇主，試圖中止歷史進步，注定失敗。

以上這些，就是當今社會學說的教條。沒錯，有些人雖然完全同意該學說的哲理，但是，對於激進派人士根據該學說所推衍出來的一些實務方面的結論，他們只給予有所保留和有條件的支持。這些溫和派人士不贊成完全廢除「管理階層」分得一部分社會產出；如果能把這一份產出僅削減至某一「公平的」數額，他們會更覺滿意。關於企業家和資本家的收入，多少才算公平，意見差異很大，所以，溫和派的觀點和激進派的差異其實不怎麼重要。溫和派也贊同原則上實質工資率應該不斷上升、絕不許下降。對於工會的這個主張，即：賺取工資者的實得工資，即使在國家緊急期間內，應該比生活費用上升得更快；在兩次世界大戰期間內，美國很少有人出聲質疑。

所有這些滿腔激情的論述，都沒考慮到眞正重要的問題，亦即，都沒考慮到有關爭論的經濟面。他們對制度性失業——把工資率提高到未受干擾的市場決定的水準之上，所導致不可避免的後果——毫不在意。

按工會的教條看來，將資本家和企業家功能收入的一部分或全部沒收，不會有什麼傷害。在處理這個議題時，他們所謂利潤的意思，是古典經濟學家使用這個名詞所指的那個意思。他們不區分企業家利潤、企業所使用資本的利息，和企業家所提供的技術性服務的酬勞。我們稍後將處理沒收利息和利潤將導致的後果，以及「支付能力」原則和利潤分享方案所涉及的工團主義元素。[11]我們已經檢討過購買力論，有些人根據這個錯誤的觀點，主張透過政策、提高工資率至潛在的市場工資率之上，以利生產擴張。[12]剩下來有待檢討的，是所謂李嘉圖效應的意義。

李嘉圖是我們要討論的這個命題的始作俑者，他宣稱：工資上漲將鼓勵資本家以機器代替勞動，反之亦然。[13]所以，工會教條護衛者推斷說，不管工資率在未受干擾的勞動市場上是多少，強迫提高工資率的政策總是有益的。提高工資率，引發生產科技進步，提升勞動生產力。付出較高工資，總是會帶來等值回報。當工會強迫不情願的雇主提高工資率的時候，工會就是進步和繁榮的先鋒。

許多經濟學家贊同李嘉圖所提的命題，但是，他們當中很少有人思想一貫，乃至支持工會教條護衛者從該命題得出的推斷。李嘉圖效應大致上是通俗經濟學店鋪裡必備的販賣品目。儘管如此，和它相關的定理，卻是一個最惡劣的經濟謬論。

概念的混淆從「以機器代替勞動」這句話遭到誤解開始。事實是：由於機器的幫助，勞動變得更有效率。同樣的勞動投入，導致數量更多或品質更好的產品。使用機器這件事，不會直接導致僱用於生產有關產品A的勞工人數減少。引起這個間接後果的，是這個事實，即：在其他情況相同下，A的供給數量增加，使每一單位A的邊際效用相對於其他產品每一單位的邊際效用下降，所以，勞工撤出A的生產用途，轉而用於生產其他產品。A的生產科技進步，使得過去因爲必要的勞工受僱於生產消費者需求比較迫切的產品A，以致不能執行的生產計畫現在可以執行。A產業的勞工人數之所以減少，是因爲其他產業現在有了擴張機會，對勞工的需求增加。順便一提，這個見解推翻所有關於「科技性失業」的閒話。

工具和機器主要不是節省勞動的方法，而是增加每單位投入產出的手段。如果專從個別產業觀點來看，它們看似是節省勞動的方法。然而，從消費者和整個社會觀點來看，它們其實是提高勞動生產力的器具。它們增加產品供給，使人得以消費更多物質類財貨和享受更多休閒。哪些財貨將會消費得更多，以及人喜歡增加享受休閒到什麼程度，取決於人的價值判斷。

只有在所需資本供應無缺的範圍內，才可能使用更多、更好的工具。儲蓄——亦即，多於消費的生產剩餘——是朝生產科技改善前進的每一步不可或缺的條件。如果欠缺所需資本財，光有科技知識是沒用的。中國商人熟悉美國的生產方式；而阻止中國商人採用美國生產方法的原因，不是中國人的工資低，而是他們欠缺資本。

另一方面，資本家的儲蓄必然導致使用更多工具和機器。在市場經濟中，單純的儲蓄，亦即，堆積消費財庫存以備不時之需，所扮演的角色無足輕重。在資本主義下，儲蓄通常是資本家的儲蓄。多於消費的那部分生產，或者直接投資在儲蓄者本人的企業或農場；或者透過儲蓄存款、普通股和優先股股票、各種公司債券和抵押債權等金融工具，間接投資在他人的企業。[14]只要有人將消費保持在淨收入之下，便會有更多資本創造出來，同時用來擴張生產組織所使用的資本設備。正如前面已經指出的，這個結果不受任何現金握存同時傾向增加的趨勢影響。[15]一方面，若要使用更多和更好的生產工具，絕對需要累積更多資本。另一方面，新增的資本，除了用來提供更多和更好的生產器具之外，也沒有其他用途可選。

李嘉圖的這個命題和從它推衍出來的工會教條，把事情弄顚倒了。工資傾向上升的趨勢，不是生產科技進步的原因，而是生產科技進步的結果。追求利潤的企業不得不使用最有效率的生產方法；唯一制止任何商人努力改善企業設備的因素，是欠缺資本。如果必要的資本得不到，干涉工資率便無濟於事。

在機器利用方面，最低工資率政策所能達成的，只是把新增投資從某一產業部門移轉至另一個部門。且讓我們假設，在某一經濟落後國家，R國，碼頭裝卸工會成功迫使企業家支付比該國其他產業相對高很多的工資率。那麼，新增資本最有利可圖的去處，便可能是利用某些機械裝置爲船隻裝卸貨物。但是，如此使用的資本，是從R國的其他一些產業部門挪移過來的；倘若沒有碼頭工會的政策，資本用在其他這些產業將會比較有利可圖。於是，碼頭裝卸工人工資提高的結果，不是R國總產出增加，而是減少。[16]

其他情況相同下，實質工資率上升不可能超過資本增加容許的程度。如果政府或工會成功執行高於未受干擾的勞動市場決定的工資率，勞動供給會超過勞動需求。制度性失業就會出現。

爲了壓制干預所造成的這個不受歡迎的後果，許多堅持干預主義原則的政府，採取了當今稱作充分就業政策的各種措施：失業救濟金、勞資爭議仲裁、大肆擴編公共支出、通貨膨脹，和以信用擴張進行公共工程建設。所有這些補救措施，都會產生比它們想要消除的弊病更不好的弊病。

給予失業者救濟金，不會解決失業現象。它讓失業者更容易保持失業狀態。失業救濟金愈接近未受干擾的市場決定的工資率水準，失業救濟金的受益者就愈缺乏誘因尋找新的工作機會。它是一個使失業狀態持續，而不是使失業狀態消失的辦法。再則，失業救濟金所隱含的財政災難後果顯而易見。

仲裁不是解決工資率爭議的適當辦法。如果仲裁機關裁定的工資率恰恰等於或低於潛在的市場工資率，它的裁定就是多餘的。如果它裁定的工資率高於潛在的市場工資率，後果和其他任何將最低工資率訂定在市場工資率之上所引起的，沒什麼兩樣，亦即，都引起制度性失業。仲裁者以何等藉口爲他的裁定辯護，無關緊要。要緊的不是：裁定的工資，根據某個武斷的標準，是否「公平」或「不公平」，而是：裁定的工資是否導致勞動供給超過勞動需求。對某些人來說，將工資率訂定在某一讓大部分潛在勞動人口注定長期失業的水準，也許公平。但是，誰也不能說這種情況對社會合宜有益。

如果政府支出所需的資金是向人民課稅徵來的或是向人民借來的，那麼，人民的支出和投資力道縮減程度，便和財政支出擴張程度一樣。不會有更多的工作機會創造出來。

但是，如果政府以通貨膨脹——以增加貨幣數量和信用擴張——融通支出計畫，便會導致現金引起的商品與服務價格全面上漲。如果在通貨膨脹過程中，工資率上升幅度足夠落後於商品價格上升，制度性失業便可能縮小或完全消失。但是，失業現象所以縮小或消失，正是因爲這情況等於**實質**工資率下降。凱因斯勳爵認爲，信用擴張是消除失業的一個有效率的方法；他認爲，「實質工資率因商品價格上升而逐漸、自動降低」遭到勞工抗拒的程度，不像任何試圖降低貨幣工資率的提議會遇到的抗拒那樣激烈。[17]然而，這樣一個狡黠的計謀若要成功，賺取工資者本身需要無知和愚蠢到一個不太可能的程度。只要工人相信最低工資率對他們有利，他們就不會容許自己被這樣狡黠的詭計愚弄。

實際上，所有這些所謂充分就業政策的干預手段，終將導致確立德國模式的社會主義。由於雇主和工會雙方各自委任的仲裁庭成員，對於任何工資率是否公平，絕不會有一致的意見，所以，裁定的權力實際落在政府委任的成員身上。有權力決定工資率高低的，其實是政府。

公共工程愈是擴張，政府承辦的事項愈多——據說是爲了填補「私人企業沒有能力提供全民工作機會」所導致的缺口——則私人企業的活動範圍便愈萎縮。於是，我們再度面臨資本主義或社會主義的抉擇問題。絕不可能存在任何持久的最低工資率政策。

從交換學觀點看工會運動

關於工會，交換學提出的唯一問題是：使用脅迫和強制，能否把所有渴望賺取工資者的工資率，提高到未受干擾的市場將決定的水準之上？

在所有國家，工會已經實際取得訴諸暴力的特權。各國政府已經放棄對工會採取暴力脅迫和強制，這個它本身所以存在的特性，這個專屬於政府的權力和權利。當然，禁止任何人採取暴力行為——除非自衛——否則將以刑事犯罪論處的法律，形式上，並未廢除或修改。然而，實際上，工會暴行，在寬鬆的範圍內，是被容忍的。工會實際上可以使用暴力，阻止任何人挑戰工會關於工資率和其他勞動條件的命令。工會可以任意對罷工行動破壞者，以及對僱用相關破壞者的企業家和企業家的受託人，施加人身傷害，而不受懲罰。工會可以任意破壞這些企業家的財產，甚至可以任意傷害那些光顧他們商店的消費者。有關當局，在輿論的贊同下，寬恕這種行為。警察機關不制止這種傷害他人者，國家檢察官不告發他們，刑事法庭沒有機會審判他們的行為。有一些過分的事例，由於暴力行為太超過，當局會拖拖拉拉、畏畏縮縮的嘗試壓制和阻止。但是，這些嘗試通常照例失敗。它們失敗，有時候是由於官僚機關的無效率，或者是由於當局能自由支配的手段不夠充分；但更多時候卻是由於整個統治機構沒有意願、不想成功制止工會暴力。

這就是所有非社會主義國家長久以來的情況。在確認這些事實時，經濟學家既不責怪，也不指控什麼。他只解釋什麼樣的條件，讓工會有權力執行本身所要求的最低工資率，以及解釋所謂集體議價的眞正意義。

所謂集體議價，按照工會護衛者的解釋，只意謂以工會議價取代每一個工人的個別議價。在已充分發展的市場經濟裡，有些種類的商品與服務，同一類的個別商品（或服務）具有可替代性（fungibility），而且時常有這些種類商品（或服務）的大量買賣；它們的議價方式，和買賣個別不可替代的商品與服務時所採取的議價方式不同。對於具有可替代性的商品與服務，買者或賣者先試探性的訂定某一價格，然後根據有興趣者對該價格提議的反應調整價格，直到他能買到或賣出他想買或想賣的數量。就技術層面來看，也沒有其他可行的議價程序。百貨公司不可能和顧客當面討價還價。百貨公司給某一品項訂定價格，然後等待。如果民眾沒買走足夠多的數量，百貨公司便降低價格。某一需要五百個焊接工的工廠，訂定某一在雇主看來可望僱到五百個焊接工的工資率。如果只有少數工人出現，雇主便不得不考慮訂定某一個較高的工資率。每一個雇主都必須把他自己開出的工資率提高到某個水準，使其他競爭者不可能以更好的待遇把他想僱用的工人誘走。使最低工資率的執行無效的原因，正是這個事實，即：當工人把要求的工資率提高到前述那個水準之上時，不會有其他一些雇主出現，對勞動需求夠大、足以吸納全部勞動供給。

如果工會眞是議價代理人，工會的集體議價便不該把工資率提高到，未受干擾的市場會決定的水準之上。只要還有失業的工人等待僱用，雇主便沒有理由提高出價。眞正的集體議價，就交換學觀點而言，和個別議價沒有什麼不同。眞正的集體議價將像個別議價那樣，會讓那些還沒找到心目中理想工作的人，有實質機會表達他們的意思。

然而，在工會領袖口中，以及所謂「同情勞工」的立法，美其名稱爲集體議價的程序，和眞正的集體議價性質大不相同。它是槍口下的議價。它是有武裝的一方，隨時準備使用它的武器威脅逼迫，和沒武裝的另一方議價。這種議價不是市場交易。它是強迫雇主接受的一道命令。它的效果，和政府以警察權和刑事法庭執行的那些價格命令，沒有什麼兩樣。它產生制度性失業。

輿論和數量龐大的僞經濟學文章，對於相關問題的討論，完全是誤導性的。問題的癥結，不是集會結社的權利，而是任何私人社團是否該享有特權，可以採取暴力行爲而不受懲罰。這是和三K黨的活動相同的問題。

而且從「罷工權」的觀點看待這個問題，也不正確。問題不是有沒有權利罷工，而是有沒有權利——以恫嚇或暴力——逼迫他人罷工，以及有沒有權利，進一步阻止任何人進入罷工行動所針對的工廠工作。如果工會援引罷工權爲這種恫嚇和暴行辯護，那不會比宗教團體援引良心自由爲迫害異教徒辯護更有理據。

過去某些國家，法律不准雇員組織工會，這些國家當時的主要顧慮是：這種工會，除了訴諸暴力行爲和恫嚇之外，沒有其他目的。當有關當局過去有時候動用武裝力量保護雇主、雇主的受託人，和他們的財產免於罷工者攻擊時，當局不是犯了什麼敵視「勞工」的罪行，而只是在做每一個政府都認爲是其主要職責所在的事情——努力維護政府獨占暴力行爲的權利。

經濟學毋須詳細討論司法權罷工和相關法律問題，尤其是公認對雇主不公平、同時賦予工會特權地位的美國新政問題。對經濟學來說，眞正重要的，只有一點：如果政府命令或工會施壓，強制將工資率訂定在潛在的市場工資率之上，結果就會出現制度性失業。

第三十一章　通貨與信用操縱

第一節　政府和通貨

交換媒介和貨幣，是市場現象。某個東西所以成爲交換媒介或貨幣，完全是由於市場交易各方一致採用的緣故。偶而會出現某個場合，需要有關當局處理貨幣問題，就像偶而會出現某個場合，需要有關當局過問其他交換標的問題那樣。譬如，有關當局可能會接受某方請求，需要決定是否應基於某個交易行爲中、另一方未履行契約責任，而發動政府的暴力脅迫機構強制另一方履約。如果交易雙方都立即同步執行彼此的責任，通常不會發生什麼利益衝突，也不會引發交易的某方向司法機關投訴、求助。但是，如果交易的某方或雙方的履約責任是延後的，則請求法庭判定契約條款該怎樣履行的場合便可能出現。如果這種場合涉及某筆金額的支付，那就隱含法庭必須判定契約所使用的一些貨幣名稱，究竟該賦予什麼意義。

於是，契約雙方在講到一筆金額時，究竟想表達什麼意思；以及這樣一筆金額的支付責任，究竟該怎樣按照契約條款結清，便移交給國家的法律和法庭來判定。有關當局必須判定：什麼是，以及什麼不是，具有合法償付效力的貨幣（或謂法償貨幣）。在處理這個任務時，法律和法庭不是在**創造**貨幣。某樣東西變成貨幣，只緣於人人在交換商品與服務時，通常使用該東西作爲交換媒介。在未受干擾的市場經濟裡，當法律和法官認爲某樣東西是法償貨幣時，只是在確認：契約雙方在交易中提到的某種貨幣，按照商業慣例，該指涉什麼東西。有關當局解釋該商業用語的方式，和它接受請求，決定契約中出現的其他任何名稱究竟指涉什麼時，所採取的應對方式，是一樣的。

長期以來，鑄造錢幣一直是國家統治者的一項特權。然而，起初這項政府特權，除了戳記和證明錢幣的度量衡之外，並沒有其他目的。人民認爲，在一塊金屬上打印象徵當局的戳記，只是在證明該塊金屬的重量和成色。後來當許多君主保留錢幣原來的外觀和名稱、而以一些比較卑賤的金屬取代一部分貴金屬時，他們是偷偷的做這種事，並且完全知道這是在搞詐欺的勾當、想要欺騙民眾。當人民發現這些詐欺伎倆後，這些質量變差的錢幣，相對於原來質量較好的錢幣，便立即被人民按某一打過折扣的價格處理。而政府則訴諸強制和脅迫，回應這種情況。政府宣稱，在買賣和在結清延期付款時，區別「良」幣和「劣」幣是非法的，並且規定以「劣」幣計價的最高價格。然而，所得到的結果，卻不是政府想要的那個。政府的命令並未中斷商品（以質量變差的錢幣計價的）價格適應實際貨幣供需狀態的調整過程。此外，還出現了格萊欣法則所描述的效果。

然而，政府干預通貨的歷史記錄，並非只是錢幣質量不斷變差，以及政府爲了規避錢幣劣化必然導致的市場後果、而採取的諸多無效嘗試。歷史上，有些政府並未把鑄造錢幣的特權視爲詐欺手段，用來欺騙某部分人民；儘管這部分人民相信統治者誠實正直，甚或由於無知，也願意按面值接受質量變差的錢幣。相反的，這些政府認爲：鑄造錢幣不是財政收益的一個祕密來源，而是一項公共服務，旨在保護市場順暢運作。但是，即使是這些立意良善的政府，由於本身的無知和外行，也時常採取一些等同干預價格結構的措施，儘管這些措施的本意並非如此。由於金、銀兩種貴金屬一起當作貨幣使用，一些有關當局天眞的以爲，統一這兩種通貨是它們的任務，於是規定一個僵固的金銀交換比率。結果證明，這個金銀雙本位制徹底失敗。它其實不是一個雙本位制，而是金銀交替的單一本位制。和金銀之間起伏不定的市場交換率在某一瞬間的交換率相比，哪一種金屬在法律訂定的交換率中價值被高估，該種金屬錢幣便成爲國內的主要通貨，而另一種金屬錢幣則在國內絕跡。最後，所有政府都放棄它們那些無效的嘗試，默默接受單一本位制。目前美國政府的白銀購買政策，嚴格來說，並不是貨幣政策的手段，而只是提高白銀價格的手段，受益者是銀礦主、銀礦雇員和銀礦所在地的州政府。它幾乎是一項毫無掩飾的補貼。它和貨幣的關係，僅在於購買白銀的資金來自於額外發行的美元紙鈔，這些紙鈔基本上具有聯邦準備銀行發行的美鈔那樣的法償貨幣性質，儘管它們印上沒有任何實際意義的「白銀券」字樣。

不過，經濟史上，也有一些政府曾推行過一些規劃妥善、而且結果相當成功的貨幣政策。這些貨幣政策的唯一目的，是要使他們本國具備一套運作順暢的通貨制度。自由放任的自由主義並未主張廢除鑄造錢幣的傳統政府特權。但是，在自由主義政府手中，國家這項獨占權利的性質卻完全變了；自由主義政府不認為該項權利是干預主義政策的一個工具，不再將該項獨占權利用作財政手段，也不再用來嘉惠某一群人、而犧牲另一群人的利益。政府的貨幣政策只有一個目的，那就是，要使人民已經作為貨幣使用的那種交換媒介，使用起來更方便、更簡單。自由主義者認為，國家的通貨制度應該是健全的。這裡所謂健全的意思係指：標準的錢幣──亦即，法律視為具有無限償付效力的錢幣，或者說，法償貨幣──應該是用成分經過適當分析驗證、並且有適當戳記的金銀條塊鑄成的，而錢幣的式樣也應該讓人民很容易察覺經手的錢幣是否有切割、磨損或偽造的情形。錢幣上的政府戳記，除了證明錢幣所含的金屬重量和成色之外，並不具有其他任何作用。那些因使用而破損或其他任何原因，以致重量減輕超過某一非常嚴格的公差範圍外的錢幣，喪失它們的法律償付效力或法償貨幣資格；政府當局必須主動從市面上回收這些流通中的錢幣，然後重新鑄造。一枚外觀並未毀損的錢幣，收受者毋須訴諸磅秤和熔爐，便可知道它的重量和成分。另一方面，人民有權利攜帶金銀條塊到政府鑄幣廠轉換成標準錢幣；做這種事情，或者是免費的，或者必須支付一筆通常不超過實際鑄造費用的鑄幣稅。於是，一些國家的通貨變成真正的金幣。國內的法償貨幣和其他所有採納相同健全貨幣原則的國家的法償貨幣，兩者之間匯率的穩定性就這樣實現了。國際金本位制，在沒有政府之間的協議和機構操作下，就這麼誕生了。

在許多國家，金本位制的出現，是格萊欣法則發生作用的結果。在英國，貨幣政策在這個過程中扮演的角色，只在於認可格萊欣法則運作所造成的結果；貨幣政策把一個實際的狀態，轉變成一個合法的狀態。在其他一些國家，就在金銀之間的市場交換率，即將導致實際的銀幣本位制取代當時實際通行的金幣本位制時，政府故意拋棄雙本位制。就所有這些國家來說，金本位制的正式採行，除了頒布認可實際狀態的法律之外，不需要行政和立法部門另外做些什麼動作。

至於那些想要以金本位制取代——不管是實際的或是法理的——銀幣本位制或紙幣本位制的國家，情況就不同了。當德帝國於十九世紀七〇年代希望採行金本位制時，該國通行的貨幣是白銀。它不能簡單的模仿那些只要通過法律認可實際狀態、便可確立金本位制的國家，單憑法律宣示不可能實現它的計畫。它必須拿金幣和民眾手中的銀本位幣交換。這是一個費時和複雜的金融操作，涉及政府大量購買黃金、並出售白銀。至於那些想要以金幣取代信用貨幣或不可兌換幣（fiat money）的國家，情況類似前述的德帝國。

對這些事實有一些認識很重要，因爲它們說明了自由主義時代流行的情況，和目前這個干預主義時代流行情況，兩者之間的差異。

第二節　法償貨幣立法的干預作用

最簡單和最古老的貨幣干預行爲，是爲了減輕債務而降低錢幣品質或減少錢幣重量或大小。有關當局賦予這種較賤價的錢幣完整的法償貨幣效力。所有延期付款責任，都能合法使用一些比較卑賤的錢幣、按照它們的面值支付到期金額後，予以解除。債務人受惠，而債權人則遭殃。但是，在未來的信用交易中，債務人的負擔將變得比較沉重。由於信用交易雙方會把這種減債風險納入考慮，市場毛利率於是傾向上升。雖然減輕債務對已經負債者的處境有改善作用，然而對渴望或必須舉借新債者卻是有害的。

減輕債務的反面干預——透過貨幣措施加重債務——也曾實施過，不過很少見。而且這種干預從來都不是一個設計來犧牲債務人利益、以嘉惠債權人的手段。加重債務總是作爲一個非故意的效果，由某個基於其他目的考量、不得不實施的貨幣變革附帶引起的。在採取這些貨幣變革時，政府容忍它們對延期付款契約產生影響。這可能因爲政府認爲這些貨幣變革是不可避免的措施，或者因爲政府認爲債權人和債務人在議定借貸契約條款時，已經預見將發生這些貨幣變革、並且已經適當考量過它們對各自的影響了。這方面最好的例子，是英國在拿破崙戰爭後的貨幣變革，以及在第一次世界大戰後又一次相同的變革。在這兩個歷史事例中，英國都在戰爭結束後不久，透過通貨緊縮政策，恢復戰前英鎊自由兌換黃金的平價。雖然有人提議，英國政府在安排金本位制取代戰時的信用貨幣本位制一事上，應該默認市場上英鎊和黃金之間已經發生的交換率變化，採納當時的市場交換率作爲新平價，恢復英鎊和黃金的自由兌換。但是，這個提議遭到拒絕。當時的權威人士鄙視該提議，認爲這等同國家破產，等同政府拒絕償還一部分公債，以及等同對某些債權人權利的蓄意侵害，因爲這些債權人手上的債權，是在英格蘭銀行鈔票暫停無條件兌換黃金之前產生的。英國人當時囿於妄想而不自知，誤以爲通貨膨脹所造成的諸多罪孽，可以用後來的通貨緊縮加以消除。然而，恢復戰前的黃金平價，不可能補償債權人已經蒙受的損失，因爲債務人已經在貨幣貶值期間內還掉他的舊債。此外，它對所有在貨幣貶值期間內貸出貨幣者是一個恩賜，而對所有借錢者則是一大打擊。但是，爲通貨緊縮政策負責的政治家，不知道他們的決策有什麼含義。他們看不出將有什麼他們不樂見的後果出現；而且就算他們及時看出這些後果，也不知道如何避免它們。他們的政策，實際上嘉惠債權人、而犧牲債務人的利益，尤其是嘉惠公債持有者、而犧牲納稅人的利益。它嚴重惡化十九世紀二〇年代英國農業的困頓和一百年後英國出口貿易的窘境。但是，如果稱英國這兩次貨幣變革是以加重債務為目的、而刻意採取的干預動作，那就錯了。加重債務，只是一個另有目的的政策所引起的副作用罷了。

每當政府採取減輕債務的措施時，有關當局總是會申明，將來絕不會重複這樣的措施。他們會強調，將來絕不會再出現的一些特殊條件，在當下已經造成了某種緊急情況，以致他們不得不求助一些在其他任何情況下，都絕對該受譴責的有害手段。他們宣稱，只此一次，下不為例。減輕債務的倡議者和支持者為什麼不得不做出這種承諾，很容易理解。因為一旦取消債權人一部分或全部求償權利，變成經常性的政策，貸出貨幣的行為，將完全從市場上消失。成功議定延期付款合約，有賴雙方預期不會有這種取消債權的命令。

所以，任何可長可久的社會經濟組織體系，絕不允許把減輕債務當作政策手段。它絕不是一個建設性政策工具；而是一顆高破壞力炸彈，除了破壞之外，沒有其他作用。如果只使用一次，則它所破壞的信用體系仍然有重建的可能；但是，如果這種打擊一再重複，全面性的毀滅便指日可待。

只從影響延期付款的角度看待通貨膨脹與通貨緊縮，並不正確。前面已經指出，現金引起的貨幣購買力變動，不會在同一時間、按同一程度、影響所有商品與服務的價格；並且也說明了，這種不均勻影響會產生其他什麼市場效應。[1]即使政府想將通貨膨脹與通貨緊縮視為重新安排債權人與債務人關係的手段，那也不能不知道：憑藉這種手段，想要達到的目的，只會達到非常不完美的程度，而且，還會附帶出現一些讓政府非常不滿意的其他後果。通貨膨脹或緊縮，和其他每一種對價格結構的干預一樣，結果不僅和干預的用意相反，而且還會產生讓政府覺得比未受干擾的市場情況更不討喜的情況。

就「犧牲債權人、讓債務人得利」這個目的而言，訴諸通貨膨脹的政府，只可能在先前已議定的延期付款合約上獲得成功，但絕不可能使新債的舉借變得更容易；相反的，通貨膨脹會導出現致正價格貼水，而使新貸款變得更貴。通貨膨脹如果硬推到底，人民勢將停止按通貨膨脹的貨幣議定任何延期付款契約。

第三節　現代通貨操縱方法的演進

金屬通貨不受政府操縱。當然，政府有權力頒布法償貨幣法。但是，這時，格萊欣法則運作所造成的結果，很可能使政府想達到的目的遭到挫折。從這個觀點看來，對於所有企圖以貨幣政策干預市場現象的嘗試，金屬本位幣顯然是一道障礙。

檢視讓政府取得權力得以操縱國家通貨的歷史演變過程，首先必須提到古典經濟學家一個最嚴重的缺點。亞當・史密斯和李嘉圖都把維持金屬通貨所涉及的成本視爲一種浪費。在他們看來，若以紙幣取代金屬貨幣，則省下生產作爲貨幣使用的金銀所需的資本與勞動，便可能用來生產一些能夠直接滿足人民需求的財貨。從這個預設立場出發，李嘉圖詳細鋪陳了他那著名的**〈關於一個既經濟又安全的通貨的一些提議〉**（Proposals for an Economical and Secure Currency）；這篇文章首次發表於一八一六年。李嘉圖的這個計畫起初被人遺忘，直到他辭世數十年後，才有幾個國家在**金匯兌本位制**的名義下採納該計畫的一些基本原則，說是爲了減少當今遭到公開詆毀爲「古典的」或「正統的」金本位制運作所涉及的浪費。

在古典金本位制下，人民的現金握存有一部分是金幣。在金匯兌本位制下，人民的現金握存完全是貨幣替代物。這些貨幣替代物可以按法定平價兌換成黃金，或兌換成實施金本位制或金匯兌本位制國家的貨幣。但是，貨幣和銀行制度方面的安排，刻意要防止國內民眾從中央銀行取回黃金、作爲保持在手上的現金握存。黃金或外匯兌換的首要目的，是要擔保外匯的匯率穩定。

在處理金匯兌本位制的問題時，所有經濟學家——包括本書作者——過去並未意識到：該本位制事實上讓政府有輕易操縱國家通貨的權力。經濟學家輕率假設，沒有哪一個文明國家的政府，會故意把金匯兌本位制當作通貨膨脹政策的一個工具使用。當然，我們也不該過分誇大金匯兌本位制在過去數十年的通貨膨脹中所扮演的角色；罪魁禍首其實是贊成通貨膨脹的意識型態，金匯兌本位制只是方便通貨膨脹計畫實現的一個媒介。即使金匯兌本位制不存在，也無礙於通貨膨脹措施的推行。美國在一九三一年大致上仍然是一個金本位制國家。這個事實並未阻撓美國新政的通貨膨脹主義。美國當時藉由沒收所有美國公民的黃金握存，一舉廢除古典金本位制，同時使美元對黃金貶值。

第一次和第二次世界大戰之間的年代、所發展出來的新種金匯兌本位制，可以稱爲有彈性的金匯兌本位制，或簡稱爲**彈性本位制**。在這種制度下，中央銀行或外匯平準基金（或不管什麼名稱的相當政府機構）可以自由賣出一些作爲本國法償貨幣的貨幣替代物、以買進黃金或外匯；也同樣可以自由賣出黃金或外匯、以買進貨幣替代物。這些貨幣買賣的交換率並非固定不變，而是容許變動的。論者說，本國貨幣的平價是有彈性的。然而，這個彈性實際上永遠是向下的彈性。有關當局使用自由裁量權，降低本國通貨以黃金計價的平價；而如果他國通貨的黃金平價並未下降，這同時也降低本國通貨以他國通貨計價的平價；有關當局從未嘗試提高本國通貨的黃金平價。當本國通貨對某個外國通貨的平價提高時，這種變動只是該外國通貨（對黃金或對黃金平價保持不變的其他外國通貨）的平價出現下降的結果。提高本國通貨對該外國通貨平價的目的，只是要使該外國通貨的估價，和黃金以及其他外國通貨的估價，互相吻合（這裡所謂估價，係指按本國通貨表示的估價）。

如果某國貨幣平價向下跌落非常明顯，這跌落稱爲貶值。如果這平價變化不是那麼巨大，金融報導的編輯便會這麼描述它：相關通貨的國際估價走勢疲軟。[2]在這兩種場合，論者在提到平價向下變動時，通常會說有關國家已經提高黃金的價格。

交換學觀點對彈性本位制的描述，絕不可和法律觀點對該制的描述混為一談。彈性本位制的交換學意義，不受本位制所涉及的憲政體制影響。改變平價的權力究竟是屬於立法部門或屬於行政部門，無關緊要。行政部門獲得的授權是否無限；或者像美國在新政立法下有一極限點，過了這一點，行政官員便無權決定進一步貶值，那也無關緊要。就相關問題的經濟面來說，唯一要緊的是：彈性平價原則已經取代了固定平價原則。不管憲政體制怎麼規定，如果輿論反對這種價格操縱，沒有哪一個政府能著手「提高黃金價格」。反過來說，如果輿論贊成這種操縱，沒有什麼法律程序或技術面的障礙，能完全制止這種操縱，甚或短暫耽擱這種操縱。一九三一年在英國，一九三三年在美國，以及一九三六年在法國和瑞士發生的那些事情，清楚證明，如果所謂專家的意見，認為通貨貶值不僅有利、而且必要，獲得輿論背書，代議政府這部機器能夠以極高的速度處理相關工作。

通貨貶值——不管幅度大小——的一個主要目的，是重新安排對外貿易狀態。這一點將在下一節加以說明。貶值對國際貿易的影響，使小國不可能在通貨操縱方面自行其是，漠視和它貿易關係最密切的國家對本國通貨做了什麼事。於是，這樣的一些小國不得不追隨外國的貨幣政策。就貨幣政策而言，它們自願成為某一強大外國的附庸。這些小國，藉由把本國通貨對某一「貨幣宗主國」通貨的平價釘住在某一固定水準，追隨該「宗主國」對自家通貨的平價所做的任何更動；如果「宗主國」的通貨對黃金和其他國家通貨的平價遭到調降，它們的通貨也必然按比例跟著調降。換言之，它們加入某一貨幣**聯盟**，把它們本國融入某個貨幣**區域**。最出名的這種聯盟或區域，是英鎊聯盟或英鎊區域。

有些國家的政府僅宣告該國通貨對黃金和外匯的官定平價，卻並未使該平價成為一個有效的平價；這種情況絕不可和彈性本位制相混淆。彈性本位制的特徵，在於任何數量的國內貨幣替代物實際上能按官定平價換成黃金或外匯，反之亦然。中央銀行（或受託負責此一任務的政府機構，不管名稱是什麼）至少選定某個實施金本位制或金匯兌本位制國家的通貨，按官定平價自由買進和賣出任何數量的本國通貨和任何數量的該外國通貨。國內銀行發行的鈔票實際上是可贖回的，亦即，可兌換成黃金或等價的外匯。

如果欠缺彈性本位制這個必要的特徵，則宣告一定平價的政府命令，會有一完全不同的意義，所引起的效果也很不一樣。[3]

第四節　通貨貶值的目的

彈性本位制是一個方便策劃通貨膨脹的工具。採納彈性本位制的唯一理由，就是要使有關當局一再重複的通貨膨脹動作，在技術程序上盡可能簡單。

在一九二九年結束的景氣暴漲期間內，幾乎所有國家的工會，都已成功執行了高於市場僅遭到移民障礙干擾時將會決定的工資率。這些工資率已經在許多國家造成數量相當龐大的制度性失業，儘管信用擴張的步伐仍然在加快進行中。當最後不可避免的經濟衰退來臨、商品價格開始下跌時，獲得各國政府（甚至包括那些被毀謗爲反勞工的政府）堅定支持的工會，還頑固的堅持高工資政策。它們或者斷然拒絕削減名目工資率，或者只容許不夠充分的削減。結果是制度性失業驚人擴大（另一方面，那些仍保有工作的工人則改善了生活水準，因爲他們的實質工資率上升了）。失業救濟金的負擔，變得難以忍受。數百萬失業者對國內和平是一個嚴重威脅。工業國家被革命陰影籠罩。但是，眾工會領袖相當倔強難纏，沒有哪一個政治家有勇氣公開挑戰他們。

在這個困境中，驚慌失措的統治者想起通貨膨脹教條主義者早就推薦過的一個應急辦法。由於工會反對調整工資去適應貨幣關係和商品價格狀態，他們便選擇調整貨幣關係和商品價格去適應工資率。在他們看來，問題不在於工資率太高；問題在於，他們本國貨幣單位相對於黃金和外匯的價格被高估，必須重新調整。貶值是萬靈丹。

貶值的目的是：

一、保持名目工資率的高度，或者甚至創造出它們必須進一步提高的條件，但實質工資率反而應該下降。

二、使商品價格，尤其是農產品價格，以本國貨幣計價時，上漲或者至少遏止進一步下跌。

三、犧牲債權人，讓債務人獲益。

四、鼓勵出口，減少進口。

五、吸引更多外國觀光客，同時讓本國公民到外國旅遊時變得更貴（以本國貨幣計算旅費）。

然而，不管是政府，還是善於玩弄文字、爲政府政策辯護者，都不夠坦率，都未公開承認，貶值的一個主要用意，就是要降低實質工資率的高度。他們大多比較喜歡說，貶值是爲了消除國內與國際價格「水準」之間某一據稱的「基本不均衡」。他們提到降低國內生產成本的必要性；但是，他們小心翼翼不敢提及他們希望藉由貶值降低的兩個成本項目之一，就是實質工資率；另一個據稱的成本項目，則是已經議定的長期企業貸款的利息和本金。

提出來支持貶值的那些論點，不能認眞看待。它們是粗糙和自相矛盾的；因爲貶值不是經過冷靜權衡利弊得失後，才提出來的政策，而是政府對工會領袖的一種投降，只因這些工會領袖不想失去尊嚴，承認他們的工資政策已經失敗、已經產生規模空前的大量制度性失業。貶值是軟弱和笨拙的政客希冀繼續把持權位，不計後果採取的一個應急手段。這些群眾煽動家和政客在爲政策辯護時，是不會計較任何矛盾的。

他們對加工製造業者和農夫承諾，貶值將使價格上漲。但同時，他們又對消費者承諾，嚴格的物價管制將阻止生活成本發生任何上漲。

歸根結底，政府還能爲它們的行徑辯解開脫，還能說在工會教條謬論完全左右輿論的情況下，它們不可能採取其他政策。然而，這樣的辯解不可能爲某些撰述者開脫，這些人頌揚彈性外匯匯率制是最完美，和最令人滿足的貨幣制度。當政府還急著強調貶值是一個絕不會再重複的緊急措施時，這些撰述者宣稱彈性本位制是最適當的貨幣制度，而且還急切的企圖證明，外匯匯率穩定本身有一些據稱的弊端。他們盲目熱中於取悅政府，取悅工會和農會這些強大的壓力團體，以致極端誇大彈性匯兌平價的優點。但是，彈性本位制的缺點很快就變得顯而易見；崇尚貶值的熱情很快消失。第二次世界大戰期間內，亦即，在英國爲彈性本位制立下典範後幾乎還未滿十年，甚至連凱因斯勳爵和他的眾高足也發現，外匯匯率穩定有一些優點。穩定外匯匯率，是國際貨幣基金公開聲明的一個目標。

如果不是以政府和工會政策辯解者的立場，而是以經濟學家的眼光審視貶值政策，那麼，首先就必須強調，貶值所有據稱的好處都只是暫時的。此外，這些所謂好處有一個先決條件，即：只有一個國家貶值，而其他國家都放棄貶低它們自己的通貨匯兌平價。如果其他國家按同一比例貶值，國際貿易便不會出現任何變動。如果其他國家貶值的幅度更大，則所有暫時的好處，不管所謂的好處是什麼，便全歸其他國家獲得。因此，彈性本位制的原則獲得各國普遍採納的結果，將是各國競相比賽貶值。這種比賽的結局就是，所有國家的貨幣制度完全崩潰。

經常有人提起，貶值可以給對外貿易和旅遊業帶來一些優勢。然而，這些優勢完全是由於國內物價和工資率的調整需要一段時間，才能適應貶值所造成的貨幣供需情況。只要這個調整過程尚未完成，出口便受到鼓勵，而進口則遭到壓抑。然而，這僅僅意味，在這段調整期間內，貶值國家的公民賣到國外的財貨變得比較多，而從國外得到的財貨變得比較少，以及他們在國外購買的東西變得比較貴；同時，他們必須縮減他們的消費。這個效果在某些人看來也許是有利的，只要他們認爲貿易收支餘額是衡量一國福祉的尺度。但是，以平常的話語來說，這個效果就是：英國人現在必須出口比較多的英國貨，才能購買他們在貶值前，以較少數量出口貨就能換到的那個數量的茶葉。

貶值的捍衛者說，貶值減少債務負擔。這當然是眞的，它犧牲債權人、讓債務人受益。在某些人看來，這是有利的；因爲他們還沒學到，在現代，債權人絕不可視爲等同於富人，而債務人也絕不可視爲等同於窮人。實際的效果是：負債的房地產和農場擁有者，以及負債的公司行號股票持有者，因貶值而受益，同時絕大多數把儲蓄投資於各種債券、儲蓄銀行存款和儲蓄保單的一般民眾，則因貶值而受害。

再則，國外貸款也該加以考慮。如果英國、美國、法國、瑞士和其他歐洲債權國將本國通貨貶值，那便等於給國外債務人送禮。

贊成彈性本位制的一個主要論點，就是該制度降低國內貨幣市場利率。在古典金本位制，以及僵固的金匯兌本位制下，本國據稱必須按照國際貨幣市場的情況調整國內利率。在彈性本位制下，任何國家都可以完全根據本國福祉的考量，自由制定國內利率政策。

就對外負債總額超過對外放款總額的淨債務國來說，這個論點顯然是站不住腳的。十九世紀，當淨債務國採取健全的貨幣政策時，它們的企業和人民能在國外市場借到以本國貨幣議定的貸款。隨著這些國家的貨幣政策改變，這種機會完全消失不見。現在沒有哪一個美國銀行家願意以義大利里拉議定貸款契約，或安排發行里拉債券。就國外信用而言，淨債務國國內的貨幣情況不管怎麼變都是沒有用的。就國內信用而言，貶值只減輕先前已經舉借的債務負擔而已；接下來由於正的價格貼水因貶值而出現，所以貶值之後新發行債務的市場毛利率會提高。

上面說的，對於債權國的國內利率而言，也同樣有效。前面已經證明，利息不是一個貨幣現象，因此長期而言，不可能受貨幣措施影響。有了這個證明，這裡就毋須再多說些什麼。[4]

沒錯，一九三一年到一九三八年之間，各國政府所採取的貶值措施使得某些國家的實質工資率下降，從而減少制度性失業的規模。因此，在處理這些貶值經驗時，歷史學家可以說，它們是成功的，因爲它們阻止失業群眾不斷增加可能造成的革命性大動盪，而且在當時流行的意識型態下，也沒有別的辦法有助於緩解這個危急形勢。但是，歷史學家同樣必須加注說，這個補救辦法沒觸及制度性失業的根本肇因——工會主義錯誤的教條。貶值是一個狡猾的手段，成功躲過了工會教條的宰制；它有效，因爲它沒損害工會主義的尊嚴。但是，正因爲它絲毫未損及工會主義的聲望，它只能在短期內有效。工會領袖已學會辨別名目工資率和實質工資率，工會現在的政策，是以提高實質工資率爲目標；貨幣單位購買力下降的欺騙伎倆，再也行不通了。貶值的招式過氣了，已經不再是減少制度性失業的有效手段了。

認識這些事實，有助於正確評估凱因斯勳爵的學說，在第一次和第二次世界大戰之間的年代，究竟扮演什麼角色。對於經濟學家已經駁倒過無數次的通貨膨脹主義謬論，凱因斯並未增添什麼新的見解。他的各種學說，甚至比他前輩的學說更爲矛盾、更不一致。像Silvio Gesell那樣的凱因斯前輩，經濟學家過去當作貨幣怪咖加以批駁。而凱因斯只知道怎樣以數理經濟學假裝深奧的詭辯術語，包裝通貨膨脹和信用擴張的政策訴求。支持干預主義的撰述者，茫然不知怎樣提出任何看似合理的論證，聲援毫無顧忌的支出政策；面對經濟學關於制度性失業的定理，他們全然挑不出什麼毛病。就在這當兒，他們以Wordsworth的詩句迎接「凱因斯革命」：「在那黎明時刻，活著就是天賜幸福，而年紀還輕，就像置身天堂。」[5]然而，這只是一個短暫的天堂。我們可以承認，對一九三〇年代的英國和美國政府來說，除了通貨貶值、通貨膨脹和信用擴張、不平衡預算和赤字支出，沒有別的辦法。政府不可能避開來自輿論的壓力，不可能反抗人民普遍接受的意識型態的優勢力量，不管這些意識型態錯得多離譜。然而，這可不是可以爲官員開脫的理由，因爲他們可以辭職，而不是繼續戀棧，執行帶給國家災難的政策。至於要爲某些撰述者開脫，就更不用說。這些作家企圖爲所有通俗的謬見中最粗糙的謬見——通貨膨脹主義，提供僞稱科學的辯護。

第五節　信用擴張

前面曾指出，如果把信用擴張完全視爲政府干預市場的一個方式，那是不正確的。各種信用媒介的出現，起初並不是用作政府的政策工具，刻意要提高物價和名目工資率，以及降低市場利率和減輕債務負擔；它們是從經常性的銀行業務演化出來的。當銀行家發現，他們發出去的活期存款收據或鈔票被公眾當成貨幣替代物處理，而開始貸放大眾寄存在銀行的一部分資金時，他們除了想到自己的生意利益外，並沒有別的心思。對於未在金庫裡保存和發出去的活期存款收據或鈔票等量的現金準備，銀行家認爲是無妨的。他們深信即使他們將大眾寄存的一部分現金貸放出去，自己永遠能夠履行契約責任，隨時立即贖回他們發出去的存款收據或鈔票。於是在未受干擾的市場運作中，銀行鈔票變成信用媒介。所以信用擴張的始作俑者是銀行家，不是政府當局。

但是現在，信用擴張是政府專屬的特權。至於私人銀行和銀行家在信用媒介發行上的角色，只具有附屬、輔助的作用，只涉及一些技術性細節。政府單獨主導整個事態發展；在循環信用方面，政府已經完全掌控一切。在未受干擾的市場裡，私人銀行和銀行家能夠策劃的信用擴張金額受到嚴格限制，但政府的目的卻是要盡可能增加信用擴張的數額。信用擴張是政府用來打擊市場經濟的最主要工具。在政府手中，信用擴張是一根神奇的魔術棒，據說可以把資本財稀少的問題變不見，可以降低或完全廢除利率，可以爲闊氣的政府支出提供資金，可以沒收資本家的財產，可以創造永久的景氣暴升，以及可以使每個人都很富裕。

信用擴張不可避免的後果，已由景氣循環理論指出。然而，即使關於信用擴張的必然後果，該理論所下的斷言是無可轉圜的、不可辯駁的，任何經濟學家都不敢質疑，但仍然有些經濟學家拒絕承認貨幣或循環信用觀點的景氣波動理論的正確性。不過，這些經濟學家也必須承認，而他們也的確承認了，景氣上揚總是以信用擴張爲先決條件，亦即，如果沒有信用擴張，景氣便不可能上揚，也不可能持續；而且不斷加速的信用擴張一旦停止，景氣就會反轉。他們對景氣循環的解釋，濃縮後，實際上等於說：起先造成景氣上揚的，不是信用擴張，而是其他某些因素。他們說，信用擴張，雖然是景氣普遍暴升不可或缺的必要條件，卻不是當局刻意採取政策，人爲壓低利率，激勵投資超出現有資本財數量供應所造成的結果。他們似乎以爲，每當這些其他因素開始發揮作用時，信用擴張總是會奇蹟般出現，毋須有關當局採取政策積極干預。

對於主張以放棄信用擴張來消除景氣波動的提議，這些經濟學家堅持反對立場。就這一點而言，他們顯然自相矛盾。當通貨膨脹史觀的幼稚支持者，根據他們自己那些——當然是——完全謬誤和矛盾的教條推論，聲稱信用擴張是經濟萬靈丹時，他們的邏輯一致。但是，那些不否認信用膨脹是景氣暴升之必要條件者，對抑制信用擴張的提議所持的反對態度，和他們自己的理論並不一致。無論是政府和強大壓力團體的發言人，或是當今在各大學經濟系裡占多數的「非正統」教條的捍衛者，都同意應該避免經濟反覆衰退，而且也都認爲要實現這個目標，就必須阻止景氣暴升。他們提不出站得住腳的論證，可以反對鼓勵信用擴張的政策應該放棄的提議；但他們頑固的拒絕聽取任何這樣的提議。他們激烈毀謗阻止信用擴張的計畫，批評這種計畫是使經濟衰退永遠繼續的手段。這個態度恰恰清楚證明，循環信用觀點的景氣波動理論是正確的，即：景氣循環是政策著眼於降低利率和引發人為的景氣暴升所造成的。

當今的事實是，一般人普遍認爲，以降低利率爲目的的措施是非常可喜的，而信用擴張則是達成這個目的最有效手段。正是這個先入之見，驅使所有政府反抗金本位制。經濟擴張主義是我們當代最偉大的口號；所有政黨和所有壓力團體，都堅定熱中人爲壓低利率的貨幣政策。[6]

信用擴張的目的，是要以犧牲人口中的某些族群爲代價，而讓其他某些特定族群獲益。這當然是干預主義，如果沒對所有族群的利益造成傷害的話，所能達到的最佳成果。雖然干預主義使整個社會變得比較貧窮，不過，仍然有可能使某些特定階層變得更富有。究竟是哪些族群變得更富有，取決於每一個信用擴張實例的特殊情況。

現在有所謂定性的信用管制。這種管制措施的想法，是要以某種方式引導新增信用的流向，把信用擴張據稱的好處集中在某些群體，而不讓其他群體得到。有人堅決主張，貸款不該流向股票市場，不該使股票價格飆升。相反的，貸款應該有益於加工製造業和礦業，有益於「正當的企業」，尤其是，有益於農業等「正當的生產活動」。另有一些這種信用管制的支持者，希望阻止新增貸款因用於固定資本投資、而喪失流動性。他們主張，銀行貸款應該用於生產具有流動性的財貨。按照這些計畫，有關當局給銀行界一些具體指示，規定哪些種類貸款是銀行該發放的，或該禁止發放的。

然而，所有這樣的計畫都是沒用的。歧視貸款對象，取代不了抑制信用擴張——這個唯一能眞正阻止股價指數飆升和固定資本投資擴大的辦法。新增的信用數量進入資金市場的方式，只是次要的；眞正要緊的，是有沒有新創造出來的信用流入資金市場。如果銀行界發放更多信用給農夫，農夫便能夠償還從其他來源獲得的貸款，以及在購買所需的物品時支付現金。如果銀行界發放更多信用給企業界，作爲循環資本，那就會把從前固定在循環用途的資金給釋放出來。無論銀行界貸款給誰，結果都同樣是使可支配的資金變得更充裕，於是這些資金的擁有者便會努力尋找最有利可圖的投資機會。很快的，這些資金便會在股票市場或固定投資方面找到出路。如果認爲可能有辦法持續進行信用擴張、又不致使股票價格飆升和固定投資擴大，那就荒謬了。[7]

有兩個事實，直到幾年前，決定信用擴張時典型的事態發展過程：第一，信用擴張當時是在金本位制下進行的；第二，信用擴張不是各國政府，以及政府所控制的中央銀行協議後的結果。第一個事實意味，本國銀行鈔票按照固定平價的可兌換性，各國政府不準備放棄。第二個事實導致各國的信用擴張規模參差不齊。有些國家（且稱爲A）信用擴張規模超過其他國家（且稱爲B），A國的銀行面臨黃金和外匯準備嚴重外流的危險。爲了保持自身的償付能力，A國的銀行不得不採取猛烈的信用緊縮；於是，在A國市場上造成恐慌心理，引發衰退。恐慌很快擴散到B國。B國的商人感到害怕，開始大幅增加借款，囤積流動資金，以便應付所有可能的市場情況變化。正是新貸款需求大幅增加，促使B國貨幣當局——它已經因爲A國市場的危機而感到驚恐——也採取信用緊縮。於是，在幾天或幾週內，衰退變成國際現象。

在某一程度內，貶值政策已改變這個典型的事態發展順序。當受到黃金與外匯準備外流的威脅時，相關國家貨幣當局並不採取信用緊縮或提高中央銀行的重貼現率，而是訴諸貶值。然而，貶值並不能解決眞正的問題。如果政府不在乎外匯匯率怎樣上漲，政府的確能在短期內繼續堅持信用擴張政策。但是，總有一天，崩潰的繁榮將會摧毀本國的貨幣體系。另一方面，如果當局希望避免必須一而再、而且幅度愈來愈大的貶值，那就必須適當安排本國的信用政策，使本國的信用擴張速度不致超過某些特定國家；因爲有關當局希望本國貨幣與這些國家的貨幣保持匯兌平價。

許多經濟學家理所當然的認爲，貨幣當局擴張信用的動作，將永遠重複導致景氣暴升期和隨後景氣衰退期幾近規律性更迭。他們認爲，未來的信用擴張所將引起的效果，不會不同於十八世紀末以來在英國，以及十九世紀中葉以來在西歐、中歐和北美所觀察到的那些效果。我倒有點懷疑，情況是否已經改變了。現在，即使在經濟學術圈外，貨幣觀點的景氣循環理論已是眾所周知的學說，以致從前在景氣暴升期間內鼓舞企業家衝動的那種單純的樂觀，已經被一定的懷疑態度所取代。未來的商人對信用擴張的反應，也許將和商人過去的反應方式不同。他們也許將避免使用廉價取得的資金、擴大他們的營運規模，因爲他們一定會想到景氣暴升期總有一天必然結束。有些跡象預示商人的心態已發生這樣的改變；但是，要做出肯定的判斷，現在爲時尚早。

反景氣循環政策的妄想

所有社會主義者和所有干預主義者大力宣揚的那些所謂「非正統」學說，有一個基本的論點，斷言：反覆衰退是市場經濟運作本身固有的一個現象。雖然社會主義者主張，唯有以社會主義取代資本主義，才能根除這個禍害，但干預主義者卻認爲，政府有能力適當矯正市場經濟運作、實現所謂「經濟穩定」。這些干預主義者對抗景氣衰退的計畫，如果是以根本放棄信用擴張政策作爲核心，他們將是正確的。然而，他們已預先排斥這個想法。他們要用不斷擴張信用，以及採取一些特別的「反景氣循環」措施，來防止景氣衰退。

在這些對抗景氣衰退計畫的脈絡中，政府看起來像是一尊神明，站在人間世事範圍之外工作，不受轄下人民的行爲影響，有能力從外界干預人民的行爲。祂掌握一些手段和資金，一些不是由人民提供的手段和資金，能隨意支配、用在祂想要使用的任何用途上。要使這個神一般的能力產生最大的善果，所需的只是遵從專家給予的建議。

在所有這些建議的補救辦法中，宣傳得最厲害的，當屬公共工程和公營企業投資的反景氣循環時程安排。這個想法，並非像提倡者要我們相信的那麼新穎。過去每當衰退來臨時，輿論總是要求政府推動公共工程，以創造工作機會和制止物價下跌。但問題是怎樣給這些公共工程提供所需資金。如果政府對人民課稅或向人民借錢，那就絲毫未增加凱因斯學派所謂總支出任何一分錢；私人消費和投資能力遭到削減的程度，和政府支出能力增加一樣多。然而，如果政府採取祂素來喜歡的通貨膨脹方法籌措資金，那就會把情況弄得更糟，而不是更好。政府也許因此能在短期內推遲不景氣的爆發。但是，當不可避免的危機終究到來時，政府推遲危機爆發的時間愈長，危機便愈嚴重。

干預主義的專家茫然不知怎樣理解這裡所涉及的眞正問題。在他們看來，主要的工作，是「預先計畫好公共資本支出，整個檔案架積滿仔細規劃好的投資項目，一旦下定決心便可立即執行。」他們說，這「是唯一正確的政策，我們建議所有國家應該採取它。」[8]然而，眞正的問題，不是詳細鋪陳一些計畫，而是提供計畫執行所需的物質手段。干預主義者認爲，這很容易辦到，只要在景氣暴升期間內稍微縮減政府支出，待到衰退來臨時再增加支出。

且說，政府縮減支出，未始不是一件好事。但是，這不會提供政府後來擴大支出時所需的資源。某個人可以這樣安排他的支出事項。他可以在收入高的時候累積一些儲蓄，等到收入下降時花用。但是，就整個國家或所有國家合起來說，情況是不同的。財政部可以把景氣暴升期間內大量流入國庫的稅收中，相當大的一部分窖藏起來。只要政府把這些資金撤出流通管道，從而在資金撤出規模內和撤出期間內，削弱信用擴張所造成的景氣暴升幅度，這種政策的確是通貨緊縮性的和反景氣循環的。但是，等到政府把窖藏資金拿出來花用時，就會改變貨幣供需關係，導致貨幣單位購買力出現一個由現金引起的下降趨勢。這些資金絕不可能給那些擺在檔案架上的公共工程計畫，提供執行所需的資本財。

干預主義者的根本錯誤，在於忽視資本財缺乏的事實。在他們看來，經濟衰退只是私人消費和投資傾向發生某一神祕的欠缺所致。當唯一眞正的問題是必須生產更多、消費更少，以便增加有用的資本財供應量時，干預主義者卻希望同時增加消費和投資。他們希望政府從事一些無利可圖的投資項目，這些項目之所以無利可圖，恰恰是因爲它們的執行所需的生產要素，必須從其他一些用途挪過來，而這些生產要素在這些用途上，將可滿足消費者認爲比較迫切的一些需求。他們未能意識到，執行無利可圖的公共工程，必定大大加劇眞正的不幸——有用的資本財缺乏。

當然，有人可能會想到，景氣暴升期間內的政府儲蓄有另一種運用方式。政府可以把財政剩餘投資於購買大量的物資囤積起來，這些物資是將來當衰退來臨時，執行一些計畫好的公共工程項目所需使用的，包括從事這些工程的工人將需要消費的消費財。但是，如果有關當局眞的這麼做，便會大大加劇景氣暴升，加速危機的爆發，並且使危機的後果更嚴重。[9]

所有關於政府反景氣循環行動的空話，只有一個目的，那就是轉移民眾的注意力，免得他們認識景氣循環波動眞正的原因。所有政府都堅決熱中於低利率政策、信用擴張和通貨膨脹。當這些短期政策所不可避免的後果出現時，所有政府都只知道一個補救辦法——繼續冒險進行通貨膨脹。

第六節　外匯管制和雙邊匯兌協定

如果某國政府把本國的信用貨幣或法償貨幣相對於黃金或外匯的平價，固定在某一高於市場的價位——也就是說，如果政府把黃金或外匯的最高價格固定在潛在的市場價格之下——格萊欣法則所描述的那些效果便會出現。這些效果所造成的情況，輿論非常不恰當的稱爲外匯短缺。

任何經濟財的特徵，就是它的實際供給，並未豐富到任何對它的需求都能獲得滿足。某種東西的供給若是不會短缺，它便不是經濟財；它沒有任何價格，沒有人會索取或支付它的價格。由於貨幣必然是經濟財，所以某種貨幣不該短缺的想法是荒謬的。然而，抱怨外匯短缺的政府心裡想的，其實是另一回事。外匯短缺是政府的外匯定價政策不可避免的結果。外匯短缺意味，在政府任意訂定的外匯價格下，需求超過供給。在業已透過通貨膨脹，降低本國貨幣單位對黃金、外匯和各種商品與服務的購買力之後，政府如果戒絕任何控制外匯匯率的嘗試，就絕不可能會有政府所謂那個短缺意思的外匯短缺。凡是準備好要支付市場價格的人，都將能夠買到他想購買的外匯數量。

但是，政府決意不容忍外匯匯率（以通貨膨脹的本國貨幣計價）出現任何上漲。它憑藉它的法官和警察，禁止任何不按照官定最高價格進行的外匯買賣。

在政府和它的護衛看來，外匯匯率上升，是國際收支逆差和投機者購買外匯造成的。為了去除這個弊端，政府採取一些限制外匯需求的措施。此後，只有進行政府所核准的交易而需要外匯者，才應當有權利購買外匯。政府認為，非必要的進口商品，不應當再進口；也禁止對積欠外國人的債務支付利息和本金；不准國民再到國外旅遊。但是政府未能意識到，這些措施絕不可能「改善」國際收支。如果進口下降，出口也會同步下降。那些受阻不得購買外國貨、償還外債和旅遊外國的人民，不會把如此節流在手中的本國貨幣保留在現金握存裡。他們會增加購買一些消費財或生產財，從而導致國內物價進一步趨向上漲。但是，國內物價愈是上漲，出口便愈受抑制。

於是，政府採取進一步的措施。它將外匯交易國有化。每一個取得外匯——例如，透過出口某些東西——的國民，都必須把外匯按官定匯率賣給外匯管制當局。這個等於課徵出口稅的規定如果有效執行，出口貿易將會大大萎縮或完全停頓；政府肯定不喜歡這個結果。但是，它也不想承認，政府的干預完全未能達成它想達到的目的，甚至還帶來一個讓它自己覺得遠比先前更加糟糕的情況。所以，它又採取一個應急措施，它補貼出口貿易，補貼的幅度，剛好足以補償外匯國有化政策迫使出口商蒙受的損失。

另一方面，政府的外匯管制當局頑固的堅持虛構的故事，說什麼外匯匯率並未「眞的」上漲，而官定匯率仍是一個有效的匯率，繼續按官定匯率出售外匯給進口商。如果這個政策眞的採行，等於提供津貼給有關的進口商；因爲在官定匯率下，進口商在國內市場出售進口商品時，就會獲得意外的利潤。有關當局因此採取進一步的措施，它或者提高進口關稅或對進口商課徵特別捐，或者以其他某個方式加重進口商購買外匯的負擔。

於是，外匯管制當然奏效。然而，它奏效，只因爲它實際上承認市場的匯率。出口商出售他的外匯收入時，得到官定匯率加上出口津貼，兩者合計等於市場的匯率。進口商購買外匯時，支付官定匯率加上某一特別的價格貼水、特別的進口捐或關稅，這些加起來也等於市場的匯率。唯一的一群頭腦太笨、無法理解實際是怎麼一回事，以致讓自己任憑官僚術語愚弄的人，就是那些寫書、撰文討論貨幣管理新方法和貨幣新經驗的論述者了。

政府壟斷外匯買賣，將對外貿易的控制權握在有關當局手中。但是，這並不影響外匯匯率的決定。無論政府是否准許新聞媒體將眞實、有效的匯率公諸於世，都無關緊要。只要對外貿易持續進行，眞正施行的便只是這些（和市場狀況符合的）實際有效的匯率。

爲了把實際情況隱瞞得更好，政府通常致力於全面避免提及眞實的外匯匯率。它們認爲，對外貿易不應再利用貨幣作爲交易媒介，而應該是以貨易貨。它們和外國政府簽定易貨和清算協定，兩個訂約國的任一方應出售一定數量的貨物和服務，以交換另一方一定數量的其他貨物和服務。在這些條約本文裡，任何涉及眞實市場匯率的字眼，都小心謹慎的避免掉。然而，訂約雙方都根據以黃金計價的世界市場價格，計算它們的銷售數量和購買數量。這些清算和易貨協定，以兩個國家之間的雙邊貿易取代自由主義時代的三邊或多邊貿易。但是，它們絕不影響這個事實，即：本國通貨已經喪失了一部分對黃金、外匯和商品的購買力。

外匯管制，作爲對外貿易國營化的一個政策，是走向以社會主義取代市場經濟的一個步驟。從其他任何觀點來看，它無疑是失敗的；不管是在短期或長期，它肯定都影響不了外匯匯率的決定。

關於納粹易貨協定的一些評論

納粹德國和許多國家分別簽定的一些易貨和清算協定，過去遭到大量討論這方面課題的文獻誤解了。而這些誤解，成爲目前流行的許多關於貨幣問題的謬見基礎，因此，這裡針對這些誤解做一些評論似乎是合宜的。

和納粹德國簽定這種協定的各國政府，動機互不相同，這些協定所產生的政治和經濟後果也不一致。爲了處理所涉及的一些問題，我們可以先討論納粹和瑞士的協定，然後再討論納粹和一些東南歐國家的協定。

在希特勒掌權之前，瑞士銀行界已經借給德國企業相當龐大的資金。此外，瑞士的一個主要產業——旅遊業——很大程度上倚賴德國旅客。德國頒布外匯管制法之後，授權德國有關當局禁止所有德國人還本付息給瑞士銀行或赴瑞士旅遊。對瑞士來說，若想搶救至少一部分他們在德國的資產，以及促使納粹允許有限的一部分德國人到瑞士的旅館渡假，簽定清算協定是唯一的辦法。

至於納粹和巴爾幹國家的那些協定，甚至更爲有趣，因爲種種誤解，使得這些協定的意義被扭曲得更爲嚴重。

且讓我們見識一個案例。德國和東南歐某個國家——我們姑且稱之爲巴爾幹尼亞——簽定了一個關於互換商品的協定；這些商品，若在世界市場上買賣，總價爲二千萬美元。巴爾幹尼亞必須交付世界市場價值一千萬美元的糧食和原料，而德國則必須交付世界市場價值一千萬美元的工業製品。這筆交易的奇特之處在於，這些根據協定條件買賣的商品並不按它們的世界市場價格計價，而是按一個比較高的價格，比如說，按高於世界市場價格的百分之十。巴爾幹尼亞必須購買的德國商品，借記在帳上的金額不是一千萬美元，而是一千一百萬美元；但相對的，巴爾幹尼亞賣給德國的商品，貸記在帳上的價格也不是一千萬美元，而是一千一百萬美元。這些高估的價格完全或至少很大一部分，隱藏在德國馬克和巴爾幹元（巴爾幹尼亞通貨體制中的貨幣單位）的匯率中，因爲雙方的易貨協定將匯率訂在一個不同於實際市場匯率的水準。

且讓我們假設一美元在世界市場上實際可兌十巴爾幹元。根據易貨協定，巴爾幹尼亞賣給德國一批糧食和原料，獲得一億一千萬巴爾幹元，這批糧食和原料英國商人只願意出價一億巴爾幹元購買；同時，巴爾幹尼亞花一億一千萬巴爾幹元，從德國買進的一批工業製品，能以一億巴爾幹元從英國或美國的出口商買到。

要了解這個奇怪程序，我們必須知道，這些高估的價格所導致的損失和利得，只有就整個國家而言，才是相互抵銷的；就個別人民而言，則不是相互抵銷的。這一點很有意思。對社會主義德國而言，由於在希特勒掌權下所有企業都國有化了，這一點沒有任何影響。但是，在巴爾幹尼亞，國內生產和國內貿易仍然是以私有財產權爲基礎；只有巴爾幹尼亞的對外貿易才受政府控制。於是，因爲進口品的價格高估而受害的，和因爲出口品的價格高估而受惠的，並不是同一群人，這一點就變得很重要。易貨協定高估價格的條款，因此導致所得從某一群人民（政府眼中當然的不肖子）移轉至另一群人民（政府眼中當然的寵兒）。巴爾幹尼亞政府按照如下的方式分配這個易貨協定的利益：

一、以較高價格支付輸出糧食和原料的生產者——五百萬巴爾幹元。

二、受委託執行易貨協定的政府機構，和協助政府完成協定的「朋友」（合法和非法的）獲得的利益——一百萬巴爾幹元。

三、國庫保留的利益——四百萬巴爾幹元。

另一方面，這個易貨協定的損失，則按照如下的方式分配：

一、那些因輸出的產品價格比較高而受惠者，也支付比較高的價格購買輸入的商品——一百萬巴爾幹元。

二、其他人民支付比較高的價格購買輸入的商品——五百萬巴爾幹元。

三、政府支付比較高的價格購買輸入的商品——四百萬巴爾幹元。

很明顯的，政府的朋友和生產糧食與原料輸出的農民獲得五百萬巴爾幹元的利益，而非農業部門的人民則承擔五百萬巴爾幹元的額外支出。這樣的效果符合巴爾幹尼亞的整體經濟政策；像許多當代國家那樣，巴爾幹尼亞的統治者盡其所能，以犧牲非農業部門的利益來嘉惠農業部門的人民。

這些易貨協定的政治後果有兩部分：巴爾幹尼亞政府變成德國的附庸，但是，在國內，該政府的權力增強了。政府現在手中有一筆資金，可以用來嘉惠它的**朋友**，讓這些人在負責執行易貨協定的公司或政府機構裡掛名領薪水。再者，政府有權力歧視那些不想支持政府的農民群體，或那些屬於少數語言或宗教族群的成員。輸出到德國的那些產品，政府只向**同情**政府立場的生產者購買。異議者不得享受易貨協定的好處；他們必須按符合世界市場行情的較低價格，出售所有他們的農作收成。例如，在南斯拉夫，信仰天主教的克羅埃西亞農民抱怨政府只向賽爾維亞人購買。這種抱怨是否眞有事實根據，不可能確定，但不管怎樣，克羅埃西亞人沒責怪納粹，他們責怪南斯拉夫政府。

易貨協定給了德國獨占東南歐國家對外貿易的地位，不可避免在政治上把這些國家和德國聯繫在一起。從納粹的觀點來看，易貨協定巧妙的利用這些國家內部的經濟對立，達成了納粹自己的政治目的。對巴爾幹半島那些國家的政府來說，這些易貨協定給了一個機會，讓它們得以啓動一個政策，以犧牲非農業階層的利益來嘉惠農業階層。同樣的政治目的，在中西歐那些工業國家，是以關稅和其他歧視外國農業產品的措施來達成的；在美國，是以新政的一些農業措施來達成的；在羅馬尼亞、匈牙利、保加利亞和南斯拉夫，則是以和德國簽訂的易貨協定來達成。

面對德國在巴爾幹半島進行這個經濟攻勢所引起的問題，英國一籌莫展。英國商人不得不從這些市場撤退，因爲在那裡，他們只能以高於在其他國家能買到的價格購買東西。巴爾幹半島這些國家的政府宣稱：它們沒有英鎊收入支付來自英國的輸入，所以拒絕核發輸入許可。於是，英國和這些巴爾幹國家的商業往來嚴重受限。

這些巴爾幹國家和所有其他西歐國家以及美國的商業往來，也同樣如此受限。

以上，就是這些獲得許多撰述者，當作開啓貨幣管理新時代的一個創舉，大肆頌揚的貿易清算協定，眞正的本質。

第三十二章　沒收和重分配

第一節　沒收的哲學

干預主義的指導思想，認爲干預財產權不會影響生產數量。這個謬見最幼稚的表現，就是沒收式干預。干預主義者認爲，生產活動的成果是一個既定量，和純屬偶然的社會制度安排無關；而政府的任務，就是在社會各不同成員間，「公平」分配這個既定的整體國民所得。

干預主義者和社會主義者聲稱，所有商品都是由某個社會生產過程製造出來的。當這個生產過程結束、產品成熟時，另一個社會過程才開始把產出分配給每個社會成員。資本主義社會的特徵，是分配不平等。某些人——企業家、資本家和地主——把多於他們該得的一份產出據爲己有；因此，別人得到的部分就削減了。政府理當把特權階級不該據爲己有的部分沒收，然後分配給被剝削階級。

且說，在市場經濟裡，不存在這個據稱的雙元過程——兩個獨立的過程，一個是生產過程，另一個是分配過程。實際進行的，只有一個過程。東西不是先生產出來，然後再來分配；沒有在一堆無主之物當中占用一部分這回事。各項產品，自始便以某個人的財產出現在這世上；如果想要分配產品，那就必須先沒收產品。對掌握強制與脅迫手段的政府機構來說，要從事這種沒收和徵用，無疑是很容易的。但是這並未證明，一個可長可久的經濟運作體制可以建立在這種沒收和徵用的基礎上。

當維京人掠奪了一處自給自足的農家、彼此毗鄰而居的社區，轉身離開後，活下來的受害者又開始工作、耕種土地、重建生活。當若干年後，這些海盜再度返回時，又會發現一些可以掠奪的東西。但是，這樣的反覆掠奪侵襲，資本主義社會承受不起；資本主義社會的資本累積和各項投資，是建立在預期這種剝奪不會發生的基礎上。如果沒有這種預期，人將寧可把資本消費掉，而不是保持資本供他人徵收、剝奪。忽略這一點，正是所有計畫結合私有財產權和反覆徵收剝奪的根本錯誤。

第二節　土地改革

從前社會改革者的目標，只是要建立一處每一農家自給自足、彼此毗鄰而居的社區；社區每一個成員分到的土地面積應該相等。在這些烏托邦改革者的想像中，沒有空間容納加工業的分工和專業化。稱這種社會秩序爲農業社會主義，是一個嚴重的錯誤。這種社會秩序，只是經濟上自給自足的一些家庭毗鄰住在一起。

在市場經濟裡，土地是一種生產手段，和其他任何物質類生產要素一樣。在市場經濟裡，以務農人口土地分配差不多相等爲目標的計畫，只會將特權賦予某一群比較不具效率的生產者、而犧牲絕大多數消費者的利益。市場運作傾向淘汰所有生產成本在邊際以上的農夫，亦即，有些農夫將遭到市場淘汰，只要他們的生產成本，高於消費者準備購買的那個數量的農產品生產所需的邊際成本。市場決定每一個農場的規模，以及所使用的生產方法。如果政府爲了維持某個不同於市場所決定的農業生產安排而干預市場，農產品的平均價格就會提高。如果在競爭的情況下，m個農夫，每一個經營一千英畝的農場，生產所有消費者準備取得的農產品，而政府干預的目的，是要以5m個農夫，每一個經營二百英畝的農場，取代先前的農夫人數m，那麼，付帳犧牲的，將是消費者。

引用自然法或其他玄學理念爲這種土地改革辯護，是沒用的。這種改革提高農產品價格，同時減少非農業生產；事實就是這麼簡單。由於每單位農產品平均需要比較多的人力去生產，所以，將有比較多人從事農業，而剩下來能供加工業使用的人數就變少了。可供消費的商品總量於是下降，但某一特定族群受惠，絕大多數人因而遭殃。

第三節　沒收式課稅

當今，沒收式干預的主要工具是課稅。課徵財產稅和所得稅的目標，無論是否為「平均財富與所得」這個所謂社會的動機，或稅收才是主要的動機，都無關緊要。唯一要緊的，不是課稅的動機，而是課稅所產生的效果。

平常人以毫不掩飾的嫉妒看待這裡所涉及的問題。為什麼別人該比他自己更富有呢？崖岸自高的道德家把他的憎恨隱藏在哲學論述裡。他說，一個擁有一千萬元的人，不會因為財富增加九千萬元，而變得更快樂。反過來說，一個擁有一億元的人，如果他的財富縮減至僅剩一千萬元，不會覺得幸福有什麼減損。相同的論證對於據稱過多的收入也一樣有效。

以這個方式來判斷，意味從個人主觀的觀點來判斷，所採用的尺度是他人被假定的感覺。然而，這裡所涉及的，是一些社會問題；它們必須就它們的社會影響來估量。重要的，既不是任何克羅伊斯（Croesus）的幸福，也不是他個人有什麼功過；重要的，是社會和人的勞動生產力。

法律若是禁止任何人累積超過一千萬元的財富或每年賺得超過一百萬元的收入，則它禁止的，恰恰是，在滿足消費者需求方面，最成功的那些企業家的行動。如果這樣的法律五十年前便已在美國頒布施行，許多現在的千萬富豪將過著比較平庸的生活；不過，所有供應前所未聞的產品給廣大群眾的新產業，即使存在，現在的營運規模肯定也會小很多，而且那些產品平常人仍將是消費不起的。阻止最有效率的企業家將生產規模擴大、直到消費者不再以購買產品來表示贊同這些企業家擴充生產，顯然是違背消費者利益的。這裡的問題癥結，再一次是：誰該是至高無上的，消費者或政府？在未受干擾的市場裡，消費者的行爲——他們的買或不買——最終決定每一個人的所得和財富。消費者的選擇，該賦予政府權力來加以推翻嗎？

對於前述看法，永不悔改的邦國崇拜者並不同意。在他看來，大企業家行爲的動機，不是對財富，而是對權力的強烈慾望。這樣一個「高貴的商人」即使必須把所有多餘的利潤交給稅吏，也不會縮減他的活動；他的權力慾不可能因任何單純賺不賺錢的考量而減弱。爲了便於論證，我們姑且承認這種心理學。但是，一個商人的權力，如果不是基於他的財富，還能基於什麼？如果阻止洛克斐勒和福特取得財富，他們將怎樣才能夠取得「權力」呢？畢竟，還是有些邦國崇拜者之所以希望禁止私人累積過多財富，正是鑑於財富會衍生經濟權力。[1]相對而言，後面這些邦國崇拜者的立論就比較穩固些。

課稅是必要的。但是，目前在所得和遺產「累進課稅」這個誤導性名稱下、眾所接受的這套差別課稅制度，並不是一種課稅模式，而毋寧是一種針對成功資本家和企業家進行變相沒收的模式。無論政府的打手和護衛提出什麼贊成的理由，這種變相沒收模式和保持市場經濟，永遠是不相容的；它充其量只可能是一個企圖實現社會主義的手段。回顧所得稅率從聯邦所得稅於一九一三年起徵、直到目前爲止的演進歷史，我們很難相信，所得稅不會在不久的將來，百分之百沒入任何超過一般工會領袖薪水的所得部分。

經濟學不在乎什麼人提出什麼似是而非的玄學教條，贊成課徵累進稅，而只關心累進稅對市場經濟運作的影響。干預主義者和政客從任意想像的所謂「社會需要」觀點，看待這裡所涉及的問題。在他們看來，「課稅的目的，從來就不是籌集資金」，因爲政府「能藉由印製鈔票籌到所需要的一切資金」；課稅的眞正用意，毋寧「是要使留在納稅人手中的錢變少」。[2]

經濟學家從一個不同的角度處理問題。他們首先問：沒收式課稅對資本累積有些什麼影響？課稅沒入的那部分較高的所得，大部分原本將用於累積新增資本。如果財政部把課徵來的稅收用作流動性支出，結果是資本累積數量下降。對遺產稅來說，這個論斷同樣有效，甚至更爲有效。遺產稅迫使繼承人不得不出售立遺囑者相當大的一部分財產；當然，這部分資本並未遭到摧毀，而只變更擁有者。但是，購買者用來向繼承人購買該部分資本的儲蓄，原本會構成資本供給的淨增量。因此，新增資本累積速度變慢了。科技進步的步伐減緩；每一個受僱工作者平均使用的資本數量變少；勞動生產力和實質工資率的上升，同時受到抑制。流行的想法，認爲這個沒收式課稅模式只傷害直接的受害者——有錢人，顯然是不正確的。

資本家眼看所得稅或財產稅很可能將上升到百分之一百，便寧可消費掉自己的資本金，也不願意爲稅吏保留這些資金。

沒收式課稅，不僅透過對資本累積的負面影響，產生抑制經濟進步的作用，它還另外引起一個普遍傾向停滯、保持既有商業陋習的趨勢。在未受干擾的市場經濟競爭情況下，傳統陋習是不可能持續的。資本主義的一個固有特徵，是不尊重既得利益。它強迫每一個資本家和企業家天天重新調整企業營運，以適應市場結構變化。資本家和企業家從來不得自由放鬆；只要他們還未關門倒閉，他們便沒有任何特權，時時刻刻不得墨守成規，不得平靜享受父祖輩和他們自己過去的成就留下來的餘蔭。如果他們忘了竭盡所能、服務消費者的任務，他們將很快就會失去顯赫的地位，被迫退回泯然眾人的行列。他們的領導地位和他們的資金，不斷遭到商場新手的挑戰。

每一個聰明靈巧者都可以自由啓動新商業項目。他也許貧窮，資金也許不多，大部分也許還是借來的。但是，如果他以最好、最便宜的方式滿足消費者的需求，他將藉由「過分的」利潤獲得成功。他把大部分利潤再投進他的企業，使它成長更迅速。正是這種企圖心旺盛的暴發戶行動，讓市場經濟充滿「活力」。這些新富階級是經濟進步的先驅。他們的競爭威脅，迫使老牌企業和大公司，若不調整營運提供社會大眾盡可能好的服務，就得關門倒閉。

但是，目前的稅制往往呑沒商場新手大部分「過分的」利潤。他不能累積資本；他不能擴大自己的生意；他將永遠不能變成大企業，成爲可以和那些既得利益者相抗的競爭對手。老牌企業毋須害怕他的競爭；他們有稅吏保護；他們可以墨守成規、不虞受市場懲罰；他們可以蔑視社會大眾的希望，變得保守。沒錯，所得稅也阻止他們累積新資本。但是，對他們來說，更重要的是，所得稅阻止具威脅性的商場新手累積任何資本。他們實際上受惠於稅制。就這個意義而言，累進稅抑制經濟進步、助長僵固。在未受干擾的資本主義下，資本所有權是一項責任，強迫所有者服務消費者；而現代的課稅方式卻把它轉變成一項特權。

干預主義者抱怨說，大企業現在變得愈來愈呆板、愈來愈官僚，而且現在有能力的商場新手，不再能挑戰一些古老富有家族的既得利益了。然而，在他們有憑有據的抱怨範圍內，他們所抱怨的情況，恰恰是他們自己的政策造成的。

利潤是市場經濟的驅動力。利潤愈大，意味消費者的需求獲得的供應就愈好。因爲，只有消除了先前存在於消費者需求和生產活動狀態之間的落差，企業家才可能賺得利潤。給社會大眾最佳服務者，賺得最高利潤。政府打擊利潤，就是刻意破壞市場經濟的運作。

沒收式課稅和風險承擔

一個流行的謬論，認爲企業家的利潤是承擔風險的報酬。它把企業家視爲賭徒，在權衡贏得獎金和相對輸掉賭注的機會大小後，把資金用於購買抽獎的彩票。這個謬論最清楚的表現，在於把股票市場交易描述爲一種賭博。根據這個相當普遍的神話觀點，沒收式課稅所造成的弊端，僅在於攪亂彩票輸贏的相對比例：贏得的獎金遭到削減，而輸掉賭注的風險則維持不變。於是，對於從事有風險的創業投資，資本家和企業家會變得比較不感興趣。

這個推論的每一句話都是錯的。資本所有者不是在風險比較大、風險比較小和毫無風險的安全投資之間作選擇。他，迫於市場經濟本身的運作，不得不把他的資金、盡可能投資在供應消費者最迫切需求的用途上。如果政府所採用的課稅模式引起資本消費或縮減新資本累積，則滿足消費者一些邊際需求所需的資本便會欠缺，而原本在沒有這些稅的情況下將會實現的投資擴張，便胎死腹中了。於是，消費者的需求只能滿足到某一較低的程度。但是，這個結果不是資本家不願意承擔風險造成的；它是資本供給下降造成的。

在市場經濟裡，沒有安全的投資這回事。如果資本家眞像前述的風險神話所描述的那樣行動、眞的追求他們認爲最安全的投資，他們的行動將使得該投資途徑變得不安全，而肯定將失去他們所投入的資本。對資本家來說，沒有辦法規避適用於投資的市場法則，即：凡是投資者都不可避免要順從消費者的願望，[3]都勢必要在資本供給、科技知識和消費者價值排序等等既定的狀態下，生產出所有能生產出來的東西。資本家從來不選擇，根據他對未來的了解，失去資金的風險最小的投資項目；他選擇自己預期可賺得最高利潤的投資項目。

有些資本家意識到自己沒有能力正確判斷市場趨勢，因此他們不投資於股權資本（equity capital），而是把資金借給創業資本（venture capital）的擁有者。於是，他們和那些他們所倚賴的、比較有能力評估市場情況的人，達成某種夥伴關係。通常稱創業資本爲**風險**資本。然而，正如已經指出的，優先股、各種公司債券、抵押債權，和其他債權方面的投資成敗，最終也同樣取決於決定創業資本投資成敗的那些因素。[4]沒有什麼是不受市場變遷起伏影響的投資。

如果稅制眞的激勵了放貸資本的供給，而抑制了創業資本的供給，則市場毛利率將會下降；同時由於公司行號的資本結構中，借來的資本相對於股權資本的比例上升，投資於放貸將變得更不安全。所以，所謂往規避風險的投資模式移轉，結果是自動回到原點的、白忙一場的移轉。

資本家通常不會把他的投資集中於普通股或放款，或者集中於某一企業或某一產業，而偏好把他的資金分散在許多不同種類的投資。這個事實，並不表示他希望降低他的「賭博風險」；他希望增進賺到利潤的機會。

誰也不會從事任何一項投資，如果他認爲該項投資無利可圖。誰都不會刻意選擇某項錯誤的投資；只因爲投資者未適當預料到的一些情況出現了，才導致他的投資變成錯誤的投資。

正如先前指出的，絕不可能有尚待投資的資本這種東西。[5]資本家沒有在投資與不投資之間作選擇的自由。在選擇他的投資項目時，他也沒有自由可以偏離，消費者尚未滿足的需求中最迫切的那些需求所決定的路線。他必須努力、正確預料這些未來的需求。[6]課稅可能減少新增資本供給的數量，甚至導致消費先前累積的資本。但是，課稅並不會影響現有資本的使用方式，不管現有資本的數量是多、是少。

如果非常富有者的所得稅和遺產稅適用的稅率高得過分，資本家也許會認爲，最明智的作法，是以現金或無息銀行存款的方式持有他的全部資金。他消費掉他的一部分資本，毋須繳納任何所得稅，並使他的繼承人將來必須繳納的遺產稅降低。但是，即使有人眞的這麼做，他們的行爲模式，也不會影響現有資本的使用方式，而只會影響價格；也不會因爲這樣而有什麼資本財被資本家扣留下來，沒投資在某種用途上。市場運作永遠把投資推向某些用途，用來滿足消費者尚未滿足的需求中最迫切的需求。

第三十三章　工團主義和社團國家主義

第一節　工團主義的念頭

工團主義（Syndicalism）一詞有兩個完全不同的含義。

在喬治・索雷爾（Georges Sorel）和其黨羽口中，工團主義，意指爲了實現社會主義，應該採用的一些特殊的革命手段。它隱含工會不該浪費精力，在資本主義框架內謀求改善工人的處境，而是應該採取直接行動（action directe），用堅定不妥協的暴力摧毀所有資本主義制度；工會絕不應該停止戰鬥——眞實意義的戰鬥，除非達到最終目標——實現社會主義。無產階級者絕不可容忍資產階級的宣傳口號，諸如自由、民主、代議政府等等謊言的愚弄。無產階級必須在階級鬥爭中、在血腥的革命劇變中，拯救自己，毫不容情的消滅資產階級。

在現代政治方面，這個教條過去曾發揮、而現在也仍具有巨大影響。它曾經給俄國布爾什維克主義、義大利法西斯主義和德國納粹主義提供一些基本理念。但是，它是一個純粹的政治議題，因此交換學分析可以不用管它。

工團主義的另一個意義，指涉社會的某種經濟組織方案。雖然社會主義旨在以政府擁有生產手段取代私有財產制，工團主義卻希望把工廠所有權交給工廠裡的工人。「鐵路工人擁有他們的鐵路」或「礦工擁有他們的礦場」這樣的口號，最能表明工團主義的最終目的。

社會主義和直接行動意義的工團主義，都是一些知識分子發展出來的理念；所有馬克思主義派系的旗手，只要邏輯一貫，將不得不把這些知識分子歸類爲資產階級。然而，工團主義，視爲一個社會組織體制，卻眞正是「無產階級心靈」的產物；它正是天眞的受僱者自認爲的，既公平、又方便改善自己物質幸福的一個手段。消滅那些懶惰無用的寄生蟲，消滅企業家和資本家，把他們「不勞而獲的收入」交給工人！沒什麼事情比這更簡單了！

如果我們眞把這種方案當回事，那就毋須在討論干預主義問題時處理它們。我們就必須如此理解工團主義，即：它既不是社會主義，也不是資本主義或干預主義，而是一個自成一格和前述三個體制都不相同的體制。然而，我們不能將工團主義的計畫當回事，而且從來也沒有人將它當回事。從來沒有誰如此糊塗和莽撞，乃至公開將工團主義當作一個社會體制來鼓吹。在經濟議題的討論中，工團主義所扮演的角色僅限於，某些市場干預方案不經意的包含了一些工團主義的特徵。政府和工會干預市場、企圖達到的某些目標，含有一些工團主義的元素。此外，還有基爾特社會主義（guild socialism）和社團國家主義（corporativism），拿一些工團主義的元素當添加劑，摻和到社會主義或干預主義的措施中，藉此假裝避免掉所有社會主義和干預主義措施必然預設的「政府全能」前提。

第二節　工團主義的一些謬論

工團主義的根本理念，在於相信企業家和資本家是任性自由、不負責任的獨裁者。這樣的獨裁絕不該容忍。自由主義運動已經成功以代議政府取代世襲國王和貴族專制統治，現在必須更上層樓，用「產業民主」取代世襲資本家和企業家的專橫；只有這樣，自由主義運動才算功德圓滿。經濟革命必須把政治革命已經發動的人民解放運動推到最高峰。

這個論點的根本錯誤，是顯而易見的。資本家和企業家並非不負責任的獨裁者；他們絕對受制於消費者至高無上的權力。市場是一個屬於消費者的民主體制，工團主義者希望把它轉變成一個屬於生產者的民主體制。這個念頭是荒謬的，因為生產的唯一目的和用意，就是消費。

工團主義者所認為的資本主義最嚴重的缺點，視為專制的唯利是圖者本性殘忍與無情的表徵，而加以輕蔑、毀謗的資本主義特性，恰恰是消費者權力至上的結果。在未受干擾的市場競爭下，企業家被迫不顧工人的既得利益，致力於改善生產科技方法；雇主被迫絕不付給工人任何比消費者對工作成果的估價更高的酬勞。如果某個受僱者要求提高工資，因為他的妻子剛為他生了一個小寶貝，而他的雇主則以那個嬰兒對工廠工作沒有貢獻為由，拒絕他的要求，這時雇主是以消費者的受託人立場在行為。消費者不願意僅因為工人有一個大家庭要養，便支付較高的價格購買任何商品。工團主義者的天真幼稚，就顯現在這樣的事實中，即：種種他們為自己所主張的特權，他們肯定不會答應正為他們自己生產所需事物的工人也同樣享有。

工團主義的原則，要求剝奪「未在工廠工作的股東」持有的公司股份，然後平等分配給受僱者，而且應該停止支付貸款利息和本金。然後，「公司管理」將掌握在由工人推選出來的委員會手中，而工人也將是股東。這個沒收和重分配模式，將不會在全國或全世界範圍內實現平等。按照該重分配模式，比較多的利益會分給平均每個工人資本投入量比較大的企業受僱者，而平均每個工人資本投入量比較小的企業受僱者，則分得比較少的利益。

工團主義者在處理這些議題時，永遠只提到公司管理，從來不提企業家的各項行動；這是一個頗具特殊意義的事實。在普通下屬雇員眼中，要成功經營生意，所有該做的事情，只是好好完成管理階層在企業家的計畫框架內、受委託處理的那些輔助性質的任務。在工團主義者看來，目前運作中的每一座工廠或每一個車間，都是永久的機構；它們永遠不會改變，永遠生產出同樣的產品。工團主義者完全忽略了一個事實，即：市場情況處於不斷變化中，因此，產業結構必須天天調整、以解決新問題。工團主義者的世界觀是停滯的，完全沒考慮到新產業部門、新產品，以及製造舊產品的新方法和更好的方法。工團主義者就這樣忽略企業家功能要解決的基本問題：提供新產業和已經存在的舊產業擴張所需的資本，縮減產品需求下降的產業部門投入的資本，提供改善生產科技所需的資本。將工團主義叫做眼光短淺者的經濟哲學，或者叫做堅定不移的保守者的經濟哲學，似乎並無不當之處。這些保守者對任何創新都側目而視，而且他們的嫉妒完全蒙蔽他們的正常心智，乃至毀謗、詛咒那些提供他們更多、更好和更便宜產品的人。他們好比是因爲醫生成功治療好他們的疾病，而嫉妒、懷恨在心的病人。

第三節　流行的政策中的工團主義元素

工團主義流行的程度，顯現在我們當代經濟政策所隱含的基本元素中。這些政策的本質，永遠是：爲了讓某個少數群體享受特權，而犧牲絕大多數人的利益。它們永遠導致多數人的財富和收入受損。

許多工會致力於限制他們所屬行業僱用的工人數。雖然社會大眾想要更多和更便宜的書籍、期刊和報紙，而且在勞動市場未受干擾的情況下，社會大眾也肯定會獲得這些東西，但是印刷工會卻阻止許多新手到印刷工場上班。效果當然是工會會員賺到的工資增加了；但必然附帶的效果卻是，那些被拒絕加入印刷工會的工人工資下降，以及出版品價格上升。工會反對利用科技進步，以及堅持各式各樣增加人手的生產方法，也導致相同的效果。

極端的工團主義，主張完全取消支付股利給股東和支付利息給債權人。而干預主義者則熱中折衷的解決方案，希望藉由給付一部分利潤給受僱者，來安撫工團主義者。利潤分享，現在是一個非常流行的口號。這句口號背後的哲學所隱含的種種謬誤，這裡毋須再次詳細討論；只消指出這樣一個體制必然導致的一些荒謬後果，就夠了。

對小商家或僱用高技能人才的企業來說，如果生意賺錢，發給雇員額外的獎金，有時候也許是個好政策。但是，如果認爲：在特殊情況下、對某個廠商而言、也許是明智的某個政策，可以推而廣之、成爲運作良好的一般制度，那就犯下推理的錯誤了。沒道理主張：一個焊工應該賺多一點，因爲他的雇主賺到高額利潤；而另一個焊工應該賺少一點，因爲他的雇主沒賺到高額利潤或甚至完全沒利潤。工人本身肯定會強烈反對這樣給付酬勞的辦法。該辦法甚至維持不了很短的一段時間。

利潤分享方案有一個滑稽的變種，是最近納入美國工會教條的所謂**支付能力**原則。利潤分享方案旨在把一部分已經賺到的利潤分給雇員，然而，支付能力方案卻要求，把某些企業外旁觀者認爲雇主將來可能賺到的利潤，分一些給雇員。這個議題因爲杜魯門政府的介入而變迷糊了。在接受工會這個新教條後，杜魯門政府宣布，它正在指派一個「事實考察」委員會，負責檢查某些雇主的帳簿，以確定他們是否有能力支付更高的工資。然而，帳簿提供的資訊，只可能是過去的成本和收入，以及過去的利潤和虧損；關於未來的產量、未來的銷售量、未來的成本或未來的利潤或虧損等等的估計，則不是事實，只是投機性質的預測。關於未來的利潤，是沒有什麼事實好考察的！[1]

工團主義的理想根本不可能實現！按照該理想，企業的收入應該全部分給雇員，什麼都不該留下來支付已投入資本的利息和利潤。如果希望廢除所謂「不勞而獲的收入」，那就必須採納社會主義。

第四節　基爾特社會主義和社團國家主義

基爾特社會主義和社團國家主義，源自兩個不同的思想路線。

中古世紀制度的稱頌者，一向讚美基爾特是一個卓越的制度。他們說，要清除市場經濟據稱的種種弊端，只消回歸往昔久經考驗的辦法。然而，所有這些針對市場經濟的抨擊一直沒產生什麼建設性效果。這些批評者從未嘗試具體說明他們的建議，從未就如何重建社會的經濟秩序，詳細鋪陳什麼明確的計畫。他們充其量僅指出，相對於現代的議會組織，從前像法國的États Généraux和德國的Ständische Landtage那種準代表會議據稱如何如何優越。但是，即使就這個憲政議題而言，他們的理念也是相當模糊的。

基爾特社會主義的另一個思想源頭，起於英國特殊的政治情況。當英國和德國的衝突加劇，最後於一九一四年導致戰爭時，年輕的英國社會主義者開始對他們所建議的方案感到不安。當他們自己國家在對德國進行殘酷的鬥爭時，費邊主義者的邦國崇拜，以及他們對德國與普魯士制度的美化讚揚，的確是不合時宜的、弔詭的。如果連本國最「進步的」知識分子都渴望採納德國的社會政策，那還和德國打仗做什麼呢？是否可能一方面讚美英國的個人自由、相對於普魯士的集體奴役，同時又推崇俾斯麥和其繼任者的政策呢？英國的社會主義者憧憬一個有英國特色的社會主義，要盡可能不同於條頓民族實施的那一種。這個問題就是：如何建構一個沒有極權國家政府至上與全能的社會主義方案，一個有個人主義特色的集體主義？

這個問題的解答，不可能的程度，不亞於要建構一個三角四方形。然而，牛津這群英國年輕人卻信心滿滿的嘗試解答。他們從某一群並不怎麼出名的中古世紀謳歌者那裡借來基爾特社會主義的名字，稱呼他們所建議的方案。他們把所建議的方案解釋爲產業自治，說它是最著名的英國政治原則——地方自治——

應用在經濟方面的必然結果。在他們的各個計畫中，他們給英國最強大的壓力團體——工會——指派領導角色。他們就這樣盡一切努力，企圖使他們的策略適合英國人口味。

然而，不管是迷人的修辭，或是刺耳的宣傳，都未能誤導聰明的人。這計畫是矛盾的、明顯行不通的。不到幾年後，它便在它的起源國被人忘得一乾二淨。

但是，後來它在國外復活。義大利的法西斯主義者迫切需要一個自己的經濟方案：他們在和各個國際性馬克思社會主義政黨鬧翻後，不再能擺出社會主義者的姿態；然而，作爲所向無敵的羅馬兵團驕傲的後裔，他們也不願意對西方資本主義或對普魯士干預主義讓步；在他們看來，普魯士干預主義是曾經把他們的光榮帝國摧毀的野蠻民族冒牌的意識型態。他們在尋找一個純粹專屬於義大利人的社會哲學。他們是否知道他們的福音只是英國基爾特社會主義的一個仿製品，無關緊要。無論如何，社團國家（stato corporativo）不過是基爾特社會主義重新命名的版本。兩者之間的差異，只在於一些可忽略的細節。

法西斯主義者誇大的宣傳活動，恣意浮誇的宣揚社團國家主義，獲得壓倒性成功。外國的許多寫手，對這個新體制一些奇蹟般的成就，熱情洋溢的予以推崇、大表讚美：奧地利和葡萄牙政府強調矢志不渝、堅定支持社團國家主義高貴的理念；教宗庇護十一世發表於一九三一年的《四十年》通諭中，有一些段落可以——但不必——解釋爲贊同社團國家主義。無論如何，許多信奉天主教的作家，在教會當局認可後出版的一些書籍裡，支持這樣的解釋。

然而，不管是義大利法西斯主義者，還是奧地利和葡萄牙政府，卻從來未曾認眞嘗試實現社團國家主義的空想。義大利法西斯主義者給形形色色的機構和團體貼上社團國家主義的標籤，譬如，把各大學政治經濟系教授席改名爲社團國家主義政治經濟（economia politica e corporative）系教授席。但是，從來未曾出現社團國家主義大肆宣揚的基本特色——工商產業各個部門自治的影子。起初，法西斯政府同樣堅持我們這個時代所有非徹底社會主義的政府一直推行的經濟政策原則——干預主義。後來，法西斯逐步走向德國版的社會主義，亦即，國家全面控制經濟活動。

基爾特社會主義和社團國家主義的根本理念，都是各個產業部門各自組成一個獨占性團體，稱作guild（基爾特）或corporazione（義大利文的基爾特）。[2]這個團體享有完全自治的權力；它可以自由安排所有它的內部事務，不受外部因素和非基爾特成員的干擾。各個基爾特之間的相互關係，直接由基爾特對基爾特的協商或由所有基爾特的代表大會決議來安排。在正常的情況下，政府完全不介入。只有在一些例外的情況，當某些基爾特之間無法達成協議時，才會要求政府介入解決。[3]

在研擬這個構想時，基爾特社會主義者想到英國地方政府的情況，以及英國各地方政府與中央政府之間的關係。他們的目標是各產業部門自治；套一句Webb夫婦說的話，他們想要，「每一個行業都該擁有自決的權利」。[4]就像每一個自治城市治理它自己的地方事務、而中央政府只處理關係到全國利益的事務那樣，基爾特應該有獨自處理其內部事務的權限，而政府應該僅介入基爾特本身無法解決的那些事務。

然而，在社會分工合作體系裡，沒有什麼事務僅特別牽涉到在某個工廠、企業或產業部門從事工作的人，而與外人毫無關係。沒有哪一個基爾特或corporazione內部事務的任何安排，對整個國家不會有影響。任何產業部門並非僅服務在該部門裡工作的人；它服務每個人。任何產業部門內，如果發生無效率的情事、如果浪費稀少的生產要素或者不願意採取最適當的生產方法，則每個人的物質利益都會受傷害。關於生產科技方法的選擇、產品數量和品質、工時，以及其他無數事項，不能任由基爾特的成員決定。在市場經濟裡，企業家在做這些決定時，絕對服從市場法則；他對消費者負責。他如果蔑視消費者的命令，就會蒙受虧損，他的企業家地位就會很快喪失。但是，獨占性質的基爾特毋須擔心競爭；它享有不可剝奪的權利，可以全面掩護它的生產領域。如果任由它獨立自治，它就不是消費者的僕人，而是消費者的主人。

它可以自由採取一些作法讓它的成員獲益，而犧牲非成員的利益。

基爾特內部是否僅由工人統治，或者在某一程度內，資本家或前任的企業家也和工人一起參與管理事務，那是無關緊要的。同樣無關緊要的是，基爾特的決策委員會是否保留一些席次給消費者的代表。眞正要緊的是，基爾特如果有自主權，那就沒有什麼壓力可以迫使它調整運作方式、盡可能滿足消費者。它可以自由優先照顧成員的利益，把消費者的利益擺在後面。在基爾特社會主義和社團國家主義的方案中，那是找不到任何東西顯示「生產的唯一用意是消費」這個考量的。事情顚倒過來，生產本身變成了目的。

當美國的新政研擬成立國家復興總署時，執政當局和相關智囊團充分意識到，他們所計畫的，只是建立一個便於讓政府全面控制經濟活動的行政機構。基爾特社會主義者和社團國家主義者的短視，就在於他們相信獨立自主的基爾特或corporazione可以看作一個讓社會合作秩序正常運作的辦法。

對每一個基爾特來說，確實很容易以某個方式、安排它所謂的內部事務，讓它的成員充分滿意。縮短工時，提高工資率，不再改善或採用可能讓成員覺得不方便的生產科技方法或產品品質——好極了。但是，如果所有基爾特都同樣採取這種政策，結果又將是什麼呢？

在基爾特體制下，不再需要討論什麼市場。不再有任何交換學意義的價格。既沒有競爭性價格，也沒有獨占性價格。那些獨占生活必需品供給的基爾特獲得獨裁者的地位。不可或缺的食品和燃料的生產者，以及電力和運輸服務的供給者，可以壓榨全國人民，而不虞受罰。有誰會認爲，多數人願意忍受這樣的情況呢？毫無疑問的，任何企圖實現社團國家主義的嘗試，都將在極短的期間內導致激烈衝突，除非政府在一些至關重要的產業濫用基爾特權利時立即介入干預。於是，這些教條主義者視爲例外的措施——政府干預——將變成通則。基爾特社會主義和社團國家主義將變成：政府全面控制所有生產活動。它們勢將變成普魯士模式的計畫經濟，而這正是它們的設計者所要避免的體制。

這裡毋須處理基爾特社會主義的其他根本缺陷。它的缺陷和任何其他工團主義方案一模一樣。它從未考慮必須面對資本和勞動從某個部門、移轉至另一個部門的問題，從未考慮必須面對興建新生產部門的問題。它完全忽略儲蓄和資本累積。總之，它是一派胡言。

第三十四章　戰爭經濟學

市場經濟隱含或預設和平合作。當平民變成戰士，彼此爭鬥，而不是彼此交換商品和服務時，市場經濟便轟然粉碎。

第一節　總體戰

原始部落之間的戰爭，對分工下的合作沒有影響。大體而言，在戰爭爆發前，這種合作不存在於交戰的各方之間。戰爭是無限的或總體的戰爭，目的是絕對勝利和絕對擊敗。被擊敗的一方，或者被滅絕，或者被趕出他們的棲居地，或者被收爲奴隸。交戰者沒想到，或許可以締結一個能夠解決衝突的條約，讓雙方得以生活在和平友善的情況下。

征服的精神拒絕任何限制，除非遇上另一股力量成功抵抗它，讓它屈服於某些限制。締造帝國的原則，是盡可能擴大霸權範圍；那些偉大的亞細亞征服者和羅馬帝國的皇帝，只被遏阻在他們的軍隊不能再向前推進之時。這時，他們會推遲進攻，以待來日。他們沒放棄自己的野心，永遠認爲：獨立的外國除了是他們日後攻伐的目標之外，什麼都不是。

這個無止境的征服哲學，也鼓舞中古世紀歐洲的統治者。他們起先也想盡可能擴張他們的王國；但是，封建制度只提供捉襟見肘的戰爭手段。諸侯沒義務爲君主打仗超過一段有限時間。自私自利的諸侯，堅持本身的權利，抑制了國王的侵略野心。因此，幾個主權國家和平共存的情況便產生了。十六世紀，有一位名叫Bodin的法國人發展出一套關於主權國家的理論。十七世紀，一位名叫Grotius的荷蘭人給該套理論補充了一個關於戰爭與和平時期的國際關係理論。

封建制度解體後，君主不再能夠徵召諸侯提供軍事服務，於是將軍隊「國家化」。從此以後，戰士是國王的傭兵。軍隊的組織、裝備和給養所費不貲，對統治者的財政是一項沉重負擔。君主的野心是無止境的，可是財政考量迫使他們節制侵略的野心。他們不再想要征服整個國家；他們想的，只是征服少數幾個城市或某個省分。而想征服得更多，政治上也是不明智的；因爲歐洲各個強國時時刻刻小心提防，唯恐他們當中任何一個變得過於強大，從而威脅到自家的安全。一個太過急躁的征服者，必定總是要擔心一件事：所有因爲他的強大而感到驚惶的那些君主，可能會團結起來對付他。

所有這些軍事的、財政的和政治的情況湊起來的效果，就產生了歐洲在法國大革命前三百年間那種常見的有限戰爭。參與戰爭的，只是相對少數的職業軍人組成的軍隊。戰爭不是一般平民的事情；它只和統治者有關。平民討厭戰爭，因爲戰爭帶給他們損害，還讓他們負擔各種有關稅捐，他們自認爲是遭到池魚之殃的受害者。平民維持「中立」的身分，甚至交戰的軍隊也尊重；在這些軍隊看來，他們戰鬥的對象是敵軍的最高軍頭，而不是敵國的非戰鬥人員。在歐洲大陸上進行的戰爭中，交戰各方認爲平民的財產是不可侵犯的。一八五六年的巴黎會議嘗試把這個原則擴大到海面上的戰爭。漸漸的，愈來愈多卓越的心靈開始討論完全廢止戰爭的可能性。

哲學家審視有限戰爭的制度下發展起來的情況，發現戰爭一無是處。包括：人民遭到殺害或變殘廢，財富遭到摧毀，家園遭到破壞，只爲了讓國王和寡頭統治階級獲益。即使勝利，一般平民也得不到任何好處。即使統治者兼併了某個省分，擴大了統治領域，一般平民財富也沒增加；對人民來說，戰爭百害而無一利。武裝衝突的唯一原因，是獨裁統治者的貪婪；以代議政府取代國王專制統治，將完全廢止戰爭。民主政體是和平的，對所有民主政體來說，國家主權延伸的範圍是大或是小，是無所謂的事情。民主政體將公正客觀處理領土問題，將和平解決這些問題。想讓和平持久，需要的是推翻專制君主；當然，這個目標不可能以和平手段達成。必須粉碎國王的傭兵部隊。但是，各國人民反抗專制統治者的革命戰爭將是最後的戰爭，是永遠廢止戰爭的戰爭。

法國大革命的那些領袖在擊退入侵的奧地利和普魯士軍隊，並反過來對這兩國發動攻擊時，前述這個想法便已經朦朦朧朧出現在他們的腦海裡了。當然，他們在拿破崙的領導下，自己很快便採取了最狠辣的無限擴張和兼併方法，直到所有歐洲列強團結起來挫敗他們的野心。但是，這個持久和平的想法很快重新燃起，成爲一向遭到惡言辱罵的英國曼徹斯特學派一貫詳盡鋪陳的、十九世紀自由主義思想體系的一個主要論點。

這些英國的自由主義者和歐洲大陸的同好，思想足夠敏銳，他們都意識到，要確保持久的和平，僅僅有民主政體是不夠的，需要的是無限自由放任下的民主政體。在他們看來，自由貿易，不管是在國內事務或是在國際關係上，都是保持和平的必要前提。在一個沒有貿易和移民障礙的世界裡，將不再有戰爭和征服外國的誘因。他們完全相信，自由主義的這些理念具有無可辯駁的說服力，因此拋棄「發動最後的戰爭以廢止所有戰爭」的念頭。他們認爲，各國人民將自動自發的承認自由貿易與和平的祝福，並將挺身而出、抑止他們本國的專制獨裁者，毋須外國提供任何援助。

大多數歷史學家完全未能意識到：究竟是哪些因素，把舊制度時期的「有限」戰爭，轉變成我們這個時代的「無限」戰爭。在他們看來，這個改變，隨著從王朝型態的政府轉成現代國家型態的政府一起到來，是法國大革命的一個後果。他們只注意到一些伴隨的現象，卻搞混了因果關係。他們談到軍隊的組成，談到戰略和戰術原則，談到武器和運輸設施，以及其他許多軍事技術和行政組織方面的操作細節。[1]然而，所有這些事情都未能解釋，現代國家爲什麼偏愛侵略甚於和平。

對於總體戰是侵略性民族主義的一個衍生物，大家都完全同意。但是，這只是一個循環論證。我們把那個導致現代總體戰的意識型態，稱作侵略性民族主義。其實，侵略性民族主義是干預主義政策和國家計畫的必然衍生物。自由放任，會消除國際衝突的肇因，而政府干預市場和社會主義，則會創造出一些無法和平解決的爭端。在自由貿易和自由移民下，沒有哪個人在乎他本國的領土大小；而在經濟民族主義的保護措施下，這些領土議題幾乎都會有重大利益攸關每一個公民。對任何公民來說，本國政府統治的領土擴大，意味他的物質生活條件改善；或者至少會使他免於某個外國政府對他強加一些物質幸福的限制。把王室傭兵部隊之間的有限戰爭轉變成總體戰的、轉變成民族之間兵戎相向的，不是軍事技術方面的細節，而是「福利國」取代了「自由放任」成爲主流的國家意識型態。

如果拿破崙一世達成了他的企圖，法蘭西帝國延伸的範圍將遠遠超過一八一五年的疆界。西班牙和那不勒斯將由出身自Bonaparte-Murat王室的國王統治，而不是由另一個法蘭西王室（the Bourbons）的國王統治。卡賽爾（Kassel）的王宮將由某個法國花花公子占據，而不是由惡名昭彰的Hesse家族的某個成員居住。所有這些事情，將不會使法國平民更富裕。同樣的，普魯士平民也不會因爲他們的國王於一八六六年把Hanover王室內的兩個堂表兄弟，Hesse-Kassel和Nassau，逐出奢華的官邸，而得到什麼好處。但是，如果希特勒實現了他的計畫，所有德國人便可望享受更高的生活水準。當時德國人深信，消滅法國人、波蘭人和捷克人，將使他們本族每一個成員變得更富有。爲了更多生存空間（lebensraum）所進行的鬥爭，是每一個德國人自己的戰爭！

爲數眾多的主權國家，在自由放任下，是可能和平共存的；但在政府控制工商業的情況下，和平共存就會變得不可能。威爾遜總統可悲的錯誤，就在於他忽視了這個根本要點。現代的總體戰，和昔日王朝之間的有限戰爭，並沒有任何共同之處。現代的總體戰，是針對貿易和移民障礙的戰爭，是人口相對過多的國家針對人口相對較少的國家所進行的戰爭；它是爲了廢除某些制度而發動的戰爭，因爲這些制度阻礙了工資率在全世界範圍內出現均等化趨勢；它也是在貧瘠土地上耕作的農夫針對某些政府的戰爭，因爲這些政府使他們沒機會耕作比較肥沃的休耕地。總之，它是那些自況爲被剝削得「什麼都沒有的」工人和農夫，針對他們認爲享有特權、因而「富有的」他國工人和農夫，所發動的戰爭。

承認這個事實，不表示戰爭勝利後，侵略者所抱怨的那些弊端就會消除。它也不表示，撤除移民障礙就可以安撫侵略者。在目前這樣的情況下，如果美洲和澳洲允許德國、義大利和日本的移民入境，那將只是引狼入室一般，迎來敵軍的先鋒部隊。

寄望於條約、會議，以及諸如國際聯盟與聯合國這種官僚組織，是沒用的。全權代表，以及在辦公室處理文書的專職人員，顯然不是意識型態力量的對手。要撲滅征服的精神，官樣文章無能爲力。需要的是意識型態和經濟政策方面的根本改變。

第二節　戰爭和市場經濟

社會主義者和干預主義者說，市場經濟充其量只是和平時期可以容忍的制度；一旦戰爭來臨，不允許縱容市場經濟，因爲它獨厚資本家和企業家所關注的自身利益，將危及至關重要的國家利益。戰爭，尤其是現代的總體戰，必然需要政府全面控管工商業。

這個獨斷的教條，幾乎從來沒有人夠大膽、敢於挑戰。在兩次世界大戰期間內，該教條充當一個方便的藉口，爲政府干預工商業的無數措施鋪路，把許多國家逐步帶到徹底的「戰時社會主義」體制。而當戰爭結束後，又有一個新的口號拋出來。輿論聲稱，從戰爭過渡到和平，乃至「恢復原狀」的期間內，甚至要比戰爭期間需要更多政府管制。他們還說，一個充其量只能在兩次戰爭的間隔期間內才行得通的社會體制，為什麼要恢復呢？最適當的作法，無疑是永遠堅持政府管制，以便隨時作好準備，應付可能發生的任何緊急情況。

對美國在第二次世界大戰期間必須克服的那些問題，稍加剖析，將可清楚揭露前述的推論犯了多大的謬誤。

為了贏得戰爭，美國當時必須徹底轉變所有國內生產活動；所有不是絕對不可或缺的平民生活消費，都必須排除，所有工廠和農場必須只生產某一最低數量的產品，提供非軍事用途；除此之外，必須完全致力於供應軍需的任務。

執行這個方案，並不需要建立各種管制和重點配給順序。只要政府透過向平民課稅、向平民借錢籌集戰爭所需的一切資金，每一個平民的消費將不得不大大削減。由於賣給平民的產品數量已經下降，企業家和農夫勢將轉向為政府的需要而生產。而由於稅收和借款的流入，政府現在成為市場上最大的買家，它將能夠獲得所需的一切東西。即使政府選擇透過增加流通中的貨幣數量，以及向商業銀行貸款來支應相當大的一部分戰爭費用，也改變不了政府獨大的市場情況。當然，通貨膨脹必然導致所有財貨和服務價格顯著趨向上漲，政府因此將必須支付較高的名目價格。但是，它仍將是市場上最有償付能力的買家；它仍然能夠以較高的出價，勝過一般平民的競爭，因為一方面，平民沒有權利印製競價所需的鈔票，而另一方面，他們口袋裡的鈔票也將遭到龐大的稅負壓榨殆盡。

但實際上，美國政府卻故意採取了一個必然使它自己不可能倚賴未受干擾的市場運作的政策：它訴諸價格管制，使提高商品價格成為非法。再則，它又慢吞吞、不願意對因通貨膨脹而脹大的民間收入課稅。它屈服於工會的主張，說什麼工人的實質淨收入應該保持在一定高度，使工人在戰時也得以維持戰前的生活水準。事實上，美國這群人數最多的階級、這群在和平時期消費絕大部分消費財的階級，口袋裡的錢比戰前還多了很多，以致他們的購買力和消費能力遠高於戰前。這些賺取工資者——以及在某一程度內，供應政府的農夫和工廠業主——的購買力，使得政府試圖引導產業朝生產戰爭物資方向調整的努力遭到挫敗。賺取工資者的購買力，引誘工商業生產更多在戰時被認爲非必要的奢侈品，而不是更少。正是這樣的情況，迫使美國政府採取戰時產品和原料的重點配給制。美國政府爲了支應戰爭費用所採取方法的缺失，使得政府管制工商業成爲必要。如果未曾採取通貨膨脹的手段，如果透過課稅把所有平民（不僅是那些享有較高所得者）的（稅後）所得削減至戰前所得的一小部分，這些管制就是多餘的了。認可工會的教條、甚至贊同工人在戰時的實質所得必須高於平時，當然使得這些管制成爲不可避免。

其實，讓美軍得以提供盟軍協同作戰所需、終於贏得戰爭的那些物資裝備，並不是政府的命令、也不是政府部門眾多受薪者的紙上作業供應的，而是出自民間企業的努力。經濟學家並不根據歷史事實進行推論。不過，由於干預主義者強要我們相信：一道禁止使用鋼鐵建造公寓的命令，可以自動生產出飛機和戰艦，所以在這裡趁機提點一下這些事實，未始不是一件有啓發意義的事。

因應消費者需求改變的生產活動調整，是利潤的根源。先前的生產活動狀態，和符合新需求結構的生產活動狀態，兩者之間的差距愈大，所需的調整幅度就愈大，而完成這些調整最成功的那些企業家所賺得的利潤也就愈大。和平突然轉變成戰爭，市場結構發生天翻地覆的變化，激烈的生產活動調整絕對不可避免，而這對許多人來說，正是高利潤的一個來源。經濟計畫者和干預主義者認爲，這種利潤是一件令人義憤、髮指的醜事。在他們看來，戰時政府的首要責任，是防止出現新的百萬富翁。他們說，當一些人殉國或因而傷殘時，容許某些人變得更富有，是不公平的。

戰爭中，可沒什麼是公平的。老天比較眷顧強大的兵團，這是不公平的；裝備比較好的能擊敗裝備比較差的對手，這是不公平的。前線戰士沒沒無聞、流血犧牲，而指揮官舒舒服服待在戰壕之外數百英里遠的總部浪得聲名與榮耀，這是不公平的。張三殉職，李四殘廢了此餘生，而王五則平安無恙，回家安享退伍軍人的所有特權，這也是不公平的。

我們可以承認，戰爭使那些對軍隊裝備最有貢獻的企業家利潤增加，不是「公平的」；但是，如果否認利潤制度誘發、生產出最好的武器，那就愚蠢了。並不是社會主義的俄國以戰時租借辦法，援助資本主義的美國；在美國製造的炸彈落在德國之前，在俄國人獲得美國大企業製造的武器之前，俄國人可是悲慘的連吃敗仗的。戰爭中，最重要的事情，不是避免出現高利潤，而是給本國士兵和水手提供最好的裝備。任何國家最可怕的敵人，是心懷惡意的煽動家，把他們個人的嫉妒置於國家大業的重大利益之上。

當然，長期而言，戰爭和市場經濟並不相容。資本主義基本上是一個爲和平的國家設想的制度；但這不是說，一個不得不挺身擊退外來侵略的國家，必須以政府管制取代私人企業。它要是這麼做，就等於自動放棄一個最有效率的防衛手段。歷史上，未曾有過哪一個社會主義國家擊敗過任何資本主義國家的記錄。儘管德國人採取了被津津樂道的戰時社會主義，他們在兩次世界大戰都被打敗了。

戰爭和資本主義並不相容，這句話眞正的意思，是戰爭和高度文明並不相容。如果資本主義的效率被政府導向生產毀滅性的器具，私人企業的聰明才智便會製造出強大到足以摧毀一切的武器。使戰爭和資本主義互不相容的原因，恰恰是資本主義生產模式無與倫比的效率。

市場經濟，當受制於個別消費者的最終支配權時，生產出一些使個人生活更愜意的產品。它迎合個人希望生活更舒服的需求。正是這個現象，使資本主義在暴力提倡者眼中是卑鄙的。他們（譬如，Werner Sombart）崇拜「眞英雄」，崇拜破壞狂和殺人魔，鄙視資產階級者和他的「小商販心態」。如今，人類正在收穫Sombart等人播下種子所長成的果實。

第三節　戰爭和經濟自給自足

如果某個經濟上自給自足的人，和另一個同樣自給自足的人發生爭執，不會有特殊的「戰爭經濟」問題產生。但是，如果裁縫師對麵包師開戰，他此後就必須生產自己所需的麵包；如果他小看了這回事，他將比他的敵人——麵包師——更快陷入困境。因爲相對於裁縫師等待新鮮麵包的時間，麵包師花得起更長的時間等待新衣服。所以，戰爭的經濟問題，對麵包師和對裁縫師來說，是不同的。

國際分工體系是預設不再有戰爭的情境下發展起來的。在曼徹斯特學派的學說中，自由貿易與和平，是彼此互爲前提的兩個條件。使貿易變成國際貿易的商人，是不會去想國際間可能發生戰爭的。

另一方面，從前各國的總參謀部，以及研究戰術的學者，也完全沒注意到國際分工所引起的情況變化。戰爭科學的傳統研究方法，在於檢視過去的戰爭經驗，希望從中提取一些通則。Turenne和拿破崙一世的各次戰役，再怎麼嚴謹埋首加以研究，都不可能點醒、暗示：現代戰爭會遇到的一個關鍵問題，是以前國際分工不明顯的年代不會碰到的。

歐洲的軍事專家輕忽研究美國內戰；在他們眼中，這個戰爭沒什麼啓發意義。它是由非專業的指揮官、領導非正規的軍隊所執行的一次戰爭，連林肯這樣的平民也摻和、指揮軍隊的操作。他們認爲，從該次戰爭經驗不可能學到什麼東西。但是，正是在美國南北戰爭中，區域之間的分工首次發揮決定性的作用。美國南方是以農業爲主的區域；它的加工製造業少得幾乎可以忽略；美國南部聯邦倚賴從歐洲進口的製造品供給。而由於美國北方聯盟的海軍力量夠強大，足以封鎖南方的海岸線，後者很快便開始欠缺戰爭所需的配備。

在兩次世界大戰期間內，德國人也面臨相同情況。他們必須倚賴海外的糧食與原料供給，但突破不了英國的海上封鎖。兩次世界大戰，結果都由大西洋的戰役決定。德國人輸掉戰爭，因為他們雖然努力、卻未能截斷英倫三島和世界市場的暢通聯繫，也未能獨力保護自己的海運供給線。這個戰略問題，取決於國際分工狀態。

即使外貿情況對德國不利，德國的主戰派依然不改初衷，但採取一些政策，希望保持德國的作戰能力。他們的萬靈丹是Ersatz，即：代用品。

所謂代用品，是一個和它想取代的東西相比，較不適合或較貴的東西，或者不僅較不適合而且也較貴的東西。至於當科技成功製造出，或發現某個比先前所使用的東西，更適合或更便宜的新東西時，則代表科技創新；這個新東西是進步的產品，而不是代用品。Ersatz的基本特徵，就這個名詞用在軍事經濟學說裡的意思而言，若不是品質較差、就是成本較高，也可能兩者皆然。[2]

德國的戰爭經濟學教條（Wehrwirtschaftlehre）聲稱，在戰爭問題上，生產成本也好、品質也罷，都不重要。營利事業關心生產成本，也關心產品的品質。但是，優等民族的英雄氣概，不在乎那些汲汲營營於蠅頭小利的心靈所經常掛懷的這些層面；唯一要緊的，是做好戰爭準備。好戰的民族必須努力達成經濟自給自足，才可以不必仰賴對外貿易。它必須拋棄拜金主義的那些顧慮，促進各種代用品的生產；它不能沒有政府全面控制生產的制度，因為各個平民的自私自利，將使國家領袖的計畫遭到挫敗。即使在和平時期，也必須賦予國家最高領袖經濟獨裁的權力。

Ersatz理論的兩個定理都是謬誤的。

第一，代用品的品質較差或較不合用，認為並不重要，那是不正確的。如果派上戰場的士兵，營養不良，而且武器裝備也由殘次材料做成，那麼，戰勝的機會就比較渺茫。他們的作戰行動將比較不成功，會招致比較大的傷亡；他們意識到自己的體能和裝備不如人，會產生嚴重的心理負擔。Ersatz不僅損害軍隊的實質戰力，也會弱化軍隊的士氣。

其次，說生產成本較高，並不重要，那也同樣是不正確的。Ersatz的生產成本比較高，意味要達到對手以適當產品達到的效果，就必須花費比較多勞動和比較多物質類生產要素；這等於浪費稀少的生產要素，包括物資和人力。這樣的浪費，在和平時期導致生活水準下降，而在戰爭時期，則削減軍事操作所需的物資供給。以目前的科技知識，不算過分的說，每一樣東西都可以用任何東西生產出來；但重要的是，要從這海量般的可能方法中挑出每單位投入產出最高的方法。任何偏離這個原則的舉措，都是在自找苦吃。這種舉措的後果，戰時、平時都一樣惡劣。

像美國這樣的國家，對海外原料進口的倚賴程度相當微不足道，是可能以訴諸生產一些，譬如，像合成橡膠這等代用品來加強戰備的；利害權衡之下，不利的效果很小。但是，像德國這樣的國家，如果以爲它能以合成汽油、合成橡膠、代紡織品、代油脂，等等Ersatz來征服這世界，那就錯得離譜了。在兩次世界大戰中，德國都宛如是那個和他的麵包師作戰的裁縫師。納粹再怎麼殘暴野蠻，都改變不了這個事實。

第四節　戰爭無用

人之所以異於一般動物，在於他領悟到分工合作的好處。人，抑制他天生的侵略本能，以便和他人合作。他愈想改善自己的物質幸福，就必定愈想擴大分工體系；同時，他就必定愈來愈限縮自己採取軍事行動的範圍。國際分工體系的出現和發展，以完全廢止戰爭爲前提。這就是曼徹斯特學派自由放任哲學的精髓。

當然，這個哲學和邦國崇拜是互不相容的。在自由放任的哲學框架中，國家，一個執行暴力鎮壓的社會機構，被賦予保護市場經濟順暢運作的任務，使市場經濟免於危害社會安寧的個人和團夥侵擾。國家的這種功能是必要的、有益的，但是，它畢竟是一輔助功能。沒有理由把警察權力當作偶像崇拜，沒有理由認爲它是無所不能的、無所不知的。有些事情，它肯定做不到。包括，它做不到使生產要素稀少的情況消失不見、做不到使人民更富裕，也做不到使勞動更有生產力。它所能做到的，只是防止匪徒阻撓那些下定決心、要增進物質幸福的人民的努力。

在邊沁（Bentham）和巴斯夏（Bastiat）的哲學尙未得償夙願，消除貿易障礙、勸阻政府干預工商業時，提倡邦國神聖的僞神學已開始風行生效。企圖以政府命令改善賺取工資者和小農處境的各種措施，必然使每一個國家的國內經濟，和他國的國內經濟彼此聯繫的紐帶，變得愈來愈鬆散。經濟民族主義（保護主義）——國內干預主義必要的補充教條——會傷害外國人民的利益，從而引起國際衝突。它會使人起心動念，要以戰爭改正這個令人不滿的狀態。一個強國，爲什麼該容忍一個較弱小國家的挑釁呢？弱小的L國，若不是傲慢無禮，怎麼會以關稅、移民障礙、外匯管制、貿易數量管制，以及沒收R國在L國的投資，來傷害R國的人民？對R國的軍隊來說，要碾壓L國那一支不足爲慮的部隊，何其容易？

這就是德國、義大利和日本等國內好戰分子的意識型態。我們必須承認，就新的「非正統」學說觀點而言，他們的思想邏輯是一貫的。干預主義產生經濟民族主義，而經濟民族主義則產生好戰心態。如果他國阻止我方人民和商品跨越國境，我方軍隊何嘗不能試著爲它們鋪平道路呢？

從一九一一年義大利襲擊土耳其開始，這世界便烽火不斷，幾乎一直有某些地方在戰鬥。過去簽訂的那些和平協議，實際上只是停火協議，而且它們也只和列強的軍隊有關。一些較弱小國家永遠都處於戰爭之中。此外，還有不少同樣致命的內戰和革命。

現在我們的情況，和首次發展出某些國際法原則的有限戰爭年代，距離多麼遙遠啊！現代戰爭是無情的，不會放過孕婦和嬰兒，它是不分青紅皀白的殺戮和破壞。它不尊重中立者的權利。數百萬人被殺害、被俘虜，或被驅逐出他們及祖先已經生活了好幾個世紀的居住地。這個無止境鬥爭下一步將發生什麼事，誰也不能預言。

這和原子彈無關。禍害的根源，不在於更新、更可怕的武器，而在於征服的精神。將來科學家有可能發現某些防衛原子彈的方法，但是，這改變不了根本情勢，而僅僅使人類文明遭到徹底毀滅的歷史進程稍微延緩一點罷了。

現代文明是自由放任哲學的產物。在政府全能的意識型態下，現代文明是不可能保存的。邦國崇拜的信仰，大多得歸因於黑格爾的學說。然而，我們也許可以放過黑格爾許多不可原諒的過錯，因爲他也創造出値得傳頌的名言「勝利無用」（die Ohnmacht des Sieges）。[3]擊敗侵略者，並不足以使和平持久；重要的是，拋棄產生戰爭的意識型態。

第三十五章　福利原則與市場原則之爭

第一節　反對市場經濟的理由

各個社會政策學派提出來反對市場經濟的理由，所根據的是錯得離譜的經濟學。他們一再重複經濟學家早就揭穿和推翻的一些錯誤。他們把一些反資本主義政策所引起的後果，全歸咎於市場經濟，而那些政策正是他們自己所鼓吹的，認爲必要和有益的改革。他們把干預主義必然挫敗的責任，硬推給市場經濟。

但這些宣傳家終究必須承認，市場經濟畢竟不像他們「非正統的」學說所渲染的那麼不堪。市場經濟不負所望，天天增加產品數量、改善產品品質，創造空前的財富。但干預主義捍衛者說，從所謂社會的觀點來看，市場經濟是不夠好的制度，因爲還未能抹除貧窮與匱乏，只讓少數一群人——少數的上層富有階級享受特權，而犧牲絕大多數人利益，所以，是不公平的制度；必須以**福利**原則取代利潤原則。

爲了方便論證，我們也許可以試圖解釋這個福利概念，讓絕大多數非禁慾苦行者能夠接受。我們這樣的嘗試愈成功，該福利概念遭到剝除的具體意義和內涵就愈多，最後變成只是人的行爲根本範疇——渴望盡可能去除不適感——的一個無趣的改述。由於人普遍領悟到，透過社會分工，前述目標可以比較便捷的達到，甚至唯獨透過社會分工才能達到，所以人才在社會連結的框架內合作。社會人，和自給自足的人不同，他必須改變原始的動物心態，不得再對自家以外的人的幸福無動於衷。他必須調整行爲，適應社會合作的要求，必須把同胞的成功，視爲自己得以成功的一個必要條件。從這個觀點來看，我們可以說，社會合作的目標，是實現最大多數人的最大幸福。幾乎沒有人會貿然反對如此定義這個最可喜的狀態，誰也不會貿然宣稱，盡可能多的人盡可能幸福，**不是**一件好事。過去所有針對邊沁所提這個公式的攻擊，都集中在幸福概念的一些歧義或誤解；但不管幸福是什麼，讓最大多數人獲得幸福，視爲一個理所當然的要求，從來就沒有人反對過。

然而，如果我們這樣解釋**福利**一詞，**福利**概念就變得毫無意義了；每一種社會組織都可以用它來辯護。事實上，過去某些黑奴制度的辯護者聲稱，奴隸制度是使黑種人幸福的最佳手段，而當今美國南方還有許多白種人眞誠相信，嚴格的種族隔離，不僅據稱對白種人有利，對有色人種也同等有利。戈比諾（Gobineau）和納粹種族主義的主要論點說，優等民族的霸權，即使對低等民族的眞正幸福，也是有益的。一個原則，如此廣泛、涵蓋所有教條、不管這些教條彼此多麼矛盾，顯然一無是處。

但是，在福利宣傳家的口中，福利還是有一確切用意的。他們故意使用福利一詞，就是看上它有一個普遍接受的含義，可以用來嚇阻任何反對他們的意見。沒有哪一個正派人士會如此魯莽，乃至提出異議，反對實現福利。福利宣傳家之所以擅自獨占權利，稱呼他們自己的方案爲福利方案，就是打算以一個便宜的邏輯把戲壓制反對者。他們想要避免他們的一些想法受到批評，所以給那些想法冠上每個人都喜愛的稱號。他們的術語已經隱含，所有反對者都是壞心眼的惡棍，只渴望增進私人的利益，不惜讓大多數善良百姓受苦。

西方文明的困境，恰恰在於這個事實，即：一本正經的人士能採取這些虛假的演繹、推論伎倆，而不擔心遇到尖銳的駁斥。這只有兩個可能的解釋：如果不是這些自詡爲福利經濟學家者不知道自己的推論程序在邏輯上是不允許的，亦即他們欠缺必要的推理能力；就是他們刻意選擇這個論證模式，以便爲自己的種種謬誤找個好掩護，讓謬誤躲在一個事先選好的、意在使所有反對者都不喜駁斥的字眼背後。無論如何，他們這種作爲證明自己實在可鄙。

關於所有種類的干預主義措施，這裡毋須再爲前面幾章的論述補充些什麼。卷帙浩繁的所謂福利經濟學著述，迄今尚未提出任何論證能證明我們的結論錯誤。剩下來唯一的任務，是檢視福利宣傳家的宣傳中最爲關鍵的部分，亦即，他們對市場經濟的指控。

在這方面，福利學派所有熱血激昂的空話，最終歸結爲三點。他們說，資本主義不好，因爲有貧窮，有所得與財富不平等，和沒安全感。

第二節　貧　窮

我們可以想像一個農業社會的景況，那裡每一個社會成員耕種一小塊地，剛好足夠提供他一家不可或缺的生活必需品。我們可以在這一幅景象添加少數專家，譬如，像打鐵匠那樣的技工，以及像醫生那樣的自由業人士。我們甚至可以更進一步，假設某些人自己沒有農場，必須作爲工人在別人的農場上幫忙。雇主給他們酬勞請他們幫忙，並且在他們生病或年老失去工作能力時，照顧他們。

這樣一個理想社會的輪廓，是許多烏托邦計畫的主要根據。它曾在某些社區大致實現了一段時間。最接近實現它的社區，也許是耶穌會牧師在當今巴拉圭所建立的那些團體。然而，這裡毋須研究這種社會組織體系的優點。歷史演進把它崩裂粉碎了。對目前生活在地表的人口來說，它的框架太過狹隘了。

這種社會固有的弱點，是人口增加必然導致愈來愈貧窮的後果。如果某個農夫去世，他的地產由數個兒子瓜分繼承，每個人耕種的土地最後會少到不再能提供足夠一個家庭生存所需的食物。每個人都是地主，但每個人都極端貧窮。目前在中國許多廣大區域常見的那種景況，是小塊土地耕種者窮困生活的一個悲慘寫照。另一個可能的情況（即，土地沒被瓜分繼承），是出現大量沒有土地耕種的無產階級者。於是，有一道鴻溝隔開幸運的農夫和那些被剝奪了繼承權的貧民。後者是一群賤民，他們的存在，給社會帶來難以解決的問題。他們到處謀生，到處碰壁。社會用不上他們。他們赤貧，無以度日。

在現代資本主義興起之前的年代，當政治家、哲學家和法律提到窮人和貧窮問題時，指的便是這些過剩的可憐人。自由放任和所衍生的工業制度，把可受僱用的窮人轉變成賺取工資者。在未受干擾的市場社會裡，有些人收入比較高，也有些人收入比較低。但是，不再有什麼人，因爲社會生產體系沒有空間留給他們，以致雖然能夠、也願意工作，卻找不到正規工作。但是，自由主義和資本主義，即使在它們全盛時期，也僅局限在西歐、中歐、北美洲、澳洲等相對狹小的區域。在世界其餘地方，億億萬萬人仍然在餓死邊緣苟活。他們是與舊時代相同意義的窮人或貧民，社會上過剩、多餘的人口；對他們自己來說，是沉重的負擔；對少數比他們幸運的同胞來說，則是潛在的威脅。

這些大量可憐的群眾——主要是有色人種，他們的貧窮不是資本主義造成的，而是資本主義缺席造成的。若非自由放任的哲學獲勝，現在西歐人民的命運甚至會更不如亞洲的苦力。亞洲的毛病，在於每人資本投入量和西方相比，極低。當地既有的意識型態和所衍生的社會制度，抑制了追求利潤的企業家精神的發展。國內的資本累積微乎其微，又明顯敵視外來投資者。在許多這類國家，人口增加速度甚至高於資本供給的增加。

指責歐洲列強必須爲他們的殖民帝國內廣大群眾的貧窮負責，是不正確的。就改善殖民地的物質幸福而言，國外統治者所能做到的，就是投入他們的資本。東方國家的人民不願意放棄傳統信條，乃至憎惡資本主義，視爲異己的意識型態；這可不是白種人的過錯。他們很可能會很快成功，完全擺脫外國人的統治，屆時，他們將很可能轉向各種不同名稱的統制經濟和極權主義。但這些將不會解決他們的經濟問題，將不會使他們的廣大群眾更爲富裕。

只要資本主義的運作未受干擾，便不再可能出現非資本主義社會那種意義的貧窮問題。人口增加不會創造過多嗷嗷待哺的嘴巴，而是創造出更多能用來增加生產財富的幫手；不會有身強體健的貧民。從經濟落後民族的觀點來看，資本主義國家內部的「資本」和「勞動」衝突，是享有特權的上層階級內部的衝突。在印度或中國苦力眼中，美國汽車工人是「貴族」，屬於全球收入最高的百分之二這一組。不僅有色人種，甚至斯拉夫人、阿拉伯人和其他某些民族，也把資本主義國家人民——約占全球人口百分之十二至百分之十五——的平均收入，視爲對他們自身物質幸福的剝削。他們未能意識到，這些所謂特權國家人民的富裕，除了移民障礙的效果之外，並非由他們自身的貧窮埋單的；而且他們若想改善自身的物質生活，主要的障礙就是他們自身對資本主義的憎惡。

在資本主義框架內，貧窮僅指涉那些不能照顧自己的人。即使不提兒童存在的事實，我們也必須承認永遠會有不能受僱的人。資本主義，雖然改善了廣大群眾的生活水準、衛生條件，和預防疾病與醫療方法，卻未能消除身體殘廢。沒錯，許多過去注定要殘疾終身的人，現在能完全恢復活力。但另一方面，許多過去要因天生缺陷、疾病或意外而很快消逝的人，現在雖然可以存活下來，卻永遠喪失謀生能力。此外，平均壽命延長也傾向增加不再有謀生能力的老年人口。

存在沒有謀生能力的人口，是人類文明社會特有的一個問題。一般殘廢的動物必定很快消逝。它們要不是餓死，就是成爲天敵口中的食物。野蠻人，對於體能在標準以下的人，沒有任何憐憫。對於這些人，許多原始部落採取我們這個時代的納粹所採取的那些野蠻無情的滅絕辦法。相當多老弱傷殘者存在的事實，不管是多麼矛盾，總是社會文明和物質富裕的一個特徵。

長久以來，供應那些欠缺生存手段、也沒得到近親照顧的老弱傷殘者生活所需，被認爲是慈善工作。所需資金，有時候由政府挹注，更多時候由自願捐款提供。一些天主教修會、民間教會和某些新教機構，勸募這些自願捐款、並妥善運用它們，成就非凡。如今還有許多非宗教機構，在這種高貴的對抗中，同他們競爭。

這個慈善制度有兩個缺點遭到批評。一是資金供給少得可憐。然而，資本主義愈發展，財富愈增加，慈善資金就會變得愈充足。一方面，民眾愈來愈願意按他們自身物質幸福改善的比例捐款；另一方面，隨著資本主義發展，貧困的人數跟著下降。即使中等收入的人，也有機會透過儲蓄和購買保單，爲一些意外事故、疾病、老年生活、子女教育和孤兒寡婦的贍養預做準備。在資本主義國家，如果干預主義未破壞市場經濟的一些基本制度，慈善機構的資金供給很可能會足夠。信用擴張和通貨膨脹，使「普通人」試圖以儲蓄和累積備用資金，以應付比較不順利日子的努力遭到挫折。干預主義的其他一些措施，對於賺取工資者、領薪水的雇員、自由業人士，以及小規模生意的業主，等等的切身利益所造成的傷害，也幾乎沒有比較少。大部分接受慈善機構幫助者之所以需要幫助，只因干預主義使他們需要幫助。另一方面，通貨膨脹和政府努力把利率壓低至潛在的市場利率以下，實際上等於沒收醫院、精神病院、孤兒院，和類似機構賴以運作的捐助基金。就福利宣傳家哀嘆慈善資金供給不足來說，他們哀嘆的，正是他們自己所主張的那些政策的一個結果。

慈善制度另一個據稱的缺點，是指責該制度只有仁慈與憐憫。貧困者，對於別人所給的恩惠，沒有要求的權利。他仰賴善心人士的慈悲，仰賴因他的苦難而引起的柔情感懷。他所得到的，是一個他必須感激的自願贈與。作爲一個受救濟者，是可恥的和羞辱的。對一個自我尊重的人來說，這不可忍受。

這些抱怨是正當的。這樣的缺點確實是所有種類的慈善所固有。它是一個同時使施者和受者道德敗壞的制度。它使施者趾高氣揚、自以爲是，使受者卑躬屈膝、諂媚逢迎。然而，只因爲資本主義環境特有的心態，才讓人覺得收授救濟有輕蔑的含義。在金錢關係，和買賣雙方所達成的那種純粹生意性質的契約關係之外，所有其他人際關係都或多或少有這種感覺遭到輕蔑的汙點。所有指責資本主義鐵石心腸和冷漠無情的人，所斥責的，正是個人情感元素在市場交易中缺席。在這些批評者眼中，在彼此交換這個原則下合作，使所有社會連結失去人性，因爲彼此交換的合作，以契約取代同胞之間的相親相愛和樂意相助。但是，這些批評者一方面控訴資本主義的法律秩序忽視「人性面」；而另一方面，他們又指責慈善制度倚賴人的慈悲情懷。就此而言，他們是前後矛盾的。

封建社會是建立在上位者施恩而下位者感恩圖報的社會連結基礎上。強大的大君主分封群臣、授予恩惠，而群臣則該對大君主個人效忠。下屬必須親吻上司的手，以及必須向上司表示效忠，這樣的禮儀符合當時的人情。在封建的環境中，慈善行爲本身固有的施恩元素，不會讓人覺得不舒服。當時，慈善符合一般接受的意識型態和行爲習慣。給貧困者一個法律上的權利，一個可以提告的資格，要求社會維持其生計，這樣的想法，只出現在完全以契約型連結爲基礎的社會背景中。

歷來支持這個法定給養請求權的各種玄學論證，都以天賦人權學說爲根據。據說，在上帝或大自然之前，人人平等，人人天生被賦予一個不可剝奪的生存權。然而，（交換學）在討論天生不平等的效果時，提到天生平等無疑是不合適的。身體不健全讓許多人不能在社會合作過程中扮演積極的角色；這是令人惋惜的事實。自然法則的運作，使這些人成爲社會棄兒。他們是上帝或大自然的繼子。對於一些宗教的和道德的訓誡，宣稱協助被大自然注定爲不幸的同胞是每個人的責任，我們可以完全贊同。但是，承認這個責任，並未回答究竟該採取什麼辦法履行責任的問題。該責任並未責令我們必須選擇一些將危害社會和削減人的勞動生產力的辦法。財貨供應數量下降，不管是對身體健全者，或是對身體殘廢者，都沒有好處。

這裡所涉及的一些問題，不屬於行爲學範疇，經濟學毋須爲它們提供最佳可能的解答。它們牽涉到病理學和心理學。它們涉及這個生物學事實，亦即，害怕貧窮和害怕接受慈善救濟所引起的羞愧，是影響個人是否注意保持生理平衡的重要因素。它們敦促個人保持健康，避免疾病和意外，以及盡快讓身體從蒙受的傷害中復元。社會安全制度的經驗，尤其是最古老的、德國曾實施的那種制度，已經清楚證明，消除這些誘因會導致一些不好的效果。[1]沒有哪一個文明社會曾冷漠無情的聽任身體殘廢者滅亡。但是，以具有法律效力的扶養或給養請求權，取代慈善救濟，似乎不適合實際人性。並非一些玄學的先入之見，而是實際是否合宜的考量，使頒布具有法律效力的給養請求權，看來不是一個明智之舉。

此外，如果相信頒布這種法律，就能讓貧困者免於接受救濟時固有的一些丟臉情節，那就錯了。這種法律規定的權利愈優渥，執行程序就必定變得愈嚴苛、愈死板僵硬。再則，官僚的自由心證，將取代基於心聲的督促而慈悲行善者的自由心證。這個改變是否眞的會使那些身體殘廢者的命運更好過，那就難說了。

第三節　不平等

收入和財富不平等，是市場經濟一個固有的特色。消除了它，那就完全毀了市場經濟。[2]要求平等的人士，心底裡想的，永遠是他們自己的消費能力增加。沒有誰在贊同平等作爲一個政治基本原則時，會希望拿出他自己的收入，和收入比較少的人分享。當某個美國工人提到平等時，他的意思是股東的股利應該拿來給他。他可沒暗示削減他自己的收入，分給全球百分之九十五收入比他低的人。

收入不平等在市場社會所扮演的角色，絕不可和它在封建社會，或任何型態的非資本主義社會所扮演的角色，混爲一談。[3]不過，在歷史演進過程中，前資本主義時期的收入不平等，卻有極爲重大的歷史意義。

且讓我們比較中國和英國的歷史。中國很早就已發展出非常高等的文明。兩千年前，中國的文明程度遠比英國先進。但是，在十九世紀末，英國是富裕文明的國家，而中國則很貧窮。中國現在的文明，和中國在無數年代以前便已經達到的發展階段，沒有什麼太大的不同。中國的文明，是禁錮的文明（an arrested civilization）。

中國一向比英國更努力實現收入要更平等的原則。個人持有的土地面積一再被瓜分。在中國，不存在沒擁有土地的無產階級。但是，在十八世紀的英國，這個階級的人數非常多。在英國，有好長一段時間，對於非農業部門的一些限制措施，傳統意識型態奉爲神聖不可動搖，延遲了現代企業家精神的出現。但是，當自由放任的哲學，徹底推翻傳統限制主義的種種謬論，打開通往資本主義的道路之後，英國工業制度之所以能以加速的步伐演進，就是因爲所需的勞動力供給已經存在那裡了。

產生「機器時代」的因素，不是Sombart所認爲的，一種特別貪得無厭的心態，有一天突然神祕的纏住某些人的心靈，把他們轉變成「資本主義的人」。永遠有一些人爲了賺取利潤，很樂意把生產活動調整得更爲適合滿足社會大眾需要。但是，流行的意識型態把追求利潤的行爲烙印爲不道德，並且設立許多制度性障礙抑制這種行爲，使得他們處處受限而無能爲力。自由放任的哲學取代了那些贊同傳統限制體制的學說，移除了阻止物質生活改善的制度性障礙，於是開啓了資本主義新時代。

自由主義哲學抨擊傳統的種姓階級制度，因爲該制度的存續和市場經濟的運作並不相容。自由主義提倡廢除各種特權，因爲它想讓有發明才能和心思敏捷的人大展長才，想讓能以最便宜的方式產出數量最多和品質最好的人大顯身手。功利主義者和經濟學家，就他們計畫中的這個消極面而言，和那些從所謂天賦人權和人人平等的學說觀點抨擊特權身分的人士，理念是一致的。這兩組人都一致支持法律之下人人平等的原則。但是，這方面的一致，並未能消除這兩條思想路線之間的根本對立。

天賦人權學說認爲，就生物學意義而言，人人都是相同的，所以人人都有不可剝奪的權利，都該享有同等分的一切東西。前述第一個定理明顯違背事實。第二個定理，如果邏輯一貫的推衍、詮釋，必然導致種種荒謬的結論，於是它的支持者完全拋棄邏輯一致性，乃至最後認爲，每一種社會制度，不管多麼歧視不同身分、多麼不公正，都和「人人有不可剝奪的同等權利」這個理念相容。一群赫赫有名的維吉尼亞人，他們的理念鼓舞了美國大革命，卻默許保存黑奴制度。有史以來最爲專制的統治制度——布爾什維克主義，卻佯裝是「人人自由平等」原則的化身，到處招搖。

支持法律之下人人平等的自由主義者，充分認識這個事實，即：人天生不相同，而且正是因爲人人不相同，這才產生社會合作與文明。在自由主義者的想法裡，法律之下人人平等的主要用意，並不是要糾正不能改變的宇宙事實，使天賦不平等消失。相反的，它是用來使全體人類可以從該不平等的事實、獲得最大好處的辦法。因此，絕不該有任何「人爲的」制度，阻止任何人達到他能爲同胞提供最好服務的位置。自由主義者不是從所謂不可剝奪的人權觀點，而是從社會和功利主義的角度處理問題。在他們看來，法律之下人人平等是一個好原則，因爲該原則最能增進每個人的利益。它留給選民投票決定誰該擔任公職，留給消費者決定誰該受託指揮生產活動；從而可以消除暴力衝突的原因，確保人間世事朝更令人滿意的狀態穩步前進。

這個自由主義哲學的勝利，產生所有加起來稱爲現代西方文明的現象。然而，這個新的意識型態，只有在收入平等的理想非常薄弱的環境中，才能得勝。如果十八世紀的英國人執迷於收入平等的妄想，自由放任的哲學將不適合他們的口味，就像它現在不討中國人或回教徒喜歡。就這個意義而言，歷史學家必須承認，封建和莊園制度的意識型態遺產，對我們現代文明的興起，是有貢獻的，儘管現代文明和舊時傳統大不相同。

十八世紀，那些和新興功利主義學說理念相左的哲學家，還能說中國和回教國家的情況有一個優點；他們其實對於東方世界的社會結構所知相當有限。在他們曾獲得的那些可疑的報導中，他們所發現的那個值得稱讚之處，就在於東方沒有世襲貴族階級和大規模單筆地產。在他們想來，在建立人人平等的社會方面，這些國家一向要比他們本國成功。

然後在十九世紀，這樣的主張又被有關國家的一些民族主義者重新提出。排在這一列復古主義隊伍前頭的，是泛斯拉夫主義，它的捍衛者讚揚蘇俄的mir與artel，以及南斯拉夫的zadruga，所實施的鄉村土地公有制的優點。愈演愈烈的語意混淆，完全顚倒了一些政治名詞的意義，「民主的」這個名前形容詞現在也被大肆濫用。除了絕對專制之外，從來不知道有其他任何統治形式的回教民族，現在居然有人稱之爲民主的民族；印度的民族主義者則樂於談論傳統的印度民主！

對於所有這些宣洩情緒的主張，經濟學家和歷史學家採取中立的態度。在形容亞細亞諸民族的文明爲劣等文明時，他們並未表示任何價值判斷。他們只是在確認一個事實，即：這些民族並未產生在西方結出資本主義文明果實的意識型態和相關制度條件，而對於資本主義文明的優越，這些亞洲民族今天是暗中承認的，因爲他們至少呶呶不休的要求得到全套西方生產科技工具和醫療裝備。正因爲承認過去亞洲許多民族的文化遠比同時的歐洲民族先進，所以，才有人問，究竟是什麼原因中斷了東方文明的進步？就印度文明來說，答案是很明顯的。在那裡，種姓制度的僵固鐵腕，抑制個人主動精神的成長，扼殺每一棵試圖突破傳統桎梏的幼苗。但是，過去在中國和回教國家，除了有相對少數的人遭到奴役之外，並未受到種姓制度的僵固箝制。沒錯，他們被獨裁者統治。但是，在獨裁者之下，所有臣民是平等的；即使奴隸和太監也未被禁止攀登最高地位。學術界今天在談起這些東方民族所謂的民主習俗時，指的就是這種在統治者之下的人人平等。

這些民族和他們的統治者致力守護的這種「臣民經濟平等」，概念是模糊的。不過，它在某方面很明確，即：絕對譴責任何人私自累積鉅額財富。統治者認爲，對於其政治霸權，富有的臣民是一個威脅。所有人民，包括統治者和被統治者，都深信沒有人能夠積聚大量財富，除非剝奪他人理應獲得的東西，而且少數富人的財富正是多數人貧窮的原因。在所有東方國家，富商的地位岌岌可危。他們在官吏面前無計可施，任憑官吏處置。再怎麼慷慨賄賂，也保護不了他們免於財產遭到沒收。每當某個富商因爲有司的嫉妒和怨恨而受害時，全民皆歡欣鼓舞。

這個反商情結，抑制東方文明進步，使大量人民處於餓死邊緣。由於資本累積遭到抑制，所以根本談不上生產科技進步。資本主義，作爲一個輸入的外來意識型態出現在東方，是透過外國的軍隊和船艦，以殖民統治或治外法權的方式強加給東方的。用這些暴力方法去改變東方人的心態，無疑是不恰當的。不過，承認這個事實，不等於證明下面這則陳述是錯誤的：正是憎惡資本累積，使億億萬萬亞洲人注定貧窮和活活餓死。

我們當代福利宣傳家心底裡的平等概念，是亞洲人這個平等概念的複製版；它在每方面雖然都很模糊，卻是非常明確的對大筆財富深惡痛絕。它反對大規模企業和大規模財富；它提倡各式各樣抑制個別企業成長的措施，希望藉由沒收式課徵所得稅和遺產稅讓社會更平等；它迎合思想淺薄的群眾嫉妒心理。

沒收式政策的直接經濟後果，我們已經在上面處理了。[4]很明顯，長期而言，這種政策將不僅導致資本累積速度減緩或完全停頓，而且也將導致消費從前累積下來的資本。這種政策不僅將抑制社會繼續朝更物質富裕的方向前進，甚至造成逆轉，引發愈來愈貧窮的趨勢。亞洲人的平等理想將獲得勝利；最後，西方和東方將相遇在同等的貧窮苦難中。

福利學派不僅自稱代表社會全體利益，對抗營利事業的自私自利；它還宣稱，它所顧慮的是國家長期、永遠的利益，反對專門致力於牟取利潤，不顧社會全體未來的投機者、首倡者和資本家的短期利益。

這個宣示，和這個學派著重於短期政策、而不關注長期效果的作風，當然是互相矛盾的。然而，邏輯連貫一致，原本就不是這些福利教條主義者的美德。爲了方便論證，且讓我們忽略他們陳述中的這個矛盾，僅就他們的陳述加以檢視，不提他們的矛盾。

儲蓄、資本累積和投資，把有關金額從經常消費扣留下來，用於改善未來的情況。儲蓄者放棄增加目前的滿足，以便改善他本人和家人在比較遙遠的未來的物質幸福。就自私這個形容詞的通俗含義來說，他的意圖無疑是自私的；但是，他這自私行爲的效果，對社會整體，以及所有社會成員的長遠利益，卻是有幫助的。他的行爲，產生了即使最偏執的福利宣傳家，也要稱之爲經濟改善和**進步**的現象。

相反的，福利學派所提倡的那些政策消滅國民私人儲蓄的誘因。一方面，以削減高所得和鉅額財富爲目的的措施，嚴重減少或完全摧毀比較富有者的儲蓄能力；另一方面，中等收入者先前挹注於資本累積的款項，則受到操縱引導流入消費用途。過去當人民把儲蓄下來的錢託付給儲蓄銀行或用來購買儲蓄保單時，銀行或保險公司會拿那些錢去投資。即使儲蓄者後來把儲蓄下來的金額消費掉，也不會導致反投資和資本消費的情事。儘管某些儲蓄者會提領他們先前的儲蓄，儲蓄銀行和保險公司的總投資額仍穩定增加。

當今形勢把銀行和保險公司推向愈來愈偏重投資於政府債券。社會安全機構的資金，完全以公共債務的債權形式存在，而只要公共債務是政府經常支出所招致的，個人儲蓄便不會導致資本累積。在未受干擾的市場經濟裡，儲蓄、資本累積和投資，本是同一回事，然而，在遭到政府干預的經濟裡，國民個人的儲蓄就可能被政府揮霍掉。某個國民限縮他的經常消費，以便供應他自己未來的需要；在做這種事情的時候，他貢獻他的一份力量，幫助社會經濟繼續進步，也幫助他的同胞改善生活水準。但是，政府介入，消除私人行爲對社會有益的效果。福利宣傳家老是拿自私和心胸狹隘的個人，對比於有遠見而且仁慈的政府，胡說前者專注於享受當下的快樂，完全不顧同胞的幸福和社會的長久利益，而後者則堅定不移致力於促進社會全體長遠的福利。沒有什麼比上面的舉例，把福利宣傳家的這個陳腔濫調，推翻得更爲徹底。

沒錯，福利宣傳家對此提出兩個反對理由。第一，個人的動機是自私自利，而政府則是滿懷善意。爲了方便論證，我們姑且承認人民是魔鬼般邪惡自私，而統治者則是天使般善良無私。但是，在生命和現實中，重要的——不管康德曾說什麼[5]——不是善意，而是現實的成就。使社會得以存在和演進的，正是這個事實，即：社會分工下的和平合作，長期而言，最有助於所有人照顧私自的利益。市場社會的最大優點，就在於它的全部作用和運作，圓滿實現這個原則。

第二個反對理由指出，在福利體制下，政府的資本累積和公共投資，將取代私人的資本累積和投資。福利宣傳家指出，政府過去借到的資金，其實並非全部花在經常支出上。有相當大一部分投資在建築道路、鐵路、港口、航空站、發電廠和其他公共工程。另一個同樣顯著的部分，花在執行保家衛國的戰爭，而這是公認不可能用其他方法籌錢支應的。然而，這個反對理由並未抓住要點。重要的，是人民的儲蓄有一部分被政府用於經常消費，而且沒有什麼阻止得了政府不斷增加這一部分，直到吞沒人民全部的儲蓄。

很明顯，如果政府使人民不可能累積和投資更多資本，則新資本形成的責任——如果還可能有新資本的話，便著落在政府身上。在福利宣傳家看來，政府控制是上帝遠見眷顧的同義詞，政府和上帝一樣英明、引導人類不知不覺的在一個不可避免的演進過程中，走向更高、更完美的階段；因此，他們看不到資本形成問題盤根錯節的複雜性。

不僅繼續儲蓄和累積更多資本，而且維持目前的資本數量，都一樣需要縮減眼前消費，以便將來獲得更充足的供應。這是忍慾，克制自己，暫時不享受立即能獲得的滿足。[6]市場經濟所形成的環境，使這種忍慾實踐到某一程度，而且使這種忍慾的成果——累積下來的資本——投資在最能滿足消費者最迫切需求的用途上。問題是：政府累積資本能否取代私人累積，以及政府將以什麼方式投資所累積下來的新增資本？這些問題不會僅僅適用於社會主義共和國。在一個已經完全或幾乎完全消滅了有利私人資本形成條件的干預主義體系裡，這些問題也同樣迫切。甚至美國也顯然愈來愈接近這樣的狀態。

且讓我們考慮這樣的情況：某國政府已經掌控了相當大一部分國民儲蓄的運用方式。社會安全體系的投資、私人保險公司的投資、儲蓄銀行的投資和商業銀行的投資，很大程度取決於政府當局，被導入公共債務。國民仍然是儲蓄者。但是，國民儲蓄是否導致資本累積，從而增加資本財供應量、改善生產配備，則取決於政府如何運用借走的資金。如果政府把這些資金浪費在經常支出上或錯誤投資上，那麼由國民私人儲蓄所啓動的、接著由銀行和保險業的投資操作所延續的資本累積過程，便遭到切斷。比較下面這兩個過程的運作方式，也許可以把事情弄得更清楚：

在未受干擾的市場經濟運作過程中，比爾儲蓄一百美元，存進一家儲蓄銀行。如果他選對了一家精通放款和投資生意的銀行，資本數量便會增加，導致勞動生產力上升。這多出來的產出，有一部分以利息的形式交給比爾。如果比爾選錯了銀行，把他的一百美元託付給一家倒閉的銀行，他便落得兩手空空。

在政府干預儲蓄和投資的過程中，保羅於一九四〇年付給國營社會安全機構一百美元作爲個人儲蓄。[7]他換來一個請求權，實質上是一張無條件的政府借據。如果政府把這一百美元花在經常支出上，便不會出現新增資本，勞動生產力也不會上升。這張政府借據，是一張祈求未來納稅人支付的支票。到了一九七〇年，某個彼得可能必須履行政府的承諾，儘管他本人，從保羅於一九四〇年儲蓄一百美元這回事，未曾得到任何好處。

因此，事情變得很明顯，毋須去研究蘇聯，便可理解政府財政，在我們這個時代所扮演的角色。說什麼公共債務不是負債，因爲「那是我們欠我們自己的」，這樣似是而非的淺薄論證騙不了人。一九四〇年的保羅們，並沒欠他們自己這筆債；是一九七〇年的彼得們欠一九四〇年的保羅們這筆債。整個社會安全體系，其實就是短期原則的極致。一九四〇年的政治家把問題拋給一九七〇年的政治家，以此方式解決自己的問題。到了一九七〇年，一九四〇年的政治家要不是已經過世，就是正在以他們的美妙成就——社會安全體系——自豪的元老政治家。

福利學派這些聖誕老人式童話，其特徵就在於完全不了解資本問題。正是這個缺陷，使我們不得不拒絕以「福利經濟學」稱呼它們，儘管他們以此稱號形容他們的那些教條。凡是沒把資本財供應稀少納入考量的人，都不是經濟學家，而是童話家。這種人不處理真實世界，只處理萬物豐盛的童話世界。所有當代福利學派口沫橫飛的論述，和社會主義作家的著述一樣，都隱含「資本財供給充裕」這個基本假設。如果這個假設成眞，所有不滿意似乎就很容易找到補救辦法，很容易「按照每個人的需要」滿足每個人，很容易使每個人完美幸福。

沒錯，福利學派有一些捍衛者，對這裡牽涉到的一些問題，有一個模模糊糊的感覺，並爲此感覺煩惱。他們意識到，資本必須保持完好，否則未來的勞動生產力勢必下降。[8]然而，這些作者也未能理解，即使僅維持資本不變，也需要有嫻熟處理投資問題的技巧；他們不知道，資本永遠是投機成功的結果；他們不知道，維持資本不變的努力，以經濟計算爲其先決條件，從而又以市場經濟運作爲其先決條件。其他福利宣傳家則完全忽略這個資本問題。在這方面，他們是否贊同馬克思主義者的構想，或者訴諸一些奇異怪誕的新概念發明，譬如，有用的東西都具有「自動永續的特性」[9]云云，那是無關緊要的。無論如何，他們學說的用意都是想提供一個理由，爲某個核心教條辯護；這個教條，把市場經濟所有的令人不滿意，都歸咎於儲蓄太多和消費不足，並且建議：大肆開銷是治療社會經濟百病的萬靈丹。

當經濟學家把他們逼急了，有些福利宣傳家和社會主義者會承認，要避免平均生活水準下降，就必須維持已經累積起來的資本，而且經濟要進步，還得倚賴更多資本累積。他們說，維持舊資本和累積新資本，此後將是政府的一個任務，而不再任由矢志增加自己和家人財富的人民、自私自利的行爲決定；有關當局將從大眾福利的觀點處理資本問題。

然而，問題的癥結，恰恰在於自私自利的作用。在容許不平等的制度下，自私自利促使個人儲蓄，並且永遠促使個人以最能滿足消費者最迫切需求的方式投資他的儲蓄。在要求平等的制度下，這個動機就消退了。最近未來的消費縮減，是一個感受得到的剝奪；它對個人私自的目的，是一個立即打擊。而相對於這個立即的剝奪感，在比較遙遠的未來可能獲得的那些滿足增量，對理解能力普通的人來說，就比較不是那麼容易辨識。再則，這些長遠利益，在公共累積制度下，稀稀疏疏分攤給大家，以致在個人看來，它們簡直不足以適當補償他今天所放棄的滿足。福利學派輕率假設，當人民預期他們今天儲蓄的果實，將由整個未來世代平等分享時，每個人的自私自利將昇華蛻變，傾向更多儲蓄。就這樣，他們陷入著名的柏拉圖錯覺所必然導致的迷思；柏拉圖誤以爲，防止人民知道他們是哪些小孩的父母，將激勵人民像父母那樣關愛所有年輕人。福利學派如果還記得亞里斯多德對柏拉圖錯覺的評語——結果毋寧是，所有父母將對所有小孩一視同仁、漠不關心——看起來會比較聰明。[10]

對一個不能訴諸經濟計算的社會主義體系來說，維持與增加資本的問題，是無解的。社會主義共和國沒有任何方法可以確定，它的資本配備是否增加或減少。但是，在干預主義下，以及在一個仍然能根據國外市場所確立的價格、訴諸經濟計算的社會主義體系，情況還沒有這麼糟糕。至少，它們還能理解實際的資本狀況是增或是減。

如果這樣的國家是一個民主政體，保持資本和累積更多資本的問題，便成爲政治角力的主要議題。一定會有一些煽動家聲稱，有比當前碰巧執政的政黨或其他政黨傾向承認的更多的資源，容許提撥供當前消費使用。他們肯定總是準備宣稱，「在當前的緊急狀況下」，根本用不著討論爲將來的日子累積資本；相反的，消費一部分已經存在的資本是有充分正當理由的。各個政黨將競相加碼，對選民承諾更多政府支出，同時承諾降低所有並非全由富人承擔的租稅。在自由放任的年代，人民把政府視爲一個必須由國民繳稅，以支應其運作所需經費的機構；在每一個國民的預算裡，政府是一項支出。而現在大多數國民把政府視爲一個分配利益的機構；賺取工資者和農夫都期待，他們能從國庫得到比自己貢獻給國庫的更多的金錢收入。在他們眼中，政府是一個分錢給他們的機構，而不是一個從他們那裡拿錢的機構。凱因斯勳爵和他的追隨者合理化這個通俗信條，乃至把它抬高到準經濟學說的位階。政府開銷和不平衡預算，只是資本消費的同義詞。如果經常支出，不管多麼有益，是以課稅拿走原本將用於投資的部分較高所得來支應，譬如，以遺產稅支應，或者是以借款來支應，則政府便成爲一個助長資本消費的因素。目前美國每年的資本累積，很可能[三]還超過資本消費。即使這是事實，那也不能證明下面的陳述是錯誤的：聯邦政府、州政府和各地市政府錯綜複雜的財政政策合起來，傾向資本消費。

有些人意識到資本消費的不良後果；他們大多傾向認爲，民選政府和健全的財政政策並不相容。他們未能意識到，該譴責的不是民主政治本身，而是某些荒謬的學說；這些學說極力提倡，以聖誕老人的政府概念取代Lassalle所嘲笑的守夜人概念。決定一個國家的經濟政策取向的，永遠是該國輿論所堅持的經濟理念。沒有哪一個政府，不管是民主的或是獨裁專制的，能自我免疫、不受一般人民所接受的意識型態支配。

有些人主張限制國會在預算和課稅決策方面的特權，甚至主張以威權政府徹底取代代議政府；他們的這些主張，反映他們的心智被所謂「完美的國家元首」這個荒誕不經的想像所蒙蔽。這個「完美的國家元首」，不僅睿智，更是仁慈，將誠心誠意、致力於增進治下人民長遠的福利。然而，事實證明，眞實的威權領袖其實是一個凡人，他首先志在使他本人的霸權，以及親屬、朋友和所屬政黨的霸權，永垂不朽。他也許會採取一些不受民眾歡迎的措施，但每當他這麼做的時候，總是爲了達成前述那些目的。他不投資，不累積資本。他建造要塞和堡壘，他充實軍備。

蘇聯和納粹那些受到熱烈談論的經濟計畫，包含爲了「投資」而限制經常消費。納粹從未嘗試掩蓋這個事實，即：所有這些「投資」的用意，都是在爲他們所計畫的侵略戰爭預做準備。蘇聯起初比較不坦率，但現在自豪的宣稱：所有他們的「投資」計畫，都是以戰備考量爲指導原則。歷史從來沒有哪一個政府實踐資本累積的例子。就政府投資於建造道路、鐵路和其他有用的公共工程而言，所需資本是由國民個人儲蓄所提供，而被政府借用了。但是，公共債務大部分花在經常支出上；人民節約省下的儲蓄，被政府拿去揮霍了。

有些人認爲，財富與收入不平等應受譴責。但是即使這樣，他們也不能否認：財富與收入不平等有利於更多資本累積；而唯有更多資本累積，才能導致生產科技進步、工資率持續上漲和較高的生活水準。

第四節　不安全

當福利教條主義者抱怨不安全的時候，他們心底裡那個模糊的安全概念，指涉某個像保證書的東西，透過這個東西，社會向每個人保證某一令他自認爲滿意的生活水準，不管他的成就如何，不管他對社會有什麼貢獻。

那些頌揚與懷念舊時代的作家聲稱，中古世紀的社會體制曾提供這個意義的安全。然而，這裡毋須詳細檢討這些主張。即使在廣受好評的十三世紀，實際情況也不同於中古世紀經院哲學所描繪的那幅理想景象；那幅景象，不是用來描述實際情況是什麼，而是用來述說情況應該是什麼。而且，即使是這些哲學家和神學家所描繪的烏托邦，也容許存在人數眾多完全仰賴富人施捨救濟的赤貧乞丐階級。這恰恰不符合現代使用安全一詞所隱含的安全概念。

現代的安全概念，是屬於賺取工資者和小農階級的概念，一個和資本家所期盼的穩定概念相匹配的概念。[12]資本家希望，永遠享受一份不受世事變遷影響的收入；同樣的，賺取工資者和小農階級也希望，他們的收入能不受市場變化的影響。這兩組人都渴望抽離歷史的流變，任何進一步的變化都不該損害他們自己的處境；另一方面，當然，他們不特別反對自己的物質幸福有所增進。他們過去已經調整好行動、已經適應的那個市場結構，絕不該這樣或那樣改變，強迫他們必須重新調整。歐洲某處山谷裡的農夫，遇上生產成本比較低的加拿大農夫競爭時，義憤填膺。當市場引進某種新的家用設備，影響到刷牆勞動市場的情況時，刷牆匠怒氣沸騰。很明顯，這些人的希望，只有在一個完全停滯的世界裡，才能滿足。

未受干擾的市場社會特徵，就是絲毫不尊重既得利益。過去的一切成就，如果是繼續進步的障礙，都不作數。所以，安全提倡者把不安全歸咎於資本主義，完全正確。但是，他們暗示自私自利的資本家和企業家該為不安全負責，那就扭曲事實了。傷害既得利益的，是消費者的衝動，是消費者渴望盡可能滿足自己個人的需要。使生產者不安全的，不是少數富人的貪婪，而是每個人的習性，每個人都動輒利用每一個機會增進自己幸福。使刷牆匠覺得憤慨的，其實是他的同胞偏愛比較便宜的房屋、甚於比較昂貴的房屋這個事實。而這個刷牆匠本人，就他偏愛比較便宜的商品、甚於比較昂貴的商品而言，也給其他勞動市場部門出現的不安全，貢獻了他自己的一份影響力。

沒錯，個人必須一再調整自己適應情況變化，的確很麻煩。但是，改變是生命的本質。在未受干擾的市場經濟裡，沒有安全，亦即，既得利益沒有保障，是導致物質幸福穩定進步的原理。這裡毋須和古羅馬詩人Virgil或十八世紀的詩人與畫家爭辯田園生活的夢想；毋須檢討眞正的牧羊人享有哪一種安全。沒有人眞的希望和他們交換位置。

對於安全的渴望，在一九二九年開始的大蕭條期間內，變得尤其強烈。這種渴望，獲得數百萬失業者的熱烈回響。農夫和工人階級組成強大的壓力團體，他們的領袖高聲叫喊，這就是爲你們準備的資本主義！然而，這些禍害不是資本主義造成的，而是干預主義試圖「改革」和「改善」市場經濟運作所造成的。景氣暴跌，是試圖以信用擴張降低利率的必然結果；制度性失業，是最低工資率政策不可避免的結果。

第五節　社會正義

當今的福利宣傳家，至少在某方面，優於以前的社會主義和改革派學者。他們不再強調某個社會正義概念，不再主張人人應該遵守這個概念的一些武斷的戒規，不管後果是多麼悲慘。他們贊同功利主義的觀點。他們不反對功利主義的原則，即：鑑別各種社會制度好壞的唯一標準，端看制度能否實現行爲人所追求的目的，以及實現到什麼程度。

然而，一旦他們著手審視市場經濟的運作，他們便立刻把上面這個健康心態忘得一乾二淨。他們武斷的提出一組玄學原則，並且未審先判，譴責市場經濟，說它不符合那些玄學原則。他們偷偷從某個後門迎進一個，他們在前一刻還拒之於正門外的絕對道德標準。他們搜尋各種解決貧窮、不平等和不安全的辦法，一步步終於完全贊同以前的社會主義和各干預主義學派的一切謬論。他們陷入愈來愈多矛盾和荒謬。最後，他們不得不作絕望的掙扎，緊緊抓住所有以前的「非正統」改革者試圖抓住的救命稻草——完美統治者的優越智慧。他們說來說去，永遠是國家、社會或其他專爲超人般的獨裁者巧妙設計的代名詞。

福利學派，尤其是德國的學院講壇社會主義者（Kathedersozialisten）和他們的高足——美國制度學派的學者，發表過成千上萬卷、充斥海量資料的文章，還一板一眼給每筆資料加注證明文件，述說種種令人不滿的社會情況。在他們想來，這些蒐集來的資料，清楚說明資本主義的種種弊端。事實上，它們僅僅說明一個事實，即：人類的慾望其實是無窮的，並且人類的福祉還有極大繼續改善的空間。它們並未證明福利學派的任何陳述是正確的。

不言可喻，所有人都樂於見到各式各樣的商品能有更充裕的供給。問題是：除了藉由投資更多的資本來提高勞動生產力外，是否還有其他辦法可以讓商品供給增加？福利宣傳家所有胡言亂語只有一個目的，那就是模糊這個焦點，這個唯一重要的關鍵。正當累積更多資本是維持經濟進步的必要手段時，這些人卻高談闊論「過度儲蓄」和「過度投資」，高談闊論必須消費更多，高談闊論必須限制生產。因此，他們是經濟退步的先驅，宣傳讓經濟衰敗、社會解體的哲學。一個按照他們的戒規來安排的社會，在某些人從某個武斷的、所謂社會正義的標準觀點看來，也許是公正的。但是，它肯定是一個所有成員愈來愈貧窮的社會。

至少一個世紀以來，西方國家的輿論一直被一個想法所蠱惑，以爲有「社會問題」或「勞工問題」這回事。它所隱含的意思是，資本主義的存在，傷害了廣大群眾，尤其是賺取工資者和小農階級的切身利益。繼續維持這個明顯不公平的制度，是不能忍受的；根本的改革是必須的。

事實是：資本主義不僅使人口增加了好幾倍，同時也改善一般人的生活水準達到空前的地步。經濟思想也好、歷史經驗也罷，完全未顯示有其他任何社會制度能比資本主義更有利於大眾。結果歷歷在目，不言自明。市場經濟不需要辯解者和宣傳家，它能把聖保羅大教堂裡Christopher Wren爵士[13]的墓誌銘，套用在它自己身上：如果你在尋找逝者的紀念碑，四周就是（Si monumentum requiris, circumspice）[14]。

第三十六章　干預主義的危機

第一節　干預主義的收穫

過去數十年間，西方資本主義國家所實施的干預主義政策，已經導致經濟學家所預測的那些效果。戰爭和內戰、民眾遭受擅權自專的獨裁者團夥殘酷鎮壓、經濟蕭條、大量失業、資本消費、饑荒等等之苦不一而足。

然而，最終導致干預主義危機的，並非這些慘重的教訓。干預主義的空論家和追隨者把所有這些不好的後果，歸咎爲資本主義必然的特徵。在他們看來，正是這些災難，清楚證明加強干預的必要性。干預主義政策的失敗，一點也不減損干預主義教條的聲望。那些失敗經過扭曲解釋後，反倒增強、而非減弱這些學說的威信。由於歷史經驗不可能輕易推翻錯誤的經濟理論，所以，干預主義的宣傳家，不管他們已造成多麼廣泛的破壞，還一直能繼續宣傳下去。

然而，干預主義的時代就要結束了。干預主義已經耗盡所有它的潛能，因此，必定消失。

第二節　備用的財源枯竭

所有干預主義政策背後都是這樣的想法，即：比較富裕的那部分人口較高的收入與財富，是一個能隨意用來改善比較不富裕者生活的備用財源。干預主義政策的精髓，在於取自某一群人、給予另一群人；也就是沒收和重分配。每一項措施，最終都以宣稱劫富濟貧是公平之舉，來證明措施的正當性。

在財政方面，以累進稅率課徵所得稅和遺產稅，是這個教條最具代表性的措施。對富人課稅，把稅收花在改善窮人的生活，是當代財政預算的指導原則。在勞資關係方面，縮短工時、提高工資率，以及數以千計的其他措施，都在照顧受僱者和增加雇主負擔的口號下建議、推行。政府和公共事務的每一個議題，都只從這個所謂公平的原則觀點在處理。

說明這個公平原則的一個例子，是一些國有和市有企業採用的經營方法。這些企業時常發生財務虧損，經常需要國庫或市庫挹注資金、彌補缺口。我們用不著探討這些虧損，究竟是由於政府在經營生產事業方面眾所周知的無效率，抑或是至少有一部分，由於有關商品或服務賣給顧客的價格不敷成本所致；比較值得重視的是這個事實，即：納稅人必須承擔這些虧損。干預主義者完全贊同這個安排。他們激烈拒絕其他兩個可能解決的辦法：把企業賣給私人企業家，或者提高對顧客索求的價格、直到不再繼續產生虧損。第一個辦法，在他們看來，顯然是反動的，據說因爲歷史必然的趨勢是朝向愈來愈多企業國有化。第二個辦法，他們認爲是「反社會的」，因爲會加重消費大眾的負擔。讓納稅者，亦即，富有的國民，負擔虧損，比較公平。他們的支付能力比較高，高於乘坐國營鐵路、市營地下鐵、電車和公共汽車的普通民眾。干預主義者說，要求這些公用事業的財務應該自立，是古老的正統財務觀念遺風；如果這些公用事業的財務應該自立，不妨也該讓一般道路和公立學校的財務自立。

我們不需要和這種虧空政策的提倡者爭辯。很明顯，要倚賴這個支付能力原則，前提上也得有可以這樣課徵的收入與財富存在才行。一旦這些特別財源因課稅和其他干預主義措施而耗盡之後，這個原則就再也行不通了。

這恰恰是大多數歐洲國家目前的情況。美國還沒走到這個地步；不過，它目前的經濟政策趨勢如果不趕快來個根本改變，不用幾年就會達到相同情況。

爲了論證方便，我們可以忽略支付能力原則徹底實施後，必然導致的所有其他後果，而只專注於財政方面的一些問題。

在主張增加公共支出時，干預主義者不知道，可供花用的資金其實是有限的。他未能意識到，某一部門的支出如果增加，其他部門的支出就必須緊縮。在他想來，有充裕的金錢可以花用。富人的收入和財富可以隨意拿來使用。在建議提撥更多經費預算給各級學校時，他只單純強調花更多錢辦教育是一件好事。他從來不敢嘗試證明，提高學校的經費預算，比提高另一部門——譬如，衛生部門——的經費預算更合時宜。他從來沒想到，也許有一些重大理由可以提出來支持緊縮公共支出和降低人民的稅負。在他眼裡，那些主張削減支出預算者，只是在捍衛富人階級明顯不公平的利益。

在目前這麼高的所得稅和遺產稅率下，干預主義者想要汲取來支應所有公共支出的備用財源，正迅速萎縮。在大多數歐洲國家，所謂備用財源實際上已經不復存在。在美國，所得稅率最近提高，和稅率累進止步在低很多的所得級距相比，僅增加微不足道的稅收。對高收入者課徵的那些高附加稅率，頗受信奉干預主義的半吊子財經專家和群眾煽動家歡迎，但是，它們僅僅讓稅收獲得微薄增加。[1]事情變得愈來愈明顯了，公共支出的金額要大量增加，不可能再用「壓榨富人」的辦法來支應，而必須由一般民眾來承擔。干預主義時代慣用的財稅政策——累進課稅和揮霍支出，這兩個廣受推崇的策略，已經推進到再也掩飾不了它們荒謬的地步。有一個聲名狼藉的原則，說什麼私人部門須量入爲出、而公共部門則須量出爲入，其實是一個自打嘴巴的原則。今後，政府將不得不領悟，一塊錢不能花兩次，並且政府的各項支出是彼此衝突的。現在政府支出每增加一分錢，都必須從特定某些人的口袋裡徵收過來那一分錢，而這些人恰恰是在此之前一心一意希望把主要負擔轉嫁給別人的人。那些渴望獲得政府津貼的人，本身將必須爲津貼埋單。公有和公營企業的虧損，將借記在大多數人民的頭上。

在雇主和受僱者關係方面，情況也將是相似的。流行的學說聲稱，賺取工資者獲得的「社會紅利」，來自於犧牲剝削階級不勞而獲的收入。據說，罷工者不是針對消費者罷工，而是針對「管理階層」罷工。當勞動成本提高時，沒有理由提高產品價格；成本差額必須由雇主承擔。但是，當愈來愈多原先分給企業家和資本家的產出份額，遭到課稅、工資率提高和受僱者的其他「社會紅利」，以及最高價格管制等等政策措施壓榨殆盡後，那就再也沒有什麼東西可以產生緩衝作用了。到時候，很明顯的結果將是：工資每次提升，將必定以其全部力道衝擊產品價格；並且每一個族群所獲致的「社會紅利」，將完全對應於其他族群所蒙受的「社會損失」。每一次罷工，即使就短期、而非僅就長期而言，都將變成一次針對所有其他人的罷工。

干預主義社會哲學的一個基本要點，就是假設存在一個再怎麼榨取、也永遠榨取不完的財源。當這個財源枯竭時，整個干預主義學說，便轟然倒塌。這個聖誕老公公的原則，將自我終結。

第三節　干預主義的終結

這個干預主義插曲必定要結束，因爲干預主義不可能導致一個永久的社會組織體制。這有三方面的理由。

第一：限制性措施，總是限制產出和可供消費的財貨數量。某些限制和禁止也許有、也許沒有很好的實施理由，但是，無論如何，這些措施本身絕不可能構成一套社會生產體制。

第二：所有各式各樣干預市場現象的措施，不僅不能達成提倡者和擁護者希望藉由它們達到的目的，而且還導致某種——從這些提倡者和擁護者自己的價值判斷觀點——比他們先前想要改變的情況更不足取的情況。如果爲了改正第一波干預行動明顯的不適合與荒謬之處，而繼續追加愈來愈多的干預措施，那就會愈陷愈深，直到市場經濟徹底摧毀，而由社會主義取代。

第三：干預主義的目的，在於沒收一部分人「過多的」收入和財產，分給另一部分人。一旦這所謂「過多的」東西全部沒收不見了，這種政策便再也不可能繼續。

歐洲各國列隊在干預主義的道路上不斷向前邁進，首先是德國，然後是英國和其他許多國家，採取了中央經濟計畫——興登堡模式的社會主義。值得一提的是，在德國，決定性的措施不是納粹首先採取的，而是希特勒掌權之前，威瑪共和國在信奉天主教的Brüning總理執政下，便已經推行一段時間了；在英國，決定性的措施也不是工黨首先採取的，而是保守黨的首相邱吉爾先生率先推行的。這個事實被某些人，利用英格蘭銀行、各煤礦場和其他企業的國有化在英國所造成的轟動，刻意掩蓋。然而，沒收這些企業，只具有次要意義。英國之所以稱爲社會主義國家，不是因爲某些企業已經遭到正式沒收和國有化，而是因爲所有國民的一切經濟行動都必須遵從政府和代理機構的全面控制。有關當局指導資本和人力在各個產業部門的配置，決定該生產什麼、生產多少和什麼品質，而且也給每個消費者分配一定的配給數量。政府完全擁有所有經濟事務的最高決定權，人民降級成爲被監護者。商人，亦即，原來的企業家，只剩下準管理者的職能；他們所能自由決行的，只是在清楚界定的狹窄範圍內，把有關當局所做的「企業家」決定付諸實施。

我們在前面曾指出，管理階層系統——亦即，將某些輔助企業經營的任務委派給某些盡責的下屬助手，授予這些助手在一定範圍內有自行決定的自由——只有在利潤制的框架裡才可能實施。[2]管理者之所以爲管理者，他之所以有別於純技術專家，特徵就在於，在受委任的職權範圍內，他自己得以決定如何行爲，惟需符合利潤原則。在一個既沒有經濟計算，也沒有資本會計和利潤計算的社會主義體制裡，也就沒有管理者行動的餘地。但是，只要一個社會主義共和國仍然能夠根據國外市場所確立的一些價格進行經濟計算，那也就能在某種程度內利用一個準管理階層系統。

把任何時代稱作一個過渡時代，顯然是一個敷衍的作法。在活生生的世界裡，永遠存在著改變。每一個時代都是過渡時代。我們可以辨別哪些社會體制能維持下去、哪些社會體制必然是短暫過渡的，因爲它們是自我終結的。前面已經指出，就什麼意思來說，干預主義將自我終結、最後必定導致德國模式的社會主義。大部分歐洲國家已經達到這個階段，沒有人知道美國是否將步其後塵。但是，只要美國堅持市場經濟，未採取政府完全控制企業的制度，西歐的那些社會主義經濟將仍然能夠計算。它們的運作模式，仍然不具有社會主義模式的特徵，亦即，仍然是以經濟計算爲基礎的。因此，西歐的那些社會主義經濟，在每一方面，還是非常不同於，如果整個世界轉向社會主義，它們將會變成的模樣。

時常有人說，世界的一半如果是社會主義經濟，另一半不可能繼續堅持市場經濟，反之亦然。然而，沒有理由認爲一個這樣分割的世界——這兩種體制共存的狀態——不可能持續存在。果眞如此，則那些已經拋棄資本主義的國家，也許能無限期的維持它們目前的經濟體制。這種經濟體制的運作可能導致社會解體、混亂、人民窮困。但是，生活水準低下也好、愈來愈貧窮也罷，都不會自動終結任何經濟體制。只有當人民本身夠聰明，足以理解體制改變將帶給他們什麼好處時，原來的體制才會讓步給一個比較有效率的體制。或者，原來的體制也許會遭到外來侵略者，利用效率較高的經濟體制所提供的較佳武器裝備，摧毀。

有些樂觀者期待，至少那些在過去發展出資本主義市場經濟和資本主義市場文明的國家，在未來也將堅持資本主義體制。但是，支持這種期待的跡象，無疑和駁斥這種期待的跡象一樣多。面對當前這個偉大的意識型態衝突、這個私有財產制和公有財產制之間的原則衝突、這個個人主義和極權主義之間的原則衝突、這個自由和威權統制之間的原則衝突，去揣測結果將如何，是沒用的。關於這個衝突的結果，我們事先所能知道的，可以濃縮爲下列三點：

一、我們完全不知道，在這個衝突中，是否存在哪些理性的力量，以及它們怎麼運作，將會鑑於採用某些意識型態，可以確保各種社會連結的延續和強化、確保人類物質幸福的改善，因而促使這些意識型態獲得最後的勝利。沒什麼理由暗示，人類朝向更令人滿意的情況前進是必然的，或退步到令人非常不滿意的情況是不可能的。

二、人，必須在市場經濟和社會主義之間做出抉擇。人，不可能以採取某個「中間路線」的方式，來規避這兩者之間的抉擇，因爲不存在「中間路線」選項，無論人管它叫什麼。

三、社會主義如果被普遍採用，從而經濟計算遭到廢除，則全面混亂與社會分工合作體系崩潰，便指日可待。

第七篇　經濟學的社會地位

第三十七章　經濟學難以言宣的性質

第一節　經濟學的奇特性

在純知識領域，以及在知識應用領域，經濟學之所以處在它這個奇特的位置，源於如下這個事實：它那些獨特的定理不能根據經驗予以證實或否定。當然，健全的經濟推理所建議的措施，產生想要達到的效果，而錯誤的經濟推理所建議的措施，則不會產生想要達到的目的。但措施成敗的經驗，永遠仍是歷史經驗，也就是複雜現象的經驗。正如已經指出的，這種經驗絕不可能證明或否定任何個別定理。[1]人如果應用一些似是而非的經濟定理，會導致一些他並不想要的效果；但這些效果，絕不會有自然科學領域的實驗事實所具有的無可置疑的說服力。最終判定經濟定理正確與否的標準，是獨立於經驗之外的純理性思辨。

這種情況具有不祥的含義，它阻礙天眞的心靈認識經濟學所論述的那些情況的眞實性。在人的眼中，「眞實」是他所不能改變的一切，是他如果希望達到自己的目的，就必須調整自己的行爲去適應的那種存在。認識眞實，是一個令人遺憾的經驗。「眞實」教訓人，要人知道，希望若要獲得滿足，是有一些條件限制的。人，很不甘心的領悟到，有些事情，尤其是整個錯綜複雜、關於各種事件之間的因果關係，不是痴心妄想就能改變的。又，感官經驗用一種很容易辨識的語言對人講話。爭論自然科學的實驗，是沒用的；經過實驗確認的事實，是無可辯駁的。

但在行爲學知識領域，經驗，不管成功，還是失敗，都不是用一種每個人都能聽明白的語言傳達本身的訊息。完全得自複雜現象的經驗，攔阻不了人以種種痴心妄想的解釋，規避經驗隱含的訊息。天眞的人每每以為他自己的想法，無論多麼糊塗、矛盾，總是具有無上權威，不容挑剔；經驗絕不會明明白白、毫不含糊的證明天真的習性錯誤。經濟學家絕不可能像醫生駁倒巫師和江湖郎中那樣，駁倒經濟怪咖和騙子。歷史，只向那些知道怎樣根據正確的理論解釋歷史的人開口說話。

第二節　經濟學和輿論

如果我們意識到，要實際應用經濟學的一些理論，先決條件是事先獲得輿論支持，那麼，前述認識論方面的根本差異，其重要意義將變得很清楚。在市場經濟裡，要實現一些生產科技創新，只消一個或少數幾個明白人確認它們合理妥當，毋須滿足別的什麼條件。廣大的群眾再怎麼愚魯遲鈍，都阻止不了先進的開拓者。開拓者毋須事先獲得遲鈍群眾的贊同；開拓者可以自由從事他自己的計畫，即使別人都嘲笑他。後來，當品質比較好、比較便宜的新產品出現在市場時，連嘲笑者都將爭先恐後搶購。再怎麼愚鈍的人，也知道分辨比較便宜的和比較昂貴的鞋子差別在哪裡，也知道怎樣鑑別新產品的用處。

但是，在社會組織和經濟政策方面，情況就不同了。在這方面，如果多數人民未接受，理論再怎麼好都沒用。不管是什麼政治體制，如果所根據的理論違背輿論，都不可能長久治理國家。最後總是多數人民認同的哲學獲勝。長期而言，不可能有不受大眾歡迎的政治體制存在這回事。民主和專制的差別，不影響最後結果，而只涉及用什麼方法實現政治體制調整、適應輿論認同的意識型態。不受大眾歡迎的專制君主，只能由革命劇變廢黜，而不受大眾歡迎的民主統治者，在下一次選舉，被和平趕下台。

輿論的霸權，不僅決定經濟學在錯綜複雜的思想和知識體系中處在一個奇特尷尬的位置。它也決定整個人類歷史過程。

關於個人在歷史過程中所扮演的角色，平常的討論錯過了重點。每一件想到的、做到的和完成的事情，都是某些個人的表現。新觀念和新事物，永遠是一些非凡人物的成就。但是，這些偉大人物如果未說服輿論相信，便不可能成功按照他們的理念調整社會情況。

人類社會的興盛，倚賴兩個因素：超凡的人物有能力構思一些健全的社會經濟理論，以及這些超凡者或其他某些人有能力說服多數人民接受相關的意識型態。

第三節　前輩自由主義者的錯覺

廣大群眾，也就是許許多多的普通人，未構思出什麼想法，無論健全的或不健全的。他們只在知識界領袖所發展出來的各種意識型態之間做選擇。但他們的選擇，是最終的選擇，決定事態的發展。如果他們寧願選擇相信不健全的學說，什麼也阻止不了災難。

啓蒙時代的社會哲學家未想到：不健全的想法，如果流行，可能造成的危害。古典經濟學家和功利主義思想家宣揚理性主義。反對者通常用來反駁該理性主義的理由，是無效的。但是，古典經濟學家和功利主義思想家的理性學說確實有一個缺點：他們輕率假設，凡是合理的，都將延續不絕，只因它們合乎理性。他們從未想過，輿論可能支持一些似是而非的意識型態，儘管實際應用這些意識型態將傷害大眾的福利和物質幸福，乃至瓦解社會合作。

過去有些保守思想家曾批評自由主義哲學家，不該如此信任普通人。如今很流行輕蔑這些保守思想家。然而，Burke和Haller，以及Boland和de Maistre，注意到自由主義者所忽略的一個基本問題。在評估群眾的認知能力方面，這些保守思想家比他們的對手更爲實事求是。

當然，這些保守思想家本身也陷入錯覺，誤以爲傳統的威權統治體制和傳統僵固的經濟制度可以保存下來。對於法國大革命之前曾經使人享有繁榮，甚至使戰爭人性化的舊社會政治制度，他們滿心讚美。但他們未看出，恰恰是這些成就使人口增加，從而使一部分人口在舊經濟重重限制的體制中沒有立足空間。對於這一群愈來愈多、遭到他們希望能永久保存的社會秩序摒棄在外的人，他們視而不見。對於人類在「工業革命」前夕這個最迫切需要解決的問題，他們提不出任何辦法。

資本主義給了這個世界所需要的，也就是讓數量不斷增加的人口有較高的生活水準。但是，自由主義者——資本主義的先驅和支持者，忽略了一個基本要點。一個社會制度，無論多麼有益，一旦沒獲得輿論支持，不可能運作。他們沒預料到，反資本主義的宣傳會成功。在戳破和罷黜君權神授說的童話故事後，自由主義者陷入一些同樣虛幻的學說，誤以爲理性的力量不可抗拒，誤以爲**公共意志**（volonté générale）萬無一失，誤以爲大多數人都得到神靈的啓示。他們以爲，長期而言，什麼都阻止不了社會情況不斷進步改良；以爲在揭露了許多古老的迷信後，啓蒙時代的哲學已經一勞永逸確立理性的霸權；以爲自由放任的經濟政策成就，將爲自由主義所承諾的祝福，提供如此壓倒性的證明，以致沒有哪一個聰明人膽敢質疑它。而且，這些哲學家還暗示，人絕大多數是聰明的，能夠正確思考。

前輩自由主義者從未想到，大多數人竟然能根據其他哲學解釋歷史經驗。他們未預料到，一些他們肯定稱爲反動、迷信和不合理的想法，在十九、二十世紀居然大受歡迎。他們一股腦兒認定，凡是人全都具有正確推理的能力，以致他們完全誤解了一些預兆的含義。在他們看來，所有這些令人不愉快的預兆都是一時的故態復萌、一些意外的小插曲，對於從永恆觀點看待人類歷史的哲學家來說，用不著太過在意。無論反動者怎麼說，永遠有一個事實是否認不了的，亦即，資本主義給迅速增加的人口提供穩定改善的生活水準。

這個事實，恰恰是絕大多數人所質疑、辯駁的。所有社會主義者的學說，尤其是馬克思的學說，都有一個基本教條，認爲資本主義導致龐大的勞工階級愈來愈貧窮。對於資本主義國家來說，這個定理的謬誤，要加以忽略，還眞困難。對於那些僅在表面上受到資本主義影響的落後國家來說，空前的人口增加，很難和資本主義使大多數人愈來愈貧窮的說法兜在一起。和比較進步的國家相比，這些國家確實貧窮。他們的貧窮，是人口迅速增長的結果。這些國家的人民向來寧可選擇繁衍更多後代，而不選擇提高生活水準。那是他們自己的事情，和資本主義無關。不過，事實依然是：他們擁有的財富足夠使平均壽命延長。如果生存手段未曾增加，他們將不可能養育更多後代。

儘管如此，不僅馬克思主義者，而且許多據稱「資產階級的」撰述者，依然聲稱：過去八十年的歷史已大致證實了馬克思對資本主義演變的預言。

第三十八章　經濟學在學識界的地位

第一節　經濟學研究

各門自然科學總是以實驗室實驗所確認的事實爲依歸。物理學和生物學的理論，和實驗事實比對，如果不一致，就須拋棄。完善自然科學的理論，和改善生產科技及醫療程序一樣，需要更多、更好的實驗室研究；而這種研究耗費時間，需要許多專家辛勤努力和昂貴的材料支出。一文不名的科學家，無論多麼天才，自己再也不能獨立進行這種研究。當今實驗工作的中心，是政府、大學、基金會和大企業支持的大型實驗室。在這類實驗機構裡，研究工作已發展成爲職業性例行程序。受僱在裡面工作的人，大多是技術人員，他們照料實驗，記錄數據，提供給本身也許兼作實驗工作的科學研發者用作材料，在將來建構或改進理論。就科學理論的進步而言，普通研究者的實驗成就，只具有輔助作用；但他的一些發現，對於改善醫療方法和企業生產科技，往往有立竿見影的效果。

一般人往往忽略自然科學和人的行爲科學之間在認識論方面的根本差異，以爲要增進經濟學知識，就必須按照醫學、物理學和化學等研究機構經過反覆試驗、成效卓著的方法，來組織經濟學的研究工作。在經濟研究的名目下，已花費爲數可觀的資金。其實，所有這類經濟機構的研究主題，都是最近的經濟史。

鼓勵經濟史的研究，無疑是一件值得鼓掌叫好的事情。然而，無論這方面的研究成果多麼有益，絕不可和經濟學的研究混爲一談。經濟史的研究，不會產生實驗室檢測結果那種意義的事實，也就是不會提供任何一磚一瓦的材料，用來建構或改進某些後驗的假說和定理。正好相反，經濟史的研究，如果未根據一些事先（在沒參照經濟史的情況下）發展出來的理論加以解釋，那是不具意義的。這裡毋須給前面幾章就這一點的說明再補充些什麼。任何關於歷史事件的成因或效果的爭論，絕不可能不倚賴一定的行爲學理論指導，而妄想直接根據事實考察加以解決。[1]

譬如，建立一些癌症研究機構，可能有助於發現某些治療和防止這種惡性疾病的方法。但，任何景氣循環研究機構，對於怎樣避免經濟蕭條反覆發生，是毫無幫助的。把所有關於過往的經濟蕭條資料，以最精確、最可靠的方式蒐集起來，對於理解經濟蕭條的成因，不會有什麼用處。學者並非對於這些資料有什麼不同意見；而是對於該採用哪些定理解釋這些資料，有不同意見。

更爲重要的是，歷史學家，如果沒參照某些在研究一開始便已確認的理論，甚至不可能蒐集任何歷史事件的資料。歷史學家不報告所有事實，而只報告他根據理論、認爲有影響分量的事實；他省略自己認爲對於歷史事件的解釋無關緊要的資料。如果他遭到錯誤的理論誤導，他的報告就會變得拙劣不通，甚至一文不值。

無論再怎麼忠實考察某一時期的經濟史，即使是最近過去的歷史，也不可能取代經濟思想。經濟學，就像邏輯和數學那樣，是抽象推理的鋪陳展示。經濟學絕不可能是實驗的或實證的學問。經濟學家不需要什麼昂貴的儀器或機構來幫他進行研究。他需要的，是清楚思考的能力，能從浩瀚無序的種種事件中，識別什麼是基本的和什麼只是偶然的因素。

經濟史和經濟學之間並不存在衝突。每一門知識，都有它自己的長處和它自己的正當性。經濟學家從未嘗試去鄙薄或否定經濟史的重要性。同樣的，眞正的歷史學家也不會反對研究經濟學。經濟史和經濟學之間的對立，是社會主義者和干預主義者蓄意編造出來的，只因爲他們無法反駁經濟學家針對他們的學說所提出的反對意見。德國的歷史學派和美國的制度學派，試圖以一些所謂「實證」的研究取代經濟學，就是因為他們希望壓制經濟學家的聲音。在他們的計畫中，經濟史是摧毀經濟學威信的手段，也是宣傳干預主義的手段。

第二節　作為一門職業的經濟學

早期的經濟學家致力研究經濟學問題。他們在講授和著述經濟學時，渴望把他們的思想成果傳達給同胞。他們試圖影響輿論，希望健全的政策得以勝出、引導公共事務的處理。他們從未想到經濟學可以作為一門謀生的職業。

職業經濟學家這一行的發展，是干預主義的產物。職業經濟學家是幫助政府設計各式各樣市場干預措施的專家。[2]他是經濟立法方面的行家，而當今經濟立法的目的，總是在阻礙原本未受干擾的市場經濟按照自己的步伐運作。

成千上萬從事這種職業的專家，在各級政府的局處裡，在各政黨和壓力團體的機關裡，在黨報和壓力團體的期刊編輯室裡，忙碌地工作。另外有一些被企業聘為顧問，或自己經營獨立的顧問機構。他們有些人享有全國、乃至全世界的聲望；許多是他們國家最有影響力的人物。時常有這種專家被聘請去督導一些大銀行和大公司的業務，被選進立法機構，乃至被任命為內閣部長。在政治事務的最高領導階層，他們和律師並駕齊驅。他們扮演顯赫的角色，是我們這個干預主義時代最具代表性的特徵。

一群地位這麼重要的人士，當中無疑有些極有才氣的人，甚至是我們這個時代最傑出的人才。但是，他們的行動哲學使他們的眼界變窄。由於他們和某些渴望取得特權的政黨或壓力團體休戚與共，他們變得心態偏頗，對於他們所提倡的那些政策的一些較遙遠的後果，他們視而不見。對他們來說，除了他們此時此刻任職所在團體的短期利益，其他什麼都不重要。他們努力的最終目的，是使他們的顧客成功，不管其他人將犧牲什麼。他們一心一意說服自己相信，人類的命運和他們任職所在團體的短期利益是一體的；他們還試圖向社會大眾推銷前述觀念。當他們爲白銀該有一個較高的價格，或爲他們的工會成員該有較高的工資，或爲較廉價的外國貨該課徵關稅而奮鬥的時候，他們聲稱自己在爲人間至善、爲自由和正義、爲國家的繁榮興旺，以及爲人類文明而奮鬥。

社會大眾對遊說立法的說客側目而視，將干預主義式立法所引發令人鬱結的弊端，歸咎於這些遊說者。然而，禍根遠比這些檯面上的說客還深，各式各樣壓力團體的哲學早已滲入立法部門。當今國會裡，有小麥種植業代表、有畜牧業代表、有農會代表、有銀礦業代表、有各工會代表，也有撐不住國外競爭、亟需關稅保護的特定產業代表，以及其他許多壓力團體的代表。他們當中很少有人認爲，國家比他們所代表的壓力團體更爲重要。行政部門的情況也是一樣。內閣農業部長認爲自己是農業利益捍衛者，主要目標是使食物價格飆漲。而勞動部長則認爲自己是工會捍衛者，首要目標是使工會盡可能強大無敵。每一個部會都自行其是，扞格其他部會的努力。

許多人現在抱怨欠缺有創意的治國人才。然而，在干預主義的想法占優勢下，政治生涯只對認同某個壓力團體利益的人敞開大門。一個工會領袖或一個農會幹事的那種心態，不是一個有遠見的政治家必備的那種心態。服侍某個壓力團體的短期利益，不利於培養、造就偉大政治家必備的素質。治國之道，永遠在於長期政策，但壓力團體不在乎長期。德國威瑪政府和法國第三共和可嘆的失敗，主要就是因爲他們的政客只是壓力團體利益專家。

第三節　作為一門職業的商業預測

當商人終於知道，信用擴張所造成的景氣暴升，不可能一直持續，必定導致景氣低迷時，他們意識到，及時知道景氣崩跌何時到來，對他們來說，是很重要的事情。於是，他們向經濟學家請教。

經濟學家知道景氣暴升必定導致蕭條；但他不知道、而且也不可能知道，危機將在何時出現。這端看個案的特殊情況而定；許多政治事件可能影響結果。事實上，不存在任何規則，能據以算出景氣暴升將持續多長，或接下來的景氣衰退會持續多久。而且即使存在這樣的規則，對商人來說，也不會有什麼用處。任何商人若想避免損失，所需要的是，當其他商人仍以爲崩盤的時日還很遠、遠於實際將發生崩盤的日子時，便預知景氣將發生轉折的時點了。那麼，他洞燭機先的知識將給他機會，讓他得以按某一方式、安排個人的生意運作，以便毫髮無傷度過景氣崩盤。但是，如果景氣暴升結束的時日可以按照某個公式計算出來，則所有商人將同時知道蕭條的起點。於是，他們因應這項訊息、努力調整業務經營，將立即導致蕭條的所有景象出現。這時，對他們每個人來說，要避免受害，爲時已晚。

如果眞能計算出未來的市場價格結構，未來將不是不確定的。將不會有企業家的利潤或虧損。商人對經濟學家的期待，其實超出任何凡人力所能企及的範圍。

妄想未來是可預測的；妄想某些公式能取代企業家獨具的了解，也就是，妄想剝除企業家行動或行爲的本質；妄想任何人只消熟悉一些公式，便能夠接管企業經營；這些妄想，就是當今所有反資本主義政策根底的種種謬論和誤解的思維糾結，所必然衍生的結果。在整個所謂馬克思哲學的思想體系裡，絲毫沒提到如下這個關鍵事實：行爲的主要任務，是爲「不確定的」未來可能發生的某個情況預作準備。現在使用首倡者和投機者這兩個名詞時，總帶有侮辱人的含義；這個事實清楚證明，我們這個時代的人甚至想都沒想：行爲的根本問題究竟是什麼？

企業家的了解和判斷，是市場上絕不可能買到的東西。堅持下去、終於帶來利潤的企業家主意，正是大多數人沒想到的主意。產生利潤的，不是正確的遠見，而是優於別人的遠見。獎賞只歸於那些未隨波逐流、沒讓自己被眾人的錯誤所誤導的異議者。某人獲得利潤，只緣於他對別人疏於照料的某個未來需求，預先做了比較適當的供應準備。

企業家和資本家如果充分相信他們自己的計畫是健全的，就會下注他們自己的物質幸福。他們絕不會明知危險，還因爲某個專家的勸告而冒險下注自己的經濟生命。根據小道消息而進出股票和期貨市場的無知民眾，注定要輸掉家當，不管他們從什麼來源獲得靈感和「內線」消息。

事實上，經濟學家和商人都充分知道未來是不確定的。商人知道，經濟學家不可能提供任何關於未來情況的可靠訊息；也知道經濟學家所提供的，充其量只是解釋過去的一些統計資料。對資本家和企業家來說，經濟學家對於未來的意見，不過是一些大可存疑的揣測。資本家和企業家是多疑的，很難加以愚弄；但是，由於他們十分正確的相信，掌握所有可能影響他們事業的資訊，是有益的，所以他們訂閱一些刊載商業預測的報紙和期刊。大企業，由於不想忽略任何消息來源，還僱用一些經濟學家和統計學家當幕僚。

商業預測，如果妄圖消除未來的不確定性、妄圖移除企業家功能中固有的投機性質，絕不會成功。但是，如果用在蒐集相關資料和解釋最近過去的經濟趨勢與發展，倒是可能提供相當有價值的服務。

第四節　經濟學和大學

仰賴稅收支持的大學，必然要接受執政黨的操控。有關當局試圖只任命某些特定人士當教授，以宣揚當局贊同的理念。所有非社會主義政府現在堅定致力於干預市場經濟，所以他們現在只任命干預主義者。在他們看來，大學的首要任務，是把官方的社會哲學推銷給年輕世代。[3]他們用不著經濟學家。

然而，干預主義也在許多獨立的大學盛行。

按照某個古老傳統，大學的目的，不僅僅是要傳授知識，而且還要促進知識與科學發展。大學教師的責任，並非只是把別人發展出來的知識體系傳授給學生；他理應憑藉自己的著作，對擴大知識寶藏有所貢獻；他理應是全球學術界裡一個完全成熟的學者，一個走在通往更多、更好的知識大道上的創新者與先驅。沒有哪一所大學會承認，自己所敦聘的教授在各自的領域裡比任何人差。而每一個大學教授也都會認為自己比得上所在學科裡的所有其他大師；就像最偉大的大師那樣，他對學術進步也貢獻了自己的一份力量。

所有教授都是相等的，這個想法當然純屬虛構。天才的創作，和任何專家就某個小小的主題所發表的專論，兩者之間有巨大差別。不過，在實證研究的領域，倒是可以保留這個虛構故事。偉大的創新者和頭腦簡單、缺乏創意、墨守成規者，在他們的學術研究中，都採取相同的研究技術程序。他們安排實驗室實驗或蒐集歷史文件。他們的研究工作有著相同的外觀。他們的著作指涉相同的主題和問題。他們是相當的，是可以相比的。

然而，在一些像哲學和經濟學這種理論性科學方面，情況就十分不同了。這裡沒有什麼是墨守成規者藉由遵循幾乎千篇一律的模式，便能夠達成的新知；沒有什麼任務，需要孜孜矻矻的專論撰述者認眞負責的辛勤苦幹；沒有實證的研究；一切都必須憑藉深思、冥想和推理能力來達成。沒有什麼專門的研究，因爲所有問題彼此都連結在一起。處理這種知識體系的任何部分，事實上就是處理整個體系。某位知名的歷史學家，就曾經如此形容博士論文在心理和教育方面的意義，他說：它讓撰述者獲得驕傲的自信，自信有一個小小學識角落，儘管很小，可是他對這個角落的認識不輸給任何人。很明顯的，討論某個經濟分析主題的畢業論文，不可能有這種效果。在經濟思想體系裡，沒有這種孤立的角落。

生活在同一時代、對經濟學有基本貢獻的人，從未多過二十個。在經濟學方面，有創意的人，人數和其他學識領域一樣少。此外，許多有創意的經濟學家不從事教職。但是，大學和學院需要成千上萬經濟學教師。依學術界傳統，他們每一個都被要求應該以發表有原創性的著作、而不是僅僅編寫教科書和教學手冊，來證明自己的資格。大學教師的名聲和薪水，多半取決於他的著作，而非他的教學能力。一個當教授的人，不得不寫書出版。如果他覺得自己不適合寫經濟學方面的書，他便轉向經濟史或敘述性經濟學。但這時爲免丟臉，他必定堅稱，他所處理的問題是眞正的經濟學，不是經濟史。他甚至必須厚顏宣稱，他的那些著作涵蓋唯一純正的經濟研究領域，唯獨它們是實證的、歸納的和科學的，而「躺在靠背椅上空想的」理論家純演繹的論述都是沒用的推測。如果他疏於堅持這一點，他就得承認，經濟學教師分成兩類，一類是那些對經濟思想的進步有貢獻的，另一類則是沒有思想貢獻的，儘管後者在其他學科，譬如，最近的經濟史，也許有很好的著述表現。於是，大學裡的氣氛變得不利於經濟學的教導與學習。許多教授——幸好不是所有教授——致力於輕蔑「純理論」。他們毫無系統的蒐集、湊合一堆歷史的和統計的資料，試圖取代經濟分析。他們把經濟學分解成好幾個獨立自主的部門，分別專攻農業經濟學、勞動經濟學、拉丁美洲經濟學和其他許多類似的所謂學門。

大學教育的一個任務，無疑是使學生熟悉一般的經濟史，以及最近的經濟發展。但是，所有這方面的教學努力，如果沒有牢牢建立在徹底熟知經濟學的基礎上，那就注定要失敗。經濟學完全不容許分裂成幾個特殊學門。經濟學處理的主題，永遠是所有行爲現象之間的互連性。如果分別處理每一個生產部門，便不可能清楚看見交換學的問題。不可能專門研究勞動和工資，而未連帶處理商品價格、利率、利潤或虧損、貨幣和信用，以及所有其他重大問題。眞正的工資率決定問題，在專門講述勞動的課程上，甚至不可能觸及。沒有諸如「勞動經濟學」或「農業經濟學」這種專門的經濟學；只有連貫一氣、成爲整體的經濟學。

這些所謂專家在講課和著作中處理的，不是經濟學，而是各個壓力團體的教條。他們忽視經濟學的思辨方法，所以在面對壓力團體爲了爭取特權所炮製出來的意識型態羅網時，無力逃脫而成爲干預主義的思想俘虜。即使是未公開選邊和某個特定壓力團體站在一起的專家，儘管他們口口聲聲保持超然中立，也不經意的贊同干預主義的一些基本教條。一方面，他們專門處理各式各樣、多如牛毛的政府干預措施，另一方面，他們不希望堅持所謂純否定主義或消極主義。所以，每當他們批評政府所採取的干預措施時，都只是爲了推薦自己傾心的干預措施，以取代別人鍾情的干預措施。他們毫不猶豫的贊同干預主義和社會主義共同的基本論點，認爲：未受干擾的市場經濟不公平，傷害了廣大群眾的切身利益，獨厚鐵石心腸的剝削者。在他們看來，凡是證明干預主義無益的經濟學家，肯定都是自甘接受收買，爲大企業不公不義的權利辯護的人。所以，攔阻這種惡棍進入大學，以及攔阻他們的論文發表在大學教師協會主辦的期刊上，絕對必要。

於是，學生搞迷糊了。在數理經濟學家的課堂上，他們被餵食一堆公式，描述假想的均衡狀態，其中不再有任何行爲。他們很快斷定，這些方程式對於理解經濟活動不會有任何用處。而在一些專門的課堂上，他們則聽到一大堆關於干預主義措施的細節。他們必然推斷，實際的經濟情況荒謬極了，因爲均衡從來不存在，而且工資率和農產品價格沒有工會或農夫希望的那麼高。很明顯，根本的改革是絕對必要的。問題是：哪一種改革呢？

大多數學生會毫無保留支持老師所推薦的那些干預主義萬靈丹：如果政府執行最低工資率，並且提供每個人適當的食物和住宅；或者如果政府禁止人造奶油銷售和外國蔗糖進口，則社會情況將是完美的。他們未能看出老師話裡的矛盾。他們的老師，某天悲嘆市場競爭的瘋狂，隔天悲嘆獨占的禍害，某天抱怨價格下跌，隔天抱怨生活成本上漲。他們取得學位，然後試圖盡快在政府或某個強大的壓力團體謀得一份工作。

但是，許多年輕人足夠敏銳，看穿干預主義的種種謬誤。他們固然接受老師的價值判斷，拒絕未受干擾的市場經濟。不過，他們不相信零零星星的一些干預措施能夠成功達成干預所追求的目的。他們的邏輯一貫，把老師的想法推衍到最終的結論。他們轉向社會主義。他們讚揚蘇維埃體制，認爲那是一個新的和更好的文明的開端。

然而，當今許多大學之所以大體上已經成爲社會主義的搖籃，與其說因爲經濟學系裡目前盛行的這些情況，倒不如說因爲其他學系裡所傳授的那些學說。在經濟學系裡，現在仍然找得到一些傑出的經濟學家，甚至其他教師也還熟悉經濟學家曾提出來反對社會主義可行性的一些理由。至於許多傳授哲學、歷史、文學、社會學和政治學的老師，情況就不同了。他們根據某個經過好幾手胡亂轉述而完全扭曲、庸俗化的辯證唯物論（dialectical materialism）版本來解釋歷史。甚至在反對馬克思主義中的唯物論和無神論觀點、從而激昂抨擊馬克思主義的人士當中，也有許多人完全接受**共產黨宣言**和共產國際（the Communist International）的改革方案所宣揚的理念。他們把經濟蕭條、大量失業、通貨膨脹、戰爭和貧窮，解釋爲資本主義必然、固有的弊端，暗示這些現象只會隨著資本主義的消失而消失。

第五節　通識教育和經濟學

在某些國家，如果沒有不同語言族群之間鬥來鬥去的惱人問題，公立的國民教育可以發揮很好的作用，即使教育的內容僅限於閱讀、書寫和算術。對於聰明的小孩，甚至可以增加傳授幾何學、自然科學和國家現行法律的一些基本觀念。然而，一旦希望更進一步，就會碰到一些嚴重的困難。在初級教育層次，教學必然變成灌輸、教化，不可能把任何問題的所有面向呈現給少年人，讓他們在各種不同觀點之間作選擇。同樣不可能的是，找到任何老師，能夠把自己不贊同的一些意見，以某種讓這些意見的贊同者認可的方式傳遞給學生。經營學校的黨派，不僅能夠宣傳自己黨派的信條，還能輕蔑其他黨派的信條。

在宗教信仰教學方面，自由主義者以政教分離的辦法解決這個問題。在自由主義國家，公立學校不再傳授宗教信仰。但是，父母可以自由把自己的小孩送進宗教團體支持的教會學校。

然而，這裡的問題，不僅涉及是否教授宗教信仰或某些和聖經相悖的自然科學理論。它甚至和怎麼教歷史或怎麼教經濟學更有關係。

一般人僅在談起歷史教學的國際政治含義時，才知道有這種問題。現在有些人談到，是否該從歷史教學中去除民族主義和沙文主義的影響。但是，很少有人意識到，在處理歷史教學的國內政治含義時，公正性和客觀性問題也同樣存在。老師本人或教科書撰述者本人的社會哲學，會使他們的敘事染上色彩。講解愈是必須簡化、濃縮，以便使小孩和年輕人還不成熟的心靈能夠理解，偏頗、主觀的色彩便愈是濃厚。

在馬克思主義者和干預主義者看來，學校裡的歷史教學，已因全盤接受前輩自由主義的理念而遭到汙染了。他們希望以自己的歷史解釋，取代「資產階級的」解釋。馬克思主義者認爲，英國的一六八八年革命、美國的獨立革命、法國大革命和十九世紀歐洲大陸的革命運動，都是資產階級的政治運動。它們導致封建制度潰敗、資產階級霸權建立。無產階級群眾當時未獲得解放，而只是從世襲貴族階級的統治過渡到資本主義剝削階級的統治。若要解放工人，就必須廢除資本主義的生產模式。至於如何廢除，干預主義者聲稱，應該透過社會政策或新政（New Deal）來實現。另一方面，正統的馬克思主義者則斷言，只有暴力推翻資產階級的統治體制，才能有效解放無產階級。

對這些有爭議的問題和所隱含的經濟學說，不採取一定的立場，是不可能處理任何時期的歷史的。對於「未完成的革命」、需要由共產主義革命來完成云云這樣的基本假設，歷史教科書和歷史老師絕不可能採取超然中立的立場。每一則關於過去三百餘年間所發生事件的陳述，都隱含對這些爭議已有了一定的判斷。不可能避免在獨立宣言或蓋茨堡演講詞這一方的哲學，和「共產黨宣言」那一方的哲學之間作選擇。挑戰就在這裡，把頭埋在沙堆裡是沒用的。

在高級中學、甚至大學層次，歷史和經濟知識的傳授，實際上是灌輸、教化。大部分學生無疑還不夠成熟，還不能鑑別對錯、批判檢視老師對課題的鋪展，獨立形成自己的看法。

如果國民教育比實際發揮的更有效果，各政黨將會急著想要控制學校系統，以便決定這些科目該怎麼教、教什麼。然而，在年輕世代的政治、社會和經濟理念形成過程中，歷史或通識教育只扮演一個次要角色。報紙、廣播和周遭環境潛移默化的影響，遠比教師和教科書強大許多。教會、政黨和壓力團體的宣傳，影響力遠勝於各級學校，無論教什麼或怎麼教。從學校學到的東西，即使未很快遭到遺忘，往往也經受不住日常生活環境反覆不斷的敲打，而走樣、變形。

第六節　經濟學和公民

經濟學絕不該遭到貶謫，被關在教室和統計室裡，也絕不該只留在少數人的圈子裡宛如祕密般流傳。它是人生和行爲的哲學，關係到每一個人和每一件事情。它是文明，以及人之所以爲人，必不可少的精髓。

在此提到這個事實，並非自我膨脹。今天把這個突出地位指派給經濟學的，不是經濟學家自己，而是所有的人。

所有當今的政治議題，都涉及一般稱爲經濟問題的問題。當前關於社會和政治事務的討論中，所有爭執都涉及行爲學和經濟學的根本問題。每一個人心裡都盤據著某些經濟教條。和從前據稱是哲學和神學研究主題的問題相比，哲學家和神學家現在對於經濟問題更感興趣。小說和戲劇現在也從某些經濟理論角度處理所有人間世事——包括兩性關係。每個人都想到某種經濟學，不管他本人知不知道經濟學。在加入某個政黨時，以及在投下他的選票時，每位公民都必然連帶採取了某個立場，看待一些基本的經濟理論。

在十六、十七世紀，宗教是歐洲政治爭論的主要議題。在十八、十九世紀，歐洲和美國最重要的問題，是代議制政府相對於王權專制之爭。今天，最重要的問題，是市場經濟相對於社會主義之爭。這當然是一個完全要靠經濟分析來解決的問題。訴諸空洞的口號，或者訴諸辯證唯物論那種神祕主義，是沒用的。

任何人都沒有辦法逃避他個人的責任。不管是誰，如果疏於竭盡所能、檢視所有涉及的問題，那就等於自願交出與生俱來的權利給某個自命超人的精英。在這個至關重要的問題上，盲目倚賴某些所謂「專家」，不加鑑別、接受一些口號和成見，等於放棄自決的權利、順從別人的宰制。目前的情況既是如此，對每一個聰明人來說，沒什麼比經濟學更爲重要。他自己，以及後代子孫的命運危如累卵，繫於他對經濟學的理解。

很少有人能夠給經濟思想體系貢獻什麼重要的觀念；但是，所有能明白道理的人，都應該花些時間熟悉經濟學的學說。這是我們這個時代最主要的公民責任。

不管我們喜不喜歡，事實都是：經濟學不能一直是一門深奧的、只有少數學者專家才能掌握的知識。經濟學處理社會一些根本問題；它關係到每個人，也屬於每個人。它是每個公民主要和適當的研習課題。

第七節　經濟學和自由

對於公共事務如何演變，經濟觀念影響至爲重大；這解釋爲什麼政府、政黨和壓力團體熱中於限制經濟思想自由。他們急於宣傳「好的」教條，也同樣急於壓制「壞的」教條，不讓它們發出聲音。在他們看來，眞理欠缺固有的力量，不能獨自保證自身最後勝利；眞理，若想屹立不搖，就需要有警察或其他武裝部隊暴力相挺。在這個觀點看來，判定任何學說是眞、是假的標準，在於支持者實際以武力成功擊敗了不同看法的捍衛者；指揮人間世事發展的上帝或某個神祕力量，總是讓爲正當理由而戰的一方獲勝。政府是上帝派遣的，負有根除異端邪說的神聖使命。

這個不容忍異己、主張迫害異議者的學說，有許多矛盾和不一致的地方。不過，詳述那些矛盾，無濟於事。儘管這個世界從未見過像現代政府、政黨和壓力團體所創立的這樣設計巧妙的宣傳與壓迫體制；然而，一旦遭到某個偉大意識型態的攻擊，所有這些龐大的宣傳與壓迫體制將像紙牌屋那樣立即倒塌。

今天，經濟學的研習，不僅在一些向來野蠻的和新進野蠻的獨裁者所統治的國家，被宣布爲非法，甚至在一些所謂西方民主國家，實際情況也是如出一轍。人們現在公開討論經濟問題時，幾乎完全不顧過去兩百餘年經濟學家的一切論述。現在討論商品價格、工資率、利率和利潤，宛如它們的決定不受任何經濟法則制約似的。政府試圖規定最高商品價格和最低工資率。政治家勸說商人削減利潤、降低價格、提高工資率，宛如這些事情端看商人有沒有値得鼓掌叫好的心意而定。在國際經濟關係處理上，許多人輕率訴諸一些最幼稚的重商主義謬論。很少有人知道所有這些流行學說的缺點，也不知道爲什麼以它們爲根據的政策總是在散布災難。

這些都是令人遺憾的事實。然而，任何人想要回應它們，也只能以如下的方式：追求眞理，永不懈怠！

第三十九章　經濟學和人生的一些基本問題

第一節　科學和人生

一般人通常鑑於現代科學迴避價值判斷而責備現代科學。他們說，活生生的、並且隨時行爲的人，用不著**價值中立**（Wertfreiheit）；他需要知道應該追求什麼目的。如果科學不回答這個問題，科學就是沒用的。然而，這個反對科學的理由，是無稽之談。科學不做價值判斷，但科學提供行爲人所有價值判斷可能需要的一切資訊。科學只在面對如下這個問題時，才保持緘默：生命本身是否值得活下去？

這個問題當然曾經有人提起，而且永遠會有人再予提起。如果最終誰也躲不過死亡和化爲糞土，所有人世間的努力和行爲又有什麼意義呢？人，生活在死亡的陰影下。無論人生旅程中有過什麼成就，他終有一天會去世，拋下曾經胼手胝足締造的一切；每一刻都可能變成他的最後一刻。關於每個人的未來，只有一件事是確定的，那就是死亡。從這個最終和不可避免的結果觀點看來，所有人世間的努力奮鬥，顯然徒勞無益。

再則，即使僅就行爲的立即目的而言，人的行爲也必須視爲無意義。它絕不可能帶來完全滿足；它僅去除一瞬間一部分的不適感。而且，一旦某個需要滿足了，許多新的需要便會蹦出來要求滿足。文明，據說使人變得更貧乏，因爲老是增加人的冀求、從未緩減慾望，反而煽起更多慾望。人所有不辭辛勞的忙碌、苦幹和買賣，人的匆匆忙忙、汲汲營營和熙熙攘攘，都是愚蠢、荒謬的，因爲它們既未提供幸福、也未提供平靜。內心平靜與安詳，不可能藉由行爲和世俗的野心贏得，而只能經由克己和凡事認命的修養贏得。智者唯一所當爲的，就是避開一切行爲，變成純粹沉思冥想的存在，保持靜止修養狀態。

然而，所有這種不安、疑慮和猶豫，都被「人的生命能量」這股不可抗拒的力量克制住了。沒錯，人不可能規避死亡。但是，此刻他還活著；是生命，而非死亡，纏住了他。無論將來等待他的是什麼，他都不能從此時此刻的迫切需求退縮。任何人只要還活著，就不得不服從於生命力（élan vital）的基本衝動。人的天性，要人保持和強化生命，要人感到不滿足，要人採取行動去除不適感，要人追求可以稱爲幸福的境界。在每一個活著的生物身上，都有一股無法解釋、無法分析的*Id*[1]在發揮作用。這個*Id*是所有衝動的動因，是那股迫使人進入生命和行爲領域的力量，是原始和無法根絕的渴望，渴望比較圓滿和比較幸福的存在狀態。只要人還活著，它就發揮作用；只有當生命熄滅時，它才停止作用。

人的理性爲這股生命衝動服務。理性的生物性功能，就是保持和提升生命，盡可能延後生命熄滅的時間。思想和行爲，並不違反自然，反倒是人的天性中最重要的特徵。對有別於非人類生物的人，最爲適切的描述是：這個生物有意地努力對抗各種不利於其生命的力量。

因此，說什麼非理性的元素至爲重要，都是沒用的空話。在我們的理性不能解釋、分析或想像爲什麼存在的這個世界中，有一個狹窄的範圍留給理性運作，讓人能夠在某個程度內去除不適感。這就是理智和理性的領域，也就是科學和有意行爲的領域。它的範圍狹窄也好，人在其中所能獲得的成果極其有限也罷，都不會讓人想到：他應該凡事認命、渾渾噩噩過一生。再怎麼精細、微妙的哲學論證，也不可能克制任何健康的人採取一些——在他想來——能滿足需要的行爲。或許沒錯，在人的靈魂最深、最隱蔽的角落，有一個渴望，渴望能完全平靜和靜止像某種純植物性存在那樣。但在活人身上，這種渴望，無論眞是什麼，都不比採取行爲、改善自身處境的衝動來得強大。凡事認命的修養心態一旦占了上風，人就死了；他不會變成一株植物。

沒錯，行爲學和經濟學沒告訴任何人該保持或該放棄生命。生命本身，以及產生生命並使生命生生不息的那些未知的力量，都是最終給定的事實，因此超出人的科學範圍。行爲學的主題，只是**人的**生命的基本表現，也就是行爲。

第二節　經濟學和價值判斷

雖然有許多人責怪經濟學對於價值判斷保持中立，另外有些人卻責怪經濟學據稱嗜好價值判斷。有些人聲稱，經濟學必然是要表達價值判斷的，所以不是眞正的科學，因爲判定是否科學的標準是價值中立。另外有些人則認爲，好的經濟學應該是、也可以是價值中立的，只有不好的經濟學家才違犯這個基本要求。

這些問題的討論，當中的語義混淆，是由於許多經濟學家在用字遣詞上不夠精確所致。假設某個經濟學家研究某個措施 a，看它能否產生人藉由它想要達到的結果 p，卻發現 a 不會產生 p、而是產生 g；而這個結果 g，即使支持措施 a 的人也認爲不可取。如果在陳述其研究結論時，該經濟學家說 a 是一個不好的措施，他可不是在宣布某個價值判斷。他只是說，從想要達到目標 p 的那些人的觀點來說，措施 a 是不適當的。主張自由貿易的經濟學家，正是就這個意思抨擊貿易保護。他們證明，貿易保護不會像主張保護者相信的那樣，會增加所有商品的總產量，而是恰好相反，會減少所有商品的總產量。所以，從喜歡商品供給比較豐富、而不喜歡供給比較少的那些人的觀點來說，貿易保護是不好的。經濟學家，正是就這個意思，從各種政策所追求的目標觀點，批評政策。如果經濟學家宣稱最低工資率是不好的政策，他的意思是，該政策的效果和建議實施該政策者的目的背道而馳。

行爲學和經濟學，從前述同一觀點，看待人類生存和社會演進的根本原理——社會的分工合作，認爲它是比自給自足、各自謀生更有效率的行爲模式。行爲學和經濟學沒說，人應該和平的在社會連結的框架內合作；它們只是說，人**如果**希望使自己的行爲更爲成功，就必須這樣行爲。經濟學家認爲，人之所以服從建立、保持和增強社會合作所需的道德守則，並不是在爲某個神祕的存在奉獻犧牲，而是在採取最有效率的行爲模式；也就是，爲了得到一些認爲具有更高價值的回報，而付出代價——服從必要的道德守則。

這是以自律的、理性主義的和唯意志論的道德觀，取代直覺主義的和天啓聖訓的他律道德觀。所有反自由主義學派和教條主義聯軍最猖狂的一些攻擊，針對的正是這個道德觀的替換。他們全都責怪功利主義哲學，說對於人性和人的行爲的最終動機，功利主義的描述、分析太過簡約無情。針對這些批評，本書各頁已經提出了許多理由予以駁斥，這裡毋須增加任何補充。只有一點應該再加以批駁，因爲它一方面是所有現代言不由衷者的至高教條，而另一方面它也給了普通知識分子一個樂於接受的藉口，用來逃避研習經濟學必經的辛苦思想鍛鍊。

經濟學，據說秉承理性主義的一些先入之見，假設人只追求物質幸福或以此爲首要目標。但實際上，人偏好非理性的目標，甚於理性的目標；人比較想要實現神話和理想，而非比較想要有較高水準的生活享受。

經濟學有下面兩點回應：

一、經濟學並不認爲或假設，人只追求物質幸福或以此爲首要目標。經濟學，作爲比較廣泛的人的行爲理論當中的一個學門，處理人的所有行爲，也就是，處理人有意追求自己選定的一些目標，無論這些目標是什麼。在選定的目標上，使用理性的或非理性的概念，是荒謬的。我們可以把最終給定的事實，亦即，把我們既不能進一步分析、不能進一步化約爲其他一些最終給定的那些東西，稱爲非理性的。那麼，行爲人選定的每一個最終目標，便是非理性的。像克羅伊斯（Croesus）那樣追求財富，和像佛教僧徒那樣追求貧窮相比，既不是更理性的，也不是更非理性的。

二、當批評者使用「理性的目的」一詞時，他們指的是，渴望物質幸福和較高的生活水準。他們說，人一般，而我們當代人尤其，比較想要實現神話和理想，而非比較想要有較高水準的生活享受。他們這則聲明的眞假，是一個事實問題。雖然沒有哪一個聰明人會給不出正確的答案，我們不妨忽略這個問題。因爲對於神話，經濟學既說不上贊同、也說不上反對。對於工會的理論、信用擴張的理論和所有類似的理論，只要這些理論以神話的面貌呈現它們自己、被它們的擁護者當作神話支持，經濟學是完全中立的。只有當這些神話自稱是關於某些手段、適合達成某些特定目的的科學理論時，經濟學才會處理它們。經濟學沒說工會主義是不好的神話。經濟學只說，要爲所有渴望賺取工資者提高工資率，工會主義不是一個適當手段。經濟學留給每個人去決定，實現工會的神話，是否比避免工會政策的必然後果更爲重要。

就這個意義而言，我們不妨說，經濟學是無政治的或非政治的，雖然它是政治的基礎、是任何政治行爲的基礎。我們不妨再進一步說，對於所有價值判斷，經濟學是完全中立的，因爲經濟學始終僅指涉手段的選擇，從來不指涉最終目的的選擇。

第三節　經濟知識和人的行為

人的選擇和行爲自由，受到三個不同方面的限制。首先是物理方面的法則。人，如果還希望活下去，就必須調整自己的行爲，去適應自然法則的無情束縛。第二方面的限制，是每個人天生體質的特徵、性向和環境因素的作用；我們知道，這些因素對於目的和手段的選擇都有影響，雖然對於它們如何產生影響，我們的認識十分模糊。第三方面的限制，是關於各種手段和各種目的之間的互連現象所服從的規律，也就是，有別於前述物理和生理法則的行爲學法則。

對於前述第三類宇宙法則的說明和範疇形式的研究，是行爲學和迄今發展得最好的行爲學部門——經濟學——的主題。經濟知識體系，是人類文明一個根本的結構元素；它是現代工業制度，以及過去幾個世紀，人類在道德、知性、生產科技、醫療技術等方面的一切成就所賴以建立的基礎。人是否會善用這個知識體系所提供的豐富寶藏或將它束諸高閣，全憑人自己決定。但如果人沒好好利用經濟學，反而忽視經濟學的教誨和警告，人將不會使經濟學失效；而是將會撲滅社會和人類。

注 釋(下)

第十八章

[1] 下面幾頁將表明，人為什麼會有這樣的行為方式。

[2] 如果耐久度延長沒和所需增加的花費至少成比例，則增加耐久度較短的產品數量，就會比較划算。

[3] 參見Böhm-Bawerk, *Kleinere Abhandlungen über Kapital und Zins,* vol. II in *Gesammelte Schriften* ed. F. X. Weiss (Vienna, 1926), p. 169。

[4] 時序偏好不是人特有的現象；它是所有生物行為固有的一個特性。人特別的地方，在於他的時序偏好不是固定不變的；他延長照應期，不像某些儲藏食物的動物那樣只是純粹的本能，而是價值衡量的結果。

[5] 對龐巴衛克的這部分論述，作者有一比較詳細的批判分析；對此一分析有興趣的讀者，可參見Mises, *Nationalökonomie*, pp. 439-443。

[6] 參見F. A. Fetter, *Economic Principles* (New York, 1923), I, 239。

[7] 這裡的評論駁倒Frank H. Knight在他的文章，"Capital, Time and the Interest Rate," *Economica,* n.s., I, 257-286，所提出的反對時序偏好理論的意見。

[8] 參閱F. A. Hayek, *The Pure Theory of Capital* (London, 1941), p. 48。將某些思想路線冠上國籍，實在讓人覺得彆扭。正如Hayek適切指出的（p. 47, n. 1）：自李嘉圖，特別是穆勒（J. S. Mill，他的部分思想很可能受到J. Rae的影響）以下的古典英國經濟學家，在某些方面，比他們近代的盎格魯—撒克遜繼承者更富於「奧地利學派」色彩。

[9] 參見W. S. Jevons, *The Theory of Political Economy* (4th ed. London, 1924), pp. 224-229。

[10] 這也隱含大自然賜予的要素供給數量相同。

[11] 參見John Bates Clark, *Essentials of Economic Theory* (New York, 1907), pp. 133ff。

[12] 關於馬克思主義者對遺傳學的攻擊，請見T. D. Lysenko, *Heredity and Variability* (New York, 1945)。關於這個爭論的一個批判性評估，請見J. R. Baker, *Science and the Planned State* (New York, 1945), pp. 71-76。

【13】譯者注：讀者請注意，本書首版發表於一九四九年。

【14】參見Mises, *Omnipotent Government* (New York, 1944), p. 99，以及那裡引述的一些書籍。

【15】參見第十六章第九節和第二十四章第三節。

【16】參見Hayek, “The Mythology of Capital,” *The Quarterly Journal of Economics*, L (1936), 223 ff。

【17】國家和自治城市，在市場經濟裡，也只是代表某些特定團體的行為人，而它們所代表的這些團體則是由某些行動一致的個人組成的。

【18】有一個流行的學說認為，股票市場「吸收」資本和貨幣。F. Machlup批判分析，並且完全駁倒這個學說。請參見*The Stock Market, Credit and Capital Formation,* trans. By V. Smith (London, 1940), pp. 6-153。

【19】每一個現金引起的貨幣購買力變動實例所造成的財富與所得變動，對資本累積會有間接影響。

第十九章

【1】譯者注：參見第十四章第七節。

【2】這是流行的利息定義，例如，Ely, Adams, Lorenz, and Young, *Outlines of Economics* (3rd ed. New York, 1920), p. 493，就是這樣給利息下定義的。

【3】參照Hayek, “The Mythology of Capital,” *The Quarterly Journal Of Economics*, L (1936), 223 ff。然而，Hayek教授後來改變了他的一部分觀點（參照Hayek, “Time-Preference and Productivity, a Reconsideration”, *Economica*, XII [1945], 22-25.）。這裡所批評的觀點，現在仍然廣受經濟學者支持。

【4】參見J. Schumpeter, *The Theory of Economic Development*, trans. By R. Opie (Cambridge, 1934), pp. 34-46, 54。

【5】參見Robbins, “On a Certain Ambiguity in the Conception of Stationary Equilibrium,” *The Economic Journal,* XL (1930), 211 ff。

【6】參見R. Whately, *Elements of Logic*（9th ed. London, 1848）, pp. 354 ff.; E. Cannan, *A History of the Theories of Production and Distribution in English Political Economy from 1776 to 1848*（3rd ed. London, 1924）, pp. 189 ff。

【7】但是，當然，時下對所有經濟概念的刻意混淆，有利於模糊這裡所強調的區別。於是，在美國，當討論到公司所分發的股利時，人們以為那是「利潤」。

【8】當然，也有些借貸契約偏離這個慣例。

第二十章

【1】參見第十二章第五節最後第四段之後。

【2】譯者注：達摩克利斯劍(The Sword of Damocles) 表示時刻存在的危險。源自古希臘傳說。

【3】這個情況（情況 b）和上一章第二節所討論的世界末日預期即將來臨的情況（情況 a）的差異在於：在情況 a，本源利息之所以增加到無法計量的地步，乃是因為未來財貨變成毫無價值；在情況 b，本源利息沒改變，而毛利率中的企業家成分則增加到無法計量的地步。

【4】參見Irving Fisher, *The Rate of Interest* (New York, 1907), pp. 77 ff。

【5】我們此刻正在處理一個未受干擾的勞動市場情況。關於凱因斯勳爵所提的主張，見第三十章第三節和第三十一章第四節。

【6】關於「長波」的景氣波動，請見第八節。

【7】譯者注：這裡所謂價格貼水，應係指貨幣購買力下降的幅度，而不是實際包含在市場毛利率裡的價格貼水。百分之九十的貼現率低得離譜，因為它沒包含充分反映購買力下降的價格貼水。

【8】參見G. v. Haberler, *Prosperity and Depression* (new ed. League of Nations’ Report, Geneva, 1939), p. 7。

【9】我們不該陷入幻覺，以為銀行界的信用政策之所以改變，是因為銀行家和貨幣當局洞悉，繼續信用擴張，將不可避免帶來一些嚴重的後果。誘使銀行界改變行為的因素，是將在第三十一章第五節討論的一些制度條件。在經濟學的擁護者當中，某些私人銀行家是很傑出的；尤其是，景氣循環理論雛形——通貨理論的詳細鋪陳，大多是英國一些私人銀行家的成就。但是，受託管理中央銀行和控制政府各種貨幣政策的那些人，通常不認為不斷擴張信用有什麼錯，而且一有人批評他們的擴張主義冒險，他們就動怒。

【10】參見第三十一章第五節。

【11】這兩個方法，其一為在當下的英鎊匯率下恢復英鎊與黃金的自由兌換，另一為在戰前的英鎊平價下恢復英

鎊與黃金的自由兌換。參見第三十一章第二節。

[12] 參見第十七章第十八節。

[13] Bearley Ruml, "Taxes for Revenue Are Obsolete," *American Affairs*, VIII (1946), pp. 35-36.

[14] Machlup (*The Stock Market, Credit and Capital Formation*, p. 248)把銀行界的這種行為稱作「消極的通貨膨脹主義」。

[15] 參見第十七章第十九節。

[16] 在均勻輪轉的經濟裡，可能也會有不能轉換用途的產能遭到閒置。這種閒置的產能，對均衡狀態不構成妨礙，就像邊際以下的土地處於休耕狀態，並不妨礙均衡。

[17] Hayek (*Prices and Production* [2nd ed. London, 1935], pp. 96 ff.) 透過一個稍微不同的推理過程，得到相同的結論。

[18] 關於馬克思主義和所有其他消費不足理論的根本錯誤，見第十五章第九節附錄。

[19] 關於這些貨幣和信用操縱手法，參見第三十一章。

[20] 值得注意的是，在英語中，同一名詞（speculation）被用來表示首倡者和企業家的預先沉思與隨後的行為，以及理論家純學術的、不直接導致任何行為的論證。

第二十一章

[1] 認知，作為一個行為，不追求行為以外的目標。讓思想家感到滿足的，是思想本身，而不是獲得完美的知識——凡人絕不可能達到的一個目標。

[2] 幾乎毋須多加說明：這裡把渴求知識與篤行虔誠的生活，拿來和運動與遊戲比較，並不隱含對任何一個比較對象有任何輕視的意思。

[3] Engels, *Herrn Eugen Dübrings Umwälzung Wissenschaft* (7th ed. Stuttgart, 1910), p. 317.

[4] 參見第七章第二節。

[5] 參見Adam Smith, *An Inquiry into the Nature and Causes of the Wealth of Nations* (Basle, 1791), vol. I, Bk. I, chap. Viii, p. 100。亞當・史密斯本人後來似乎不經意地放棄了這個想法。見W. H. Hutt, *The Theory of*

Collective Bargaining (London, 1930), pp. 24-25。

【6】譯者注：見第十六章第八節。

【7】在十八世紀最後幾年，英國因為和法國長久交戰、並以一些通貨膨脹方法籌措戰費，而陷入艱困的局面，乃臨時採用了這個應急的辦法（英史稱為the Speenhamland system）。該辦法真正的目的，是防止農業工人離開工作崗位、進入工廠賺取更高工資。因此，這個辦法其實是偽裝的補貼，發放給擁有土地的士紳階級，幫他們省下較高的工資費用。

【8】參見Marx, *Das Kapital* (7th ed. Hamburg, 1914), I, 133。在《共產黨宣言》裡（第二節），馬克思和恩格斯以如下方式闡述他們的理論：「賺取工資的勞動，其平均價格是最低工資，亦即，維持勞動者繼續作為勞動者苟活，所絕對必要的那個數量的生存物資」。它「僅僅足夠延續和再產生一個苟活的勞動者」。

【9】見Marx, *Das Kapital*, p. 134。馬克思所使用的那個在本文中被翻譯為「生活必需品」的字眼是"Lebensmittel"。*Muret-Sanders Dictionary* (16th ed.)把這個字眼翻譯成"articles of food, provisions, victuals, grub."（「各種食品、糧食、食物、吃的東西。」）。

【10】參見第十七章第四節。

【11】其他每單位時間內工作執行質量的起伏變化——譬如，恢復因休息而中斷的工作，一開始會經過一段工作效率較差的時間——對市場上的勞動供給幾乎沒有什麼影響。

【12】參見第十五章第九節。

【13】將「工業革命」一詞和英國漢諾威王室最後兩任喬治國王統治時期（1760-1830）連結在一起，是歷史學家刻意嘗試將經濟史改寫成通俗劇，以便削足適履把經濟史納入馬克思主義體系的結果。從歐洲中古世紀的生產方法轉變成自由企業制度的生產方法，是一個漫長、漸進的過程，早在一七六〇年以前的好幾個世紀便已開始，而且即使在英國，也不是到了一八三〇年便結束了。但是，沒錯，英國的工業發展在十八世紀下半葉顯著加速。所以，在檢視費邊主義、馬克思主義、歷史學派和制度學派在「工業革命」身上搭載的情緒性含義時，使用「工業革命」一詞，是可允許的。

【14】參見J. L. Hammond and Barbara Hammond, *The Skilled Labourer 1760-1830* (2nd ed. London, 1920), p.4。

【15】在七年戰爭中（1756-1763），一千五百一十二個英國水兵在戰鬥中陣亡，而死於疾病或失蹤的人數卻高達十三萬三千七百零八人。見W. L. Dorn, *Competition for Empire 1740-1763* (New York, 1940), p. 114。

[16] 見前面所引J. L. Hammond and Barbara Hammond著作同頁。

[17] F. C. Dietz, *An Economic History of England* (New York, 1942), pp. 279 and 392.

[18] Margaret Mitchell，在她的暢銷小說《飄》（*Gone With the Wind*, [New York, 1936]）裡，歌頌美國南方的奴隸制度，很謹慎的避開種植園裡那些黑奴的一切細節，反倒特別喜歡書寫主人家裡那些奴僕的情況。這些奴僕，即使在她的記述中，也顯然是整個奴僕階級的貴族。

[19] 關於贊成美國奴隸制度的理論，見Charles and Mary Beard, *The Rise of American Civilization* (1944), I, pp. 703-710；以及C. F. Merriam, *A History of American Political Theories* (New York, 1924), pp. 227-251。

[20] 參見Ciccoti, *Le Déclin de l'esclavage antique* (Paris, 1910), pp. 292 ff.; Salvioli, *Le Capitalisme dans le monde antique* (Paris, 1906), pp. 141 ff.; Cairnes, *The Slave Power* (London, 1862), p. 234。

第二十二章

[1] Fetter（*Encyclopedia of the Social Sciences*, XIII, 291）說，它是「一個遭到扭曲的邊際學派理論」。

[2] 參見 Amonn, *Ricardo als Begründer der theoretischen Nationalökonomie* (Jena, 1924), pp. 54 ff。

[3] 參見，例如，Haney, *History of Economic Thought* (rev. ed. New York, 1927), p. 275。

[4] 那些把地主在其土地上狩獵、捕魚和採礦方面的權利和其他權利分離的法律規定，對於交換學來說，沒有特別意義。此外，在交換學中，土地一詞的意思，也包含水域。

[5] 因此，能趨疲（entropy）問題，也在行為學思索的範圍之外。

[6] Ricardo, *Principles of Political Economy and Taxation*, p. 34.

[7] 有一些區域，那裡的每一個角落都用於耕種或其他用途。但這是因為一些制度阻礙那些區域的居民移居他處，去占用一些比較肥沃的、尚待使用的土地所致。

[8] 土地的估價，絕不可和土地改良物的估價混為一談。所謂土地改良物，指資本和勞動投入在土地上所產生的那些不能移動和不能轉換用途的成果，這些成果有利於土地利用，提高未來每單位流動投入的產出。

[9] 當然，這些觀察僅指涉沒有制度性障礙阻止資本與勞動移動的場合。

[10] 這裡須再次提醒讀者注意，均勻輪轉的經濟假想不能邏輯一貫的推演到最終結果（見第十四章第五節）。

在土地問題方面，這裡須強調兩點：第一，在這個假想的經濟架構裡，由於各種事務的執行全無變化，所以沒有土地買賣的空間。第二，為了把採礦和鑽油的行為納入這個假想的建構，我們必須賦予礦藏和油井永不耗竭的性質，亦即，必須忽略任何開採中的礦藏和油井可能枯竭，甚至必須忽略它們的產出數量或所需的流動投入數量可能發生變化。

第二十三章

【1】參見第二章第五節。

【2】參見Strigl, *Die ökonomieschen Kategorien und die Organisation der Wirtschaft* (Jena, 1923), pp. 18 ff。

【3】參見Cohen and Nagel, *An Introduction to Logic and Scientific Method* (New York, 1939), pp. 316-322。

【4】大部分社會改革者，特別是傅立葉和馬克思，悶不吭聲的忽略，對去除人的不適感有用的手段，「大自然的賜予稀少」這個事實。在他們看來，一切有用的東西不夠豐富，全是資本主義生產模式的缺陷所造成的，而在共產主義的「較高階段」，手段稀少的事實將消失不見。某個傑出的孟什維克黨作家，當不得不提到自然給定條件限制了人的物質幸福時，以純正的馬克思主義風格，把大自然稱為「最冷酷無情的剝削者。」參見Mania Gordon, *Workers Before and After Lenin* (New York, 1941), pp. 227, 458。

【5】外來的強制和脅迫對市場現象的干擾，所造成的一些經濟後果，將在本書第六篇處理。

【6】參見Albert L. Meyers, *Modern Economics* (New York, 1946), p. 672。

【7】這是民主的一般特徵，不管是政治方面的或是經濟方面的民主。民主選舉不保證被選出的人完美無瑕，而只保證大多數選民偏好他甚於其他候選人。

【8】關於決定貨幣購買力的那些因素的變化所產生的影響，請見第十七章第六節。關於資本的消費和累積，請見第十八章第七節。

【9】參見第二十二章第二節。

【10】十八世紀晚期，歐洲各國政府開始制定一些以保護森林為目的的法律。然而，如果認為這些法律對於森林的保護產生了什麼作用，那就是一個嚴重的錯誤。在十九世紀中期以前，沒有執行這些法律的行政機構。除了奧地利和普魯士政府，更不用說那些比較小的德意志邦聯州，各地方政府在面對那些貴族大人時，實

際上欠缺權力、執行這些法律。在一九一四年以前，沒有哪一個公務員膽敢觸怒某個波西米亞或西里西亞的權貴或某個德意志附屬公國的Standesherr。這些王公和伯爵是自動自發致力於森林保護工作，因為他們覺得完全安全占有他們的財產，並且渴望保持他們的收入來源和地產的市價永不墜落。

[11] 當然也可以說他們認為，小心保護土壤和森林所產生的一些好處，是和他們無關的外部經濟。

[12] 關於公共支出的精采分析，參見Henry Hazlitt, *Economics in One Lesson* (New York, 1946), pp. 16-29。

[13] 參見第七章第三節。

[14] 參見第十六章第六節。

第二十四章

[1] Cf. Montaigne, *Essais*, ed. F. Strowski, Bk. I, chap. 22 (Bordeaux, 1906), I, 135-136; A. Oncken, *Geschichte der Nationalökonomie* (Leipzig, 1902), pp. 152-153; E. F. Heckscher, *Mercantilism*, trans. by M. Shapiro (London, 1935), II, 26-27.

[2] Cf. Louis Napoleon Bonaparte, *Extinction du pauperisme* (éd. Populaire, Paris, 1848), p. 6.

[3] H. G. Wells (*The World of William Clissold*, Bk. IV, sec. 10)以這些話語，描述英國貴族階級的某個代表性人士的典型意見。

[4] 關於最適人口的定義，請參見本書第七章第二節報酬律的論述。

[5] 馬爾薩斯的人口律，當然是一個生物學的定律，而不是一個行為學的定律。然而，對行為學來說，為了藉由對照來理解人的行為的根本特徵，人口律的認識是絕對必要的。由於自然科學未能發現人口律，經濟學家不得不填補這個缺口。另外，人口律的歷史也推翻了流行的迷思：說什麼人的行為科學諸部門是落後的，說它們需要向一些自然科學取經：這完全是無稽之談。

[6] 馬爾薩斯本人使用道德約束一詞，也不帶任何價值判斷或倫理含義。參見Bonar, *Malthus and His Work* (London, 1885), p. 53。我們也可以用行為約束一詞取代道德約束。

[7] 我們也可以用「長期」利益，取代「正確了解的」利益。

[8] Cf. Bentham, *Principles of the Civil Code*, in "Works," I, 309.

[9] 羅馬天主教的正式教條，在教宗庇護十一世發表於一九三一年的《四十年》通諭裡有一概述。英國天主教的教條，在已故坎特布里大主教William Temple的著作*Christianity and the Social Order* (Penguin Special, 1942)有一個說明。代表歐洲大陸新教信仰的，是Emil Brunner的著作*Justice and the Social Order* (trans. by M. Hottinger [New York, 1945])。世界基督教協會於一九四八年九月的大會報告草稿中，關於「基督教和社會失序」的那一節，是一份非常重要的文件，建議協會成員代表所屬的一百五十幾個教派採取適當行動。至於Nicolas Berdyaew這位俄國東正教最傑出的衛道者的理念，請參見他的著作*The Origin of Russian Communism* (London, 1937)，尤其是217-218頁和225頁。時常有人宣稱，馬克思主義者和其他社會主義或干預主義政黨之間的基本差別，在於馬克思主義者擁護階級鬥爭，而其他那些政黨則把階級鬥爭，視為資本主義固有的階級利益不可調和的衝突，所帶來的一個可悲的副產物，並且希望透過實現他們所建議的改革，來克服這種鬥爭。然而，馬克思主義者並非為了階級鬥爭本身而讚美和煽動階級鬥爭。在他們看來，階級鬥爭是好的，只因它是「各種生產力」——亦即，那些引導人類演化過程的神祕力量——藉以勢必實現無階級社會的方法：在將來的無階級社會裡，既沒有階級，也沒有階級鬥爭。

[10] 在社會主義下不可能進行經濟計算，相關證明將徹底揭露這是一個幻覺。參見本書第五篇。

[11] 參見第二十一章第五節。

[12] 本文所駁斥的學說，最出色的闡述者是John Stuart Mill（*Principles of Political Economy* [People's ed. London, 1867], pp. 126 ff.），然而，Mill利用這個學說，只是為了反駁一個反對社會主義的理由，亦即，由於廢除自私自利的激勵作用，社會主義將減損勞動生產力。他還沒盲目到聲稱勞動生產力在社會主義下將大幅提高。針對Mill這個學說的分析與反駁，請參見Mises, *Socialism*, pp. 173-181。

[13] 這個推論模式主要是許多捍衛基督教社會主義的著名人士所採用的。馬克思主義者提倡社會主義，向來根據社會主義據說將使生產力倍增，從而給每個人帶來空前的物質財富。直到最近，他們才改變他們的宣傳手法。他們宣稱俄國工人比美國工人快樂，儘管他的生活水準遠低於後者；但他知道，他生活在公平的社會制度下，這個認知綽綽有餘的彌補了他在物質生活上的艱辛。

[14] 參見第十六章第六節。

[15] 參見本書第六篇。

[16] Cf. Spann, *Der wahre Staat* (Leipzig, 1921), p. 249.

[17] 譯者注：關於經濟民族主義一詞的意思，請參見第九章第二節。

[18] 參見第十六章第六節和第三十四章第一節。

[19] 關於國際聯盟為消除經濟戰所做的幾次未成功的嘗試，Rappard曾予以檢討。見*Le Nationalisme économique et la Société* des Nations (Paris, 1938)。

第五篇

第二十五章

[1] 譯者注：某些經濟學者喜歡以「一隻看不見的手」比喻市場運作。針對這種科學之外或者說非科學的「比喻」，米塞斯的這句評語，是譯者所知最一針見血的批評。

[2] 參見第二十七章第二節。

[3] 然而，即使到了現在，在美國，仍然有人希望摧毀大規模生產事業單位，廢除公司型態的企業組織。

[4] Cf. Marx, *Das Kapital* (7th ed. Hamburg, 1914), I, 728.

[5] 見前引著作同處。

第二十六章

[1] 參見第十四章第五節。

[2] 如果不是出自忙著到處莽撞、高調鼓吹「科學統一」計畫的「邏輯實證主義」這個學術小圈圈，這個解決方案甚至幾乎不值一提。參見這個小圈圈已故的主要組織者，Otto Neurath的著作。Neurath於一九一九年擔任短命的慕尼黑蘇維埃共和國的社會化局局長。特別是他的著作，*Durch Kriegswirtschaft zur Naturalwirtschaft* (Munich, 1919), pp. 216 ff.。另外，參見C. Landauer, *Planwirtschaft und Verkehrswirtschaft* (Munich and Leipzig, 1931), p. 122。

[3] 所謂「較好」的意思，當然，是指在市場上購買東西的消費者認為比較滿意的。

[4] 當然，這裡僅指涉那些像H. D. Dickinson教授和Oskar Lange教授這樣熟悉經濟思想的社會主義者或共產主義者。無數遲鈍的「知識分子」將不會拋棄他們對社會主義優越性的迷信。各種迷信都是很難改變的。

【5】譯者注：當前流行的經濟學教科書所闡述的所謂廠商理論，就是這種級別的理論。

【6】參見第十五章第十節。

【7】Cf. Mises, *Socialism*, pp. 137-142; Hayek, *Individualism and Economic Order* (Chicago, 1948), pp. 119-208.

【8】Cf. H. D. Dickinson, *Economics of Socialism* (Oxford, 1939), p. 191.

【9】關於工團主義國家這種設想的分析，參見第三十四章第四節。

【10】供給的意思，是一份完整的存貨清單，分門別類記載可供使用的全部存貨數量。每一類存貨只包含那些在各方面（譬如，包含它們所在的位置）對需求滿足的重要性都完全一模一樣的物料項目。

【11】當然，我們可以假設 T_1 等於 T_n，如果我們想要暗示，科技知識發展已經達到可能達到的最後階段。

【12】譯者注：Mises在這裡點出Hayek在一九三〇年代社會主義經濟計算大辯論中所提意見的不足之處。Mises已在前面證明，數理經濟學描述均衡的那組微分方程式，無法取代經濟計算的功能。

【13】關於計算均衡的代數問題，請參見Pareto, *Manuel d'économie politique* (2nd ed. Paris, 1927), pp. 233 ff.；以及Hayek, *Collectivist Economic Planning* (London, 1935), pp. 207-214。

第六篇

第二十七章

【1】參見第十五章第一節。

【2】參見第三十章第一和第二節。

【3】Cf. A. H. Hansen, "Social Planning for Tomorrow," in *The United States after the War* (Cornell University Lectures, Ithaca, 1945), pp. 32-33.

【4】參見第十五章第十二節。

【5】（3rd ed. Oxford, 1934）, p. 74.

【6】（5th ed. Springfield, 1946）, p. 73.

【7】Cf. Laski's Broadcast, "Revolution by Consent," reprinted in *Talks*, X, no. 10 (October, 1945), 7.

第二十八章

【1】Cf. Harley Lutz, *Guideposts to a Free Economy* (New York, 1945), p. 67.

【2】這是通常處理公共財政問題的觀點。例如，參見Ely, Adams, Lorenz, and Young, *Outlines of Economics* (3rd ed. New York, 1920), p. 702。

【3】同前。

第二十九章

【1】企業家的利潤和虧損不受同情勞工立法影響，因為利潤和虧損完全取決於因應市場情況變化的生產調整、冒險成敗的大小。對於這些利潤和虧損，勞動立法的重要性，僅在於勞動立法是引起市場情況變化的一個因素。

【2】參見第二十一章第七節。

【3】某些納粹哲學家展現這種邏輯一貫性。見Sombart, *A New Social Philosophy*, pp. 242-245.

【4】詳細的分析，見第二十一章第九節。

【5】參見第十七章第十三和十四節。

【6】譯者注：關於經濟民族主義一詞的意思，請參見第九章第二節。

【7】讀者也請參見第十六章第六節提到的卡特爾的功能。

【8】至於從李嘉圖效應的觀點反對這個論點的一些理由，請見第三十章第三節。

第三十章

【1】為了簡化起見，在本節進一步的論述中，我們只處理商品的最高價格干預問題，而在下節，我們也只處理最低工資率。然而，我們的陳述，經過必要的更動，對於商品最低價格和最高工資率干預，也同樣有效。

【2】譯者注：相關道理，參見第十六章第六節。

【3】參見第十六章第十五節。

【4】Cf. Rostovtzeff, *The Social and Economic History of the Roman Empire* (Oxford, 1926), p. 187.

【5】*Corpus Juris Civilis*, I. un. C. X. 37.

【6】Cf. W. H. Beveridge, *Full Employment in a Free Society* (London, 1944), pp. 362-371.

【7】Cf. Hutt, *Theory of Collective Bargaining*, pp. 10-21.

【8】Cf. Marx, *Value, Price and Profit*, ed. E. Marx Aveling (Chicago, Charles H. Kerr & Company), p. 125.

【9】Cf. A. Lozovsky, *Marx and the Trade Unions* (New York, 1935), p. 17.

【10】Cf. Marx, *Value, Price and Profit*, ed. E. Marx Aveling (Chicago, Charles H. Kerr & Company), pp. 126-127.

【11】參見第三十一和第三十三章。

【12】參見第十五章第九節附錄。

【13】參見*Ricardo, Principles of Political Economy and Taxation*, chap. I, sec. v.。「李嘉圖效應」這個名稱，是Hayek在他的著作（*Profits, Interest and Investment* [London, 1939], p. 8）所使用的。

【14】由於這裡僅處理未受干擾的市場經濟情況，我們可以忽略政府借款所引起的資本消費效果。

【15】參見第十八章第九節。

【16】這只是一個假設性的例子。這樣一個強大的工會很可能禁止碼頭使用機械裝置，來裝卸船隻的貨物，以便「創造更多工作機會」。

【17】參見Keynes, *The General Theory of Employment, Interest and Money* (London, 1936), p. 264。對於這個想法的一個批判性檢視，見Albert Hahn, *Deficit Spending and Private Enterprise*, Postwar Readjustments Bulletin No. 8, U. S. Chamber of Commerce, pp. 28-29。關於凱因斯這個計謀在一九三〇年代的成敗，見第三十一章第四節。

第三十一章

【1】參見第十七章第五節。

【2】參見第十七章第十六節。

【3】參見本章第六節。

[4] 譯者注：見第十九章。

[5] "Bliss was it in that dawn to be alive, but to be young was very heaven." Cf. P. A. Samuelson, "Lord Keynes and the *General Theory*," *Econometrica*, 14 (1946), 187; reprinted in *The New Economics*, ed. S. E. Harris (New York, 1947), p. 145.

[6] 如果銀行未透過發行新增的信用媒介（不管是以銀行鈔票形式，或是以存款貨幣形式）擴大提供循環信用，即使銀行把索取的利率降至未受干擾的市場利率以下，也不可能引起景氣暴升。銀行利率徒然降低，將只是給債務人送禮。希望阻止景氣暴升和隨後的景氣衰退反覆發生的人，從貨幣觀點的景氣循環理論引申出來的推論，不是銀行不該降低利率，而是銀行應該放棄信用擴張。Haberler教授（*Prosperity and Depression*, pp. 65-66）完全未能掌握這個關鍵點。因此，他那些批判性意見，無濟於事。

[7] Cf. Machlup, *The Stock Market, Credit and Capital Formation*, pp. 356-261.

[8] Cf. League of Nations, *Economic Stability in the Post-War World*, Report of the Delegation on Economic Depression, Pt. II (Geneva, 1945), p. 173.

[9] 在處理反景氣循環政策時，干預主義者總是會提到，這種政策在瑞典據說相當成功。沒錯，在一九三二和一九三九年間，瑞典的公共資本支出實際增加一倍。但是，這不是一九三〇年代瑞典經濟繁榮的原因，而是經濟繁榮的結果。這個繁榮完全是由於德國重整軍備所造成的。納粹重整軍備的政策，一方面增加德國對瑞典產品的需求，而另一方面，則縮減德國在國際市場上和瑞典競爭銷售同類商品。因此，一些瑞典的出口品從一九三二年到一九三八年增加的情形如下：鐵礦砂從二千二百二十九千噸增至一萬二千四百八十五千噸；生鐵從三萬一千零四十七千噸增至九萬二千九百八十千噸；鐵合金從一萬五千四百五十三千噸增至二萬八千六百零五千噸；其他類鋼鐵從十三萬四千二百三十七千噸增至二十五萬六千一百四十六千噸；機械從四萬六千二百三十千噸增至七萬零六百二十五千噸。申領救濟金的失業人數一九三二年為十一萬四千人，一九三三年為十六萬五千人。當德國重整軍備進入高潮時，瑞典的失業人數立即下降，一九三四年降至十一萬五千人，一九三五年降至六萬二千人，到了一九三八年則是一萬六千人。這個瑞典「奇蹟」的創作者，不是凱因斯，而是希特勒。

第三十二章

[1] 這裡毋須再次強調，在處理經濟問題時，使用政治術語是完全不恰當的。見第十五章第四節。

[2] Cf. A. B. Lerner, *The Economics of Control, Principles of Welfare Economics* (New York, 1944), pp. 307-308.

[3] 譯者注：資本（或者更確切地說，資本財）如果不順從消費者的願望（或者說，對生產消費者想要的東西沒有貢獻），那就沒有價值。沒有價值的「資本」，是已消失的資本，不能算是資本。本文所提到的市場法則，就是這麼簡單。

[4] 參見第二十章第二節。

[5] 參見第十八章第九節。

[6] 譯者注：參見前注3。

第三十三章

[1] Cf. F. R. Fairchild, *Profits and the Ability to Pay Wages* (Irvington-on-Hudson, 1946), p. 47.

[2] 關於基爾特，最詳盡的描述是Sidney and Beatrice Webb的著作，*A Constitution for the Socialist Commonwealth of Great Britain* (London, 1920)；關於社團國家主義，最好的著作是Ugo Papi, *Lezione di Economia Generale e Corporativa*, Vol. III (Padova, 1934)。

[3] 這句話的原文，是墨索里尼於一九三四年一月十三日在參議院宣布的："Solo in un secondo tempo, quando le categorie non abbiano trovato la via dell' accord e dell' equilibrio, lo Stato potrà intervenire."（上面提到的Papi著作於第225頁引述這句話。）

[4] Sidney and Beatrice Webb前引著作，pp. 277ff。

第三十四章

[1] 關於戰爭性質的轉變，介紹傳統解釋最好的一本書，是*Makers of Modern Strategy, Military Thought from Machiavelli to Hitler*, ed. E. M. Earle (Princeton University Press, 1944)；特別是R. R. Palmer貢獻的文章，pp.

49-53。

[2] 就這個意思來說，在進口關稅保護下，德國境內生產的小麥，也是*Ersatz*：它的生產成本比外國的小麥高。*Ersatz*這個概念是一個交換學概念，絕不可根據東西的生產科技或物理性質給予定義。

[3] Cf. Hegel, *Vorlesungen über die Philosophie der Weltgeschichte*, ed. Lasson (Leipzig, 1920), IV, 930-931.

第三十五章

[1] 參考Sulzbach, *German Experience with Social Insurance* (New York, 1947), pp. 22-32。

[2] 參考第十五章第七節和第三十一章第三節。

[3] 參考第十五章第十一節。

[4] 參考第三十二章。

[5] 譯者注：針對俗諺「誠實是最好的政策」，康德曾點評說：「誠實好過任何政策」。這個俗諺顯然屬於功利觀點。康德的點評，似乎把誠實當作絕對價值，但並非和功利思想絕不相容。

[6] 確認這個事實，當然不等於贊同那些嘗試把利息當成忍慾之「報酬」的理論。在這個真實的世界裡，沒有什麼神祕的力量獎賞或懲罰誰。本源的利息究竟是什麼，我們已經在第十九章說明了。不過，針對Lassalle一些似是而非、而無數教科書一再重複引述的諷刺（*Herr Bastiat-Schulze von Delitzsch* in *Gesammelte Reden und Schriften*, ed. Bernstein, V, 167），這裡最好還是強調一下，就儲蓄使儲蓄者喪失立即享受而言，儲蓄是剝奪（entbehrung）。

[7] 保羅是否本人支付這一百美元，或者法律強制他的雇主支付這一百美元，那是沒有什麼差別的。參考第二十一章第五節。

[8] 這句話尤其適用於A. C. Pigou教授的著述，包括他的*Welfare Economics*各版本和多篇各式各樣的論文。對Pigou教授的一些想法的批判，參考Hayek, *Profits, Interest and Investment* (London, 1939), pp. 83-134。

[9] 參考F. H. Knight, "Professor Mises and the Theory of Capital," *Economica*, VIII (1941), 409-427。

[10] 參考Aristotle, *Politics*, Bk. II, chap. iii in *The Basic Works of Aristotle*, ed. R. McKeon (New York, 1945), pp. 1148 f。

[11] 在這個通貨膨脹和信用擴張的年代，試圖利用統計數字回答這個問題是沒用的。

[12] 參考第十二章第四節。

[13] 譯者注：Sir Christopher Wren（1632–1723），著名的英國建築師和天文學家，死後葬於聖保羅大教堂，該教堂是他的傳世作品之一。

[14] If you seek his monument, look around.

第三十六章

[1] 在美國一九四二年通過的法案下，應稅所得級距為$22,000-$26,000者，稅率是百分之五十二。如果附加稅停止在這個所得級距，一九四二年損失的所得稅約為$249,000,000或約為當年全部個人所得稅的百分之二・八。同一年，所得級距在$10,000以上的淨所得總計是$8,912,000,000。即使將這些所得全部沒收，所得到的稅收，也沒有這一年從所有應稅所得課徵來的稅收$9,046,000,000多。參考*A Tax Program for a Solvent America*, Committee on Postwar Tax Policy (New York,1945), pp. 116-117, 120。

[2] 參考第十五章第十節。

第七篇

第三十七章

[1] 參考第二章第一節。

第三十八章

[1] 關於這裡所涉及的基本認識論問題，請見第二章第一至第三節；關於「計量」或「定量」經濟學的問題，請見第二章第八節和第十六章第五節；關於資本主義下勞工生活情況的衝突解釋，請見第二十一章第七節附錄：關於流行的「工業革命」詮釋的一些評論。

[2] 譯者注：關於職業經濟學家如何幫助政府達到一些政治目的，一個有趣的例子，請見本書第三十一章第六

節附錄：〈關於納粹易貨協定的一些評論〉。

[3] G. Santayana在講到柏林大學——當時名為皇家普魯士大學——的某位哲學教授時，有這樣的評語：似乎對這位仁兄來說，「一個教授的工作，就是在政府劃定的縴夫小徑上、拖著一船合法的貨物、沉重疲累地走著。」（*Persons and Places*, [New York, 1945], II, 7.）

第三十九章

[1] 譯者注：指精神分析所謂的本能或衝動。

路德維希·馮·米塞斯（Ludwig von Mises）年表

年代	生平記事
一八八一	九月二十九日出生於奧匈帝國加利西亞蘭堡（現烏克蘭利沃夫）。
一九〇〇	就讀維也納大學，在那裡受到了卡爾·門格爾的影響。
一九〇四—一九一四	受教於奧地利經濟學派學者歐根·博姆·巴維克。結識了著名社會學家馬克思·韋伯。
一九〇六	取得維也納大學法律和經濟學博士學位。
一九〇九—一九三四	擔任維也納商會的祕書，實質為奧地利政府的首席經濟顧問。
一九一二	《貨幣與信用原理》（*The Theory of Money and Credit*）出版。
一九一三—一九三四	於維也納大學以私人講師（Privatdozent）身分授課，主持一個經濟理論研究班。
一九一九	*Nation, State, and Economy* 出版。
一九二二	《社會主義：經濟與社會學的分析》（*Socialism: An Economic and Sociological Analysis*）出版。
一九二七	《自由與繁榮的國度》（*Liberalismus:In the Classical Tradition*）出版（一九六二年譯成英文版，以新標題 *The Free and Prosperous Commonwealth* 發表）。
一九二九	*A Critique of Interventionism* 出版。

年代	生平記事
一九三三	《經濟學的認識論問題》（*Epistemological Problems of Economics*）出版。
一九三四－一九四〇	為了躲避納粹對奧地利的威脅，前往瑞士的日內瓦高級國際關係學院擔任國際研究學院的教授。
一九四〇	移居紐約。*Memoirs* 出版。
一九四一	*Interventionism: An Economic Analysis* 出版。
一九四四	《官僚制》（*Bureaucracy*）與《全能政府：極權國家與總體戰爭的興起》（*Omnipotent Government: The Rise of the Total State and Total War*）出版。
一九四五－一九六九	擔任紐約大學的客座教授直到退休為止，不過他始終沒有從大學領取薪資。在此期間，米塞斯參與由奧地利流亡者，時任紐約大學教員的理察．尼古拉斯．馮．康登霍維－凱勒奇領導的國際泛歐聯盟，並著手解決當中的貨幣問題。
一九四七	米塞斯與和其他支持古典自由主義的學者一起創辦了朝聖山學社（Mont Pelerin Society）。 *Planned Chaos* 與 *Observations on the Cooperative Movement* 出版。
一九四九	《人的行為：經濟學專論》（*Human Action: A Treatise On Economics*）出版。
一九五二	*Planning for Freedom, and Other Essays and Addresses* 出版。
一九五六	《反資本主義者的心境》（*The Anti-capitalistic Mentality*）出版。
一九五七	《理論與歷史：對社會與經濟演變的一個解讀》（*Theory and History: An Interpretation of Social and Economic Evolution*）出版。

年代	生平記事
一九六二	《經濟學的終極基礎：經濟學方法論》（*The Ultimate Foundation of Economic Science: An Essay on Method*）出版。
一九六九	《奧地利經濟學派的歷史背景》（*The Historical Setting of the Austrian School of Economics*）出版。
一九七三	十月十日逝世於美國紐約州紐約市（九十二歲）。
一九七八	《米塞斯回憶錄》（*Notes and Recollections*）出版。 *On the Manipulation of Money and Credit* 出版。 *The Clash of Group Interests and Other Essays* 出版。
一九七九	*Economics Policy: Thoughts for Today and Tomorrow* 出版。
一九八二	米塞斯研究所成立，位於美國阿拉巴馬州歐本市，研究的領域包括經濟學、哲學和政治經濟學。除了紀念奧地利經濟學派的經濟學家路德維希·馮·米塞斯，更發揚奧地利學派的經濟和政治理念。除了數千篇關於經濟和歷史問題的熱門文章之外，研究所還發行了許多書籍和數百篇學術論文。
一九八六	米塞斯學院成立。每年舉辦夏季教學活動，教學計畫包括學者的演講和授課，通常有一〇〇至一二五名來自世界各地的學生。
一九九〇	《貨幣、方法與市場過程》（*Money, Method and the Market Process*）出版。
一九九〇	*Economic Freedom and Interventionism: An Anthology of Articles and Essays* 出版。

年代	生平記事
一九九五	Mises.org 上線，提供每日社論、學習指南、書目、傳記、電子書研究工具、工作論文、訪問錄以及在線出版物目錄。為世界上訪問量最大的經濟學網站之一。

1D5B
經典名著文庫 115

人的行爲：經濟學專論（下）

Human Action: A Treatise on Economics（第四版）

文庫策劃 — 楊榮川
作　　者 — 路德維希・馮・米塞斯（Ludwig von Mises）
譯　　者 — 謝宗林
校 訂 者 — 洪瑞彬
編輯主編 — 張毓芬
責任編輯 — 唐　筠
文字校對 — 劉天祥、黃志誠、許馨尹、許宸瑞
封面設計 — 姚孝慈
著者繪像 — 莊河源
出 版 者 — 五南圖書出版股份有限公司
發 行 人 — 楊榮川
總 經 理 — 楊士清
總 編 輯 — 楊秀麗
地　　址：台北市大安區和平東路二段 339 號 4 樓
電　　話：(02)2705-5066(代表號)
傳　　眞：(02)2706-6100
網　　址：https://www.wunan.com.tw
電子郵件：wunan@wunan.com.tw
劃撥帳號：01068953
戶　　名：五南圖書出版股份有限公司
法律顧問 — 林勝安律師
出版日期 — 2017 年 6 月初版一刷
2018 年 3 月二版一刷
2020 年 4 月三版一刷（共三刷）
2023 年 2 月四版一刷
2024 年 12 月四版三刷
定　　價 — 560 元

國家圖書館出版品預行編目資料

人的行為：經濟學專論 / 路德維希・馮・米塞斯 (Ludwig von Mises) 作；謝宗林譯．-- 四版．-- 臺北市：五南圖書出版股份有限公司，2023.02
冊；公分．--（經典名著文庫；115）
譯自：Human Action:A Treatise on Economics.
ISBN 978-626-343-539-1（下冊：平裝）

1.CST: 經濟學

550　　111018925